DIREITO URBANÍSTICO E AMBIENTAL

Adilson Abreu Dallari
Daniela Campos Libório Di Sarno
Coordenadores

DIREITO URBANÍSTICO E AMBIENTAL

2ª edição revista

Belo Horizonte
Editora Fórum

2011

Editora Fórum

Luís Cláudio Rodrigues Ferreira
Presidente e Editor

Coordenação editorial: Olga M. A. Sousa
Revisão: Leonardo Eustáquio Siqueira Araújo
Bibliotecária: Lissandra Ruas Lima – CRB 2851 – 6ª Região
Capa, projeto gráfico e diagramação: Walter Santos

Av. Afonso Pena, 2770 – 15º/16º andares – Funcionários – CEP 30130-007
Belo Horizonte – Minas Gerais – Tel.: (31) 2121.4900 / 2121.4949
www.editoraforum.com.br – editoraforum@editoraforum.com.br

D598 Direito urbanístico e ambiental / Coordenadores: Adilson Abreu Dallari, Daniela Campos Libório Di Sarno. 2. ed. rev. Belo Horizonte: Fórum, 2011.

358 p.
ISBN 978-85-7700-449-2

1. Direito ambiental. I. Dallari, Adilson Abreu. II. Di Sarno, Daniela Campos Libório.

CDD: 341.347
CDU: 34:504

Informação bibliográfica deste livro, conforme a NBR 6023:2002 da Associação Brasileira de Normas Técnicas (ABNT):

DALLARI, Adilson Abreu; DI SARNO, Daniela Campos Libório (Coord.). *Direito urbanístico e ambiental*. 2. ed. rev. Belo Horizonte: Fórum, 2011. 358 p. ISBN 978-85-7700-449-2.

Esta coletânea é feita em homenagem a Hely Lopes Meirelles, Eurico Andrade Azevedo e José Afonso da Silva, precursores do Direito Urbanístico e Ambiental no Brasil, cujos trabalhos pioneiros serviram para despertar consciências e ativar vocações, contribuindo decisivamente para que se chegasse ao estágio atual de desenvolvimento da legislação, da doutrina e da jurisprudência nessas matérias.

Sumário

Elementos Fundamentais do Tombamento

O IPTU Utilizado como Ferramenta de Direito Urbanístico – A Progressividade no Tempo

Apresentação

Este livro começou a ser escrito há mais de 25 anos, quando, em 1981, foi inserida a disciplina Direito Urbanístico e Ambiental, na área de pós-graduação em Direito do Estado, na Pontifícia Universidade Católica de São Paulo. Desde então, e até o surgimento do Estatuto da Cidade, essa matéria era ministrada por mim e pela Profa. Lúcia Valle Figueiredo a grupos de poucos alunos realmente interessados no desenvolvimento científico do tratamento jurídico das questões ambientais e de organização do espaço urbano.

Nessa fase pioneira, e durante quase 20 anos, dada a inexistência, no Brasil, de uma legislação urbanística e ambiental articulada, de abrangência nacional, que conferisse um mínimo de autonomia e identidade a esse segmento do universo jurídico, fomos obrigados a nos valer do Direito Comparado, analisando as legislações da Espanha, da França, da Itália e de Portugal, para aferir a possibilidade da aplicação, no Brasil, de seus objetivos, diretrizes e métodos, por meio da utilização dos instrumentos tradicionais do Direito Administrativo brasileiro.

Mais recentemente, após a promulgação do Estatuto da Cidade, Lei nº 10.257, de 10.07.2001, o interesse por essa disciplina aumentou consideravelmente, dada a necessidade de pessoal qualificado para exercer atividades docentes e para orientar tanto a Administração Pública quanto os empreendedores imobiliários, no tocante ao cumprimento das exigências trazidas por essa lei e na implementação dos novos instrumentos jurídicos voltados para resgatar a qualidade de vida, que foi sendo deteriorada durante longos anos de omissões e abusos de toda ordem.

Nesse longo espaço de tempo decorrido, foi possível ministrar conhecimentos sobre esses assuntos tanto a um grande número de alunos das áreas conexas (que cursavam Direito Urbanístico e Ambiental como disciplina complementar), quanto, muito especialmente, aos alunos da área de concentração, na qual foi possível formar uma considerável quantidade de Mestres em Direito Urbanístico e Ambiental, que já produziram e publicaram muitos trabalhos de elevado valor científico e enorme alcance prático, diversos dos quais nasceram, originariamente, como dissertações de mestrado.

Entretanto, havia um substancioso acervo de trabalhos finais de semestre, de igual valor prático e científico, que estavam inéditos e que mereciam ser publicados. Daí surgiu a ideia de reunir os melhores trabalhos numa coletânea que possibilitasse o conhecimento de tais estudos pelo grande número de interessados e que, ao mesmo tempo, servisse como um registro da contribuição da PUC-SP para o desenvolvimento do Direito Urbanístico e Ambiental no Brasil.

Para levar adiante essa tarefa, solicitei a preciosa colaboração da Profa. Daniela Libório Di Sarno, que durante muitos anos foi minha assistente no curso de mestrado, sendo merecedora dos meus melhores agradecimentos por sua excepcional dedicação, e que agora, já com o título de Doutora nessa específica disciplina, passou a cuidar dela autonomamente. Juntos, enfrentamos o terrível encargo de selecionar apenas alguns, entre tantos trabalhos de alto nível. Quase todos os autores dos textos selecionados já são mestres e alguns já são doutores.

O critério principal de seleção foi o de evidenciar nossa preocupação com o Direito Urbanístico e Ambiental substantivo, ou o Direito Urbanístico e Ambiental propriamente dito, que não se confunde com as ações judiciais sobre essa matéria. Procuramos evidenciar a necessária integração entre as questões urbanísticas e ambientais, que se mesclam por completo na proteção da qualidade do meio ambiente urbano. Com essa orientação, demos prioridade aos trabalhos de maior aplicabilidade no momento atual, tendo, em alguns casos, solicitado aos autores que procedessem a uma atualização do texto original.

Em seguida, buscamos as questões mais amplas, de maior relevância, como a identificação do significado da função social da propriedade e da cidade, a natureza jurídica dos planos urbanísticos e ambientais (especialmente do Plano Diretor), as competências constitucionais, a participação popular, a atuação nas regiões metropolitanas, as interfaces com o atual Código Civil, os cruciais problemas inerentes ao licenciamento urbanístico e ambiental, para, ao final, ingressar em temas mais específicos, como o processo legislativo e as questões tributárias, acrescentando, ainda, um enfoque de direito comparado.

Os méritos da presente coletânea, portanto, devem ser atribuídos aos alunos do mestrado, oriundos de diversos estados brasileiros. Não só aos autores dos textos aqui publicados, mas a todos eles que, direta ou indiretamente, nas amplas e, por vezes, apaixonadas discussões travadas durante o curso, contribuíram para o aprimoramento e o aprofundamento das questões postas para debate. Quero, aqui, registrar meus agradecimentos a todos os antigos alunos.

Agradeço, com especial intensidade, aos muitos professores doutores, da PUC-SP e de outras universidades, que se dispuseram a integrar as inúmeras bancas examinadoras de dissertações de mestrado e teses de doutoramento, trazendo, com suas críticas e observações, valiosíssimos subsídios para o aprimoramento dos trabalhos examinados. Neste ponto, é de justiça destacar que a Professora Daniela Libório Di Sarno e o Professor Nelson Saule Junior, por serem detentores do título de Doutor especificamente em Direito Urbanístico e Ambiental, foram os que mais vezes atuaram, sempre com extremado zelo.

Agradeço também aos nossos eficientes colaboradores Dênia Cristina Martinez, Fábio Maluf Tognola e Lucas de Moraes C. Sant'Anna, que cuidaram do resgate dos textos, dos contatos com os antigos alunos (alguns trabalhos não puderam ser publicados porque os autores não foram encontrados) e das tarefas de revisão e atualização.

Por último, quero deixar consignados meus melhores agradecimentos à Editora Fórum, que vem dando um formidável apoio ao desenvolvimento dos estudos de Direito Urbanístico e Ambiental, tendo publicado um respeitável número de títulos sobre tais assuntos e colaborado na realização de diversos cursos, seminários e congressos nessa área do conhecimento jurídico.

Estou seguro de que os trabalhos desenvolvidos pelos antigos alunos, autores dos textos aqui publicados, cumprem um importantíssimo papel no sentido de fornecer subsídios jurídicos para que o Poder Público possa retomar o controle do desenvolvimento urbano e da preservação do meio ambiente, atuando em parceria com os empreendedores urbanos e rurais, atendendo às aspirações da coletividade e, finalmente, dando cumprimento aos preceitos e princípios constitucionais que garantem a dignidade da pessoa humana, afirmam o direito a um meio ambiente ecologicamente equilibrado, proscrevem a marginalização e determinam a redução das desigualdades sociais e regionais.

São Paulo, junho de 2007.

Adilson Abreu Dallari

Solo Criado – Constitucionalidade da Outorga Onerosa de Potencial Construtivo

Adilson Abreu Dallari

Sumário: **I** Considerações introdutórias – **II** O direito de propriedade na Constituição Federal – **III** A função social da propriedade – **IV** O Estatuto da Cidade – **V** As limitações administrativas à propriedade – **VI** A outorga onerosa do solo criado – **VII** Conclusões

I Considerações introdutórias

O artigo 28 do Estatuto da Cidade (Lei Federal nº 10.257, de 10 de julho de 2001) estabelece que o plano diretor poderá fixar áreas nas quais o direito de construir poderá ser exercido acima do coeficiente de aproveitamento básico adotado, mediante contrapartida a ser prestada pelo beneficiário. Esse instrumento de atuação urbanística desde longa data vem sendo objeto de estudos e discussões sob a designação de "solo criado". A mencionada lei federal autoriza o plano diretor a fixar coeficientes de aproveitamento básico único para toda a zona urbana ou diferenciado para áreas específicas dentro da zona urbana e coeficientes de aproveitamento máximos, considerando a proporcionalidade entre a infraestrutura existente e o aumento da densidade esperado em cada área. Além disso, dispõe que lei municipal específica estabelecerá as condições a serem observadas para a outorga onerosa do direito de construir, determinando a fórmula de cálculo para a cobrança, os casos passíveis de isenção do pagamento da outorga e a contrapartida do beneficiário.

Em cumprimento dessa lei federal e da Constituição Federal (art. 182), e com vistas à consecução do interesse público na ordenação urbana do território municipal, muitos Municípios já editaram seus respectivos Planos Diretores, tendo neles fixado áreas para a aplicação da outorga onerosa do direito de construir.

Convém esclarecer que, nos termos do art. 28 da Lei nº 10.257/01, coeficiente de aproveitamento é a relação entre a área edificável e a área do terreno, ou seja, quantas vezes se pode construir o equivalente à área do terreno. Coeficiente básico é a quantidade de área que se pode construir sem ônus, sem pagamento à municipalidade. Solo criado é a área legalmente edificável que exceder o coeficiente básico. Essa área excedente é que depende de pagamento, por isso se fala em outorga onerosa.

Em alguns casos, a lei municipal reduziu o potencial de edificabilidade anteriormente vigente, chegando-se mesmo a permitir a edificação de apenas uma vez a área do terreno. Ou seja, foram fixados coeficientes básicos de aproveitamento (dentro do qual se pode construir sem ônus) em valores inferiores aos que eram estabelecidos pela antiga lei de zoneamento, admitindo-se, porém, a outorga onerosa do direito de construir, até um determinado limite máximo, que não pode ser ultrapassado.

Diante disso, surgiram especulações no sentido de que tais Planos Diretores estariam "desapropriando direitos adquiridos", de que a finalidade do instituto da outorga onerosa seria meramente arrecadatória, e que isso estaria configurando uma nova modalidade de tributo.

Toda lei nova desperta paixões, pois sempre haverá quem se beneficie com a nova ordem e quem experimentará uma desvantagem, a perda de um benefício ou de um privilégio. O objetivo do presente estudo é discutir esses questionamentos para responder algumas indagações fundamentais:

1. A lei do plano diretor pode dar novo conteúdo ao direito de construir com base no parágrafo segundo do art. 182, combinado com os incisos XXII e XXIII do art. 5º, ambos da Constituição Federal, e no Estatuto da Cidade para cumprimento da função social da propriedade urbana?
2. A lei do plano diretor e a legislação de zoneamento, uso e ocupação do solo podem reduzir os coeficientes de aproveitamento e outros parâmetros e índices urbanísticos previstos na legislação de zoneamento em vigor? Há direito adquirido aos parâmetros, coeficientes e demais índices urbanísticos da legislação anteriormente vigente?
3. Ao fixar em uma vez a área do terreno, o coeficiente de aproveitamento básico para o efeito de limitar o exercício gratuito do direito de construir, ou, ao, de qualquer forma, reduzir o potencial de edificabilidade anteriormente estabelecido, estaria o Plano Diretor procedendo a alguma desapropriação indireta do direito de construir ou ferindo "direito adquirido" do proprietário do terreno?
4. O valor do potencial construtivo adicional acima do coeficiente de aproveitamento básico até o limite representado pelo coeficiente de aproveitamento máximo deve ser excluído do valor venal do imóvel para efeito de aplicação do imposto predial e territorial urbano?

Tais questionamentos serão respondidos ao final, mas, antes, é preciso discorrer sobre a origem, a evolução e as finalidades do chamado solo criado.

É certo que, de acordo com a legislação vigente desde longo tempo, anteriormente à instituição da outorga onerosa, a criação artificial de solo (a edificação correspondente a mais de uma vez a área do terreno) não dependia de qualquer pagamento. Por isso alegam alguns que esse específico direito, de criar solo sem pagar, estaria sendo ofendido pela nova disciplina que se pretende seja estabelecida para o uso do solo urbano, por lei municipal, com base no Estatuto da Cidade.

A utilização do instituto da outorga onerosa certamente será benéfica para aqueles que sempre viveram à margem dos benefícios da urbanização, na medida em que vai gerar recursos financeiros que se destinarão, necessariamente, a custear ações urbanísticas de interesse social, tais como a regularização fundiária, a execução de programas habitacionais, a implantação de equipamentos urbanos e comunitários, a criação de espaços públicos de lazer e áreas verdes etc. Mas alguém vai ter que pagar por isso e estes, certamente, vão se sentir prejudicados.

A verdade, porém, é que o pagamento pelo solo criado beneficia toda a coletividade, indistintamente, quem está pagando e quem está recebendo, pois a ninguém interessa o caos urbano decorrente do exacerbado processo de urbanização, gerando angústias, insegurança, violência e perda da qualidade de vida.

Em obra escrita há mais de vinte anos já tivemos a oportunidade de salientar a necessidade do estabelecimento de uma nova ordenação jurídica para disciplinar o uso e ocupação do solo urbano:

> Quem, portanto, se propõe a realizar um estudo jurídico dos instrumentos de atuação governamental no campo do urbanismo, não pode furtar-se a um exame do fenômeno urbano e do processo de urbanização, para poder compreender as interferências e repercussões desses fatos sobre o instrumental jurídico, abrangendo tanto o aspecto legislativo, de produção das leis, quanto o aspecto científico, de criação de uma disciplina jurídica autônoma, baseada em princípios próprios e formando uma unidade sistemática, quanto, ainda, o aspecto interpretativo ou jurisprudencial, de entendimento e aplicação das leis existentes.
>
> Esse estudo cresce de importância quando se sabe que a urbanização recente da humanidade trouxe profundas alterações no tocante a institutos jurídicos antiqüíssimos, que vinham evoluindo lentamente no decorrer dos séculos, como é o caso do direito de propriedade.[1]

Uma nova realidade exige novos instrumentos de intervenção do Poder Público no cenário urbano, instrumentos esses certamente mais contundentes que os instrumentos tradicionais, que já se revelaram impotentes para evitar o caos que se instaurou. A utilização, agora, desses novos meios de atuação governamental depende, sim, da compreensão de que o mundo mudou e essa mudança foi acompanhada pela alteração de concepções e conceitos jurídicos, entre os quais o da propriedade privada:

> Estas formas crescentes de intervenção do poder público na propriedade privada têm causado algum espanto e alguma perplexidade em pessoas que não se dão conta de que muita coisa mudou e com muito maior intensidade que o conceito de propriedade privada, conforme expõe Le Corbusier, enfocando apenas os últimos cem anos, quando o homem suplantou a noite pelo uso da eletricidade, alterando um ritmo de vida milenar, e passou de movimentar-se a uma velocidade média de 4 km por hora (a pé ou a cavalo) para atingir velocidades fantásticas (sem contar o telégrafo, o rádio e o telefone), alterando costumes familiares e relações sociais.
>
> Não se pode esperar do jurista uma posição anacronicamente conservadora, um esforço desesperado para deter o tempo nem uma atitude de abstenção ou de olímpica ignorância no que diz respeito às transformações da sociedade contemporânea. A concepção jurídica da propriedade privada tem que evoluir, acompanhando os novos tempos; não há mais possibilidade de se sustentar hoje em dia os mesmos padrões oriundos do direito romano.[2]

---

[1] DALLARI, Adilson Abreu. *Desapropriações para fins urbanísticos*. Rio de Janeiro: Forense, 1981. p. 3.

[2] *Op. cit.*, p. 4.

Nessa mesma obra, páginas adiante, como que completando essa questão da evolução dos institutos jurídicos, apresentamos algo que soa como uma conclusão preliminar no presente estudo:

> Tendo mudado radicalmente o suporte material do direito de propriedade, sendo o homem urbano e a civilização urbana bastante diferentes do que havia anteriormente, o instrumental jurídico que vincula o ser humano à propriedade do solo terá que sofrer transformações, para não se tornar completamente anacrônico e perder a sua própria razão de ser.[3]

Essa linha de evolução, que chegou até à instituição do solo criado, ou melhor, da outorga onerosa do direito de construir, é que passará a ser agora desenvolvida, com abundante suporte doutrinário, para evidenciar que não se trata de uma opinião pessoal isolada, mas, sim, de uma corrente de pensamento que vem ganhando corpo e se fortalecendo paulatinamente.

II O direito de propriedade na Constituição Federal

Diversos autores conceituam o urbanismo como a atividade do Poder Público voltada para a organização conveniente dos espaços habitáveis. Em apertadíssima síntese, caberia à Administração Pública disciplinar a atuação dos particulares, no tocante a empreendimentos imobiliários, com vistas à salvaguarda do interesse público.

Tal conceituação remonta aos tempos em que as normas legais e as ações administrativas concretas em matéria de urbanismo estavam contidas em um segmento do Direito Administrativo normalmente designado como Poder de Polícia. Atualmente, a disciplina jurídica da atuação urbanística passa a ser enquadrada em uma província do direito público que caminha no sentido de ganhar autonomia, qual seja, o Direito Urbanístico.

Em seu atual estágio de desenvolvimento, o Direito Urbanístico tem como principal fundamento o princípio constitucional da função social da propriedade, que não se confunde com as vetustas limitações administrativas à propriedade:

> O princípio da função social da propriedade tem sido mal definido na doutrina brasileira, obscurecido, não raro, pela confusão que dele se faz com os sistemas de limitação da propriedade. Não se confundem, porém. Limitações dizem respeito ao exercício do direito, ao proprietário; enquanto a função social interfere com a estrutura do direito mesmo.[4]

Ao garantir o direito de propriedade umbilicalmente atado ao cumprimento da sua função social, a Constituição Federal (art. 5º, incisos XXII e XXIII, e art. 170, incisos II e III) produziu uma significativa mudança de conteúdo do direito de propriedade. Não foi apenas uma mudança de intensidade, mas, sim, uma profunda transformação

---

[3] *Op. cit.*, p. 28.

[4] SILVA, José Afonso da. *Direito urbanístico brasileiro*. 3. ed. São Paulo: Malheiros, 2000. p. 71.

qualitativa ou substancial no conceito de direito de propriedade, que passou a ter uma configuração não apenas privada, mas, sim, também, necessariamente, pública.

Mas essa talvez não seja a única transformação significativa no cenário jurídico trazida pela atual Constituição. É importante destacar, também, que, nessa linha de evolução, ganhou corpo uma tendência a eliminar a oposição rígida entre o interesse particular e o interesse público, especialmente com a consagração, no texto da Constituição Federal, dos chamados direitos de terceira geração: os direitos coletivos e difusos.

Quem cuida da propriedade imobiliária urbana, nos dias de hoje, não pode ignorar o direito de todos os habitantes ao desfrute das funções sociais da cidade. Isso significa que as atividades consistentes em morar, trabalhar, circular e de lazer não podem mais ser privilégio de alguns, pois passaram a ser direito de todos. O conceito de função social da cidade proscreve a exclusão e determina a adoção, pelo Poder Público, de medidas efetivamente tendentes a "erradicar a pobreza e a marginalização e reduzir as desigualdades sociais e regionais", objetivos esses qualificados como fundamentais pelo art. 3º da Constituição Federal.

Por força de expressas disposições da Constituição Federal (arts. 5º, XXIII, e 170, III), a propriedade privada está totalmente vinculada ao cumprimento de uma função social. Tal característica é ainda mais acentuada com relação à propriedade imóvel urbana, em razão das disposições sobre política urbana delineadas pelo art. 182.

Não obstante textos constitucionais anteriores já terem expressado alguma preocupação com a função social da propriedade, é inegável que a Constituição Federal atualmente em vigor consolidou e deu maior positividade a esse princípio, mudando o perfil jurídico tradicional da propriedade imobiliária urbana:

> Outro elemento condicionante da ruptura do modelo tradicional da propriedade privada é o condicionamento da propriedade urbana à política urbana, que será executada pelo Poder Público Municipal, tendo por objetivo ordenar o pleno desenvolvimento das funções sociais da cidade e garantir o bem estar de seus habitantes.[5]

Essa nova configuração qualitativa da propriedade, que deve cumprir uma função, que deve ser utilizada pelo seu proprietário em benefício também da coletividade, abriu ensejo para uma utilização mais acentuada de institutos típicos e próprios do Direito Urbanístico, como meio de obtenção do uso conveniente da propriedade.

O direito de propriedade não perdeu sua característica fundamental de ser um direito individual. Mas, agora, não é mais apenas isso; é também um direito público, destinado à realização, também, do interesse social.

III A função social da propriedade

O conceito de função social da propriedade não é novo. Conforme ensina Carlos Alberto Dabus Maluf (*Limitações ao direito de propriedade*. São Paulo: Saraiva, 1997. p. 52),

---

[5] SAULE JÚNIOR, Nelson. *Novas perspectivas do direito urbanístico brasileiro*: ordenamento constitucional da política urbana: aplicação e eficácia do plano diretor. Porto Alegre: Sergio Antonio Fabris, 1997. p. 58.

seu significado já era objeto de estudo nos tratados de Duguit e Hauriou editados antes da Primeira Guerra Mundial. Sua positivação ocorreu com a promulgação da Constituição de Weimar, em 1919, cujo art. 153 garantia a propriedade, afirmava que seu conteúdo e seus limites seriam fixados em lei e, o que é mais importante, já dizia que a propriedade acarreta obrigações.

No Brasil, a ideia de função social da propriedade foi sendo inserida aos poucos nos diversos textos constitucionais, até ser afirmada, com o *status* de princípio, no texto constitucional em vigor, cujo art. 182 cuidou de lhe assegurar efetiva aplicação:

> Art. 182 – A política de desenvolvimento urbano, executada pelo Poder Público municipal, conforme diretrizes gerais fixadas em lei, tem por objetivo ordenar o pleno desenvolvimento das funções sociais da cidade e garantir o bem-estar de seus habitantes.
>
> §1º O plano diretor, aprovado pela Câmara Municipal, obrigatório para cidades com mais de vinte mil habitantes, é o instrumento básico da política de desenvolvimento e de expansão urbana.
>
> §2º A propriedade urbana cumpre sua função social quando atende às exigências fundamentais de ordenação da cidade expressas no plano diretor.

A Constituição não apenas consagrou o princípio da função social da propriedade; foi mais além: instituiu um parâmetro para aferição do seu atendimento. Tal parâmetro é exatamente o conjunto de medidas a serem adotadas ou de ações a serem empreendidas, constantes do plano diretor. Cabe examinar, agora, como isso funciona na prática.

Como ponto de partida, convém lembrar, mais uma vez, que a Constituição Federal, ao cuidar dos direitos individuais, afirma o direito de propriedade, consagra o direito à propriedade privada, mas, ao mesmo tempo, diz que "a propriedade cumprirá sua função social". Portanto, a propriedade assegurada e garantida pela Constituição Federal em vigor não é uma propriedade qualquer, sem pautas ou condicionamentos; ao contrário, ela deve cumprir uma função social.

Como se pode saber se uma propriedade cumpre ou não sua função social? Aí é que entra a importância estratégica do plano diretor, pois o artigo 182, §2º, diz, textualmente, que "a propriedade urbana cumpre sua função social quando atende às exigências fundamentais de ordenação da cidade expressas no plano diretor". Ou seja, quem vai instituir os parâmetros com base nos quais se poderá dizer se a propriedade está ou não cumprindo a sua função social é o plano diretor.

Para que isso possa ser entendido é preciso, primeiramente, explicitar o significado do conceito jurídico de "função":

> Função é conceito que se opõe ao de autonomia da vontade, tal qual concebido no Direito Civil. Santi Romano escreveu: "As funções (officia, munera) são os poderes que se exercem não por interesse próprio, ou exclusivamente próprio, mas por interesse de outrem ou por um interesse objetivo. Deles se encontra exemplos mesmo no Direito Privado (o pátrio-poder, o ofício do executor testamentário, do tutor etc), mas no Direito Público sua figura é predominante". No mesmo sentido, Renato Alessi define a função estatal como o poder enquanto dirigido a uma finalidade de interesse coletivo e cujo exercício constitui um dever jurídico.

> Como se vê, ao acolher o princípio da função social da propriedade, o Constituinte pretendeu imprimir-lhe uma certa significação pública, vale dizer, pretendeu trazer ao Direito Privado algo até então tido por exclusivo do Direito Público: o condicionamento do poder a uma finalidade. Não se trata de extinguir a propriedade privada, mas de vinculá-la a interesses outros que não os exclusivos do proprietário. Assim como a imposição de deveres inderrogáveis ao empregador, no interesse do empregado, não faz dele um ente público, também a função social não desnatura o proprietário nem a propriedade: apenas lhe impõe cerceamentos diferenciados.
>
> Importa notar que, como conseqüência da submissão da propriedade, ou do proprietário, a objetivos sociais — evidentemente obrigatórios — criam-se verdadeiros deveres.[6]

Ao consagrar o conceito de função social da propriedade, a Constituição Federal autorizou o legislador ordinário a criar obrigações, deveres, para o proprietário, em benefício da coletividade.

Essa exigência de que a propriedade cumpra uma função social não é nova; já constava da Carta Constitucional de 1969. Sobre essa exigência e destacando exatamente a importância concreta dessa formulação constitucional já tivemos a oportunidade de dizer:

> De acordo com a formulação constitucional, o sistema jurídico brasileiro somente consagra, comporta e ampara o direito de propriedade enquanto e na medida em que ele estiver cumprindo uma função social.
>
> Essa concepção do direito de propriedade abre imensas possibilidades para a administração pública no tocante a uma atuação eficiente em matéria de disciplina do uso e ocupação do solo urbano.[7]

Não obstante as potencialidades abertas ao legislador ordinário pelo texto constitucional, o que se observou, na prática, é que o princípio da função social da propriedade produziu pouquíssimos frutos, talvez exatamente pela falta de um texto normativo que dissesse o que deveria ser entendido como sendo de interesse social, como correspondente ao cumprimento da função social da propriedade.

Hoje, após o advento da Lei nº 10.257, de 10.07.01, o parâmetro constitucionalmente estabelecido para definição da função social, o plano diretor, foi conceituado e positivado pela legislação ordinária.

Evidentemente, isso já estava contido no texto constitucional, expressamente. Mas, lamentavelmente, é preciso registrar que, no Brasil, ainda é largamente majoritária (especialmente na jurisprudência) a corrente que entende ser necessário que o legislador ordinário "discipline" o princípio constitucional para que este tenha eficácia. Conforme observação feita por um dos mais brilhantes juízes que já integraram o Tribunal de Justiça de São Paulo, o Desembargador José Osório de Azevedo Júnior (que efetivamente aplicava diretamente os princípios constitucionais em seus ilustrados votos), para alguns juízes a invocação, pela parte, de algum princípio constitucional é tomada como indicador seguro de que ela não tem o direito que postula, pois, se tivesse, teria indicado a lei que lhe daria fundamento.

---

[6] SUNDFELD, Carlos Ari. Função social da propriedade. *In*: DALLARI, Adilson Abreu; FIGUEIREDO, Lúcia Valle (Coord.). *Temas de direito urbanístico 1*. São Paulo: Revista dos Tribunais, 1991. p. 5.

[7] DALLARI, Adilson Abreu. *Desapropriação para fins urbanísticos*. Rio de Janeiro: Forense, 1981. p. 37.

Nessa perspectiva, é importante destacar que o Estatuto da Cidade veio, de certa forma, dar eficácia ao princípio constitucional, pois embora a função do plano diretor já estivesse prevista pela Constituição, a carência de uma lei federal dispondo expressamente sobre isso impedia que os Municípios dessem concreção ao princípio da função social da propriedade.

O preceito constitucional consagrador da função social da propriedade já existia antes mesmo da promulgação da Constituição Federal de 1988, que apenas reafirmou com maior ênfase esse princípio, mas era consideravelmente difícil implementá-lo. Agora, por força do Estatuto da Cidade, ficou mais viável a edição de legislação municipal destinada a dar eficácia concreta ao princípio da função social da propriedade.

É incontestável a afirmação no sentido de que o direito de propriedade mudou, evoluiu, sofreu profunda alteração qualitativa, em decorrência da indissociabilidade de sua função social, conforme destaca a melhor doutrina:

> Temos que a função social é elemento qualificador do direito de propriedade que, se de um lado abriga um direito subjetivo de seu titular, de outro lado comporta a existência de uma função que deve ser desempenhada quando do exercício dos poderes inerentes ao domínio.
>
> Tal qualidade (a de ser portador de uma função social) não pode ser jamais retirada do elemento central qualificado — o direito de propriedade — sob pena de perder a garantia de estar assegurado pelo ordenamento jurídico.
>
> O fundamental é reconhecer que a propriedade é hoje um direito que somente pode ser preservado enquanto seu titular observar a condição, a característica, o elemento qualificador que a Constituição Federal lhe impôs, de modo peremptório.
>
> Trata-se de uma imposição posta unilateralmente por nossa ordem constitucional, de ordem pública, portanto, e que jamais poderá ser afastada por vontade daqueles que se vinculem a uma relação de domínio.[8]

Na jurisprudência, entretanto (é forçoso reconhecer) ainda prevalece a concepção do direito de propriedade marcado pela afirmação de uma série de prerrogativas do proprietário, do detentor exclusivo de um determinado bem, que pode dispor, usar, não usar e alienar esse bem ao seu talante, conforme seu interesse individual. Mas a edição do Estatuto da Cidade certamente afetará a jurisprudência, sendo de se esperar uma lenta, mas firme, evolução no sentido da absorção das novas características, marcadamente públicas e sociais, do direito de propriedade.

Pela aplicação concreta do princípio da função social da propriedade na análise, pelos Tribunais, de textos legais específicos aplicados a casos determinados, será possível estabelecer a plena constitucionalidade dos deveres do detentor da riqueza, daquele a quem a ordem jurídica reconhece o direito de ter uma propriedade, pois agora esse alguém recebe da ordem jurídica vigente o dever de usar a sua propriedade imobiliária urbana em benefício da coletividade.

Isso, a rigor, não é uma novidade no campo do Direito: basta citar a legislação social, a legislação trabalhista. Do que cuida a legislação trabalhista? Do dever social

[8] RABAHIE, Marina Mariani de Macedo. Função social da propriedade. *In*: DALLARI, Adilson Abreu; FIGUEIREDO, Lúcia Valle (Coord.). *Temas de direito urbanístico 2*. São Paulo: Revista dos Tribunais, 1991. p. 241.

do detentor do capital, do investidor, do empresário, em tomar uma série de atitudes em benefício do operário, do trabalhador, de quem trabalha para a empresa, para assim cumprir um papel social. Ou seja: o princípio da função social da propriedade já é aplicado com relação à propriedade de bens de capital, sem que isso cause qualquer espanto.

Hoje, já existem condições, a partir do Estatuto da Cidade, de estabelecer obrigações para o proprietário do solo urbano; passamos a ter instrumentos para evitar a detenção especulativa do solo; passamos a ter meios de captar recursos financeiros para custear a correção dos desvios ou das consequências nefastas do processo descontrolado de urbanização.

Tudo indica que, dentro de algum tempo, a jurisprudência deva avançar no sentido indicado pela doutrina, acabando por entender que, com base e como decorrência do princípio da função social da propriedade é possível e necessário ir além das simples limitações administrativas, para aceitar como válidas as exigências legalmente estabelecidas para o proprietário, em favor da coletividade.

A doutrina, quanto a isso, é absolutamente clara e firme:

> A concretização da teoria da função social da propriedade importa em se exigir do titular não apenas determinados comportamentos negativos (poder de polícia), mas, igualmente, comportamentos positivos.
> O uso da propriedade há de estar entrosado com a utilidade coletiva, de tal modo que não implique uma barreira capaz de impedir a realização dos objetivos públicos. Nesse sentido, direito subjetivo e função não se contrapõem, antes, harmonizam-se.
> Daí porque, à diferença do Estado Liberal, onde à atividade do proprietário eram impostos apenas limites negativos, no Estado Moderno de Direito, impõem-se comportamentos positivos ao proprietário. O dever do proprietário não se cinta a exercer seu direito desde que não prejudique o de outrem, mas, antes, deve exercê-lo em favor de outrem.[9]

O texto agora transcrito tem mais de dez anos, mas o Estatuto da Cidade, Lei nº 10.257, de 10.07.2001, é muito novo. Conforme foi dito, somente após a edição dessa lei ordinária é que se pode esperar algum avanço jurisprudencial.

O ambiente jurídico atual, entretanto, é bastante propício ao avanço, pois a promulgação da Emenda Constitucional nº 19, de 04.06.98, a chamada emenda da Reforma Administrativa, evidenciou o processo de mudanças institucionais, causou perplexidades ao dar nova configuração a antigas situações jurídicas e salientou a necessidade de perceber, compreender e aplicar um direito ajustado às novas exigências da coletividade.

José Renato Nalini, com a franqueza e a argúcia que lhe são peculiares, depois de discutir a postura conservadora de alguns juízes diante do Programa Nacional de Desestatização, faz as seguintes judiciosas e oportunas considerações:

---

[9] SOUZA, Júnia Verna Ferreira de. Solo criado: um caminho para minorar os problemas urbanos. *In*: DALLARI, Adilson Abreu; FIGUEIREDO, Lúcia Valle (Coord.). *Temas de direito urbanístico 2*. São Paulo: Revista dos Tribunais, 1991. p. 149.

> O juiz lúcido, o juiz moderno, não se atemoriza perante as transformações. Sabe que elas são essenciais, pois a paralisia extrema necrosa. Aceita as profundas transformações estruturais a que se submeterá o equipamento convencional de realização do justo concreto, pois o que interessa é o atingimento da ordem jurídica justa, não a preservação de modelos que perderam a eficiência.
>
> ...
>
> Essa linha de orientação deve estimular entidades interessadas no aperfeiçoamento do Estado de Direito, para que a comunidade jurídica saia do seu hermetismo e se deixe penetrar pela aragem saudável do mundo real. Chegou a hora de construir uma nova dogmática jurídica que possa corresponder ao direito do desenvolvimento e ao espírito da parceria, sem sacrificar a segurança jurídica e sem descambar para o perigo de decisões subjetivas que caracterizem o Direito alternativo.[10]

Realmente, o que não faz sentido é interpretar e aplicar a lei hoje, da mesma maneira que isso era feito no passado, somente porque, no passado, assim o fizeram ilustres doutrinadores e exímios juízes, pois hoje a realidade é outra e os valores consagrados no sistema jurídico são outros. Não se pode dar a mesma solução para problemas diferentes.

Durante muitos anos aceitou-se passivamente que a afirmação de direitos sociais pela Constituição era puramente retórica, desprovida de eficácia. Hoje já se tem consciência de que os princípios consagrados pela Constituição já determinam comportamentos ou, pelo menos, impedem comportamentos com eles conflitantes.

A resistência à aplicabilidade dos princípios constitucionais que afirmam direitos sociais é primordialmente ideológica, não jurídica, conforme salienta Luís Roberto Barroso em seu *O direito constitucional e a efetividade de suas normas*:

> Por longo tempo sustentou-se que as declarações de direitos incorporadas às Constituições não seriam mais que princípios filosóficos e morais, sem valor jurídico.
>
> ...
>
> A referência histórica é meramente ilustrativa. Modernamente, já não cabe negar o caráter jurídico e, pois, a exigibilidade e acionabilidade dos direitos fundamentais, na sua tríplice tipologia. É puramente ideológica, e não científica, a resistência que ainda hoje se opõe à efetivação, por via coercitiva, dos chamados direitos sociais. Também os direitos políticos e individuais enfrentaram, como se assinalou, a reação conservadora, até sua final consolidação.[11]

São, portanto, naturais as resistências a mudanças, mas a força dos fatos e a necessidade de solucionar problemas emergentes determinam tanto a criação de novas normas quanto a aceitação de novos entendimentos para dispositivos legais e institutos jurídicos antigos.

[10] NALINI, José Renato. O juiz e a privatização. *Revista CEJ*, Brasília, n. 9, p. 61, 63, set./dez. 1999.

[11] Rio de Janeiro: Renovar, 1990. p. 96, 97.

IV O Estatuto da Cidade

A promulgação da Lei nº 10.257, de 10 de julho de 2001, denominada oficialmente como Estatuto da Cidade, é um marco extremamente relevante para o desenvolvimento dos estudos de Direito Urbanístico, na medida em que representa o ponto de partida para uma futura sistematização normativa dessa matéria.

Até agora, as questões de Direito Urbanístico, as questões jurídicas ligadas ao uso conveniente dos espaços habitáveis, eram tratadas como um capítulo, um segmento do Direito Administrativo. O urbanismo era visto apenas como um setor de atuação da Administração Pública, sem uma identidade, sem um conjunto de princípios e regras próprias. Até agora, os instrumentos legais utilizados com o objetivo de ordenar convenientemente os espaços habitáveis correspondiam a uma parte do Direito Administrativo consistente no exercício do poder de polícia da Administração Pública em relação à propriedade urbana.

Dada a estrutura federativa do Estado brasileiro, dada a autonomia administrativa dos entes que integram a federação, o que existe em matéria de instrumentos de atuação urbanística da Administração Pública figura apenas em uma legislação esparsa, e não em um conjunto orgânico, articulado. Temos apenas legislações isoladas, pontuais, disciplinando assuntos específicos.

Não existe no Brasil um código de urbanismo como, por exemplo, o que existe na França, disciplinando a atuação, nessa matéria, do governo central, das regiões e províncias e das autoridades locais, estabelecendo toda uma cadeia de planos urbanísticos, fixando os processos de formulação dos diversos planos e cuidando das licenças urbanísticas. E não há possibilidade de existir entre nós um código nacional de urbanismo por causa da estrutura federativa do Brasil. A França é um país unitário, o que significa que o governo central, nacional, pode cuidar dos assuntos pertinentes ao urbanismo em todo o seu território. Lá existe uma legislação articulada, um código completo de atuação governamental na área do urbanismo.

No Brasil, o Estado brasileiro tem uma estrutura federativa. Por força disso cada pessoa jurídica de capacidade política — a União, os Estados e Municípios — legisla para si na matéria administrativa, inclusive em relação à organização dos espaços habitáveis, conforme as competências recebidas diretamente da Constituição Federal. Por opção do legislador constituinte, o papel preponderante, em matéria de urbanismo, foi dado ao Município, provavelmente porque os assuntos urbanísticos afetam mais acentuadamente as populações locais. Portanto, a legislação de caráter administrativo versando urbanismo é basicamente ou principalmente uma legislação municipal.

Neste ponto, é preciso fazer um esclarecimento a respeito da convivência da lei municipal com as outras leis, editadas pelo Estado e pela União. É certo que o Brasil apresenta diferentes ordens jurídicas devido ao sistema federativo. Existem, convivendo, leis municipais, estaduais e federais, cada uma cuidando da atuação da sua respectiva máquina administrativa. Todavia é absolutamente necessário atentar para o fato de que o sistema federativo comporta, necessariamente, uma quarta espécie de lei, para a qual, nem a doutrina, nem a jurisprudência, dispensam a devida atenção, qual seja, a lei nacional.

O aparelho legislativo da União produz duas espécies de leis: as *federais*, que são dirigidas ao próprio aparelho administrativo da União, como, por exemplo, o estatuto dos funcionários públicos da União; e as leis *nacionais*, como, por exemplo, o Código Tributário Nacional, que deve ser acatada por todos os jurisdicionados do Estado brasileiro. A União, os Estados e os Municípios são obrigados a cumprir esse código, que também deve ser observado por todos os cidadãos e por todas as pessoas jurídicas existentes no território nacional.

Este esclarecimento foi feito para que se possa perceber por que é muito significativo, do ponto de vista jurídico, que o Estatuto da Cidade, dispondo sobre normas gerais de Direito Urbanístico, tenha sido editado pela União na competência que lhe dá o artigo 24, inciso I, da Constituição Federal, para editar normas gerais de Direito Urbanístico. A inferência imediata que se deve retirar disso é que o Estatuto da Cidade não é uma lei federal, no sentido de ser uma lei aplicável apenas ao aparelho administrativo da União: o Estatuto da Cidade é uma lei nacional, que estabelece normas gerais de observância obrigatória por todos os jurisdicionados do estado brasileiro.

Não há qualquer possibilidade, portanto, de que o Município atue em descompasso com as normas gerais contidas no Estatuto da Cidade. A legislação municipal de uso e ocupação do solo, muito especialmente a Lei do Plano Diretor, deve orientar-se pelas diretrizes estabelecidas no art. 2º da Lei nº 10.257/01, dentre as quais cabe destacar algumas de especial interesse para o presente estudo:

> Art. 2º – A política urbana tem por objetivo ordenar o pleno desenvolvimento das funções sociais da cidade e da propriedade urbana, mediante as seguintes diretrizes gerais:
>
> ...
>
> IV – planejamento do desenvolvimento das cidades, da distribuição espacial da população e das atividades econômicas do Município e do território sob sua área de influência, de modo a evitar e corrigir as distorções do crescimento urbano e seus efeitos negativos sobre o meio ambiente;
>
> V – oferta de equipamentos urbanos e comunitários, transporte e serviços públicos adequados aos interesses e necessidades da população e às características locais;
>
> IX – justa distribuição dos benefícios e ônus decorrentes do processo de urbanização;

A legislação municipal não pode apontar em direção contrária à do "pleno desenvolvimento das funções sociais da cidade e da propriedade urbana". Não é possível que a legislação municipal adote orientação que prestigie o caráter individualista da propriedade, em detrimento dos objetivos sociais.

Para atender aos fins sociais da propriedade e da cidade é preciso ir além daquilo que era possível atingir mediante o uso de simples limitações administrativas. Será preciso valer-se dos novos instrumentos previstos no Estatuto da Cidade, entre os quais está a outorga onerosa do direito de construir, que pode e deve ser utilizada junto com a fixação de novas limitações administrativas. Dizendo melhor: mesmo as limitações administrativas devem ser estabelecidas por lei municipal como instrumento de realização das funções sociais da propriedade e da cidade.

V As limitações administrativas à propriedade

O estabelecimento, por lei municipal, de limitações administrativas ao uso e ocupação do solo é algo tradicional e absolutamente sedimentado no direito brasileiro. Ninguém questiona que o Município pode, por meio do zoneamento de uso e das normas sobre edificação, determinar usos permitidos ou proibidos, fixar coeficientes de aproveitamento do terreno, taxas de ocupação do solo, gabaritos, recuos frontais, requisitos de isolamento, insolação, segurança etc.

Ninguém jamais questionou a possibilidade de leis supervenientes alterarem tudo isso, podendo aumentar ou diminuir as possibilidades de uso do terreno. Ninguém jamais sustentou a impossibilidade de alterar padrões urbanísticos; é absolutamente pacífico que a lei pode ser alterada por lei posterior. A mutabilidade das condições de uso do solo sempre foi aceita, da mesma forma que se aceitam tranquilamente, sem qualquer contestação, as proibições de edificar nos recuos determinados ou acima dos gabaritos estabelecidos.

Ao estabelecer limitações administrativas, a lei não lesa quem quer que seja, não sacrifica direitos, mas, sim, apenas estabelece os contornos do direito de propriedade, daí porque não se há que falar em indenização pelo fato de a lei posterior ter estabelecido limitações mais estreitas do que as anteriormente existentes.

Suponha-se que alguém era detentor de um terreno no qual poderia construir cinco andares, mas a lei nova reduziu esse limite para três andares. Certamente houve uma perda econômica, mas não um sacrifício de direito: não houve "desapropriação" de dois andares, não cabendo, portanto qualquer indenização.

A doutrina explica melhor os fundamentos disso tudo, a partir da distinção entre propriedade e direito de propriedade:

> Cumpre frisar que a noção de propriedade só assume contornos jurídicos, isto é, só se categoriza como "direito" de propriedade, com o delineamento dos poderes atinentes ao proprietário e correlatas limitações. É dizer: o direito de propriedade é o resultado do regime constitucional e legal da propriedade.
>
> Nisto nada há de peculiar, posto que a noção de "direito" postula a idéia de limitações, de contenções. O direito de propriedade, então, é a expressão jurídica da propriedade, o que equivale a dizer que é a propriedade tal como configurada em um dado sistema normativo. Daí a procedente observação de Alessi, segundo quem, em rigor lógico, não existem limitações ao "direito de propriedade". Estas simplesmente compõem o perfil, o desenho normativo dele, ou, com as palavras do autor citado, correspondem "apenas a uma definição do mesmo, uma aposição de seus necessários confins".
>
> Segue-se que a expedição de tais normas corresponde ao normalíssimo procedimento conatural à função que ao Estado assiste e conatural à própria idéia de Direito.
>
> Uma vez que zoneamento corresponde a limitações administrativas e sendo elas o próprio delineamento do direito de propriedade resulta que, ao expedi-las ou modificá-las, o Estado não ofende a esfera jurídica de ninguém, mas apenas a configura, tal como aceita em dado sistema normativo.[12]

[12] BANDEIRA DE MELLO, Celso Antônio. Natureza jurídica do zoneamento: efeitos. *RDP*, São Paulo, v. 15, n. 61, p. 37, 1982.

Feitas essas observações, logo adiante o consagrado mestre aponta as consequências daí decorrentes:

> Por isso, freqüentemente as limitações administrativas estabelecidas no zoneamento acarretam alterações patrimoniais detrimentosas para os proprietários, mas, por serem verdadeiramente limitações e deixarem incólumes o direito, não ensejam indenização, nem são juridicamente objetáveis.
>
> Basta pensar-se em zoneamento que altere a destinação anterior de uma área, passando-a de residencial para comercial ou vice-versa. A mudança em causa pode significar desvalorização dos lotes não edificados ou já edificados. Idem, quando se alteram, para menos, os coeficientes de edificação admitidos. Nem por isso o direito de propriedade é atingido. Conservado seu uso, gozo e disposição funcionais ou plausíveis, não há ofensa a direito, mas, tão-só, delineamento de seu âmbito, motivo por que descabe qualquer indenização, embora seja produzido efeito econômico desvalorizador.[13]

Explicitado o que significam as limitações administrativas, pode-se compreender, perfeitamente, a razão pela qual o pranteado Hely Lopes Meirelles, ao enunciar o conceito desse instituto, coloca como uma das características a gratuidade:

> Limitação administrativa é toda imposição geral, gratuita, unilateral e de ordem pública condicionadora do exercício de direitos ou de atividades particulares às exigências do bem-estar social.[14]

Esses traços fundamentais e elementares a toda e qualquer limitação administrativa estão presentes, como é óbvio nas limitações administrativas ao uso e ocupação do solo, com finalidades urbanísticas, que convivem perfeitamente com a garantia do direito de propriedade, conforme demonstra o mesmo consagrado mestre:

> Como espécie do gênero limitação administrativa, as limitações urbanísticas devem corresponder às justas exigências do interesse coletivo que as motiva, sem produzir um total aniquilamento da propriedade, nas suas manifestações essenciais de uso, gozo e disponibilidade da coisa. Por igual, não podem ferir de morte os direitos fundamentais do Homem, comprometendo-lhe a vida, a liberdade e a segurança individuais. Além disso, e para que sejam admissíveis as limitações urbanísticas sem indenização, como é de sua índole, devem ser genéricas, isto é, dirigidas a propriedades ou atividades indeterminadas, mas determináveis no momento de sua incidência.[15]

As limitações administrativas à propriedade devem ser genéricas, não podem recair sobre um único e determinado imóvel, devem abranger uma área, uma região da cidade, até mesmo uma rua ou uma praça, mas, sem dúvida alguma, na medida da necessidade para salvaguardar o interesse da coletividade, podem ser bem amplas e variadas:

---

[13] *Op. cit.*, p. 39-40.

[14] MEIRELLES, Hely Lopes. *Direito de construir*. 9. ed. atual. por Eurico de Andrade Azevedo, Adilson Abreu Dallari e Daniela Libório Di Sarno. São Paulo: Malheiros, 2005. p. 89.

[15] *Op. cit.*, p. 110.

> Os superiores interesses da comunidade justificam as limitações urbanísticas de toda ordem, notadamente as imposições sobre área edificável, altura e estilo dos edifícios, volume e estrutura das construções; em nome do interesse público, a Administração exige alinhamento, nivelamento, afastamento, áreas livres e espaços verdes; impõe determinados tipos de material de construção; fixa mínimos de insolação, iluminação, aeração e cubagem; estabelece zoneamento; prescreve sobre loteamento, arruamento, habitações coletivas e formação de novas povoações; regula o sistema viário e os serviços públicos e de utilidade pública; ordena, enfim, a cidade e todas as atividades das quais depende o bem-estar da comunidade.[16]

Quem, sendo detentor da propriedade de um terreno, tiver o propósito de nele edificar, deve cuidar de obter a planta, o projeto, correspondente, que deverá ser feito com observância de todas as limitações existentes. O projeto de uma determinada e específica edificação, perfeitamente configurada, deve, então, ser submetido ao exame da Administração Municipal, com o pedido de expedição da correspondente licença:

> Licença é ato administrativo unilateral, vinculado, pelo qual se faculta o exercício de determinada atividade material, que sem ela seria vedada. Como exemplo, tem-se a dada para construção de edifício. O proprietário de certo terreno nele só pode construir após a licença obtida, em verificando a repartição competente que o projeto de construção atende às exigências legais. Apurado, entretanto, estas foram obedecidas, se impõe seja-lhe facultada essa atividade material.[17]

Sem a expedição da licença não é possível edificar, não obstante a lei comporte a edificação pretendida. É preciso que a autoridade competente verifique a conformidade do projeto de edificação com a legislação vigente para que, só então, aquela simples possibilidade ou potencialidade de edificar se transforme em um direito, passando a integrar o patrimônio jurídico do proprietário do terreno.

Caio Tácito, com a clareza e a lucidez que lhe são peculiares, explica como isso se ajusta à disciplina da propriedade estabelecida pelo Código Civil:

> No direito brasileiro, a propriedade, colocada, desde a Carta de 1824, sob o pálio dos direitos constitucionais, se exterioriza, entre outros aspectos, no poder que a lei civil reconhece ao proprietário de levantar em seu terreno "as construções que lhe aprouver" (Código Civil, art. 572).
>
> À latitude desse poder apenas dois obstáculos se oferecem: o direito dos vizinhos e os regulamentos administrativos — o que significa dizer, o respeito ao direito alheio e ao interesse público. Enquanto o primeiro rege relações privadas, o último põe em causa o poder de polícia do Estado, que funciona como meio de controle preventivo do exercício do direito de construir.
>
> A conformidade com os regulamentos administrativos, assim entendido todo o elenco normativo que disciplina as construções, se traduz na expedição de alvará ou licença de construção (permis de construire; permiso; licenza edilizia, etc.), que é o ato

[16] *Op. cit.*, p. 112.

[17] MELLO, Oswaldo Aranha Bandeira de. *Princípios gerais de direito administrativo*. Rio de Janeiro: Forense, 1969. v. 1, p. 508.

administrativo mediante o qual a autoridade pública reconhece ao proprietário o pleno do exercício do direito de construir.[18]

O direito abstrato de construir não gera "direito adquirido", podendo, sim, ser alterado por lei superveniente. É da licença que nasce o "direito adquirido" à realização de uma específica e determinada edificação.

Lúcia Valle Figueiredo, em seu *Disciplina urbanística da propriedade*,[19] atribui à licença para construir a natureza jurídica de ato constitutivo formal, "possibilitando àquele em favor de quem é expedida, o direito de levar a cabo a construção, nos termos em que lhe foi deferida", deixando claro que o direito de construir surge com o deferimento do pedido de licença, incorporando-se, então, ao patrimônio do requerente. Isso não impede, entretanto, que a lei seja alterada, mas o titular da licença, durante seu prazo de validade, tem direito de edificar tal como constante da outorga, mesmo que lei superveniente altere as condições de edificabilidade no local.

Não existe direito adquirido à inalterabilidade da lei. Interesses públicos supervenientes podem determinar que as condições de uso do solo sejam alteradas. Quem solicitar licença depois de alterada a lei deve adequar-se aos novos padrões.

Neste instante, convém esclarecer melhor o que deve ser entendido como direito adquirido:

> O direito adquirido é aquele cujo exercício está inteiramente ligado ao arbítrio de seu titular ou de alguém que o represente, efetivado sob a égide da lei vigente no local e ao tempo do ato idôneo a produzi-lo, sendo uma conseqüência, ainda que pendente, daquele ato, tendo utilidade concreta ao seu titular, uma vez que se verificaram os requisitos legais para sua configuração.[20]

Não se pode confundir direito adquirido com mera expectativa de direito ou simples possibilidade de exercício de um direito. Enquanto depender de alguma coisa, enquanto estiver condicionado ao cumprimento de uma condição, como, por exemplo, a expedição de uma licença, o direito não está adquirido. Somente haverá direito adquirido quando o titular puder exercitá-lo de imediato, dependendo apenas e tão somente de sua vontade.

Maria Helena Diniz deixa essa questão ainda mais clara, ao fazer a distinção entre direito adquirido e direito futuro:

> A lei nova não poderá retroagir no que atina ao direito em si, mas poderá ser aplicada no que for concernente ao uso ou exercício desse direito, mesmo às situações já existentes antes de sua publicação.
>
> Pelo Código Civil (art. 74, III), serão "atuais os direitos completamente adquiridos, e futuros os cuja aquisição não se acabou de operar". Portanto, o direito atual é aquele adquirido, que já está em condições de ser exercido, por se incorporar imediatamente ao patrimônio do adquirente. O direito futuro é aquele cuja aquisição, por ocasião

[18] TÁCITO, Caio. *Temas de direito público*: estudos e pareceres. Rio de Janeiro: Renovar, 1997. v. 2, p. 1760-1761.

[19] São Paulo: Revista dos Tribunais, 1980. p. 51 *et seq.*

[20] DINIZ, Maria Helena. *Lei de introdução ao Código Civil Brasileiro interpretada*. São Paulo: Saraiva, 1994. p. 183.

da realização do negócio ou ato, não se operou, dado que sua efetivação depende de uma condição ou de um prazo. Trata-se de um direito não formado, que requer a complementação dos fatos determinantes de sua aquisição.[21]

Essas lições devem ser aplicadas ao caso da outorga onerosa do direito de construir. Alguém que tinha a possibilidade de edificar sem nada pagar, mas não se valeu dessa prerrogativa, não obteve a licença para edificar, não pode invocar direito adquirido para livrar-se do comprimento de exigência estabelecida por legislação superveniente.

Não se pretende afirmar, absolutamente, uma inteira e completa desvinculação entre a outorga onerosa do direito de construir e o direito adquirido. Obviamente, a implantação concreta da possibilidade de cobrar pelo solo criado deverá ser feita com observância do direito adquirido. Ou seja, quem, atualmente, já edificou além do coeficiente básico ou, até mesmo, além do coeficiente máximo não terá que pagar nem demolir coisa alguma, pois na aplicação da nova lei deverão ser respeitados os direitos já adquiridos.

VI A outorga onerosa do solo criado

A outorga onerosa do direito de construir é um dos novos instrumentos de intervenção urbanística, previsto nas normas gerais de direito urbanístico estabelecidas pelo Estatuto da Cidade, cuja efetiva aplicação depende da existência de um plano diretor.

> Não é demasiado insistir, contudo, que o plano diretor é, até por imposição constitucional (art. 182, §1º), o instrumento angular de toda a política urbana, além de ser o documento em sede do qual se definem os contornos da função social da propriedade urbana, como acima divisamos.
> Será no plano diretor, portanto, que deverão estar contidas as definições para implementação do solo criado.[22]

A Lei nº 10.257, em seu art. 28, determina o que deverá ser necessariamente estabelecido na lei do plano diretor como condição da instituição da outorga onerosa do direito de construir:

> Art. 28 – O plano diretor poderá fixar áreas nas quais o direito de construir poderá ser exercido acima do coeficiente de aproveitamento básico adotado, mediante contrapartida a ser prestada pelo beneficiário.
> §1º Para os efeitos desta Lei, coeficiente de aproveitamento é a relação entre a área edificável e a área do terreno.
> §2º O plano diretor poderá fixar coeficiente de aproveitamento básico único para toda a zona urbana ou diferenciado para áreas específicas dentro da zona urbana.

[21] *Op. cit.*, p. 184-185.

[22] MARQUES NETO, Floriano de Azevedo. Outorga onerosa do direito de construir (solo criado). *In*: DALLARI, Adilson Abreu; FERRAZ, Sergio (Coord.). *Estatuto da Cidade*. São Paulo: Malheiros, 2002. p. 234.

§3º O plano diretor definirá os limites máximos a serem atingidos pelos coeficientes de aproveitamento, considerando a proporcionalidade entre a infra-estrutura existente e o aumento de densidade esperado em cada área.

Como se pode notar, haverá sempre um coeficiente de aproveitamento básico, que independe de qualquer contribuição, deixando claro o respeito ao direito de construir como inerente ao direito de propriedade. Somente o que for eventualmente edificado acima desse limite é que dependerá de uma contrapartida a ser suportada pelo proprietário, contrapartida essa que poderá ser proporcionada de diversas maneiras:

> Obedecidas as condições estabelecidas pela legislação pertinente, especialmente a municipal, o particular se compromete a dar a contrapartida exigida pelo Município pelo direito de construir que este lhe outorgou. A contrapartida, como vimos, pode ser a construção de certa obra (construção de um viaduto), de determinado edifício (construção de um edifício multifamiliar para residência de famílias de baixa renda), a entrega de um dado terreno ou qualquer outra coisa que seja de interesse público, ou o pagamento de certa quantia em dinheiro. A entrega desses bens imóveis ou a execução de certa obra tem a natureza de obrigação contratual e, no caso de a contrapartida ser em dinheiro, sua natureza é de preço público. Preço público é o pagamento feito pelo particular ao Poder Público segundo o valor por este unilateralmente fixado, quando facultativa e espontaneamente adquire bens utiliza serviços públicos ou aufere vantagem posta à sua disposição.[23]

Usar o solo não custa nada. Edificar o equivalente ao solo natural não custa nada. Criar solos adicionais é que gera encargos. Mas, mesmo quanto a isto é absolutamente necessário destacar a facultatividade. Ou seja, ninguém é obrigado a pagar, se não desejar criar solos adicionais. O pagamento somente ocorrerá se for de interesse do proprietário do terreno. O pagamento é voluntário, contratual; não é uma obrigação criada por lei, não tem caráter impositivo.

Resumindo o que foi dito até agora, é preciso destacar dois pontos essenciais: 1. A sensível alteração do significado do direito de propriedade ao longo do tempo, perdendo seu caráter individualista e ganhando caráter social; e 2. A consciência da necessidade de ir além da simples estipulação de limitações administrativas para a solução de problemas urbanísticos decorrentes da evolução social.

Paradoxalmente, foi na França, onde se assentou o direito de propriedade como eminentemente individualista, em 1789 (Revolução Francesa), o local onde se observou a aplicação concreta dos dois pontos acima destacados, exatamente com a instituição, em 1975, do solo criado, ou da outorga onerosa do direito de construir, dando uma clara demonstração de que o direito de propriedade do século XVIII e completamente diferente do direito de propriedade do século XX.

Um dos mais brilhantes monografistas brasileiros sobre o tema da propriedade privada, Fernando Andrade Oliveira, aponta com objetividade e clareza os traços essenciais da outorga onerosa do solo criado instituída pela legislação francesa:

[23] GASPARINI, Diogenes. *O Estatuto da Cidade*. São Paulo: NDJ, 2002. p. 177-178.

Os coeficientes de ocupação do solo foram estabelecidos por lei de 31 de dezembro de 1975, com base na relação entre a superfície do terreno e a da construção (*surface de plancher*), determinante de um limite legal de densidade (*plafond légal de densité*), que corresponde ao índice 1 (um) para o território nacional francês e 1,5 (um e meio) para a cidade de Paris.[24]

Comentando a doutrina francesa sobre esse assunto, o citado autor destaca o entendimento no sentido de que a instituição de um coeficiente de edificabilidade básico mantém o direito de construir como um atributo da propriedade, pois assegura o direito individual de construir até o limite do PLD (*plafond legal de densité*). Além desse limite o direito de construir se dissocia do direito de propriedade e pertence à coletividade, daí porque haveria necessidade, para o eventual interessado, de pagar pelo direito de adicionar solos.

Voltando, agora, ao tema do direito adquirido, que alguns apresentam como uma barreira absolutamente impeditiva da implantação da outorga onerosa do direito adicional de construir, cabe lembrar que a lei francesa de 31 de dezembro de 1975 levou em consideração a questão dos direitos adquiridos. Conforme anota Henri Jacquot, em seu *Droit de l'urbanisme*,[25] a lei já estipulava que, havendo no terreno uma construção que excedesse o PLD (limite mínimo), se o proprietário pretendesse edificar até o limite máximo, deveria pagar apenas a diferença entre esse máximo e o que já estava construído. Também ficava claro que a reconstrução de um prédio que excedesse o limite mínimo, caso ele tivesse sido edificado antes da lei ou caso já tivesse pago pelo excedente, poderia ser feita sem qualquer ônus.

No Brasil, um marco no longo processo de maturação do instituto do solo criado foi a edição, em 1977, da Carta do Embu, que resultou de uma série de reuniões e debates entre os mais destacados juristas e urbanistas do país, e da qual se destaca o essencial:

> Considerando que o direito de propriedade, assegurado na Constituição, é condicionado pelo princípio da função social da propriedade, não devendo, assim, exceder determinado extensão de uso e disposição, cujo volume é definido segundo a relevância do interesse social;
>
> Admite-se que, assim como o loteador é obrigado a entregar ao Poder Público áreas destinadas ao sistema viário, equipamentos públicos e lazer, igualmente, o criador de solo deverá oferecer à coletividade as compensações necessárias ao reequilíbrio urbano reclamado pela criação do solo adicional.[26]

Na década de 80 já se tinha consolidado no Brasil a consciência de que os problemas decorrentes do crescente processo de urbanização estavam a exigir algo mais do que medidas isoladas adotadas pontualmente por este ou aquele Município. Já se tinha noção de que era forçosa a edição de uma legislação nacional

---

[24] OLIVEIRA, Fernando Andrade. *Limitações administrativas à propriedade privada imobiliária*. Rio de Janeiro: Forense, 1982. p. 67-68.

[25] DALLOZ, 1989, p. 390.

[26] *O solo criado – Carta do Embu*. Fundação Prefeito Faria Lima (Centro de Estudos e Pesquisas de Administração Municipal – CEPAM), 1977. p. 169.

de desenvolvimento urbano, estabelecendo normas gerais de direito urbanístico, criando instrumentos mais adequados ao enfrentamento dos gravíssimos problemas sociais que haviam surgido (e que apenas se agravaram ao longo do tempo).

Dessa conscientização surgiu a apresentação do Projeto de Lei nº 775, do Executivo, de 1983, que estabelecia normas gerais de Direito Urbanístico e tramitou por longos anos, até ser substituído pelo projeto do qual se originou o atual Estatuto da Cidade.

O Projeto de Lei nº 775, apresentado há quase 20 anos, já continha dispositivos, em seus artigos 5º e 6º, que davam fundamentação para a cobrança da outorga onerosa do direito de construir. Com efeito, nessa própria lei federal já ficava estipulado o índice de aproveitamento igual a uma vez a área do terreno, para todo o território nacional, sendo que o Município poderia condicionar a outorga de licença para edificar à existência de equipamentos urbanos e comunitários, cuja implantação ficaria a cargo dos interessados na edificação. Dito de outra maneira, quem desejasse edificar acima do índice 1.0 teria que suportar os ônus decorrentes, teria que pagar por isso.

A constitucionalidade desse projeto (e da eventual lei que dele pudesse resultar) foi altamente questionada, mas sob alegação de que, na época, a União não teria competência para editar normas gerais de Direito Urbanístico. Esse problema foi resolvido com a previsão expressa dessa competência contida na Constituição Federal de 1988.

A Lei nº 10.257, de 10.07.01, tem menor amplitude e mais flexibilidade, permitindo uma adequação às peculiaridades de cada Município e de cada área da cidade, mas foi diretamente ao ponto, estabelecendo claramente a possibilidade de cobrança pela criação de solo.

Repita-se, uma vez mais, até a exaustão, que a instituição da outorga onerosa do solo criado não significa uma ruptura ou uma separação entre o direito de propriedade e o direito de construir:

> O conceito de solo criado não importa a separação da faculdade de construir do direito de propriedade do terreno. Ao contrário, reafirma sua correlação, na medida em que transforma em direito subjetivo a faculdade de construir até o limite do coeficiente único estabelecido. Tanto assim que, se a legislação de uso e ocupação do solo determinar coeficiente menor para alguma zona ou área, os proprietários terão direito a uma compensação pela limitação estabelecida em desigualdade com os demais proprietários.[27]

O alicerce fundamental da instituição da outorga onerosa do direito especial ou adicional de construir acima da metragem correspondente ao solo natural é, sem dúvida, o princípio constitucional da função social da propriedade. A propriedade imobiliária urbana, atualmente, além de atender aos justos anseios do proprietário, deve, também, cumprir uma função social.

Porém, mesmo para quem ainda conserva a concepção do direito de propriedade plasmada no século XVIII, parece ter ficado perfeitamente claro, pelo menos, que não há qualquer incompatibilidade entre a garantia constitucional do direito de propriedade e a instituição, por lei municipal, atendendo ao disposto nas

[27] SILVA, José Afonso da. *Direito urbanístico brasileiro*. 3. ed. São Paulo: Malheiros, 2000. p. 253.

normas nacionais de Direito Urbanístico, de remuneração correspondente ao solo artificial criado.

Resta, agora, dizer uma palavra sobre a natureza jurídica da "contrapartida a ser prestada pelo beneficiário", nos termos do art. 28 da Lei nº 10.257, de 10.07.01, Estatuto da Cidade.

Entende parte da doutrina que, no exercício do chamado Poder de Polícia, o Poder Público pode determinar ao particular o cumprimento de certas obrigações, inclusive de pagar. Para quem assim entende, a própria instituição da outorga onerosa seria uma simples limitação administrativa, e o pagamento correspondente teria, então, a mesma natureza jurídica.

Não é esse, todavia, o nosso entendimento. Em trabalho já publicado, tivemos oportunidade de fazer uma distinção entre as limitações administrativas e o instituto do concurso voluntário, que identifica a contrapartida a ser suportada pelo loteador como condição da aprovação do projeto de loteamento, e que tem uma evidente correspondência com a contrapartida correspondente à criação de solo artificial:

> Consiste o poder de polícia no estabelecimento, por lei, de restrições genéricas à propriedade e à liberdade dos particulares, em favor do interesse coletivo. Ao estabelecer limitações administrativas o Poder Público nada retira do particular, apenas delineia os confins do seu direito, razão pela qual as limitações administrativas não geram qualquer obrigação de indenizar.
>
> No caso do concurso voluntário ocorre um inegável sacrifício de direito, na medida em que o particular perde parte de sua propriedade em favor do Município. Não se alegue, portanto, de maneira alguma, que o concurso voluntário seria uma exigência comum, como outra qualquer, como exemplo a dimensão mínima dos lotes, o gabarito, o coeficiente de edificação, a taxa de ocupação do terreno etc. Todas estas últimas figuras são limitações administrativas inerentes ao exercício de poder de polícia, mas o concurso voluntário está inteiramente fora do campo das simples limitações administrativas e do mero exercício do poder de polícia.[28]

Entende uma outra corrente doutrinária que essa contrapartida correspondente à criação de solo teria a natureza jurídica de tributo. Também não é esse nosso entendimento, pois, conforme salientamos, não há obrigatoriedade, não há imposição de pagamento; só paga quem, voluntariamente, desejar agregar solo artificial ao solo natural do qual é detentor. Isso já foi demonstrado com total rigor científico pela melhor doutrina:

> Em algumas das colocações que, entre os urbanistas, têm sido desenvolvidas, dá-se especial relevo à afirmação de que, no percebimento, pelo setor público, de uma remuneração pela cessão do direito de criar solo, lobrigar-se-ia a arrecadação de uma modalidade de receita tributária.
>
> Tal afirmação, no entanto, é desprovida de qualquer fundamento, além de conter em si o efeito nocivo de induzir a idéia de que a instituição da noção de solo criado poderia possibilitar ao setor público a produtiva exploração de uma nova fonte de receita pública. Essa idéia, evidentemente, compromete a própria essência daquela noção, que em suas bases se prende a razões urbanísticas, diversas das que justificam

[28] DALLARI, Adilson Abreu. Parcelamento do solo: desmembramento: concurso voluntário. *RDP*, v. 24, n. 98, p. 242, abr./jun. 1991.

> a instituição de tributos — estas últimas apoiadas sobre o princípio da capacidade econômica dos particulares, já alcançada, portanto, pelos impostos sobre o patrimônio e pela contribuição de melhoria.
>
> Tributos são receitas que encontram sua causa em lei; daí a sua definição como receitas legais. No caso em espécie, estamos diante de um ato de aquisição de um direito, não compulsório. Trata-se de ato voluntário, no qual o requisito da vontade das partes — setores público e particular — substitui o requisito da imposição legal. A remuneração correspondente, pois, é contratual e não legal.[29]

Desenvolvendo essa linha de raciocínio, em outros estudos, esse mesmo consagrado jurista, considerando que não se trata nem de tributo, nem de obrigação, entende que a natureza jurídica dessa contrapartida é a de um simples ônus.

Ônus é um encargo que alguém deve suportar como condição para obter algo de seu interesse, em seu próprio benefício. O concurso voluntário acima referido, presente no direito brasileiro desde longa data, é um ônus do loteador. Ressalte-se que sua constitucionalidade nunca foi questionada.

Há, entretanto, uma significativa diferença entre o concurso voluntário no parcelamento do solo e na outorga onerosa do direito de construir. Ao instituir um loteamento, o loteador cede uma parte da gleba ao Poder Público, ou seja: por força da lei, a área correspondente ao concurso voluntário passa a integrar o patrimônio público. No caso da outorga onerosa, o empreendedor imobiliário paga uma determinada importância em dinheiro à municipalidade e, assim, adquire o direito de construir acima do coeficiente básico e no volume correspondente ao pagamento feito, desde que não exceda o coeficiente máximo estabelecido para aquela determinada área da cidade.

Não há que se falar, em qualquer desses casos, em desapropriação indireta, pois não existe compulsoriedade, nem atuação do Poder Público à revelia do particular, mas, sim, sempre, em atuação concertada, voluntária. Especialmente quanto ao solo criado, nada é retirado do particular, mas, ao contrário, o pagamento do ônus correspondente à outorga onerosa aumenta seu patrimônio imobiliário.

Por essa razão, no cálculo do valor da propriedade aquinhoada com o direito de construir solo criado, deve ser levado em consideração também esse *plus*, também o potencial adicional de edificabilidade, que foi adquirido pelo proprietário e, uma vez feita a construção, se incorpora ao imóvel.

VII Conclusões

Com base e fundamento em tudo quanto foi acima exposto, pode-se, agora, após uma última consideração de ordem geral, responder direta e objetivamente àquelas indagações inicialmente apresentadas, que são aqui reproduzidas, para facilitar a leitura e o entendimento.

O direito de propriedade afirmado pela Constituição Federal em vigor não mais pode ser havido apenas como um puro direito subjetivo de caráter individualista,

[29] GRAU, Eros Roberto. *Direito urbano, regiões metropolitanas, solo criado, zoneamento e controle ambiental, projeto de lei de desenvolvimento urbano*. São Paulo: Revista dos Tribunais, 1983. p. 82.

mas, sim, deve ser considerado também como um direito público, de conteúdo necessariamente social. A outorga onerosa do direito de construir além de um determinado patamar respeita e consagra o direito de propriedade e, ao mesmo tempo, dá concreção ao princípio da função social da propriedade, atendendo plenamente ao que manda a Constituição.

1. A lei do plano diretor pode dar novo conteúdo ao direito de construir com base no parágrafo segundo do art. 182, combinado com os incisos XXII e XXIII do art. 5º, ambos da Constituição Federal, e no Estatuto da Cidade para cumprimento da função social da propriedade urbana?

Resposta: Sim. A lei do plano diretor, por determinação constitucional, é o instrumento de configuração da forma de cumprimento do princípio da função social da propriedade. A elaboração e aprovação de um plano diretor, nos termos da Constituição e do Estatuto da Cidade é condição para a possibilidade de utilização dos novos instrumentos de atuação urbanística, que foram criados para dar um novo tratamento ao direito de construir e para dar concreção ao princípio da função social da propriedade.

2. A lei do plano diretor e a legislação de zoneamento, uso e ocupação do solo podem reduzir os coeficientes de aproveitamento e outros parâmetros e índices urbanísticos previstos na legislação de zoneamento em vigor? Há direito adquirido aos parâmetros, coeficientes e demais índices urbanísticos da legislação em vigor?

Resposta: A lei do plano diretor e a legislação de zoneamento, uso e ocupação do solo sem nenhuma sombra de dúvida, podem reduzir coeficientes de aproveitamento e outros índices urbanísticos genericamente estabelecidos, conforme sempre ocorreu, respeitando apenas o direito adquirido de quem já edificou ou, pelo menos, era detentor de licença para edificar válida. Não há direito adquirido à imutabilidade dos parâmetros genericamente estabelecidos por lei, pois a lei sempre pode ser alterada por outra lei superveniente.

3. Ao fixar em uma vez a área do terreno, o coeficiente de aproveitamento básico para o efeito de limitar o exercício gratuito do direito de construir, o PL nº 290/2002 procede a alguma desapropriação indireta do direito de construir ou fere "direito adquirido" do proprietário do terreno?

Resposta: Nunca, jamais, qualquer cidadão teve o direito de construir ilimitadamente, nem mesmo teve o direito de construir segundo parâmetros vigentes num determinado momento. O exercício do direito de construir sempre dependeu do atendimento aos limites legalmente estabelecidos e somente se incorporava ao direito de cada cidadão no momento da expedição da correspondente licença para executar determinada obra. Não existe "direito adquirido" de executar qualquer obra a qualquer momento. É juridicamente impossível desapropriar algo que nunca existiu.

4. O valor do potencial construtivo adicional acima do coeficiente de aproveitamento básico até o limite representado pelo coeficiente de aproveitamento máximo deve ser excluído do valor venal do imóvel para efeito de aplicação do imposto predial e territorial urbano?

Resposta: Na determinação do valor venal de um determinado terreno, sempre foi elemento a ser considerado o potencial de edificabilidade. Essa situação, sempre aceita de maneira mansa e pacífica, não se altera pelo fato de que a efetiva edificação acima do coeficiente básico deva ser precedida de um correspondente pagamento ao Poder Público. É até intuitivo que um terreno onde possa haver utilização mais intensa valha mais do que outro onde essa possibilidade não existe. Portanto, o potencial construtivo adicional acima do coeficiente de aproveitamento básico até o limite representado pelo coeficiente de aproveitamento máximo deve ser considerado na fixação do valor venal do imóvel para efeito de aplicação do imposto predial e territorial urbano.

Informação bibliográfica deste texto, conforme a NBR 6023:2002 da Associação Brasileira de Normas Técnicas (ABNT):

DALLARI, Adilson Abreu. Solo criado: constitucionalidade da outorga onerosa de potencial construtivo. *In*: DALLARI, Adilson Abreu; DI SARNO, Daniela Campos Libório (Coord.). *Direito urbanístico e ambiental*. 2. ed. rev. Belo Horizonte: Fórum, 2011. p. 19-42. ISBN 978-85-7700-449-2.

Audiência Pública na Gestão Democrática da Política Urbana

Daniela Campos Libório Di Sarno

Sumário: **I** Fundamentação constitucional – **II** Fundamento legislativo – **III** Audiência pública e processo – **IV** Princípios – **V** Fases – **VI** Revisibilidade – **VII** Responsabilidade – Referências

Audiência pública é forma de participação direta da sociedade no processo de formação decisória do poder político e, por isso, é prévia à decisão que se pretende tomar. Pode ser facultativa ou obrigatória e, desde que seja feita, deve ser revestida de elementos garantidores de eficácia e legitimidade. Seu caráter é consultivo e pode ser condição necessária para a validade de atos praticados em sua decorrência.

I Fundamentação constitucional

Constitucionalmente, a audiência pública tem sustentação jurídica de forma explícita e implícita. Sua fundamentação implícita pode ser extraída da sistematização de diversos artigos, sendo que o ponto de partida sempre será o disposto no parágrafo único do art. 1º, ao ser prescrito para o Brasil uma democracia mista, exercida não só por representantes eleitos, mas também diretamente pela população. Ademais, o artigo 5º, XXXIII, reforçado pelo §3º, II, do art. 37, dispõe sobre o direito do cidadão em ser informado e a obrigatoriedade do Poder Público em informar e tornar pública todas as informações de interesse pessoal, coletivo ou geral, ressalvados os casos de sigilo imprescindível à segurança da sociedade e do Estado.

Na leitura sistemática que se deve fazer da Carta Constitucional, a ordem urbana atinge as três gamas de interesse, o particular, o coletivo e o geral, atribuindo o direito de qualquer cidadão saber prévia, concomitante e posteriormente, do andamento das decisões, projetos e planos de cunho urbanístico.

Cada indivíduo deve encontrar a possibilidade de extrair seu bem-estar, como resultado do exercício da função pública e, no caso, da função urbanística, conforme o prescrito no *caput* do art. 182 da Constituição Federal. O Estado não pode aniquilar a chance de cada um realizar suas pretensões como cidadão, dentro dos parâmetros estabelecidos pela nossa Carta Constitucional. Nasce, com isso, um interesse genuinamente particular, privado, que deve ser previsto e protegido pelo ordenamento jurídico. Conforme ensina Celso Antônio Bandeira de Mello, "seria inconcebível um interesse do todo que fosse, ao mesmo tempo, contrário ao interesse de cada uma das partes que o compõe."[1]

Claro está que o Poder Público, ao encaminhar projetos e planos urbanísticos para aprovação, deve considerar que sua execução poderá afetar interesses de outros cidadãos. Como o bem-estar dos habitantes de uma cidade, bem como seu pleno desenvolvimento são os valores apregoados constitucionalmente a serem perseguidos, deverá ser criado pelo Poder Público momentos de participação popular para que as diversas forças (por vezes opostas) que existem na dinâmica da cidade possam ter a oportunidade de conhecer, ou propor, as transformações desejadas no cenário urbano.

Como exemplo de interesse pessoal, ou particular, pode-se citar a necessidade de um proprietário saber quais são os regramentos, projetos e planos que circundam sua propriedade para que possa planejar seu uso adequadamente. Casos assim não se esgotam com o conhecimento do zoneamento, por exemplo, posto que a estrutura normativa urbanística é hoje por demais complexa incidindo sobre subutilizações, superutilizações, investimentos e parcerias entre o Poder Público e setor privado, entre outras características. Para este proprietário, participar de uma audiência pública pode ser fundamental no reflexo ao uso de sua propriedade como também podem ensejar o levantamento de questões de cunho prático que podem interferir no resultado esperado do projeto debatido em audiência.

O interesse coletivo, por sua vez, norteia-se pela mensuração possível dos interessados, seja no plano geográfico seja numérico e, em geral, fundamenta-se em bairros, regiões da cidade ou usuários determinados de um sistema. A doutrina explica[2] que deve haver um vínculo jurídico, associativo, para caracterizá-lo. No cenário urbano, associações de bairros, condomínios, escolas, comerciantes são exemplos de grupos que podem caracterizar-se como tal.

Já o interesse geral atinge a todo e qualquer cidadão que, independentemente de sua ligação com o projeto debatido, queira exercitar sua cidadania ao acompanhar os debates. Por isso, mesmo aquele que não habita ou trabalhe no município onde ocorre a audiência pública pode dela participar como cidadão. Sua legitimidade reside no papel fiscalizatório que a sociedade deve exercer sobre a atuação do Poder Público no exercício de suas funções. Dentro desse raciocínio, é possível afirmar que o trato do espaço urbano interessa a todos, se não particularmente, de maneira difusa, isto é, de maneira indistinta, pois o ordenamento urbano não é um bem apropriável de forma exclusiva. Sua titularidade é genérica, seu objeto é indivisível e a plena realização do desenvolvimento urbano aproveita a todos em conjunto, sejam ou não munícipes.[3]

---

[1] *Curso de direito administrativo*. São Paulo: Malheiros, 2006. p. 57.

[2] GUERRA, Isabella Franco. *Ação civil pública e meio ambiente*. Rio de Janeiro: Forense, 1997. p. 36-37; GRINOVER, Ada Pellegrini. Ações coletivas para a tutela do ambiente e dos consumidores. *AJURIS*, Porto Alegre, v. 13, n. 36, p. 8, mar. 1986.

[3] A Resolução nº 25 do Conselho Nacional das Cidades/Ministério da Cidade dispõe: "Art. 8º – As audiências públicas (...) devem atender aos seguintes requisitos:... IV – garantir a presença de todos os cidadãos e cidadãs, independente de comprovação de residência, ou qualquer outra condição, que assinarão a lista de presença;"

A Constituição Federal eleva o cidadão à categoria de fiscal do Poder Público ao impor a transparência de seus atos como princípio basilar da atuação pública, de tal sorte que seu descumprimento enseja anulação do ato praticado. Essa transparência, ora traduzida em publicidade, ora traduzida no acesso direto às informações, nada mais é do que elemento necessário para o exercício do poder de fiscalização que o cidadão possui. Portanto, se a Carta Magna propugna, por exemplo, pela definição da ação popular como instrumento de cobrança do Estado pela sociedade (cidadão) ensejando uma (re)ação posterior ao ato praticado, nada mais lógico que o sistema jurídico também propicie instrumentos de fiscalização social prévios e concomitante aos atos que, porventura, sejam praticados pelo Poder Público.

Considerando-se que a elaboração de normas urbanísticas bem como a tomada de decisão acerca da matéria devem ser precedidas de um processo *de planejamento*, conforme prevê o art. 174 da Magna Carta, que esse processo de planejamento envolve, ao menos, levantamento de dados, diagnóstico da situação, seleção de prioridades e elaboração de um plano, o direito da população em receber todas as informações que envolvem esse processo, bem como questioná-las, é um direito constitucional.

Deve-se ressalvar, entretanto, que a população não pode ser relegada a um patamar de agente passivo, mero expectador, recebendo as informações sem chances efetivas e reais de questionar, opinar ou fiscalizar. Devem ser criados momentos estratégicos para essa participação de forma que a soberania popular possa ser exercida na sua plenitude. Devem ser momentos ordenados e de conhecimento geral, com finalidades, em que a população saiba qual papel a ser exercido. São momentos de consulta, debate e também de audiência pública.

Ao Poder Público caberá um papel de educador para a cidadania, dentro do qual não deverá contentar-se com a pouca receptividade da comunidade em eventos públicos coletivos. Informar adequadamente a população que possa ser afetada pela decisão vindoura é de fundamental importância para o desenvolvimento da democracia participativa.[4] Em casos nos quais a população possui baixa escolaridade, por exemplo, a simples liberação à consulta de projetos a serem debatidos não é suficiente para informá-la. Caberá ao Poder Público competente para a decisão o dever em simplificar a linguagem sem, entretanto, comprometer o conteúdo, de forma que a população entenda o que se passa e possa proceder a uma análise crítica compatível com seus interesses diretos.

Quanto aos dispositivos constitucionais explícitos, o art. 58, §2º, II, prevê a realização de audiências públicas com entidades da sociedade civil em razão da matéria nas comissões legislativas. O Texto Constitucional consagra, portanto, a audiência pública como instrumento técnico legítimo de participação popular ao inserir, no âmbito do processo legislativo, a realização de audiências públicas. Não

[4] Em dissertação de mestrado em Psicologia na UFSC, Sandro Marcelo Xavier, psicólogo social, aprofunda o debate ao constatar em pesquisa que a experiência democrática é fundamental para a manutenção e eficácia os instrumentos de participação popular: "Os resultados indicaram que os moradores participativos tiveram experiências prévias de participação e envolvimento com movimentos sociais e que estas experiências, muito provavelmente se configuram como reforçadores naturais para a manutenção ou para o aumento da freqüência do comportamento de participar. O maior desafio à participação se concentra na população apática, uma vez que não teve acesso a esses reforçadores e tampouco foi objeto de atenção por parte da intervenção social para que ingressassem em condições diferentes de cidadania e comportamento político".

deverá ser deixado para o exercício discricionário de cada legislatura decidir sobre a conveniência e oportunidade em realizá-la. Se a legislação que trata da matéria nada dispuser a respeito, o regimento interno do Parlamento deverá consignar que todas as matérias que possam interferir na vida da cidade e seus munícipes serão objeto, ao menos, de audiências públicas.

II Fundamento legislativo

Quanto à Política Urbana, as normas gerais editadas pela União, segundo determinação do art. 182 da Constituição Federal, Lei Federal nº 10.257/01, Estatuto da Cidade, determinaram que o processo de planejamento urbano fosse permeado por uma dinâmica de envolvimento democrático que não se esgota na elaboração do Plano Diretor. Um dos instrumentos a ser utilizado nesse processo permanente de gestão democrática da cidade é a audiência pública.

A audiência pública está inserida no "Estatuto da Cidade" em diversos dispositivos. Dentro do Capítulo IV — "Da gestão democrática da cidade" —, em seu artigo 43, inciso II, traz a previsão genérica do uso do instrumento junto ao debate, consulta pública entre outros, para que seja garantida a gestão democrática da cidade. O texto legislativo, ao nominar três formas de participação popular, demonstra haver diferenciação entre elas. Portanto, consulta não é o mesmo que debate ou audiência pública e vice-versa.

Não são poucas as situações fáticas em que as autoridades públicas têm confundido tais formas, relegando a um plano inferior detalhes diferenciadores que possibilitariam o aprofundamento e aperfeiçoamento na percepção da vontade popular pelo Poder Público. Assim, a audiência pública tem sido usada para circunstâncias que se igualam a debates ou consultas. Tal descuido enfraquece esses instrumentos, pois ao não se respeitar forma, ao se confundir objetos, a finalidade última, a vontade popular, fica obscurecida pelo processo confuso com que foram estabelecidos.

O problema da definição dos objetos não é de fácil solução. A ânsia por vivenciar práticas democráticas pela sociedade civil tem trazido distorções nos processos que deveriam fortalecer nossas instituições. Assim, parece ser defensável equívocos na prática das audiências públicas ao justificar a participação popular em seu processo.

O fato de número considerável de pessoas comparecer em data, hora e local indicado para ouvir e questionar um projeto urbanístico resulta quase que em uma inviolabilidade desse momento, forçando uma eventual convalidação de atos que nem sempre seriam convalidáveis. Portanto, uma convocação frágil, dificuldade na consulta prévia do projeto, a não compreensão exata da dimensão do projeto debatido ou a inadequação do lugar escolhido tolhendo a participação da população podem parecer "detalhes" diante do comparecimento de algumas dezenas, ou centenas, de pessoas à audiência pública.

Não é o que defendemos. É de fundamental importância aprofundar o estudo da matéria de maneira que se delimite os contornos mínimos a serem exigidos como forma de garantir uma maior dimensão à vivência democrática.

A Lei Federal nº 9.784/99, do Processo Administrativo em âmbito federal, dispõe sobre a possibilidade do órgão público competente, mediante despacho motivado, abrir um período de consulta pública para que pessoas físicas ou jurídicas manifestem-se caso entendam necessário (art. 31). Neste dispositivo legal, a consulta pública reveste-se de uma conceituação que engloba a manifestação espontânea e ocasional da sociedade onde a não manifestação não implica a invalidação do ato decisório posterior. Diferentemente ocorre com o plebiscito e o referendo, ambos considerados mecanismos de consulta pública. Para estes instrumentos, a participação é obrigatória, e seu resultado vincula a decisão pública.

Como denominador comum percebe-se, na consulta pública, a ênfase no acesso da população a informações no que pode constituir elemento indispensável na construção da opinião pública. Pode referir-se, igualmente, na coleta da opinião da população interessada acerca de um assunto específico, como um plano urbanístico, um empreendimento, uma área a ser transformada ou um tema de projeto de lei. Portanto, o Poder Público pode utilizar-se da modalidade da consulta pública sempre que quiser saber a opinião da população sobre um tema, podendo esta se revestir na forma de plebiscito, referendo, ou de maneira genérica, mediante a disponibilização de material ou encaminhamento de questão a ser respondida por aqueles cidadãos que assim o desejarem fazê-lo. Pode ser utilizada no início, no decorrer ou na finalização do processo de elaboração de um plano urbanístico, orientando o Poder Público na direção a seguir.

Quanto ao debate, este pode ser detectado tanto como parte de outro instrumento, como a audiência pública, como pode ter existência e finalidade próprias. Temas e assuntos de interesse geral podem ser objeto de debates entre o Poder Público e a população mesmo que não haja um projeto ou plano específico a ser debatido. Pode ser um útil instrumento de conhecimento da vontade popular a que o Poder Público pode fazer uso de forma que o resultado dos debates possam servir de orientação à elaboração de propostas concretas. Por meio de debates a população pode externalizar suas dificuldades, suas prioridades, seus receios. Tendo essa função, o debate pode e deve ser revestido de grande informalidade para que todos os interessados possam se sentir à vontade diante da chance de se manifestarem.

O disposto nas diretrizes gerais, art. 2º, XIII, estabelece como regra geral a necessária realização de audiência pública entre Poder Público e sociedade em qualquer empreendimento ou atividade que haja interesse em ser implementado e que possa causar efeitos potencialmente negativos sobre o meio ambiente natural ou construído, o conforto ou a segurança da população. O fato de esta norma inserir-se nas diretrizes gerais traz efeitos para qualquer instrumento urbanístico, ou seja, independe da definição da elaboração de um Estudo de Impacto Ambiental ou de um Estudo de Impacto de Vizinhança (EIV, arts. 36 e 37) ou qualquer outro instrumento (consórcio imobiliário, operação urbana consorciada) para ser aplicada. Basta que seu pressuposto ocorra (projeto de empreendimento ou atividade com potencial efeitos negativos à cidade) para ensejar a ocorrência da audiência pública.

Além da previsão genérica, segundo o disposto na Lei Federal nº 10.257/01, art. 40, §4º, I, deve ser garantida a promoção de audiências públicas no processo de elaboração (controle prévio) e fiscalização de implementação (controle concomitante) do Plano Diretor seja no âmbito do Poder Executivo, quanto do Poder Legislativo.

Outro momento consignado para a execução de audiência pública está previsto expressamente para o orçamento participativo (art. 44 do Estatuto da Cidade), artigo esse que deve ser lido junto ao art. 4º, §3º, que dispõe que qualquer instrumento que demande dispêndio de recursos por parte do Poder Público Municipal deve ser objeto de controle social com participação direta da sociedade no que incluirá, obrigatoriamente, debates, audiências e consultas públicas sobre as propostas de Plano Plurianual, lei de diretrizes orçamentárias e do orçamento anual.

III Audiência pública e processo[5]

A audiência pública participa em duas circunstâncias de processo administrativo. Na primeira, insere-se como elemento integrante de um amplo processo que culminará em um ato decisório (por exemplo, a elaboração do projeto de lei que institui o plano diretor). Na segunda, desenvolve-se uma sequência específica de atos e fatos para sua própria realização (a audiência pública propriamente dita).

1 Na elaboração e implementação da Política Urbana deve haver a inserção de um processo democrático participativo para garantir sua eficácia. A formação da vontade popular deve ser colhida por meio de instrumentos claros e objetivos, na qual o agente público deverá, de forma vinculada, exercer a função de *coordenador* na formação dessa vontade, assumindo, quando necessário, um papel de educador e informador com a responsabilidade em perceber e decodificar as diversas vontades emergentes que fiquem consignadas por esse instrumento.

Diante da inexperiência brasileira na democracia participativa, não seria razoável deixar ao movimento espontâneo da sociedade a formação e exposição de suas vontades com expectativas de que o fizessem de forma clara. Infelizmente, se por um lado a criação de regras para a condução da vontade popular pode parecer um engessamento ao surgimento de novas formas, por outro, garante certos patamares mínimos que, por sua vez, não obstaculizam sua evolução.

O planejamento urbano insere-se num amplo contexto que inclui diversos instrumentos necessários para o bom desenvolvimento da *urbes*. Levantar dados e estatísticas, fazer diagnósticos, analisá-los, decidir por prioridades e esboçar um projeto de plano urbanístico já requer, por si só, uma demanda humana e material de vulto. Desta feita, não seria possível admitir que, em um Estado social e democrático de direito, a participação popular pudesse estar deslocada de todo esse roteiro para tomar contornos meramente formais. Ou seja, os momentos garantidos à participação popular na gestão da cidade devem ser aproveitados pelo gestor público como elemento indissociável na formação de sua decisão quanto à política urbana a ser estabelecida.

Nesse sentido, qualquer dos instrumentos indicados à participação popular integra-se a um processo político-administrativo em primeiro plano, passando à fase político-legislativa na sequência.

2 A audiência pública, como instrumento direto de participação popular, deve ser cercada de cautelas para que sejam garantidas sua eficácia e legitimidade. Estabelecer quais situações podem ou devem deflagrar sua aplicação, quem são os

---

[5] Adotamos a terminologia "processo" para indicar, conforme esclarecem Ferraz e Dallari (p. 32), um conjunto teleologicamente concebido que se desenvolve, perante a Administração Pública, mediante a prática de atos instrumentais haja, ou não, controvérsia, antagonismo, a ser resolvido pelo Poder Público.

legítimos interessados no conhecimento e debate do projeto ou plano, formas de sua publicidade, definição de local, data e hora, registro dos debates, ordem nos questionamentos feitos pelo público, respostas satisfatórias às dúvidas levantadas são itens básicos de qualquer audiência pública, sendo que todas essas etapas deverão seguir uma sequência lógica aos fins pretendidos, e a ausência ou mácula de um deles poderá ensejar sua anulação.

Nos filiamos à ideia na qual a decisão em realizar uma audiência pública deflagra um processo administrativo cujos elementos e etapas possuem caráter constitutivo por realizar interesses distintos. Reveste-se de uma sucessão de atos e fatos preparatórios que geram efeitos e responsabilidades próprios que independem do ato principal ou, em outras palavras, exercem uma função condicionante ou preparatória ao ato conclusivo ou principal.[6] Entretanto, o rito e as formalidades estabelecidas, ao não serem exigidas por lei, torna tal processo não obrigatório. Não significa dizer que os atos e fatos não devam ocorrer, mas o não cumprimento de certas formalidades discricionariamente fixadas pela Administração não influi na legalidade formal do ato. Tal característica não exclui a relevância jurídica do processo, posto que o sistema jurídico permite uma vasta gama de trâmites, tanto no âmbito administrativo, quanto judicial.

A consequência imediata deste raciocínio demonstra que se a forma pode ser suprida ou convalidada, o mesmo não se poderá dizer dos demais elementos que devem revestir a prática de cada ato. Motivo e finalidade deverão estar intocados para que o ato seguinte possa ser praticado em sua plenitude. Como exemplo, cita-se o tamanho diminuto do local onde ocorrerá a audiência pública, deixando que parte significativa dos interessados não consigam participar. Outro exemplo é o pouco tempo disponibilizado para consulta do material a ser debatido e exposto, inviabilizando seu acesso para a maioria; ou o registro desordenado das questões suscitadas na audiência pública. São atos e fatos de grande relevância jurídica e que interferem na finalidade última de uma audiência pública.

A necessidade de transformação urbana e sua implementação por meio de uma gestão democrática da cidade em busca do bem-estar de seus habitantes é o ponto de partida para que possa ser analisado mais de perto o motivo que embasa uma audiência pública em âmbito urbanístico.

Os artigos 43, II, 44, e 2º, XIII, do Estatuto da Cidade, Lei nº 10.257/01 deflagram as hipóteses, exemplificativas, em que as audiências públicas devem ocorrer, ora sendo uma opção do Poder Público, ora sendo imposta a ele diante de determinados fatos.

O motivo factual deflagra, portanto, no Poder Público, a possibilidade/necessidade em agir discricionariamente ou, em certos casos, vinculadamente. Por exemplo, está prevista a audiência pública como elemento indispensável no procedimento de aprovação de empreendimento de grande impacto. Se não houver a especificação dos empreendimentos que se entende causadores de "grande impacto", por certo haverá uma margem de ocorrências que se resolverão mediante o exercício da interpretação pela Administração Pública, posto que a expressão "grande impacto" não é dotada de sentido unívoco.

---

[6] XAVIER. *Procedimento administrativo*, p. 113-115.

Entretanto, tal exercício não faculta grau ilimitado de liberdade, pois sempre haverá situações em que tal norma nunca se aplicará (não são empreendimentos de grande impacto), outras que estarão albergadas por um conteúdo mínimo que seja da sua aplicação (são de grande impacto) e outras, por fim, possuirão um grau de incerteza e que serão definidas pelo exercício discricionário do Poder Público, estabelecendo, diante do caso concreto, o limite exato da norma. Portanto, de fundamental importância perceber os limites do poder discricionário no exercício da atividade urbanística, pois sua aplicação poderá ensejar a maior ou menor participação da população no processo de desenvolvimento urbano.

Finalidade – todo ato produzido pelo Poder Público deve atender ao interesse público. É o que se costuma chamar de finalidade remota ou mediata e deve ser analisada em cada instrumento ou instituto a ser aplicado (exemplo: na licitação, a finalidade mediata é fazer com que o Poder Público escolha a melhor opção para realizar o contrato). Já a finalidade imediata ou próxima indica o que se pretende como resultado direto da execução daquele ato (ex.: asfaltar a rua).

Existem alguns instrumentos urbanísticos que permitem ter revista sua finalidade imediata ou próxima desde que o instrumento não se afaste de sua finalidade mediata. É o caso do direito de preempção em que o Poder Público exerce sua preferência de compra na aquisição de imóvel e, mesmo que o imóvel adquirido não seja utilizado para o item a que foi inicialmente destinado (ex.: implantação de equipamentos urbanos e comunitários), não será anulado se mantiver um dos dispositivos que o direito de preempção abraça (ex.: execução do programas e projetos habitacionais de interesse social). Por certo, que tal mudança deverá ser sempre motivada.

No caso das audiências públicas, sua finalidade mediata é a garantia da participação popular diante do processo decisório do poder político. As audiências públicas inseridas no âmbito urbano agregam a esta finalidade a garantia de participação na gestão da cidade. Quanto à finalidade imediata, a audiência púbica deve ter, como resultado, o conhecimento, por parte do Poder Público, dos questionamentos, dúvidas e eventuais elementos novos que possam atingir o projeto debatido, bem como deve responder satisfatoriamente a todas as questões levantadas. Não se pretende, com a audiência pública, a unanimidade, mas o amplo conhecimento social daquilo que interfere na dinâmica urbana com reais possibilidades de interferência por parte da população.

A Resolução nº 25 do Conselho Nacional das Cidades, em seu art. 8º, dispõe que as audiências públicas determinadas pelo art. 40, §4º, inciso I, do Estatuto da Cidade, no processo de elaboração de plano diretor, têm por finalidade informar, colher subsídios, debater, rever e analisar o conteúdo do Plano Diretor Participativo, demonstrando os diversos resultados que tal instrumento pode ter. Ressalte-se apenas que este dispositivo poderá ser usado não só quando da produção do Plano Diretor como também em ações pontuais, sejam estas normativas ou não (projetos, por exemplo).

Mesmo referindo-se à Resolução CONAMA nº 9,[7] ensina Paulo Affonso Leme Machado[8] que a audiência pública possui dupla função: o órgão público deve prestar

---

[7] Resolução CONAMA nº 9, "Art. 1º. A audiência pública, no processo de licenciamento ambiental, tem por finalidade expor aos interessados o conteúdo do produto em análise e de seu referido RIMA dirimindo dúvidas e recolhendo dos presentes as críticas e sugestões a respeito".

[8] *Direito ambiental brasileiro*. São Paulo: Malheiros, p. 234.

informações ao público e o público deve passar informações à Administração Pública. Para que o Poder Público cumpra adequadamente sua função, deverão estar presentes os profissionais técnicos (agentes públicos e privados) responsáveis pela elaboração e fiscalização do projeto de forma a dirimir satisfatoriamente as dúvidas que surjam durante a audiência pública.

Assim, caso a audiência pública não cumpra com sua finalidade, não terá validade ou legitimidade para ser contabilizada pelo Poder Público como etapa de participação popular.

IV Princípios

Deve ser garantido a este momento-cidadão a plenitude do exercício de todos os princípios democráticos, como aqueles dispostos para o processo administrativo. A Lei Federal nº 9.784/99, que regula o processo administrativo em âmbito federal, determina em seu art. 2º a obediência, ao menos, aos princípios da legalidade, finalidade, motivação, razoabilidade, proporcionalidade, moralidade, ampla defesa, contraditório, segurança jurídica, interesse público e eficiência.

A doutrina tem destacado, entretanto, princípios próprios para a audiência pública, como o devido processo legal, a oralidade, a publicidade e o informalismo.[9]

1. devido processo legal – desde a promulgação da Constituição Federal de 1988, o devido processo legal ampliou seu alcance para os processos administrativos pelo disposto no art. 5º, LIV e LV, ao estabelecer que ninguém será privado de sua liberdade ou de seus bens sem o devido processo legal, assegurando-se, de forma mínima, o contraditório e a ampla defesa em processos administrativos. Mais que a observação do cumprimento formal das leis e da Constituição, o *due process of law* também possui um conteúdo material por meio do respeito aos valores fundamentais da Constituição.

O contraditório e a ampla defesa são princípios interdependentes, complementares, que se inserem no devido processo legal como partes indissociáveis de seu conceito. O direito à ampla defesa nada mais é do que o direito à resistência por pretensões opostas por terceiros. Em princípio não deve sofrer restrições. Entretanto, em se tratando de processo administrativo, não é demais observar que a ampla defesa deve ser compatibilizada com características peculiares do exercício da função administrativa tais como a urgência no atendimento ao interesse público e a discricionariedade. Se por um lado temos um aparente conflito de interesses (o particular a se defender e o Poder Público em bem exercer sua função), por outro, não se pode esquecer que o objetivo maior nas audiências públicas é estabelecer um tripé no qual a sociedade comparece de forma definitiva para seu resultado final.

Portanto, se existem dúvidas com relação a um empreendimento particular, seja pelo lado da Administração, seja pelo da sociedade, é de interesse público que tais dúvidas sejam esclarecidas, permitindo que o empreendedor possa expor de forma mais detalhada acerca do projeto.

---

[9] GORDILLO, Augustin. *Tratado de derecho administrativo*, t. II, p. XI-15; FERRAZ; DALLARI. *Processo administrativo*, p. 143-144.

O contraditório estabelece o direito à informação e o direito à reação. Sem estar bem informado, não será possível reagir adequadamente. Neste sentido, cabe salientar que a relação de oposição que se estabelece no contraditório pode ocorrer tanto entre os dois polos dos administrados (sociedade e empreendedor) quanto entre o(s) administrado(s) e a Administração, entretanto, ela não é fundamental que se estabeleça, pois não há necessariamente o surgimento de vontades contrárias na audiência pública. Fundamental que se estabeleça uma relação de igualdade entre todos, ou seja, que haja a igualdade no acesso às informações e no andamento do processo.

2. *Princípio do informalismo* – a formalização do processo administrativo não pode e não deve servir de obstáculo para eventual postulado de interessado, podendo dispensar-se certas formalidades desde que não se atinja a segurança jurídica ou macule os fins almejados pelo sistema normativo.[10] É irrelevante que tal formalidade não tenha sido efetuada pela autoridade pública ou pelo particular, considerando-se convalidado o momento processual caso haja o prosseguimento do feito sem prejuízo ao interesse público ou particular e desde que não haja oposição manifesta neste caso.

A Lei Federal nº 9.784/99, em seu art. 7º, ao impor que *órgãos e entidades da administração elaborem modelos ou formulários padronizados para assuntos que importem pretensões equivalentes* objetiva apenas e tão somente facilitar a comunicação e o sistema de informação com o particular, definindo quais informações são relevantes para seu conhecimento, entendimento esse reforçado pelos incisos VIII e IX do art. 2º, quando dispõe sobre a "observância das formalidades essenciais à garantia dos direitos dos administrados; adoção de formas simples, suficientes para propiciar adequado grau de certeza, segurança e respeito aos direitos dos administrados".

Assim, tanto a exigência no cumprimento da forma, quanto os elementos ou informações exigidos em seu preenchimento devem seguir um parâmetro de razoabilidade, proporcionalidade e boa-fé por parte da Administração Pública, não podendo esta valer-se destes expedientes para dificultar ou impedir o particular de satisfazer seu interesse. Estabelecer critérios desarrazoados para que a população consiga proceder à consulta da documentação objeto da audiência pública é um exemplo real. Lúcido o esclarecimento de Odete Medauar ao equivaler o informalismo a um formalismo moderado onde a simplificação dos ritos e formas, bem como uma interpretação flexível e razoável possam garantir o respeito aos direitos dos cidadãos.[11]

3. *Oralidade* – o ápice de uma audiência ocorre na fase presencial, quando se espera que os presentes tenham oportunidade em expor suas ideias ou defender-se das argumentações dos outros participantes. Assim, de suma importância o princípio da oralidade por garantir que em toda audiência pública tenha como momento máximo os debates. Ouvir e ser ouvido por todos deve ser uma garantia a ser assegurada pela autoridade competente, que deve estar presente à sessão. Não basta possibilitar que todos tenham direito a voz; é fundamental que tudo que seja falado e debatido seja registrado e consignado pela autoridade como forma de garantir sua eficácia plena. Mesmo que seja uma audiência pública que trate de um empreendimento de

[10] FERRAZ; DALLARI, p. 80.

[11] MEDAUAR, Odete. *Processo administrativo*. São Paulo: Cultural Paulista, 1998. p. 22-23.

interesse meramente privado, deverá atentar para todas as informações trazidas para que possa formar seu juízo a respeito da situação.

Assim, pode-se afirmar que o momento do encontro, em data, hora e local previamente divulgados, deve ser precipuamente verbal, ou seja, trata-se da oralidade em sentido estrito, demarcando a essencialidade dessa forma sobre as outras formas de manifestação (escrita, audiovisual, visual). Para que esse momento seja equilibrado e possa garantir sua legitimidade, deve-se garantir a eficácia dos princípios da proporcionalidade e da isonomia como forma de franquear a palavra e a participação dos presentes equitativamente.

4. Publicidade – o princípio da publicidade, que possui *status* constitucional pelo art. 37, revela o dever do Poder Público ser transparente nas suas ações. Disso decorrem uma série de desdobramentos que, para a audiência pública, confirma-se sempre em razão da eficiência do ato praticado. Ou seja, a divulgação deverá garantir que a população tome conhecimento não só da data, horário e local em que ocorrerá, mas consiga compreender o que ocorrerá naquele momento e porque a participação da população é importante. A publicidade eficaz possui um papel informador, decodificador, nem que para isso o Poder Público precise destacar alguns agentes públicos para que procedam a explicações simplificadas acerca dos elementos básicos da audiência a que se está convocando, despertando, com isso, o interesse da população na participação da audiência pública.

A publicidade sobre a audiência pública poderá trazer sua eficácia ou até a nulidade. Significa dizer que publicar em jornal local, divulgar na rádio comunitária, por faixas em lugares estratégicos (igrejas, escolas, etc.), além de afixar no mural de avisos do saguão de entrada do órgão público, são considerados meios válidos e necessários à boa informação da audiência pública. Por isso, não basta a mera publicação do extrato de convocação da audiência pública no *Diário Oficial*, posto que, obviamente, tal publicidade não atingirá o grupo social devido.

Ora, se a audiência pública é um mecanismo que viabiliza a publicidade de certo projeto, nada mais natural e correto que haja a publicidade adequada para que possa atingir seus fins.

V Fases

Considerando que a audiência pública é a soma de atos e fatos produzidos de forma ordenada e concatenada para que se atinja um resultado, tendo como momento principal a exposição do projeto, os debates subsequentes e as respostas às questões suscitadas, percebe-se a estruturação de um processo composto por três fases: uma fase prévia, preparatória ao encontro, uma fase que envolve o encontro e todos seus elementos e uma fase subsequente ao encontro.

a) Fase preparatória

Regulamentação – a audiência pública é um instrumento que necessita de disposições legais específicas para ter sua eficácia garantida? O certo é que um país necessita de tanto mais leis quanto mais as desrespeita. Sendo assim, pode-se afirmar pelo sistema jurídico nacional vigente, que seria deveras salutar se a União editasse normas gerais a respeito dos instrumentos de gestão democrática (não só a urbana) para que houvesse uma garantia mínima de regularidade em sua aplicação e resultado.

Não são poucos os relatos de audiências públicas que se transformam em bate-boca ou, no polo oposto, se transformam numa sessão de cinema na qual os expectadores (a população) assistem sentados a uma belíssima projeção de cidade ideal em *Power Point*, finalizando com café e bolachas. Por certo a participação da população não pode estar apegada à ideia de um momento presumível, regulamentável e endurecido, tolhendo a espontaneidade dos presentes na prática da argumentação. Entretanto, normas gerais poderiam traçar elementos mínimos necessários às várias etapas do processo que devem permear uma audiência pública.

O Conselho Nacional das Cidades editou a Resolução nº 25, que dispõe sobre os elementos fundamentais para a boa realização de uma audiência pública.[12] Entretanto, não há como deixar de abordar a questão da hierarquia da norma estabelecida. Resolução é ato administrativo que contém deliberação de órgão colegiado. O Conselho Nacional das Cidades é órgão que integra o Ministério das Cidades e, portanto, situa-se dentro da esfera federal. Desta feita, não gera obrigação de cumprimento pelos órgãos estaduais ou municipais. Recomendar a obediência ao disposto na resolução não gera obrigação.

Entretanto, diante da necessidade de o Poder Público motivar seus atos, pode-se refletir sobre a possibilidade de exigir que o Poder Público Municipal, ao não ter editado qualquer norma própria a respeito do procedimento a ser adotado para audiências públicas, indique qual norma adota, de forma a trazer segurança jurídica entre as relações estabelecidas. Assim, considerando-se que o Conselho Nacional das Cidades traz a público uma resolução a respeito, e considerando-se que tem sua competência definida em lei, é possível admitir que esta resolução deva ser obedecida por todos aqueles que não possuem sua própria normativa, sob pena de agirem desmotivadamente.

Os municípios deverão ter sua própria regulamentação sobre audiências públicas, podendo ter natureza jurídica de lei ou ato administrativo, o que resultará em incidências diferentes: a lei poderá prever que tanto o Poder Legislativo quanto o Poder Executivo obedeçam seus dispositivos; se ato administrativo, incidirá apenas nos órgãos subordinados ao referido ato. O Poder Legislativo poderá editar regras em seu regimento interno acerca do procedimento a ser seguido em audiências públicas.

Mesmo que o Poder Público Municipal não possua legislação municipal que regulamente as audiências públicas e queira aprovar certo empreendimento de impacto que considere vantajoso para seu município, deverá proporcionar, ao menos, uma audiência pública para que a população participe do processo decisório, opinando, questionando, sugerindo, sob pena da posterior licença da aprovação (construção, funcionamento) concedida nestes termos ser nula por não ter inserido a participação popular como elemento indissociável do processo de formação de vontade do interesse público nos empreendimentos urbanísticos. Por certo que, em face do princípio de eficiência e da segurança jurídica, os atos preparatórios havidos

---

[12] O Conselho das Cidades, em razão do disposto pelo Decreto nº 5.031, de 2 de abril de 2004, tem competência para emitir orientações e recomendações sobre a aplicação da Lei nº 10.257, de 2001 (Estatuto da Cidade), e dos demais atos normativos relacionados ao desenvolvimento urbano. Em face desta normativa, editou a Resolução nº 25, de 18 de março de 2005, cujo objeto trata especificamente dos instrumentos de participação democrática na gestão urbana. Entre eles, a audiência pública.

no processo de concessão da licença que puderem ser reaproveitados deverão sê-lo, no caso de ser renovado o pedido de licença após sua eventual anulação.

Definição do objeto – se a audiência pública destinar-se à análise e discussão de um empreendimento, este deverá ser considerado um único objeto de maneira que não se perca a universalidade de seu contexto. Caso haja elementos demais para serem discutidos em uma única sessão, esta poderá ser desdobrada em quantas forem necessárias até que a integralidade de seu objeto esteja satisfeita. Nesta hipótese, haverá uma única audiência pública, executada em diversas sessões. Toda a fase preparatória é única, seu objeto e sua finalidade, idem. Deverá apenas haver convocações individualizadas para cada sessão.

Da mesma forma, poderá haver mais de uma audiência pública quando atingir população que esteja em área extensa inviabilizando uma única convocação geral.

Titularidade pela convocação – de maneira geral, o Poder Público é o responsável pela convocação da audiência pública. Na ausência de dispositivo legal específico, a competência interna será definida em razão da matéria, já que a Administração Pública estrutura-se dessa forma (critério da especialidade).

Entretanto, a Resolução nº 25 do Conselho das Cidades prevê, em seu art. 9º, que a audiência pública poderá ser convocada pela própria sociedade civil quando solicitada por no mínimo 1% (um por cento) dos eleitores do município. Assim, caso o Poder Público permaneça inerte diante da necessidade de uma convocação de audiência pública, o eleitorado do município poderá fazê-lo suplantando a omissão pública que deverá propiciar todas as condições para sua consecução, sob pena de improbidade administrativa.

Destinatários – o princípio democrático não se traduz em participação de qualquer população em qualquer ato. Deve haver, na verdade, uma qualificação, ou seja, as pessoas interessadas no tema colocado devem ser adequadamente informadas e convidadas a participar e opinar a respeito. A participação daqueles que não possuem um interesse específico na audiência pública (interesse geral) é eventual e pode e deve ser considerada, entretanto a presença apenas desta população não garante a legitimidade da audiência pública.

Horário e data – a definição de data e horário deve atender aos princípios da razoabilidade, eficiência e boa-fé. Não é possível, para o cidadão comum, comparecer em audiência pública marcada para as 15 horas em uma terça-feira. A rotina do município deverá ser observada, pois poderá haver necessidades ou costumes locais que podem interferir no resultado da audiência pública. Como exemplo, citamos alguns municípios pequenos que tendem a marcar para as 18:15 horas, logo após o término do expediente, com o fito de não dispersar os interessados; em outros, os eventos são marcados para após a novela; em grandes municípios marcar para sábado pela manhã pode trazer maior viabilidade

Local – o local onde ocorrerá a audiência pública deverá ser de fácil acesso a todo tipo de cidadão.[13] Não significa que o Poder Público deva garantir que todo e qualquer cidadão chegue até a audiência pública, entretanto, deverá haver bom

[13] Resolução nº 25 CNC, "art. 5º: II – garantia da alternância dos locais de discussão; art. 8º: II – ocorrer em locais e horários acessíveis à maioria da população".

senso na escolha do local, tanto com relação ao acesso por meio de transporte coletivo, viabilidade em estacionamentos, quanto ao tamanho e condições do local, possibilitando a representação dos diversos segmentos sociais, sem constrangê-los ou impedir acesso. Deve ser considerada também a possibilidade de alternância do local da audiência pública nos casos em que haja necessidade da convocação de mais de um encontro. Essa alternância pode garantir uma maior representatividade da população.

Documentação – toda a documentação que for exibida na audiência pública deverá ser disponibilizada anteriormente para a população. Nada impede que o órgão público encaminhe todo o material para ficar alguns dias com o Ministério Público e para determinadas entidades locais de grande representação e, após, disponibilize para consulta pública. Conhecer o teor do material apenas no dia da audiência pública é tolher o direito à informação e inibir o processo democrático, pois o poder de argumentação e debate fica enormemente reduzido.

Publicidade – além das considerações feitas anteriormente acerca do princípio da publicidade, acresça-se as disposições da Resolução nº 25 do Conselho Nacional das Cidades, em especial do art. 4º,[14] que definem etapas da publicidade acerca da audiência pública de forma a revestir-lhe de ações que garantam a participação popular.

b) Fase presencial

Representação – é possível a representação mandamental na audiência pública. Desde que revestido de boa-fé, não vemos como negar tal possibilidade. Ser representado por livre disposição de vontade é direito de qualquer cidadão. Para garantir a lisura da aplicação deste instrumento, deve-se tomar alguns cuidados, como dispor que no mandato haja informações que qualifiquem aquele que está outorgando a procuração e que lhe fazem parte interessada na audiência pública. Tal instrumento pode ser particularmente útil para setores sociais que não estejam formalmente registrados, o que lhes capacita à representação.

Outro ponto a ser considerado é a manifestação da vontade. Ela é presencial, ou seja, o direito se realiza com a presença do cidadão na audiência pública e deixa de existir se não comparecer ao local, dia e hora marcados. Por isso, de grande importância o procedimento de convocação, em face da grande oralidade que se imprime à audiência pública e cuja ausência de eventual interessado fará cessar seu direito.

Objetivo – a audiência pública ocorre quando o Poder Público, ou o empreendedor, concluiu parte significativa de seu projeto e o apresenta para a população de maneira desembaraçada e livre para responder às dúvidas e eventuais incongruências que possam existir. É uma etapa conclusiva, pois após sua ocorrência restará ao Poder Público proferir o ato decisório sobre o projeto debatido.

---

[14] "Art. 4º No processo participativo de elaboração do plano diretor, a publicidade, determinada pelo inciso II, do §4º do art. 40 do Estatuto da Cidade, deverá conter os seguintes requisitos: I – ampla comunicação pública, em linguagem acessível, através dos meios de comunicação social de massa disponíveis; II – ciência do cronograma e dos locais das reuniões, da apresentação dos estudos e propostas sobre o plano diretor com antecedência de no mínimo 15 dias; III – publicação e divulgação dos resultados dos debates e das propostas adotadas nas diversas etapas do processo".

É instrumento de democracia direta, pois a população tem a oportunidade não só de esclarecer pessoalmente a respeito do projeto em debate como questionar seu conteúdo com direito a resposta pelo agente público competente.

c) Fase posterior

Divulgação dos resultados – transcrita a ata da audiência pública, esta deverá ser publicada junto aos anexos, obedecendo aos princípios formadores do processo administrativo. Tudo aquilo que tiver sido debatido e trazido para conhecimento do Poder Público deverá ser sopesado de forma a fundamentar a decisão final acerca do projeto. Ensejará nulidade o ato decisório maculado por motivo que desconsidere o conteúdo da audiência pública. Com isto, afirmamos que a decisão final está vinculada à etapa da audiência pública, aos seus debates, a questões e dúvidas. Para encerramento da audiência pública, deve haver satisfação de tudo o que suscitado pelos presentes. Desconsiderar imotivadamente fatos novos e não albergados pelo projeto expostos na audiência pública vicia o ato decisório.

Alteração do projeto – se houve o transcorrer de um processo democrático, com a participação da população de maneira ativa, opinando, sendo informada sistematicamente a respeito das possibilidades de transformação de sua área de interesse e, durante a audiência pública não houver questionamentos que suscitariam a insatisfação ou temeridade justificáveis, o projeto não poderá ser alterado após o término da audiência pública pela vontade do Poder Público ou do empreendedor.

Entretanto, caso ocorram debates e dúvidas, poderá haver modificação no projeto com o intuito de ajustá-lo às questões havidas. Nesse caso, o Poder Público deverá convocar outra audiência pública para debater apenas acerca dos itens alterados, de modo a garantir um mínimo de segurança jurídica e eficiência no andamento dos projetos naquelas partes que suscitaram dúvidas.

VI Revisibilidade

A audiência pública pode ser repetida por motivo de vício, irregularidade, readequação do projeto ou dissipar todas as dúvidas. Tais situações não se enquadram nos casos de múltipla convocação. Este tópico visa analisar o refazimento de audiência pública já executada.

Conforme ensina Paulo Affonso Leme Machado,[15] a audiência pública poderá ser repetida, sem limites de vezes, diante da constatação de vícios formais do EPIA e do RIMA. Se houver defeito no documento apresentado, o Poder Público poderá remarcar a audiência pública, solicitando que o documento apresentado seja refeito naquilo que produziu dúvidas. Por certo, essa reformulação não deverá ser motivada por questões ideológicas ou políticas, mas sim técnicas.

De toda forma, a mácula na convocação, na consulta dos documentos, na escolha do local, na falta de garantia de participação proporcional entre os presentes ou qualquer outro elemento que integre uma das fases da audiência pública poderá caracterizar a existência de vício no ato praticado. Caberá ao Poder Público analisar

[15] *Direito ambiental brasileiro*, p. 238.

a dimensão do vício e ponderar, diante do caso concreto, a pertinência da declaração de anulação do ato praticado. O que ocorre é que, parte das vezes, tal anulação ensejará a repetição da audiência pública, implicando gastos financeiros, materiais e de tempo, o que pode resultar em prejuízos diversos para parte dos envolvidos no projeto. Não queremos com isso dizer que se deve menosprezar os atos praticados mediante burla à legislação. O Poder Público deverá aproveitar tanto quanto possível os atos anteriormente praticados e agir tão logo tome ciência da deficiência do ato. A reação do Poder Público deverá ser proporcional ao potencial dano resultante do vício praticado.

Nos casos onde haja a insatisfação e dúvidas suscitadas entre os participantes, o Poder Público competente poderá decidir por nova convocação, para que todas as dúvidas sejam dissipadas, podendo, inclusive, convidar técnicos ou especialistas que possam elucidar as questões formuladas.

VII Responsabilidade

O art. 52 do Estatuto da Cidade dispõe sobre as hipóteses em que o prefeito e demais agentes públicos envolvidos na elaboração, execução e implementação do Plano Diretor incorrem em improbidade administrativa. Sobre esse dispositivo cabem algumas considerações.

Os incisos II, III, IV, V e VIII do art. 52 incidem apenas e tão somente sobre o Poder Executivo por se referirem a ações da prática executiva e administrativa, tais como o inadequado aproveitamento de imóvel incorporado em face da desapropriação-sanção; adquirido em face do exercício do direito de preempção; aplicar de forma inadequada os recursos provenientes de outorga onerosa ou operação urbana consorciada, bem como a aquisição de imóvel por valor superior ao de mercado, quando do uso do direito de preempção.

Entretanto, quanto aos incisos VI e VII, nestes é possível vislumbrar a responsabilidade de integrante do Poder Legislativo em face da necessidade de aprovação de lei para aplicação dos instrumentos urbanísticos e da política urbana. Referido projeto de lei, durante o trâmite legislativo, deverá ser discutido com a população. O Poder Legislativo Municipal deverá dar bom andamento ao projeto que lhe for encaminhado, garantindo publicidade e participação popular em todas as hipóteses de alteração legislativa que verse sobre política urbana.

Quanto a audiência pública, prevista no seu inciso VI, seu não cumprimento incidirá em improbidade administrativa se a autoridade pública ou agente público não respeitar os requisitos que garantam sua eficácia ou impedi-la de qualquer forma. Poderá, ainda, em face do disposto nos artigos 53 e 54, caracterizar atentado à ordem urbanística com possibilidade de ajuizamento de ação cautelar (ex. suspensão de audiência pública) pelo não atendimento dos requisitos que garantem à manifestação popular a chance de integrar a formação da vontade pública.

Deve, tanto o Poder Executivo como o Poder Legislativo, deflagrar, organizar, normatizar, dar publicidade, realizar e fiscalizar todo o processo que envolve uma audiência pública, no âmbito de suas competências específicas. A realização em um dos Poderes não supre a omissão do Poder inerte. A fiscalização e atuação do

Ministério Público e da sociedade podem até trazer eventual legitimidade diante da ausência de audiência pública perante um dos Poderes, porém não excluirá do agente público responsável a incidência da improbidade por atentado à ordem urbanística.

Referências

BUCCI, Maria Paula Dallari. Gestão democrática da cidade. *In*: DALLARI, Adilson Abreu; FERRAZ, Sergio (Coord.). *Estatuto da Cidade*: comentários à Lei Federal 10.257/2001. São Paulo: Malheiros, 2002.

COELHO, Paulo Magalhães da Costa. *Manual de direito administrativo*. São Paulo: Saraiva, 2004.

FERRAZ, Sergio; DALLARI, Adilson Abreu. *Processo administrativo*. São Paulo: Malheiros, 2001.

FIGUEIREDO, Lúcia Valle. Normas de processo administrativo no Estatuto da Cidade. *In*: DALLARI, Adilson Abreu; FERRAZ, Sergio (Coord.). *Estatuto da Cidade*: comentários à Lei Federal 10.257/2001. São Paulo: Malheiros, 2002.

GRINOVER, Ada Pellegrini. Ações coletivas para a tutela do ambiente e dos consumidores. *AJURIS*, Porto Alegre, v. 13, n. 36, mar. 1986.

GUEDES, Jefferson Carús. *O princípio da oralidade*. São Paulo: Revista dos Tribunais, 2003.

GUERRA, Isabella Franco. *Ação civil pública e meio ambiente*. Rio de Janeiro: Forense, 1997.

MEDAUAR, Odete. *Processo administrativo*. São Paulo: Cultural Paulista, 1998.

MELLO, Celso Antônio Bandeira de. *Curso de direito administrativo*. 21. ed. rev. e atual. São Paulo: Malheiros, 2006.

OLIVEIRA, Antonio Inagê de Assis. *O licenciamento ambiental*. São Paulo: Iglu, 1998.

SILVA, José Afonso da. *Direito urbanístico brasileiro*. 3. ed. rev. e atual. São Paulo: Malheiros, 2000.

XAVIER, Alberto. *Procedimento administrativo*. São Paulo: José Bushatsky, 1976.

XAVIER, Sandro Marcelo. *Dimensões psicossociais da participação comunitária em políticas públicas*. 2005. Dissertação (Mestrado em Psicologia) – Universidade Federal de Santa Catarina, Santa Catarina, 2007.

Informação bibliográfica deste texto, conforme a NBR 6023:2002 da Associação Brasileira de Normas Técnicas (ABNT):

DI SARNO, Daniela Campos Libório. Audiência pública na gestão democrática da política urbana. *In*: DALLARI, Adilson Abreu; DI SARNO, Daniela Campos Libório (Coord.). *Direito urbanístico e ambiental*. 2. ed. rev. Belo Horizonte: Fórum, 2011. p. 43-59. ISBN 978-85-7700-449-2.

Competência Constitucional em Matéria de Urbanismo

Rafael Augusto Silva Domingues

1 Introdução

Todo tema que envolve Direito Urbanístico é sem dúvida atual, porquanto as civilizações modernas, e a brasileira não é diferente, são eminentemente urbanas, vale dizer, estão concentradas em sua maioria nos centros urbanos, e não na chamada zona rural, como outrora.

O Direito Urbanístico, em comparação aos outros ramos do direito, ainda engatinha como um bebê, incipiente que é, mas cresce a cada dia num ritmo alucinante, fadado que está a contribuir para a solução de um dos maiores problemas da atualidade: a urbanização, ou, melhor explicando, os efeitos maléficos que a urbanização traz.

São inegáveis os efeitos negativos que a urbanização desenfreada proporciona. A expansão de favelas, a precariedade de transportes públicos, a ausência de espaços recreativos para as crianças e adolescentes, a impossibilidade de absorção de toda a mão de obra existente nas cidades, etc., são alguns dos inúmeros problemas produzidos por esse fenômeno, sem contar ainda os efeitos reflexos que tudo isso traz, como a marginalização, a violência urbana, os problemas de saúde, enfim, a degradação do meio ambiente e da qualidade de vida da população.

O que fazer então para ver esse pequenino ramo do direito confirmar seu futuro promissor, crescendo forte e saudável, sendo assim capaz de alterar essa realidade? A resposta é: devemos alimentá-lo, vesti-lo e educá-lo corretamente, enfim, cuidar para que tenha uma formação sólida já na sua infância. Foi exatamente isso que nos fez tentar escrever algo sobre as estruturas, as bases, do Direito Urbanístico. A competência constitucional em matéria de urbanismo é o ponto de partida para o estudo desse ramo do direito, a partir do qual todo o mais deve se desenvolver.

É analisando os meandros da competência constitucional que o Direito Urbanístico será capaz de lançar suas raízes de maneira profunda e segura, permitindo assim uma normatização própria bastante consistente, evitando-se inclusive eventuais alegações de inconstitucionalidade, facilmente encontradas em situações de difícil contorno como o é a do presente caso.

Pois bem. Foi com esse espírito que escrevemos o presente trabalho, no qual, cabe dizer, nos limitamos a estudar o tema sob o ponto de vista da dogmática jurídica, ou seja, a partir do direito positivo tal como posto na Constituição Federal, sem nos adentrarmos, portanto, em outros aspectos, tais como o axiológico ou o sociológico. Buscamos, assim, num corte epistemológico, analisar os diversos dispositivos encartados no Texto Maior vigente de maneira a identificar e sistematizar, com base nos ensinamentos da doutrina especializada, as competências constitucionais em matéria de urbanismo.

Ocorre que, no Brasil, para falar de competência, é necessário antes falar de federalismo, posto ser esta a forma de Estado aqui adotada. Nessa linha, iniciamos o presente trabalho com a abordagem deste tema, cuidando da sua aparição histórica nos Estados Unidos da América, das suas características gerais, bem como da federação brasileira e do princípio federativo, adotado expressamente na Constituição da República de 1988.

Cabe lembrar, ademais, que a estrutura do Estado federal é decisiva para o estudo da competência. Por outro ângulo, podemos dizer que, dependendo da formação do Estado Federal, a divisão das competências pode tomar um ou outro caminho, rumo a uma maior ou menor centralização. O federalismo brasileiro divide poderes para três níveis de governo, União, Estados-membros e Distrito Federal e Municípios, conforme determinados "critérios de repartição de competência", competências essas que, pelo grau de complexidade apresentado, ganharam ainda classificações bastante úteis, tais como legislativa ou material, vertical ou horizontal, etc.

Foi, portanto, com a lente na Constituição e na doutrina nacional que pudemos conhecer um pouco a questão das competências constitucionais no Brasil.

Mas isso não foi o bastante. Para falar de *competência constitucional em matéria de urbanismo* também foi imprescindível o estudo do Direito Urbanístico, de modo a abordar assuntos como o conceito e conteúdo do Direito Urbanístico, atividade urbanística, os princípios informadores do Direito Urbanístico e as normas entendidas como urbanísticas. Só assim pudemos chegar à ideia de *matéria de urbanismo*.

Encontrada, portanto, a ideia de *matéria de urbanismo* (o que é?), caminhamos no sentido de analisar as competências de cada um dos entes componentes da federação brasileira nessa matéria (quem pode exercer?), indicadas nos diversos dispositivos da Constituição Federal, oferecendo a classificação de cada uma delas, segundo os critérios utilizados pela doutrina nacional.

Pudemos avaliar as competências em matéria de urbanismo, de modo que se pudesse conhecer as áreas de atuação material e legislativa de cada ente integrante da federação — União, Estados-membros e Distrito Federal e Municípios (como devem ser exercidas?).

Procuramos, portanto, assentar alguns poucos tijolos nas colunas de sustentação desse arranha-céu que vem se tornando o Direito Urbanístico, um dos poucos ramos do direito capaz de alterar a realidade.

2 Federalismo

2.1 Introdução

Falar em federalismo é falar em forma de Estado. O federalismo é uma das formas de Estado existentes no constitucionalismo, ao lado do Estado unitário e, para alguma doutrina,[1] do Estado regional ou Estado autonômico, numa posição intermediária entre aqueles outros.

Segundo José Afonso da Silva,[2] forma de Estado é modo de exercício do poder político em função do território.

A forma de Estado, consoante os ensinamentos de Luiz Alberto David Araújo e Vidal Serrano Nunes Júnior,[3] é definida a partir do critério territorial, tomando como referência o regime de descentralização político-administrativa de cada Estado. Em outras palavras, é a existência ou não de uma descentralização político-administrativa que permite identificar (desde que associada a outros requisitos) um Estado tal como um Estado federativo ou um Estado unitário, ou, ainda, um Estado regional.

É necessário, então, dizer algumas palavras sobre o termo descentralização. Descentralização implica a retirada de competências de um centro para transferi-las para outro, que passa a ser o detentor delas.[4] Significa, em última análise, transferência de competências, que podem ser administrativas ou políticas.

A simples descentralização administrativa não interessa aqui; é ela objeto de estudo do direito administrativo, especificamente da parte relativa à administração indireta (autarquias, fundações, sociedades de economia mista, etc.). Interessa aqui a descentralização política.[5]

A transferência de competências políticas (ser capaz politicamente) importa em atribuir ao novo centro a possibilidade de estabelecer normas jurídicas sobre determinados pontos, ou seja, o novo ente passa a ter capacidade legislativa, sem desprezar é claro a capacidade administrativa, ou seja, a capacidade material.

A capacidade legislativa pode assim estar concentrada num único ente, hipótese em que teremos o Estado unitário (ou ainda um Estado regional), ou então estar

---

[1] SILVA. *Curso de direito constitucional positivo*, p. 103.

[2] *Curso de direito constitucional positivo*, p. 102.

[3] *Curso de direito constitucional*, p. 195. Diogo de Figueiredo Moreira Neto ensina que no Estado Federal conjuga-se o critério funcional com o espacial (territorial). Cf. Competência concorrente limitada: o problema da conceituação das normas gerais. *In*: *Constituição e revisão*: temas de direito político e constitucional, 1991.

[4] TEMER. *Elementos de direito constitucional*.

[5] Na verdade, interessa a descentralização político-administrativa, porquanto o poder político guarda relação de interdependência com o poder administrativo.

distribuída entre mais de um centro, hipótese em que teremos, desde que associada a outras situações, um Estado federativo.

A simples distribuição de competências, contudo, não é o bastante para configurar um Estado federativo; podem perfeitamente existir Estados unitários descentralizados (como no Brasil imperial) ou ainda Estados constitucionalmente descentralizados, chamados por alguns de Estados regionais (como na Itália e na Espanha).[6]

Mas não é só isto. É necessário muito mais, e é justamente isso que veremos a seguir.

2.2 Características

No Estado federalista, que nos interessa aqui, convivem num mesmo território uma *ordem jurídica global e outras ordens jurídicas parciais*, e é exatamente isto que o diferencia de uma confederação de Estados. Nesta existem tão somente ordens jurídicas parciais, mas não uma ordem jurídica global capaz de mantê-las coesas; cada ente é absolutamente autônomo em relação aos outros, o que lhe permite retirar-se do pacto a qualquer momento.

Por ora, é mister ainda tecer algumas considerações acerca dessa característica para o fim de dizer que a esse assunto se relaciona a distinção ente soberania e autonomia.

A soberania tem importância na ordem jurídica externa, reflete o poder supremo que cada Estado detém, sem manter relação de interdependência com outros Estados, igualmente soberanos. Já a *autonomia* reflete a ordem interna do Estado; denota a situação interna de cada ente frente a si mesmo e ao todo, comportando assim graduação.

A autonomia reflete a independência que cada ente preserva perante o todo. Para José Afonso da Silva,[7] a autonomia deve ser compreendida como *governo próprio dentro do círculo de competências traçadas pela Constituição Federal*.

Segundo esse autor, a autonomia repousa-se em dois elementos básicos, quais sejam, a existência de órgãos governamentais próprios, de modo que os entes não dependam do poder central para a execução de seus serviços, e a posse de competências exclusivas, mínimas que sejam.

Para Anna Cândida Cunha Ferraz a autonomia se constitui de quatro elementos essenciais, quais sejam, capacidade de autolegislação, capacidade de autogoverno, capacidade de auto-organização e capacidade de autoadministração.[8]

Vejamos agora mais detidamente as características do Estado federal.

Como esboçamos acima, no Estado federal é imprescindível a existência de *descentralização política (autonomia)*. Esta permite que o Estado tenha vários centros de poder dotados de capacidade legislativa e administrativa, ou seja, com competência política.

---

[6] FERREIRA FILHO. *Curso de direito constitucional*, p. 42-43.

[7] *Op. cit.*, p. 104.

[8] *apud* ARAÚJO; NUNES JÚNIOR. *Curso de direito constitucional*, p. 226.

Dessa característica decorre a ideia de uma "repartição constitucional de competência",[9] que, consoante os ensinamentos de José Afonso da Silva, constitui o ponto nuclear da noção de Estado federal.[10]

A descentralização, com efeito, deve ser fixada na própria Constituição, que, ademais, deve ser escrita e *rígida*,[11] porquanto o processo de alteração da forma de Estado, pela sua importância, deve ser mais rigoroso que aquele destinado às questões ordinárias.

Diretamente ligada à ideia de rigidez, portanto, está a necessidade de que a federação seja *indissolúvel*. Resta, portanto, vedada eventual intenção de um ou mais entes de retomar o poder transferido; a transferência se torna um caminho sem volta. É imprescindível que a Constituição seja rígida, no mais alto grau, a ponto de impedir qualquer alteração por parte do legislador constituinte derivado no sentido de suprimir essa vedação.

Outra característica da federação, ligada à já mencionada existência de ordens parciais e de uma ordem global, consiste no fato de que a vontade daquelas devem necessariamente participar da vontade desta. Os entes federativos devem *participar da formação da vontade geral*, da federação, e isto se dá por meio daquilo que se costumou chamar Senado.

A ordem jurídica global deve assim ser formada pela conjunção de vontade de cada ordem jurídica parcial.

Mais uma característica da federação é a possibilidade que cada ente deve ter de se *auto-organizar* por meio de Constituição própria.

Segundo a doutrina,[12] não é suficiente a descentralização política; é imprescindível que o ente possa criar uma ordem jurídica própria, uma Constituição própria, por meio da qual seus assuntos locais possam ser enfrentados.

Percebe-se, então, mais uma característica: a possibilidade de autoconstituição, ou capacidade de auto-organização.

A existência de um *Tribunal constitucional que exerça o controle de constitucionalidade* é outra característica da federação.[13]

É inconcebível manter um pacto federativo, com todas as implicações dele decorrentes, sem um órgão incumbido de solucionar dúvidas, isto é, dizer os limites de atuação de cada ente. Em outras palavras, deve esse órgão interpretar a Constituição, definindo entre outras coisas o que é de competência de cada um.[14]

Luiz Alberto David Araújo e Vidal Serrano Nunes Júnior acrescentam ainda a essas características uma outra, também de mantença, que é a previsão constitucional de *intervenção federal* nos Estados.

---

[9] Repartição constitucional de competências e *de rendas*, segundo Luiz Alberto David Araújo e Vidal Serrano Nunes Júnior (*Curso de direito constitucional*, p. 199).

[10] *Op. cit.*, p. 477.

[11] Para Michel Temer a rigidez constitucional seria uma característica não para a formação da federação, mas sim para sua mantença, *op. cit.*, p. 63.

[12] TEMER. *Elementos de direito constitucional*.

[13] Michel Temer também qualifica essa característica como sendo de mantença da federação, *op. cit.*, p. 63.

[14] Percebe-se que essa característica também se liga ao tema controle de constitucionalidade.

Esse instrumento serve para impedir a deterioração da federação, o desequilíbrio do pacto federativo. A ordem jurídica global, representada pela vontade parcial de cada ente, deve ser preservada contra eventuais atos praticados por qualquer dos entes que pudessem lesá-la.

A federação, assim, deve ser preservada, através da intervenção, sempre que houver ameaça séria capaz de comprometê-la.

Eis, portanto, as características do Estado, que se convencionou chamar, por razões históricas de *federativo*.

2.3 Federalismo brasileiro

Analisemos rapidamente a *federação brasileira*.

O Estado brasileiro desenhado pela Constituição de 1988 carrega todas as características já arroladas anteriormente, como veremos, configurando assim uma federação.

A Constituição prevê expressamente a repartição de competências, entre outros, nos arts. 21, 22, 23, 24, 25, 30, e de rendas nos arts. 153, 154, 155 e 156, mantendo assim a autonomia dos entes descentralizados.

Estudaremos as competências mais detidamente nas próximas seções. Por ora, mencionamos apenas que essa descentralização política está devidamente fixada na própria Constituição brasileira, que conta com rigidez (art. 60, §2º, e art. 69), rigidez esta de grau máximo, conduzindo assim à indissolubilidade do pacto federativo (art. 1º e art. 60, §4º, inciso I).

A participação dos Estados na ordem jurídica global (União) também pode ser detectada no Estado brasileiro (art. 46). Os Estados-membros possuem representantes no Senado, que é o responsável por manter o equilíbrio federativo. Embora os Municípios não tenham representantes no Congresso Nacional, o regime em si não se desnatura; na verdade, entendemos que esse centro não é ente federativo, na acepção clássica da palavra, embora faça parte da federação, contando inclusive com poderes políticos próprios.[15]

Aos Estados-membros também é assegurado o poder de auto-organização, através de suas Constituições próprias (art. 25).[16]

Na República brasileira existe um órgão constitucional que exerce o controle de constitucionalidade; é o Supremo Tribunal Federal, ao qual compete a guarda da Constituição (art. 101 e 102).

Por fim, a Constituição prevê ainda a hipótese de intervenção federal nos casos em que o pacto federativo for ameaçado (art. 34 e art. 36).

---

[15] Questão que se levanta é saber se o Município é ou não ente federativo. A doutrina se divide, mas estamos com José Afonso da Silva (*op. cit.*, p. 105), para quem o Município é um *componente* da federação, mas não entidade federativa. De fato, é inegável que esse ente jurídico faça parte (integre, componha) da federação, pois a própria Constituição assim o diz; coisa diversa, contudo, é dizer que ele é *ente federativo* nos moldes *historicamente* preconizados, pois não possui sequer representante no Senado.

[16] Os Municípios aqui também atendem a esse requisito, se se entender que a Lei Orgânica tem *status* de Constituição.

Portanto, presentes todos os requisitos já enumerados, podemos concluir que o Estado brasileiro é um Estado federalista, embora com um perfil diverso daquele historicamente consagrado nos Estados Unidos. Na concepção clássica dos norte-americanos o federalismo é dual e centrípeto; na brasileira, existem três níveis de governo, sendo que o federalismo é instituído ainda de maneira centrífuga.

Aliás, o afastamento do federalismo brasileiro daquele federalismo clássico tem levado a doutrina a construir novas concepções a fim de modernizar a estrutura do Estado, como o chamado *federalismo cooperativo*, ou ainda, o *federalismo das regiões*.[17]

2.4 Princípio federativo

Por último, cabe ainda uma palavra para dizer que o federalismo é um *princípio* do Estado brasileiro, constituindo, ao lado do princípio republicano, o alicerce de todo o ordenamento jurídico nacional, condicionando a interpretação das normas, a aplicação das leis, enfim, modelando o sistema jurídico, razão pela qual deve ser lembrado sempre que se for estudar *competências*.

De fato, é a partir desses princípios que o intérprete e o aplicador da norma devem expressar suas conclusões. A repartição de competências encontra-se numa zona cinzenta, de difícil definição e delimitação, razão pela qual esses princípios devem ser tomados no momento de saber se determinada competência é deste ou daquele ente federativo, bem como qual é o limite dessa competência.

Embora a Constituição conferira expressamente determinada competência a um ente federativo, muitas vezes, é difícil saber exatamente qual o limite dessa competência, até que ponto o seu exercício não invade o campo de atuação de outro ente, igualmente competente. Esses princípios, sem dúvida, podem ajudar na solução desses problemas.

3 Competência

3.1 Conceito

Como dito, a autonomia dos entes federativos pressupõe a repartição de competências, sendo essa distribuição a noção nuclear do federalismo.

José Joaquim Gomes Canotilho,[18] referindo-se às fontes do direito, lembra que, ao lado do princípio hierárquico, existe o *princípio da competência*, que pressupõe uma delimitação positiva da função ordenadora dos atos normativos, de modo a incluir na esfera de cada entidade federativa a regulamentação de determinadas matérias. Diz o autor que o *princípio da competência* aponta para uma visão plural do ordenamento jurídico, ou seja, para a existência de mais de uma ordem jurídica num mesmo sistema jurídico.

Antes de prosseguir, é necessário fixar o conceito de competência. José Afonso da Silva[19] ensina que:

---

[17] TEMER, *op. cit.*, p. 74.

[18] *Direito constitucional*, p. 786-787.

[19] *Curso de direito constitucional positivo*, p. 495.

Competência é a faculdade juridicamente atribuída a uma entidade ou a um órgão ou agente do Poder Público para emitir decisões. Competências são as diversas modalidades de poder de que se servem os órgãos ou entidades estatais para realizar suas funções.

Carlos Ari Sundfeld[20] ensina que:

> A competência é um meio para atingir fins determinados. Portanto, *a competência é um poder vinculado a certa finalidade.*

José Joaquim Gomes Canotilho[21] ensina que deve ser entendido por competência:

> O poder de acção e de actuação atribuído aos vários órgãos e agentes constitucionais com o fim de prosseguirem as tarefas de que são constitucionalmente ou legalmente incumbidos.

E continua o autor português:

> A competência envolve, por conseguinte, a atribuição de determinadas *tarefas* bem como os *meios* de acção ("poderes") necessários para a sua prossecução. Além disso, a competência delimita o quadro jurídico de actuação de uma unidade organizatória relativamente a outra.

Diríamos mais. Competência, para nós, constitui, algumas vezes, mais que uma faculdade, um poder-dever. O ente federativo recebe a competência com a incumbência de exercê-la; caso contrário, estará descumprindo um mandamento imposto pelo poder constituinte, legítimo representante do povo, em proveito do qual, afinal, deve ser exercitada a competência. Isso se afina com o princípio republicano, adotado expressamente na Constituição Federal.

Carlos Ari Sundfeld[22] ensina:

> A atividade pública — cujo exercício é regulado pelo direito público — constitui função. Função, para o Direito, é o poder de agir, cujo exercício traduz verdadeiro *dever jurídico*, e que só se legitima quando dirigido ao atingimento da especifica *finalidade* que gerou sua atribuição ao agente. O legislador, o administrador, o juiz, desempenham função: os poderes que receberam da ordem jurídica são de exercício obrigatório e devem necessariamente alcançar o bem jurídico que a norma tem em mira.
>
> (...)
>
> No âmbito da Administração, os serviços estatais devem ser prestados continuamente (princípio da continuidade do serviço publico), as infrações são necessariamente punidas, os tributos hão de ser efetivamente exigidos. Em uma palavra: as competências administrativas são indisponíveis.
>
> Mesmo o legislador — ao qual sempre se reconheceu maior liberdade de opção entre editar ou não uma lei, ou quanto ao momento em que o fará — é obrigado, em dadas

[20] *Fundamentos de direito público*, p. 112.

[21] *Direito constitucional*, p. 676.

[22] *Fundamentos de direito público*, p. 163-164.

hipóteses, a legislar: quando se trata de tornar efetivas as normas constitucionais, especialmente as que conferem direitos aos indivíduos. Bem por isso, a Constituição brasileira de 1988 criou a ação de inconstitucionalidade por omissão (art. 103, §2º).

E conclui o autor[23] sobre o princípio da *função*:

> Ao princípio da função, próprio do direito publico, opõe-se o da autonomia da vontade, vigente no direito privado. Enquanto naquele os atos se vinculam a certo fim, que deve ser necessariamente atingido, neste os atos são produzidos nos termos da vontade dos particulares.

Portanto, o *princípio da função*, ao qual está ligada a ideia de competência, leva à conclusão de que o Poder Público, inclusive o Poder Legislativo, tem o *poder-dever*, e não a faculdade, de exercer sua atividade.

Segundo José Joaquim Gomes Canotilho,[24] dois são os princípios constitucionais aplicáveis à matéria competência, quais sejam, o *princípio da indisponibilidade* e o *princípio da tipicidade*. Ensina o autor que aquele (princípio da indisponibilidade) significa que as competências constitucionais não podem ser transferidas para órgãos ou entes diversos daqueles para os quais a Constituição as conferiu originalmente, enquanto que este (princípio da tipicidade) significa que as competências dos órgãos ou entes constitucionais são, em regra, apenas aquelas expressamente enumeradas na Constituição. Diz o autor "em regra" porque pode haver exceções, como, por exemplo, as chamadas *competências implícitas*.[25]

3.2 Critérios de repartição

José Afonso da Silva[26] destaca que o problema que envolve o tema é saber que competência caberá à União, o que deve ser entregue aos Estados e que parte será destinada aos Municípios.

O próprio autor procura resolver a questão, dizendo que a repartição de competências depende da natureza e do tipo histórico da federação. Naquelas federações em que há uma descentralização mais acentuada, os Estados-membros detêm maior gama de poderes, enquanto que naqueles em que a descentralização é mais tímida, ao poder central é reservada a maior parte das competências, restando aos Estados-membros poucos poderes. Em suma, é a experiência histórica que dita os critérios para a construção de cada federação.

Contudo, o autor aponta que existe um princípio geral que norteia a repartição de competências, que é o da *predominância do interesse*, cuja classificação pode ser assim definida: *interesse geral* ou *nacional*, *interesse regional* e *interesse local*, que justifica a competência da União, dos Estados e dos Municípios, respectivamente.

---

[23] *Idem*, p. 166.

[24] *Direito constitucional*, p. 679.

[25] *Direito constitucional*, p. 680-681.

[26] *Op. cit.*, p. 477.

Segundo José Afonso da Silva,[27] as Constituições solucionavam o problema da repartição de competências através de três técnicas. A primeira, atribuindo à União poderes reservados e aos Estados poderes remanescentes; a segunda, atribuindo aos Estados poderes expressos e à União os poderes remanescentes (o inverso da primeira) e, por último, enumerando expressamente todas as competências de cada ente.

Ensina o autor que essas técnicas não foram suficientes para resolver todos os problemas do Estado contemporâneo, surgindo assim formas mais *complexas* de repartição de competências.

Nessa linha, as Constituições passaram a contemplar também hipóteses de competências exclusivas ou privativas, comuns e concorrentes. Esse sistema complexo é o atualmente existente na federação brasileira.

Fernanda Dias Menezes de Almeida[28] ensina que a Constituição Federal de 1988 é uma combinação de tudo o que já se experimentou na prática federativa. Abriga um sistema complexo que combina competências privativas, repartidas horizontalmente, com competências concorrentes, repartidas verticalmente, abrindo espaço para a participação das ordens parciais na ordem total através da delegação.

E continua a autora dizendo que o sistema adotado no Brasil, inspirado no modelo alemão, pretende tirar melhor proveito das competências concorrentes, com expansão da autonomia estadual. Em outras palavras, visa a nova Constituição uma maior descentralização sem prejuízo de uma direção uniforme que devem ter determinadas matérias. É o federalismo do equilíbrio.

E lembra a autora que esse equilíbrio se dá também com a repartição de encargos mediante a fixação de matérias de competência comum, instituindo assim a cooperação entre os entes federativos.

Esses dois últimos dados são importantes no momento de interpretar as normas constitucionais relativas à repartição de competência, permitindo assim a solução dos conflitos eventualmente existentes. Em outras palavras, pode se dizer que a interpretação deve se guiar de acordo com a "tendência" do constituinte, que no presente caso é a de descentralização do poder, atribuindo maior número de competências aos Estados-membros e Municípios.

3.3 Classificação

Vejamos agora a classificação das *competências*, segundo José Afonso da Silva.[29]

As competências, consoante os ensinamentos do autor, se dividem em dois grandes grupos: *competências legislativas* e *competências materiais*. Estas, também chamadas administrativas ou executivas, representam o poder-dever do Poder Público de colocar em prática realizações político-administrativas, enquanto que aquelas configuram o poder de editar leis, ou seja, capacidade legiferante.[30]

---

[27] *Op. cit.*, p. 478.

[28] *Op. cit.*, p. 79-81.

[29] *Op. cit.*, p. 479-482.

[30] ARAÚJO; NUNES JÚNIOR, *op. cit.*, p. 210.

Quanto à extensão, a competência material, segundo o autor, pode ser *exclusiva* (art. 21) e *comum, cumulativa* ou *paralela* (art. 23), enquanto que a competência legislativa pode ser *exclusiva* (art. 25, §§1º e 2º), *privativa* (art. 22), *concorrente* (art. 24) e *suplementar* (art. 24, §§2º e 3º).

É importante destacar, antes de continuar, a classificação apontada, entre outros, por Manoel Gonçalves Ferreira Filho,[31] segundo a qual há duas formas de repartição de competências: horizontal e vertical.

A *repartição horizontal* consiste em se atribuir a um ente, e somente a ele, a possibilidade de tratar de determinada matéria. Aqui se enquadram as competências *exclusivas* e *privativas*[32] (art. 22, art. 23, art. 25, §§1º e 2º e art. 30). A *repartição vertical*, por sua vez, permite que mais de um ente cuide da mesma matéria, ora estabelecendo limites de atuação (competência *concorrente própria* - art. 24, §§1º, 2º, 3º e 4º), ora permitindo que todos exerçam simultaneamente sua competência (competência *comum* — art. 23 — e competência *concorrente imprópria*).[33]

Voltando à classificação indicada por José Afonso da Silva, podemos classificar as competências quanto à forma, em *enumerada* ou *expressa; reservada*[34] ou *remanescente* e *residual*,[35] e, finalmente, *implícita* ou *resultante*. Quanto ao conteúdo, as competências se dividem em *econômica, social político-administrativa, financeira, tributária* e *internacional*. Quanto à origem, podem ser *originária* e *delegada* (art. 22, parágrafo único).

A mais importante,[36] que cuidaremos daqui em diante, é a classificação quanto à extensão.

Antes, porém, é mister escrever algumas palavras a respeito da classificação que divide as competências em materiais e legislativas.

As competências materiais, também chamadas administrativas, correspondem ao poder-dever que o ente federativo tem de executar concretamente os mandamentos nelas elencados. Anna Cândida da Cunha Ferraz[37] entende que as competências materiais, no entanto, não excluem ação normativa precedente, emanada da própria esfera de poder, dizendo que isto justifica inclusive a correlação existente entre as competências do art. 21 (legislativas) com as do art. 22 (materiais), ambos da Constituição Federal.

---

[31] *Op. cit.*, p. 50.

[32] A diferença entre ambas, segundo José Afonso da Silva, é que a exclusiva é indelegável, enquanto que a privativa é delegável (*op. cit.*, p. 480). Para Fernanda Dias Menezes de Almeida, contudo, ambas são iguais, não havendo distinção entre elas (*Competências na Constituição de 1988*, p. 85).

[33] A distinção entre concorrente *própria* e concorrente *imprópria* será realizada mais à frente; lembrando apenas que Fernanda Dias Menezes de Almeida oferece a seguinte classificação: competências legislativas concorrentes primárias e secundárias (*op. cit.*, p. 150).

[34] Fernanda Dias Menezes de Almeida critica o termo, alegando que reservada dá ideia de guarda, de manutenção e não de remanescente. Segundo a autora, no federalismo *agregado* isto se justifica, mas não no federalismo de *segregação* como o brasileiro (*op. cit.*, p. 89).

[35] A reservada ou remanescente se distingue da residual na medida em que esta pode ocorrer dentro da mesma esfera de poder (como na tributária), enquanto que aquela ocorre de um ente para outro (como a do art. 25, §1º). Para Fernanda Dias Menezes de Almeida, contudo, esses termos são sinônimos, podendo ser empregados indiferentemente (*op. cit.*, p. 88).

[36] É importante lembrar o jargão jurídico de que não existe classificação certa ou errada, a classificação pode ser mais ou menos útil. Essa, ao nosso ver, é bastante útil.

[37] *Apud* Fernanda Dias Menezes de Almeida (*op. cit.*, p. 91).

Por sua vez, as competências legislativas constituem o poder-dever do ente federativo de expedir comandos normativos.

Este é o problema nuclear da repartição constitucional de competência, conforme vimos nas seções sobre Federalismo. Para ser autônomo, todo ente deve ter competência legislativa (aliás, exclusiva), guardando respeito tão somente ao poder soberano (a Constituição), sendo certo, ainda, que a usurpação ou inobservância dos limites impostos enseja inconstitucionalidade.

De volta à classificação das competências quanto à extensão, podemos dizer que a *competência exclusiva* consiste na atribuição de poderes a uma entidade federativa com exclusão das demais, não admitindo, assim, que as matérias nela elencadas sejam tratadas por outros entes, seja por delegação, seja suplementarmente.

Essa competência resulta, como vimos, de uma repartição horizontal, na qual o campo de atuação de cada ente federativo é limitado a determinadas matérias. Pode ser legislativa ou material.

A *competência privativa*, para aqueles que a admitem, como José Afonso da Silva, ao contrário, se caracteriza pela possibilidade de que outros entes federativos também cuidem de determinada matéria que inicialmente é atribuída a um único ente. Essa transferência pode se dar através da delegação de competência ou da suplementação.

Essa espécie de competência, assim como a exclusiva, também resulta de uma repartição horizontal, mas diverge desta porque encontra abrigo apenas entre as competências legislativas, inexistindo competência privativa material.

A *competência comum*, também chamada cumulativa[38] ou paralela, consiste na possibilidade dos entes federativos legislarem ou praticarem atos em determinadas esferas, conjuntamente e em condições iguais, sem que o exercício da competência por um exclua o de outra.

A competência comum *material* pode ser facilmente encontrada no art. 23 da Constituição Federal, o mesmo não ocorrendo com a competência comum *legislativa*. Esta não está expressa na Constituição Federal; no entretanto a doutrina reconhece a sua existência como necessidade de implantação das competências comuns *materiais*, chamando-a de competência *concorrente imprópria*.[39] Aqui, ao contrário das anteriores, trata-se de repartição vertical de competências, na qual não existe limite de atuação.

Na hipótese de competência comum legislativa (competência concorrente imprópria) todos os entes podem legislar integralmente sobre a matéria, restando certo que, sendo observada a mais rigorosa, todas as outras estarão sendo respeitadas.

Portanto, deve ser bem entendida a proposição segundo a qual no conflito entre competências legislativas comuns da União, dos Estados e dos Municípios "prevalece" a mais rigorosa. Na verdade, não há prevalência hierárquica entre as normas editadas por cada ente; ocorre simplesmente que observada a mais rigorosa, todas as outras também estarão sendo automaticamente observadas.

A competência concorrente é a mais complexa de todas, pois envolve uma série de variáveis. É necessário destacar apenas que aqui se cogita tão somente de

---

[38] Manoel Gonçalves Ferreira Filho utiliza-se desse termo referindo-se a "competência concorrente clássica" (*apud* MOREIRA NETO, *op. cit.*, p. 132).

[39] ARAÚJO; NUNES JÚNIOR, *op. cit.*, p. 213.

competências de caráter legislativo, inexistindo as de caráter material. Podem ser classificadas em concorrente próprias e impróprias.

As competências concorrentes impróprias já foram vistas no bojo da competência comum. Decorrem da necessidade de implementação das competências materiais. Nelas não existem limites a cada uma das ordens federativas, podendo cada uma delas legislar de maneira integral.

As competências concorrentes próprias, ou primárias, consistem na possibilidade que mais de um ente tem de dispor sobre determinada matéria. São resultado, portanto, de uma repartição vertical de competências.

Essa disposição sobre determinadas matérias pode se dar de duas maneiras, segundo a doutrina.[40]

Na primeira, a União pode tratar da matéria sem qualquer limite, inclusive sobre normas específicas. Dá-se a essa forma o nome de *competência concorrente clássica*.[41]

Diogo de Figueiredo Moreira Neto[42] ensina que a competência concorrente clássica é:

> caracterizada pela disponibilidade ilimitada do ente central de legislar sobre a matéria, até mesmo podendo esgotá-la, remanescendo aos Estados o poder de suplementação, em caso de ausência de norma federal, ou de complementação, para preencher lacunas acaso por ela deixadas.

Na segunda, a União se limita a estabelecer *normas gerais*, restando aos Estados fixar *normas específicas* sobre a matéria. A essa última dá-se o nome de *competência concorrente limitada*, que, adotada timidamente no Brasil na Constituição Federal de 1934, inspirada pela Constituição de Weimar de 1919, consolidou-se nas Constituições brasileiras seguintes, generalizando-se na atual Constituição.

O problema que surge aqui é fixar o conceito de *normas gerais*.

A primeira tentativa de conceituação foi realizada por Carvalho Pinto, que estabeleceu três critérios excludentes das normas gerais.

Adilson Abreu Dallari,[43] comentando Carvalho Pinto, considera normas gerais:

> as que sejam uniformemente aplicáveis a todos os entes públicos e a todas as situações jurídicas da mesma espécie, que se refiram a questões fundamentais básicas e que não se estendam até o ponto em que isso possa ferir princípios ou atributos inerentes à autonomia dos Estados e Municípios.

Diogo de Figueiredo Moreira Neto[44] formula o conceito de normas gerais nos seguintes termos:

---

[40] MOREIRA NETO. Competência concorrente limitada: o problema da conceituação das normas gerais. *In*: *Constituição e revisão*: temas de direito político e constitucional.

[41] Fernanda Dias Menezes de Almeida adota os termos *cumulativa* e *não-cumulativa* (*op. cit.*, p. 148).

[42] *Op. cit.*, p. 134.

[43] *Aspectos jurídicos da licitação*, p. 17-18.

[44] *Op. cit.*, p. 168.

Normas gerais são preceitos principiológicos que cabem à União editar no uso de sua competência concorrente limitada, restritos, enquanto princípios, ao estabelecimento de diretrizes nacionais a serem pormenorizadas pelos Estados-membros, embora possam, enquanto preceitos, conter suficiente pormenorização para serem aplicados direta e imediatamente às situações concretas que devam reger.

As competências concorrentes estão basicamente previstas no art. 24 da Constituição Federal de 1988, que prescreve que "compete à União, aos Estados e ao Distrito federal legislar concorrentemente sobre". Refere-se, portanto, à competência concorrente limitada, consoante se pode ler no §1º, art. 24, que confere à União poder para estabelecer normas gerais.

É interessante notar que nesse dispositivo o constituinte não menciona os Municípios.

Michel Temer[45] diz que os Municípios foram excluídos da competência concorrente. Luiz Alberto David Araújo e Vidal Serrano Nunes Júnior,[46] ao contrário, entendem que os Municípios também têm competências concorrentes, isto porque o art. 30, II, da Constituição Federal, prescreve que eles podem suplementar a legislação federal e a estadual, no que couber. A expressão "no que couber" significa quando houver interesse local.[47]

Na hipótese, cuida-se de competência concorrente própria (primária), porque prevista na Constituição, mas de modalidade diversa daquela da União e dos Estados, visto que não se definem os casos e regras de atuação do Município, restando delimitada implicitamente pela cláusula genérica do interesse local.

Outro problema que surge é saber o que se deve entender pelo termo *suplementar*. O texto constitucional não utiliza o termo complementar, atribuindo ao termo suplementar dois sentidos. Por isso é necessário indicar um e outro.

Na competência concorrente própria, os Estados podem exercer tanto uma competência *complementar* (§2º do art. 24), detalhando as normas gerais federais existentes, como uma competência *suplementar propriamente dita* (§3º do art. 24), na hipótese de não existirem normas gerais federais. Esta é a interpretação oferecida por Fernanda Dias Menezes de Almeida.[48]

Com efeito, embora o constituinte tenha se utilizado no §2º do art. 24 do termo suplementar é de complementação que se cuida, ou seja, de completar, detalhando o que já existe, e não de suplementação, termo reservado para as hipóteses em que uma norma é criada, inexistindo outra.

Quanto aos Municípios, a exegese do art. 30, II, da Constituição, é no sentido de que também podem complementar e suplementar a legislação federal e estadual.[49] Aplica-se aqui o mesmo raciocínio aplicado em relação à suplementação pelos Estados, ou seja, os Municípios podem suplementar (complementar) a legislação

---

[45] *Op. cit.*, p. 66.

[46] *Op. cit.*, p. 212.

[47] Fernanda Dias Menezes de Almeida (*op. cit.*, p. 167-168); Diogo de Figueiredo Moreira Neto, (*op. cit.*, p. 144).

[48] *Op. cit.*, p. 163.

[49] Fernanda Dias Menezes de Almeida (*op. cit.*, p. 168). Para Diogo de Figueiredo Moreira Neto cuida-se de competência concorrente clássica (*op. cit.*, p. 145).

federal e estadual no que couber, ou suplementar essas legislações quando não houver normas; a superveniência de qualquer dessas normas, federal ou estadual, suspende a eficácia das normas municipais.

4 Urbanismo

4.1 Urbanismo – Conceito e conteúdo

O termo urbanismo vem da palavra latina *urbes*, que significa cidade. Ensina José Afonso da Silva que o conceito de urbanismo é estreitamente ligado à cidade. Para fins de Direito Urbanístico, deve-se entender cidade como sendo um centro populacional onde existam unidades edilícias e equipamentos urbanos.[50]

As cidades a partir do período moderno da história, marcado pela Revolução Industrial, suportaram um crescimento populacional proporcionalmente superior àquele experimentado nos espaços rurais. A esse processo dá-se o nome de *urbanização*.

Ocorre que esse processo de urbanização via de regra operou-se de maneira acelerada e intermitente, de modo a não oferecer tempo para a organização das cidades, gerando assim inúmeros problemas, como a falta de habitação, de saneamento básico, enfim, de toda uma estrutura capaz de suportar o deslocamento da população.

Urgia, então, encontrar meios de reorganizar as cidades, e essa reorganização deveria ser realizada através da intervenção do Poder Público. A esse processo de reorganização dá-se o nome de *urbanificação*. Urbanificação, portanto, é o remédio para o mal que é a urbanização.[51]

A necessidade de reorganizar (urbanificação) as cidades, subjugadas pelos efeitos devastadores da urbanização, passou a exigir uma técnica, uma ciência, a que se convencionou chamar *urbanismo*.

O urbanismo foi concebido inicialmente como a arte de embelezar a cidade, mas esse conceito evoluiu juntamente com o de cidade, que se expandiu além do perímetro urbano para alcançar também os espaços rurais.

Nessa linha, José Afonso da Silva,[52] citando Antônio Bezerra Baltar, diz que o urbanismo foi concebido da seguinte forma:

> Urbanismo é uma ciência, uma técnica e uma arte ao mesmo tempo, cujo objetivo é a organização do espaço urbano visando o bem-estar coletivo-através de uma legislação, de um planejamento e da execução de obras públicas que permitam o desempenho harmônico e progressivo das funções urbanas elementares: *habitação, trabalho, recreação* do corpo e do espírito, *circulação* no espaço urbano.

Nos Congressos Internacionais de Arquitetura Moderna (CIAM) aprovou-se a *Carta de Atenas*, na qual se consolidaram as três *funções* fundamentais do urbanismo — habitar, trabalhar e recrear —, cujos *objetos* são a ocupação do solo, a organização da circulação e a legislação.

---

[50] SILVA. *Direito urbanístico brasileiro*, p. 26.

[51] Expressão cunhada por Gaston Bardet *apud* José Afonso da Silva (*Direito urbanístico brasileiro*, p. 27).

[52] *Direito urbanístico brasileiro*, p. 30.

Sintetiza José Afonso da Silva[53] que:

> O urbanismo objetiva a organização dos espaços habitáveis visando à realização da qualidade de vida humana.

Hely Lopes Meirelles,[54] por sua vez, também ensina o que deve ser entendido como urbanismo, dizendo que o:

> Urbanismo é o conjunto de medidas estatais destinadas a organizar os espaços habitáveis, de modo a propiciar melhores condições de vida ao homem na comunidade.

E continua o autor:

> Entendam-se por espaços habitáveis todas as áreas em que o homem exerce coletivamente qualquer das quatro funções sociais: habitação, trabalho, circulação, recreação.

Eis, portanto, o conceito e conteúdo do urbanismo, a partir dos quais devem ser exercidas as competências constitucionais sobre matéria de urbanismo. Vejamos a seguir mais especificamente o que deve ser entendido como matéria de urbanismo.

4.2 Atividade urbanística

O urbanismo, enquanto ciência e técnica, requer assim ações concretas capazes de alcançar os seus fins, ou, em outra palavras, a intervenção do Poder Público com o objetivo de organizar os espaços habitáveis. A essas ações é que se dá o nome *atividade urbanística*.

Para José Afonso da Silva[55] a atividade urbanística tem por objeto a) o planejamento urbanístico; b) a ordenação do solo; c) a ordenação urbanística de áreas de interesse especial; d) a ordenação urbanística da atividade edilícia; e) os instrumentos de intervenção urbanística.

A atividade urbanística sobre ser exercida pelo Poder Público é uma *função pública* e como toda atividade administrativa deve se pautar nos estritos limites da lei.[56]

O Direito Urbanístico, enquanto direito objetivo, nada mais é do que o conjunto de normas jurídicas reguladoras da atividade do Poder Público destinada a ordenar os espaços habitáveis (atividade urbanística).[57]

4.3 Normas urbanísticas – Matéria de urbanismo

De posse desses elementos, podemos dizer que as *normas urbanísticas*[58] são normas jurídicas que regulam a atividade urbanística, ou seja, que regulam o planejamento

---

[53] *Direito urbanístico brasileiro*, p. 31.

[54] *Direito municipal brasileiro*, p. 389.

[55] *Direito urbanístico brasileiro*, p. 32.

[56] Lei aqui no sentido *lato*.

[57] SILVA. *Direito urbanístico brasileiro*, p. 36.

[58] Entendemos que o termo *norma* deve ser empregado aqui também em sentido *lato*, ou seja, tanto como ato genérico e abstrato, como ato específico e concreto, pois Poder Público na execução de atos materiais (fatos e atos jurídicos urbanísticos) deve sempre se pautar no princípio da legalidade.

urbanístico, a ordenação do solo, a ordenação urbanística de áreas de interesse especial, a ordenação urbanística da atividade edilícia e os instrumentos de intervenção urbanística. Tudo isso é *matéria de urbanismo*.

Cabe ainda mencionar que as normas urbanísticas pertencem ao Direito Público, pois regulam a atividade urbanística que, como vimos, é uma função pública. Por isso são compulsórias e cogentes.

Nota característica das normas urbanísticas é que elas devem ter "coesão dinâmica", ou seja, para que tenham eficácia é necessário que essas normas sejam observadas a partir de todo um conjunto, e não de maneira isolada.

Pierandrea Mazzoni[59] explica a expressão "coesão dinâmica", nos seguintes termos:

> Por essa razão é que denominamos *coesão dinâmica* a essa particularidade das normas urbanísticas, a fim de denotar que sua eficácia somente (ou especialmente) decorre de grupos complexos e coerentes de normas e tem sentido transformacionista da realidade. É que a 'norma urbanística', se tomada isoladamente, não oferece nenhuma imagem de possível mudança do real, em relação a determinado bem; ela precisa de um enquadramento global, nem a visão real do tipo e da quantidade de mudança que, em relação àquele bem, pode e deve verificar-se.

As normas urbanísticas são, em última análise, normas jurídicas capazes de alterar a realidade, porquanto impingem comportamentos positivos à sociedade, que deve se orientar de acordo com elas, dentro de uma "visão de conjunto", redirecionando as cidades em prol de uma sadia qualidade de vida, traduzida pelas funções sociais: habitação, trabalho, circulação, recreação.

Todas as vezes, portanto, que os entes federativos estiverem tratando dessas questões, estarão exercendo suas competências em matéria de urbanismo.

Por último, cabe apenas mencionar que sabemos que não existem classificações certas ou erradas, mas sim classificações mais ou menos úteis. Entretanto, não podemos deixar de mencionar a seguinte classificação de normas urbanísticas apontada por José Afonso da Silva:[60] a) normas de sistematização urbanística (planejamento, ordenação do solo e das áreas de interesse especial); b) normas de intervenção urbanística (delimitações e limitações ao direito de propriedade e ao direito de construir) e c) normas de controle urbanístico (eg. licença para edificar).

Quanto à fonte, as normas urbanísticas podem ser constitucionais e ordinárias (infraconstitucionais). Estas são dispostas, em regra, por leis ordinárias e, excepcionalmente, por lei complementar (art. 25, §3º, da Constituição Federal), enquanto que aquelas estão dispostas na própria Constituição; são as que nos interessa aqui.

4.4 Princípios informadores do Direito Urbanístico

Para compreendermos bem a noção de *matéria de urbanismo*, é necessário ainda apontarmos os princípios que a norteiam, pois sabemos que os princípios constituem

[59] *Apud* SILVA. *Direito urbanístico brasileiro*, p. 60.
[60] *Direito urbanístico brasileiro*, p. 60-61.

o núcleo de um sistema jurídico, a partir do qual as normas jurídicas devem se guiar. As normas urbanísticas, portanto, devem prestar obediência aos princípios informadores do Direito Urbanístico.

Antonio Carceller Fernández[61] enuncia os seguintes princípios informadores do Direito Urbanístico: a) princípio de que o urbanismo é uma função pública; b) princípio da conformação da propriedade urbana; c) princípio da coesão dinâmica das normas urbanística; d) princípio da afetação das mais-valias ao custo da urbanificação e e) princípio da justa distribuição dos benefícios e ônus derivados da atuação urbanística.

Regina Helena Costa,[62] por sua vez, aponta os seguintes princípios: a) função social da propriedade; b) urbanismo como função pública; c) subsidiariedade da intervenção administrativa; c) afetação das mais-valias ao custo da urbanificação.

É de posse desses princípios que os entes federativos devem exercitar suas competências materiais e legislativas em matéria de urbanismo, sob pena de, em não os observando, descumprir seu desiderato imposto pelo legislador constituinte.

Aliás, a existência desses princípios, próprios do Direito Urbanístico, sinaliza sua autonomia em relação aos demais ramos do direito. Em outras palavras, a existência de princípios próprios indica que o Direito Urbanístico é um ramo autônomo do direito.[63]

Posto isso, analisaremos nas próximas seções a competência constitucional para criação de normas urbanísticas, ou melhor, a competência constitucional em matéria de urbanismo.

5 Competência constitucional em matéria de urbanismo

5.1 Introdução

A competência para a criação de normas de Direito Urbanístico não restava clara na Constituição anterior. Mesmo assim, a doutrina afirmava que ambos os entes federativos — União, Estados-membros, Distrito Federal e Municípios — tinham competência para legislar sobre urbanismo.[64]

Na atual Constituição, contudo, essa dificuldade não mais existe, porquanto o constituinte tratou expressamente da competência em Direito Urbanístico (art. 24, inciso I).

Mas, o que mais pode ser entendido como matéria de urbanismo, ou de Direito Urbanístico no texto constitucional?

A partir do estudo realizado na seção 4 e seguintes, vejamos a competência de cada ente federativo nessa matéria, indicando desde já todos os dispositivos constitucionais referentes à matéria de urbanismo (art. 21, incisos IX, XX e XXI; art. 22,

---

[61] *Apud* SILVA. *Direito urbanístico brasileiro*, p. 43-44.

[62] *Princípios de direito urbanístico*, p. 118-127.

[63] Lembramos que não é pacífico esse entendimento. A doutrina majoritária, aliás, entende que o Direito Urbanístico tem autonomia didática, mas não científica.

[64] Cf. REALE, Miguel. Competências constitucionais: legislação sobre urbanismo. *RDP*, 75, p. 42; e MEIRELES, Hely Lopes. Direito urbanístico: competências legislativas, *RDP*, 73, p. 95.

inciso IX; art. 23, incisos III, IV, VI e IX; art. 24, incisos I, VI, VII, VIII e §§; art. 25, §3º; art. 30, incisos II, VIII e IX; art. 174,§1º e art. 182, todos da Constituição Federal de 1988).[65]

5.2 Competência da União

Reza o art. 21, *in verbis*, que compete à União:

> IX - elaborar e executar planos nacionais e regionais de ordenação do território e de desenvolvimento econômico e social;
>
> XX - instituir diretrizes para o desenvolvimento urbano, inclusive habitação, saneamento básico e transportes urbanos;
>
> XXI - estabelecer princípios e diretrizes para o sistema nacional de viação.

Todos esses incisos referem-se à matéria de urbanismo, porquanto cuidam de questões ligadas à atividade urbanística, especificamente planejamento (inciso IX e XX) e ordenação do solo (inciso XXI).

De acordo com o que foi visto na seção 4 e seguintes, integram a competência *exclusiva* da União, atribuída por uma repartição horizontal.

Esse artigo foi concebido para tratar das competências *materiais* da União, ou seja, do poder de executar atos materiais, atos político-administrativos, mas não é bem dessa modalidade de competência que tratam os incisos acima transcritos. São, na verdade, pertencentes à modalidade *legislativa*, que consiste no poder-dever de expedir comandos normativos, genéricos e abstratos, excetuando-se apenas a segunda parte do inciso IX, onde se lê "executar", que trata de competência material.

Consoante ensina Anna Cândida da Cunha Ferraz,[66] as competências materiais não excluem a ação normativa precedente, emanada da própria esfera de poder. Daí diz a autora a estreita correlação entre os art. 21 e 22.

Diríamos mais. A elaboração dos planos nacionais acima mencionados deve necessariamente se revestir de lei; deve ser um ato normativo. A execução desses planos, posteriormente, é que se enquadraria na competência material.

Da mesma forma, a instituição das diretrizes para o desenvolvimento urbano, bem como o estabelecimento de princípios e diretrizes para o sistema nacional de viação também devem vir instrumentalizados por lei.

O art. 21 traz matérias que em qualquer federação constituem o núcleo irredutível das competências da União. Aqui se acentua a tendência de se dar destacado papel à União em tema de planejamento (também o art. 174, §1º).

Fernanda Dias Menezes de Almeida destaca o papel da União na área de planejamento nacional e regional.[67]

Diz a autora que o problema, no entanto, é conciliar o princípio da "unidade por integração" e o princípio da "globalidade", informadores do planejamento, que

[65] Cremos que o art. 183, §1º, da Constituição Federal também se refere à matéria de urbanismo, porquanto é fundamento para a concessão de uso especial para fins de moradia, instituto sobre o qual, no entanto, deve ser realizado estudo específico.

[66] *Apud* Fernanda Dias Menezes de Almeida (*op. cit.*, p. 91).

[67] *Op. cit.*, p. 101.

pressupõe centralização das decisões a cargo da União, com o princípio da autonomia das entidades federadas, manifestação da descentralização do poder.

A União deve estabelecer as diretrizes e bases desse planejamento, observando as necessidades regionais e locais; deve haver uma coordenação capaz de compatibilizar os interesses dos entes federativos.

A autora critica a atual redação do art. 21, lamentando o fato de que, numa democracia participativa, não se tenha dado oportunidade de tornar necessária a audiência dos Estados, dos organismos regionais e dos Municípios interessados, o que, se fosse feito, impediria a elaboração de "planos divorciados da realidade, ambiciosos ou sofisticados demais e por isso mesmo fadados ao insucesso".[68]

Mas não é só. O art. 174, §1º preceitua que a lei deve estabelecer as diretrizes e bases do planejamento do desenvolvimento nacional equilibrado, o qual deve incorporar e compatibilizar os planos nacionais e regionais de desenvolvimento, *in verbis*:

> §1º. A lei estabelecerá as diretrizes e bases do planejamento do desenvolvimento nacional equilibrado, o qual incorporará e compatibilizará os planos nacionais e regionais de desenvolvimento.

Aqui, o dispositivo também trata, ainda que sem ser específico, de atividade urbanística, portanto, de matéria de urbanismo. Isto porque este parágrafo está inserido no Capítulo I do Título referente à Ordem Econômica, ao lado do Capítulo II, que cuida da "Política urbana". É um argumento topográfico. Demais disso, naquele capítulo estão assegurados princípios diretamente ligados à atividade urbanística, tais como: propriedade privada (II), função social da propriedade (III) e defesa do meio ambiente (VI), o que permite concluir tratar-se de um planejamento também urbanístico.

O dispositivo supratranscrito insere-se no mesmo contexto do anterior, ou seja, trata de competência legislativa exclusiva da União, repartida horizontalmente.

Lê-se no art. 22, *in verbis*, que compete privativamente à União legislar sobre:

> IX - diretrizes da política nacional de transportes;

O presente dispositivo também cuida de matéria de urbanismo. Refere-se à ordenação do solo, especificamente sobre uma das funções sociais que é a circulação (transportes).

Este dispositivo faz parte da modalidade de competência privativa da União, pois permite delegação (parágrafo único), partindo, assim como a exclusiva, de uma repartição horizontal. Aqui se cogita tão somente de competência legislativa, restando afastada a competência material.

Esse inciso também se refere a um planejamento. Aqui, no entanto, é nítida a falta de técnica do constituinte, pois, em se tratando de diretrizes, surge o problema consistente em saber como a União deve estabelecer essas normas. Deve se limitar a estabelecer normas gerais, já que se trata de diretrizes, ou pode legislar integralmente sobre a matéria, já que está no âmbito da competência privativa?

---

[68] *Op. cit.*, p. 103, 104.

Para Fernanda Dias Menezes de Almeida[69] a competência legislativa privativa, onde contempla diretrizes, permite que a União legisle integralmente sobre a matéria, inclusive nas suas especificidades. Diz a autora que não se pode delegar o que não se tem e, portanto, se a União não puder descer às especificidades não poderá transferir essa competência aos Estados.

Ousamos discordar desse entendimento. É incorreto, ao nosso ver, o entendimento da autora segundo o qual, se a União pode delegar a competência para os Estados-membros legislarem sobre questões específicas de determinada matéria, pode igualmente legislar sobre as especificidades desta matéria, não se limitando assim apenas às normas gerais.

Acreditamos que a expressão "questões específicas" a que alude o parágrafo único do art. 22 da Magna Carta não pode receber a leitura apontada; a expressão não tem o significado de *norma específica* como antítese de *norma geral*; não significa descer às especificidades da matéria.

Significa apenas que a União pode delegar aos Estados-membros competência para legislar sobre "questões certas e determinadas", "questões pontuais", o que pode acontecer de "maneira geral", por delegação da União, e também de modo específico, mas desta vez em decorrência de sua competência própria. Em outras palavras, não se pode delegar o que não se tem; a União não tem competência para estabelecer *normas específicas*, mas apenas *normas gerais*.

Interpretação em contrário, ou seja, de que a expressão "questões específicas" significa *norma específica* transformaria o dispositivo indicado em algo inócuo, redundante, já que, onde há *norma geral*, pode haver, por decorrência lógica, *norma específica*. Em outras palavras, se a Constituição Federal fala que a União deve estabelecer *normas gerais* é porque admite, independentemente de delegação, que os Estados-membros estabeleçam *normas específicas*, em razão de sua competência própria. Se não, por que falaria em *norma geral*? Assim, não há lógica em se delegar aquilo que já pertence a outros.[70]

Por último, é necessário destacar apenas que conferir competência legislativa privativa à União não significa que outros entes federativos não possam exercer as competências materiais correspondentes.[71] Os Estados-membros e Municípios podem fazer cumprir a legislação federal, expedindo atos materiais concretos, destinados à efetivação dos mandamentos federais.

5.3 Competência da União, dos Estados, do Distrito Federal e dos Municípios

Estatui o art. 23, *in verbis*, que é competência comum da União, dos Estados, do Distrito Federal e dos Municípios:

[69] *Op. cit.*, p. 113, 114.

[70] Patrícia Azevedo da Silveira, *op. cit.*, p. 64.

[71] ALMEIDA, *op. cit.*, p. 106.

> III - proteger os documentos, as obras e outros bens de valor histórico, artístico e cultural, os monumentos, as paisagens naturais notáveis e os sítios arqueológicos;
>
> IV - impedir a evasão, a destruição e a descaracterização de obras de arte e de outros bens de valor histórico, artístico ou cultural;
>
> VI - proteger o meio ambiente e combater a poluição em qualquer de suas formas;
>
> IX - promover programas de construção de moradias e a melhoria das condições habitacionais e de saneamento básico;

São todos dispositivos ligados à matéria de urbanismo, porquanto tratam de ordenação do solo, especificamente da paisagem urbana (incisos III, IV e VI) e das áreas de interesse especial (IX).

Como se vê, trata-se de competência *material comum*, decorrente, ao contrário das anteriores, de uma repartição vertical, na qual mais de um ente federativo pode exercitar seus poderes. Aqui todos os entes federativos podem (devem) cuidar da matéria.

Competência material significa o poder-dever de praticar atos administrativos, atos concretos acerca de determinados assuntos, o que não significa, consoante vimos anteriormente, que cada ente federativo não possa legislar sobre esses respectivos assuntos. Cuida-se daquilo que a doutrina chama de competência concorrente *imprópria*, que consiste na possibilidade de se legislar para o fim de efetivação da competência material; afinal, vigora o princípio da legalidade.

Todos os entes podem estabelecer comandos normativos, genéricos e abstratos, portanto, de forma integral, ou seja, abrangendo toda a matéria, sem quaisquer limitações. Todas as normas, emanadas dos respectivos entes, devem ser igualmente observadas, lembrando que, observada a mais rigorosa, todas as outras também o serão automaticamente.

Prevê o art. 24, *in verbis*, que compete concorrentemente à União, aos Estados-membros e ao Distrito Federal legislar sobre:

> I - (...) direito urbanístico;
>
> VI - florestas, caça, pesca, fauna, conservação da natureza, defesa do solo e dos recursos naturais, proteção do meio ambiente e controle da poluição;
>
> VII - proteção ao patrimônio histórico, cultural, artístico, turístico e paisagístico;
>
> VIII - responsabilidade por dano ao meio ambiente, ao consumidor, a bens e direitos de valor artístico, estético, histórico, turístico e paisagístico;

O inciso I abre o leque, deixando ao leitor a tarefa de identificar o que é Direito Urbanístico, que como vimos nada mais é do que o conjunto de normas reguladoras da atividade urbanística. Com efeito, tudo o que estiver relacionado com planejamento urbanístico, ordenação do solo, ordenação urbanística de áreas de interesse especial, ordenação urbanística da atividade edilícia e instrumentos de intervenção urbanística, deve ser considerado matéria de urbanismo.

Nos incisos VI, VII e VIII deste artigo, o constituinte volta a fechar o leque, indicando as matérias a respeito das quais pode ser exercida a competência constitucional em matéria de urbanismo. Cuidam, em geral, de questões relacionadas ao ordenamento do solo.

O presente artigo traz a competência concorrente própria, segundo a qual a União deve estabelecer *normas gerais* e os Estados e Distrito Federal *normas específicas* sobre as matérias nele elencadas.

Vimos que o conceito de *normas gerais* consiste em dizer, em apertadíssima síntese, que são normas que estabelecem as diretrizes, os princípios básicos que devem reger determinada matéria, sem descer aos pormenores. Nessas matérias, portanto, deve a União instituir em lei as suas diretrizes, os princípios que devem regê-la, reservando aos Estados a possibilidade de pormenorizá-las, tecendo assim os fios que se entrelaçam no interior dos contornos da teia, previamente fixados.

Os Municípios não estão excluídos de exercer sua competência nas matérias arroladas nesse artigo. Como vimos, possuem competência *suplementar*, conferida no art. 30, II, da Constituição Federal, que pode significar complementar (suplementar completando) ou suplementar propriamente dito (suplementar criando).

Aplica-se aos Municípios o mesmo raciocínio usado para os Estados (art. 24, §§2º, 3º e 4º). Podem complementar as normas federais e estaduais e podem, inexistindo norma federal ou estadual, exercer competência plena, restando suspensa sua legislação pela superveniência de norma federal ou estadual.

Mas o exercício dessa competência pelos Municípios, como vimos, deve estar afeto sempre à existência de um interesse local, sem o qual não se justifica.

A competência dos Municípios, contudo, não se esgota aqui, devendo ser melhor analisada mais a frente.

5.4 Competência dos Estados

A par das competências comum e concorrente que os Estados-membros detêm, estão as competências exclusivas, que trataremos aqui.

O art. 25, §3º, da Constituição reza, *in verbis*:

> §3º. Os Estados poderão, mediante lei complementar, instituir regiões metropolitanas, aglomerações urbanas e microrregiões, constituídas por agrupamentos de municípios limítrofes, para integrar a organização, o planejamento e a execução de funções públicas de interesse comum.

Neste caso, também é possível dizer que se trata de matéria de urbanismo, porquanto o dispositivo cuida da competência para a realização de um planejamento urbanístico.

Na Constituição anterior, a prerrogativa para instituir regiões metropolitanas era da União, não restando explicitado, contudo, que ente federativo deveria fazê-lo. A maior parte da doutrina, por uma interpretação sistemática, chegou à conclusão de que competiria aos Estados-membros a competência para organizar essas regiões.[72] Esse problema, todavia, foi resolvido, pois a nova Constituição explicitou a competência dos Estados-membros nessa matéria.

Cuida-se de competência legislativa exclusiva dos Estados-membros. Estes, mediante lei complementar, podem ordenar o território num campo supramunicipal,

---

[72] Adilson Abreu Dallari (*RDP*, 14, 285); Gutemberg da Mota e Silva (*RDP*, 80, 131); Sergio Ferraz (*RDP*, 37-38, 19).

orientando o desenvolvimento regional, sem perder de vista o contexto nacional no qual se insere e sem interferir nos aspectos estritamente locais. A esse planejamento dá-se o nome de *plano urbanístico microrregional,* cujo âmbito é o estadual.

Os Estados podem, outrossim, criar três diferentes figuras, quais sejam, a *região metropolitana,* as *microrregiões* e as *aglomerações urbanas.*[73]

É certo, como alerta José Afonso da Silva,[74] que dois são os problemas que os Estados enfrentam. O primeiro é a necessidade de observância das normas gerais federais sobre o assunto; o segundo é a competência municipal, que constitui um problema traumático para os Estados no que tange a ordenação do solo urbano, porquanto os Municípios detêm competência para legislar sobre assuntos de interesse local, dentre os quais essa matéria se insere de modo direto.

Portanto, é andando por entre essas espadas a riste, da União e dos Municípios, que os Estados-membros exercem sua competência, que, conquanto exclusiva, está inserida numa zona cinzenta, de difícil definição, lembrando que o princípio federativo e o princípio republicano podem (devem) contribuir para a solução do caso concreto.

5.5 Competência dos Municípios

Da mesma forma que os Estados, os Municípios, a par das competências comum e concorrente, também têm seu campo de competências exclusivas.

Prescreve o art. 30, *in verbis,* que compete aos Municípios:

> II - suplementar a legislação federal e a estadual no que couber;
>
> IV - criar, organizar e suprimir distritos, observada a legislação estadual;
>
> VIII - promover, no que couber, adequado ordenamento territorial, mediante planejamento e controle do uso, do parcelamento e da ocupação do solo urbano;
>
> IX - promover a proteção do patrimônio histórico-cultural local, observada a legislação e a ação fiscalizadora federal e estadual.

O inciso II constitui como que uma "chave universal", um "coringa das cartas de baralho", pois se aplica a todas as situações em que os Municípios possam legislar, inclusive, portanto, nas questões relativas à matéria de urbanismo.

Os outros incisos, todos, também se referem à matéria de urbanismo, porquanto atribuem competência constitucional aos Municípios para planejamento urbanístico (IV), ordenação do solo (VIII) e da paisagem urbana (IX).

É nos Municípios sem dúvida que a atividade urbanística se manifesta de forma mais concreta e dinâmica.[75] Esses entes federativos estão mais próximos do povo, sentindo melhor as suas necessidades.

Os Municípios ora exercem *competência legislativa suplementar* da legislação federal e estadual (inciso II), ora *competência material* (inciso IV e IX), ora *competência legislativa exclusiva,* decorrente do próprio texto constitucional (inciso VIII c/c inciso I).

---

[73] Para saber as distinções entre cada uma dessas figuras, consulte José Afonso da Silva (*Direito urbanístico brasileiro,* p. 149-150).

[74] *Direito urbanístico brasileiro,* p. 121.

[75] SILVA. *Direito urbanístico brasileiro,* p. 62.

Mas não é só. O art. 182 atribui aos Municípios a competência para cuidar da política urbana, prescrevendo, *in verbis*, que:

> Art. 182. A política de desenvolvimento urbano, executada pelo Poder Público municipal, conforme diretrizes gerais fixadas em lei, tem por objetivo ordenar o pleno desenvolvimento das funções sociais da cidade e garantir o bem-estar de seus habitantes.
>
> §1º. O plano diretor, aprovado pela Câmara Municipal, obrigatório para cidades com mais de vinte mil habitantes, é o instrumento básico da política de desenvolvimento e de expansão urbana.
>
> §2º. A propriedade urbana cumpre sua função social quando atende às exigências fundamentais de ordenação da cidade expressas no plano diretor.
>
> §3º. As desapropriações de imóveis urbanos serão feitas com prévia e justa indenização em dinheiro.
>
> §4º. É facultado ao Poder Público municipal, mediante lei específica para área incluída no plano diretor, exigir, nos termos da lei federal, do proprietário do solo urbano não edificado, subutilizado ou não utilizado, que promova seu adequado aproveitamento, sob pena, sucessivamente, de:
>
> I - parcelamento ou edificação compulsórios;
>
> II - imposto sobre a propriedade predial e territorial urbana progressivo no tempo;
>
> III - desapropriação com pagamento mediante títulos da dívida pública de emissão previamente aprovada pelo Senado Federal, com prazo de resgate de até dez anos, em parcelas anuais, iguais e sucessivas, assegurados o valor real da indenização e os juros legais.

Eis outro artigo tipicamente ligado à matéria de urbanismo, talvez o mais completo deles, porquanto abriga quase tudo o que é ligado à matéria: planejamento urbanístico, ordenação do solo, ordenação urbanística de áreas de interesse especial, ordenação urbanística da atividade edilícia e instrumentos de intervenção urbanística.

O dispositivo acima transcrito confere competência exclusiva aos Municípios para executar a política de desenvolvimento urbano.

De início, é mister dizer que a execução dessa política urbana depende de lei, aliás, como toda a atuação do Poder Público, sujeito que está ao princípio da legalidade. Daí poder dizer-se que se trata de competência legislativa. Em outras palavras, pode-se dizer que primeiro legisla-se, depois se executa.

A Constituição Federal atribui a essa lei o nome de "Plano Diretor", que é o instrumento básico da política de desenvolvimento e de expansão urbana. Em outras palavras, a lei do Plano Diretor é o meio hábil para o planejamento da atividade urbanística municipal.

José Afonso da Silva,[76] a respeito do Plano Diretor, ensina:

> O PD, como instrumento de atuação da função urbanística dos Municípios, constitui um plano geral e global que tem, portanto, por função sistematizar o desenvolvimento físico, econômico e social do território municipal, visando ao bem-estar da comunidade local.

[76] *Direito urbanístico brasileiro*, p. 134.

Ocorre que essa lei — o Plano Diretor — deve observar as diretrizes gerais traçadas pela lei federal, que, como vimos, se insere no âmbito das competências legislativas privativas da União (art. 21, incisos IX e XX).

A União deve, outrossim, fixar os contornos, as diretrizes, os princípios, enfim, as normas gerais da política de desenvolvimento urbano, e isso se deve dar através de um "plano urbanístico nacional", que segundo José Afonso da Silva[77] é:

> O conjunto de diretrizes gerais destinadas a instrumentalizar a política nacional de desenvolvimento urbano, ou conjunto coerente de medidas destinadas a estabelecer a orientação gera da ordenação territorial do país em função do bem-estar da população.

Esse planejamento em nível nacional é chamado de *plano urbanístico macrorregional*, porquanto é supraestadual, também devendo ser traduzido em lei, consoante art. 48, IV, devendo ademais ser articulado com o plano plurianual (art. 165, §4º).

Cabe, ainda, aos Municípios estabelecer as normas específicas a respeito da matéria de urbanismo, sem olvidar a competência dos Estados-membros para estabelecer o chamado *plano urbanístico microrregional*, já mencionado anteriormente (art. 25, §3º).

O dispositivo contempla ainda a faculdade que o Poder Público municipal tem de, mediante lei específica para área incluída no plano diretor, exigir, nos termos da lei federal, do proprietário do solo urbano não edificado, subutilizado ou não utilizado, que promova seu adequado aproveitamento. Aqui mais uma vez há a manifestação da competência legislativa exclusiva dos Municípios.

A lei específica mencionada no dispositivo é lei municipal, portanto de competência exclusiva do Município, a qual não se confunde com a lei do Plano Diretor. Este deve contemplar tão somente as áreas que quer ver adequadamente aproveitadas.

Essa lei pode, desobedecidos os comandos para o adequado aproveitamento, reproduzir — mas não criar — as sanções cominadas pela Constituição Federal. Pode, outrossim, determinar o parcelamento ou edificação compulsórios; instituir imposto sobre a propriedade predial e territorial urbana progressivo no tempo; bem como promover a chamada "desapropriação-sanção".

6 Resumo conclusivo

6.1 Federalismo

Para a compreensão do tema competência é imprescindível uma análise prévia do federalismo, pois, no Brasil, é a partir dele que nasce a ideia de uma repartição constitucional de competências, que constitui a noção nuclear do federalismo.

São características fundamentais da federação: repartição constitucional de competências ou rendas, existência de ordens parciais e de uma ordem total, onde aquelas participem desta, rigidez constitucional, indissolubilidade, existência de um Tribunal constitucional, capacidade de auto-organização e previsão de intervenção federal.

---

[77] *Direito urbanístico brasileiro*, p. 110.

A República brasileira possui todas essas características, o que permite concluir que se trata de uma federação, com a peculiaridade da existência de uma terceira ordem de poder, ao lado da União e dos Estados-membros e Distrito Federal: os Municípios.

O princípio federativo constitui, ao lado do princípio republicano, um dos mais importantes princípios do sistema jurídico nacional. É a partir deles que a repartição de competências deve ser interpretada e aplicada, sendo assim possível identificar os limites a que estão sujeitos os entes federativos.

6.2 Competência

A doutrina conceitua competência com o poder de ação e de atuação atribuído aos vários órgãos e agentes constitucionais com o fim de prosseguirem as tarefas de que são constitucionalmente ou legalmente incumbidos (CANOTILHO, 1993). Aqui, interessa tão somente a competência constitucional, e não a legal.

O princípio geral que norteia a repartição de competências que é o da *predominância do interesse* (José Afonso da Silva).

No Brasil adotou-se um critério complexo de repartição de competências. A Constituição Federal abriga um sistema que combina competências privativas, repartidas horizontalmente, com competências concorrentes, repartidas verticalmente, abrindo espaço para a participação das ordens parciais na ordem total através da delegação (ALMEIDA, 1991).

O sistema adotado no Brasil, inspirado no modelo alemão, pretende tirar melhor proveito das competências concorrentes, com expansão da autonomia estadual. É o federalismo do equilíbrio. Mas esse equilíbrio se dá também com a repartição de encargos mediante a fixação de matérias de competência comum, instituindo assim a cooperação entre os entes federativos (ALMEIDA, 1991). Esses dados também auxiliam na interpretação das normas constitucionais, solucionando eventuais conflitos de competência.

As competências se dividem em dois grandes grupos: *competências legislativas* e *competências materiais*.

Quanto à extensão, a competência material pode ser *exclusiva* (art. 21) e *comum, cumulativa* ou *paralela* (art. 23), enquanto que a competência legislativa pode ser *exclusiva* (art. 25, §§1º e 2º), *privativa* (art. 22), *concorrente* (art. 24) e *suplementar* (art. 24, §§2º e 3º).[78]

Há ainda duas formas de repartição de competências: horizontal e vertical (FERREIRA FILHO, 1995).

As competências podem ainda ser classificadas, quanto à forma, em *enumerada* ou *expressa*; *reservada* ou *remanescente* e *residual*; e, finalmente, *implícita* ou *resultante*, quanto a conteúdo, em *econômica, social político-administrativa, financeira, tributária* e *internacional* e quanto à origem, em *originária* e *delegada*.[79]

---

[78] *Direito urbanístico brasileiro*, p. 66.

[79] *Direito urbanístico brasileiro*, p. 66.

As competências materiais correspondem ao poder-dever que o ente federativo tem de executar concretamente os mandamentos nelas elencados. As competências materiais, no entanto, não excluem ação normativa precedente, emanada da própria esfera de poder.[80] As competências legislativas constituem o poder-dever do ente federativo de expedir comandos normativos.

A competência exclusiva consiste na atribuição de poderes a uma entidade federativa com exclusão das demais, não admitindo, assim, que as matérias nela elencadas sejam tratadas por outros entes, seja por delegação, seja suplementarmente. Resulta de uma repartição horizontal, na qual o campo de atuação de cada ente federativo é limitado a determinadas matérias. Pode ser legislativa ou material.

A competência privativa se caracteriza pela possibilidade de que outros entes federativos também cuidem de determinada matéria que inicialmente é atribuída a um único ente. Essa transferência pode se dar através da delegação de competência ou da suplementação. Assim como a exclusiva, também resulta de uma repartição horizontal, mas diverge desta porque encontra abrigo apenas entre as competências legislativas.

A competência comum consiste na possibilidade de os entes federativos legislarem ou praticarem atos em determinadas esferas conjuntamente e em condições iguais, sem que o exercício da competência por um não exclua o de outra. Pode ser material ou legislativa. Aquela é encontrada expressamente no texto constitucional, enquanto que esta não; decorre da necessidade de implementação das competências comuns materiais; recebe a denominação competência *concorrente imprópria.* Nela, ao contrário das anteriores, trata-se de repartição vertical de competências, na qual não existe limite de atuação.

As competências concorrentes podem ser próprias ou impróprias. As impróprias foram explicadas acima. As próprias, ou primárias, consistem na possibilidade que mais de um ente tem de dispor sobre determinada matéria. São resultado de uma repartição vertical de competências. Podem ser, ainda, subdivididas em competência concorrente clássica ou competência concorrente limitada. Naquela, o ente pode legislar integralmente sobre a matéria, sem qualquer limite, enquanto que nesta existe uma limitação no exercício da competência. A União se limita a editar normas gerais e os Estados-membros se limitam a expedir normas específicas.

Os Municípios também têm competências concorrentes, isto porque o art. 30, II da Constituição Federal prescreve que eles podem suplementar a legislação federal e a estadual, no que couber. A expressão "no que couber" significa quando houver interesse local (ARAÚJO; NUNES JÚNIOR, 2001).

Embora o constituinte tenha se utilizado no §2º do art. 24 do termo suplementar, é de complementação que se cuida, ou seja, de completar, detalhando, o que já existe, e não de suplementação, termo reservado para as hipóteses em que uma norma é criada, inexistindo outra (ALMEIDA, 2001).

[80] Anna Cândida da Cunha Ferraz, *apud* Fernanda Dias Menezes de Almeida, *op. cit.*, p. 85.

6.3 Urbanismo

A urbanização, entendida como crescimento desordenado das cidades, acarreta inúmeros problemas para a população. Ao processo de reorganização das cidades dá-se o nome de *urbanificação*. Urbanificação é o remédio para o mal que é a urbanização.[81]

A necessidade de reorganizar (urbanificação) as cidades, subjugadas pelos efeitos devastadores da urbanização, passou a exigir uma técnica, uma ciência, a que se convencionou chamar *urbanismo*.[82] Urbanismo, portanto, é o conjunto de medidas estatais destinadas a organizar os espaços habitáveis, de modo a propiciar melhores condições de vida ao homem na comunidade.[83]

O urbanismo, enquanto ciência e técnica, requer assim ações concretas capazes de alcançar os seus fins, quais sejam, organizar os espaços habitáveis. A essas ações é que se dá o nome *atividade urbanística*, que tem por objeto a) o planejamento urbanístico; b) a ordenação do solo; c) a ordenação urbanística de áreas de interesse especial; d) a ordenação urbanística da atividade edilícia; e) os instrumentos de intervenção urbanística.

Como efeito, deve ser entendida como matéria de urbanismo tudo o que estiver relacionado com o planejamento urbanístico, a ordenação do solo, a ordenação urbanística de áreas de interesse especial, a ordenação urbanística da atividade edilícia e os instrumentos de intervenção urbanística.[84]

As normas urbanísticas devem ter "coesão dinâmica", ou seja, para que tenham eficácia, é necessário que essas normas sejam observadas a partir de todo um conjunto, e não de maneira isolada. São normas jurídicas capazes de alterar a realidade, impondo comportamentos positivos e redirecionando as cidades para atendimento das funções sociais: habitação, trabalho, circulação, recreação.

Os princípios, sabemos, são as estruturas do ordenamento jurídico, condicionando a interpretação e aplicação de todas as normas jurídicas. São princípios informadores do Direito Urbanístico: a) princípio de que o urbanismo é uma função pública; b) princípio da conformação da propriedade urbana; c) princípio da coesão dinâmica das normas urbanística; d) princípio da afetação das mais-valias ao custo da urbanificação e e) princípio da justa distribuição dos benefícios e ônus derivados da atuação urbanística.

O Direito Urbanístico tem seus princípios próprios, o que sinaliza sua autonomia em relação aos demais ramos do direito. Em outras palavras, a existência de princípios próprios indica que o Direito Urbanístico é um ramo autônomo do direito.

6.4 Competência constitucional em matéria de urbanismo

Na atual Constituição, o legislador tratou expressamente da competência em matéria de urbanismo, distribuindo-as entre todos entes federativos, de modo que nos é permitido concluir que todos os entes federativos têm competência em matéria

---

[81] *Direito urbanístico brasileiro*, p. 26.

[82] *Direito urbanístico brasileiro*, p. 27.

[83] MEIRELLES. *Direito municipal brasileiro*, p. 378.

[84] SILVA. *Direito urbanístico brasileiro*, p. 36.

de urbanismo. Os dispositivos referentes à matéria de urbanismo encontram-se nos seguintes artigos: art. 21, incisos IX, XX e XXI; art. 22, inciso IX; art. 23, incisos III, IV, VI e IX; art. 24, incisos I, VI, VII, VIII e §§; art. 25, §3º; art. 30, incisos II, VIII e IX; art. 174, §1º e art. 182 e §§.

O art. 21 da Constituição Federal atribui competência à União. Integram a competência *exclusiva* da União, atribuída por uma repartição horizontal. Todos esses incisos referem-se à matéria de urbanismo, porquanto cuidam de questões ligadas à atividade urbanística, especificamente planejamento (inciso IX e XX) e ordenação do solo (inciso XXI).

Esse artigo foi concebido para tratar das competências *materiais* da União, mas não é bem dessa modalidade de competência que se trata. São, na verdade, pertencentes à modalidade de competência *legislativa*, exceto a segunda parte do inciso IX, quando diz "executar".

Por sua vez, o art. 174, §1º, preceitua que a lei deve estabelecer as diretrizes e bases do planejamento do desenvolvimento nacional equilibrado. Aqui, o dispositivo também trata, ainda que sem ser específico, de atividade urbanística, portanto, de matéria de urbanismo. Isto porque este parágrafo está inserido no Capítulo I do Título referente à "Ordem econômica", ao lado do Capítulo II, que cuida da "Política urbana". É um argumento topográfico. Demais disso, naquele capítulo estão assegurados princípios diretamente ligados à atividade urbanística, tais como: propriedade privada (II), função social da propriedade (III) e defesa do meio ambiente (VI), o que permite concluir tratar-se de um planejamento também urbanístico. Cuida-se, demais, de competência legislativa exclusiva da União, repartida horizontalmente.

O art. 22 da Magna Carta atribui competência privativa à União legislar sobre diretrizes da política nacional de transportes. O presente dispositivo também cuida de matéria de urbanismo. Refere-se à ordenação do solo, especificamente sobre uma das funções sociais que é a circulação (transportes). Trata-se de modalidade de competência privativa da União, como o próprio enunciado revela, pois permite delegação (parágrafo único), partindo de uma repartição horizontal. Aqui se cogita tão somente de competência legislativa.

Duas conclusões podem ser tiradas daqui. A primeira é que a competência legislativa privativa, onde contempla diretrizes, permite que a União legisle integralmente sobre a matéria, inclusive nas suas especificidades, já que não se pode delegar o que não se tem e, portanto, se a União não puder descer às especificidades, não poderá transferir essa competência aos Estados (ALMEIDA, 1991). A segunda é que conferir competência legislativa privativa à União não significa que outros entes federativos não possam exercer as competências materiais correspondentes (ALMEIDA, 1991).

O art. 23 da Constituição Federal confere competência à União, aos Estados, ao Distrito Federal e aos Municípios. São todos dispositivos ligados à matéria de urbanismo, porquanto tratam de ordenação do solo, especificamente da paisagem urbana (incisos III, IV e VI) e das áreas de interesse especial (IX). Trata-se de competência *material comum*, decorrente de uma repartição vertical, na qual todos os entes federativos podem (devem) cuidar da matéria. Isto não significa que cada ente federativo não possa legislar sobre esses respectivos assuntos. Cuida-se daquilo que a doutrina chama de competência concorrente *imprópria*.

Prevê o art. 24 da Constituição Federal as competências da União, dos Estados-membros e do Distrito Federal. O inciso I abre o leque, deixando ao leitor a tarefa de identificar o que é Direito Urbanístico, que como vimos nada mais é do que o conjunto de normas reguladoras da atividade urbanística. Com efeito, tudo o que estiver relacionado com planejamento urbanístico, ordenação do solo, ordenação urbanística de áreas de interesse especial, ordenação urbanística da atividade edilícia e instrumentos de intervenção urbanística, deve ser considerado matéria de urbanismo. Nos incisos VI, VII e VIII deste artigo o constituinte volta a fechar o leque, indicando as matérias a respeito das quais pode ser exercida a competência constitucional em matéria de urbanismo. Cuidam, em geral, de questões relacionadas ao ordenamento do solo.

Cuida-se de competência concorrente própria, segundo a qual a União deve estabelecer *normas gerais* e os Estados e Distrito Federal *normas específicas* sobre as matérias nele elencadas.

Os Municípios não estão excluídos de exercer sua competência nas matérias arroladas nesse artigo, pois possuem competência *suplementar*, conferida no art. 30, II, da Constituição Federal.

A par das competências comum e concorrente que os Estados-membros detêm, possuem também competências exclusivas.

O art. 25, §3º, da Constituição reza os Estados podem instituir regiões metropolitanas, aglomerações urbanas e microrregiões. Neste caso, também é possível dizer que se trata de matéria de urbanismo, porquanto o dispositivo cuida da competência para a realização de um planejamento urbanístico. Cuida-se de competência legislativa exclusiva.

No exercício dessa competência, dois são os cuidados que os Estados devem ter. O primeiro consiste na necessidade de observância das normas gerais federais sobre o assunto e o segundo é com a competência municipal, porquanto os Municípios detêm competência para legislar sobre assuntos de interesse local.

Da mesma forma que os Estados, os Municípios também têm seu campo de competências exclusivas. Prescreve o art. 30 da Constituição da República as competências dos Municípios. O inciso II constitui como que uma "chave universal", um "coringa das cartas de baralho", pois se aplica em todas as situações em que os Municípios possam legislar, inclusive, nas questões relativas a matéria de urbanismo. Os outros incisos, todos, também se referem à matéria de urbanismo, porquanto atribuem competência constitucional aos Municípios para planejamento urbanístico (IV), ordenação do solo (VIII) e da paisagem urbana (IX). Aqui, os Municípios ora exercem *competência legislativa suplementar* da legislação federal e estadual (inciso II), ora *competência material* (inciso IV e IX), ora *competência legislativa exclusiva*, decorrente do próprio texto constitucional (inciso VIII c/c inciso I).

O art. 182 atribui aos Municípios a competência para cuidar da política urbana. Eis outro artigo tipicamente ligado à matéria de urbanismo, talvez o mais completo deles, porquanto abriga quase tudo o que é ligado à matéria: planejamento urbanístico, ordenação do solo, ordenação urbanística de áreas de interesse especial, ordenação urbanística da atividade edilícia e instrumentos de intervenção urbanística.

Referências

ALMEIDA, Fernanda Dias Menezes de. *Competências na Constituição de 1988*. São Paulo: Atlas, 1991.

ARAÚJO, Luiz Alberto David; NUNES JÚNIOR, Vidal Serrano. *Curso de direito constitucional*. 5. ed. São Paulo: Saraiva, 2001.

BASTOS, Celso Ribeiro (Coord.). *Por uma nova federação*. São Paulo: Revista dos Tribunais, 1995.

BASTOS, Celso Ribeiro. *Curso de direito constitucional*. 17. ed. ampl. e atual. São Paulo: Saraiva, 1996.

BASTOS, Celso Ribeiro; MARTINS, Ives G. da Silva. *Comentários à Constituição do Brasil*: promulgada em 5 de outubro de 1988. São Paulo: Saraiva, 1988-1989.

BOBBIO, Norberto. *O positivismo jurídico*: lições de filosofia do direito. Compiladas por Nello Morra; tradução e notas de Márcio Pugliesi e outros. São Paulo: Ícone, 1995.

BORGES NETTO, André Luiz. *Competências legislativas dos Estados-Membros*. São Paulo: Saraiva, 1999.

CANOTILHO, José Joaquim Gomes. *Direito constitucional*. 6. ed. rev. Coimbra: Livraria Almedina, 1993.

CARNEIRO, Ruy de Jesus Marçal. *Organização da cidade, planejamento municipal, plano diretor, urbanização*. São Paulo: Max Limonad, 1998.

DALLARI, Adilson Abreu. *Desapropriações para fins urbanísticos*. Rio de Janeiro: Forense, 1981.

FERREIRA FILHO, Manoel Gonçalves. *Curso de direito constitucional*. 22. ed. atual. São Paulo: Saraiva, 1995.

FERREIRA, Pinto. *Comentários à Constituição Brasileira*. São Paulo: Saraiva, 1989.

MEIRELLES, Hely Lopes. *Direito de construir*. 3. ed. refundida. São Paulo: Revista dos Tribunais, 1979.

MEIRELLES, Hely Lopes. *Direito municipal brasileiro*. 10. ed. atualizada por Izabel Camargo Lopes Monteiro e Célia Marisa Prendes. São Paulo: Malheiros, 1998.

MOREIRA NETO, Diogo de Figueiredo. Competência concorrente limitada: o problema da conceituação das normas gerais. *In*: *Constituição e revisão*: temas de direito político e constitucional. Rio de Janeiro: Forense, 1991.

NUNES, Luiz Antonio Rizatto. *Manual de monografia jurídica*. 3. ed. rev. e ampl. São Paulo: Saraiva, 2001.

PIOVEZANE, Pedro de Milanelo. *Elementos de direito urbanístico*. São Paulo: Revisa dos Tribunais, 1981.

ROMANO, Santi. *Princípios de direito constitucional geral*. Tradução de Maria Helena Diniz. São Paulo: Revista dos Tribunais, 1977.

SILVA, José Afonso da. *Aplicabilidade das normas constitucionais*. 4. ed. rev. e atual. São Paulo: Malheiros, 2000.

SILVA, José Afonso da. *Curso de direito constitucional positivo*. 15. ed. rev. São Paulo: Malheiros, 1998.

SILVA, José Afonso da. *Direito urbanístico brasileiro*. 3. ed. rev. e atual. São Paulo: Malheiros, 2000.

SUNDFELD, Carlos Ari. Função social da propriedade. *In*: DALLARI, Adilson Abreu; FIGUEIREDO, Lúcia Valle. *Temas de direito urbanístico 1*. São Paulo: Revista dos Tribunais, 1987.

SUNDFELD, Carlos Ari. *Fundamentos de direito público*. 4. ed. 3. tir. São Paulo: Malheiros, 2002.

TEMER, Michel. *Elementos de direito constitucional*. 18. ed. rev. e ampl. São Paulo: Malheiros, 2002.

Informação bibliográfica deste texto, conforme a NBR 6023:2002 da Associação Brasileira de Normas Técnicas (ABNT):

DOMINGUES, Rafael Augusto Silva. Competência constitucional em matéria de urbanismo. *In*: DALLARI, Adilson Abreu; DI SARNO, Daniela Campos Libório (Coord.). *Direito urbanístico e ambiental*. 2. ed. rev. Belo Horizonte: Fórum, 2011. p. 61-93. ISBN 978-85-7700-449-2.

O Direito Urbanístico e as Regras de Competência na Constituição Brasileira e no Estatuto da Cidade

Bruno de Souza Vichi

Sumário: **1** Introdução – **2** Normas constitucionais de natureza urbanística – **2.1** Objetivos aplicáveis a todas as esferas político-administrativas que integram a Federação brasileira – **2.2** Normas constitucionais com implicações urbanísticas aplicáveis a todas as esferas político-administrativas – **2.3** Regra de cooperação entre os entes político-administrativos – **2.4** Normas de competência legislativa com implicações diretas e indiretas na atividade urbanística – **2.5** Normas de competência material com implicações diretas e indiretas na atividade urbanística – **3** Normas de competência contidas no estatuto da cidade – **4** A competência material urbanística – Exclusividade municipal? – **5** Conclusão – Referências

1 Introdução

Do texto da Constituição Federal brasileira extrai-se um vasto número de normas cujo objeto é a regulação da atividade urbanística. Sua natureza é extremamente variada, como não poderia deixar de ser, pois é na Carta Magna que estão contidas todas as regras e princípios que estruturam o nosso Direito Urbanístico. A tarefa deste trabalho é organizar estes dispositivos constitucionais, percorrendo um caminho mais voltado à identificação das regras de competência, de forma a integrá-las com as normas infraconstitucionais desta natureza contidas na Lei nº 10.257/01 (Estatuto da Cidade). Por fim, pretende-se apresentar uma discussão mais aprofundada sobre a competência material dos Municípios, notadamente no que tange a execução de políticas urbanas.

A discussão sobre a existência de um ramo do Direito com características próprias voltado à normatização do planejamento urbano, do uso e ocupação do solo urbano, das áreas de interesse especial, da ordenação urbanística da atividade edilícia e da utilização dos instrumentos de intervenção urbanística parece ter encontrado termo com o advento do Estatuto da Cidade, que veio a sistematizar o conjunto de regramentos voltados à atividade urbanística.[1] Ainda que se possa identificar as diferentes origens das normas que integram este novo Direito Urbanístico, advindos dos ramos mais diversos, como

[1] SILVA. *Direito urbanístico brasileiro*, p. 43.

Direito Civil, Direito Administrativo, Direito Ambiental, Direito Tributário, dentro outros, é forçoso reconhecer sua unidade como *disciplina de síntese*[2] preocupada com a ordenação dos espaços habitáveis.

O trabalho de identificação das normas constitucionais voltadas à atividade urbanística pretende contribuir para a sistematização dos elementos normativos integrantes do Direito Urbanístico. Cabe uma advertência inicial que se coaduna com o já dito anteriormente, qual seja, algumas normas aqui trazidas, de fato, integram outros ramos do direito, sendo que algumas delas representam princípios informadores do próprio sistema jurídico. O importante é perceber a relação que tais dispositivos têm com o subsistema do Direito Urbanístico como forma de integrá-lo aos demais subsistemas jurídicos, até mesmo em função de sua característica multidisciplinar.

2 Normas constitucionais de natureza urbanística

Conforme assinalado anteriormente, a Constituição Federal possui um grande número de normas esparsas de incidência direta ou indireta sobre o Direito Urbanístico. A partir de uma análise detalhada é possível identificar suas diferentes formas de contato com este ramo do Direito. (i) objetivos aplicáveis a todas as esferas político-administrativas que integram a Federação brasileira; (ii) normas constitucionais com implicações urbanísticas aplicáveis a todas as esferas político-administrativas; (iii) regra de cooperação entre os entes político-administrativos; (iv) normas de competência legislativa com implicações diretas e indiretas na atividade urbanística; (v) normas de competência material com implicações diretas e indiretas na atividade urbanística.

2.1 Objetivos aplicáveis a todas as esferas político-administrativas que integram a Federação brasileira

A Constituição Federal estabelece em seu artigo 3º o rol de objetivos fundamentais da República Federativa do Brasil, quais sejam: (i) construir uma sociedade livre, justa e solidária; garantir o desenvolvimento nacional; (iii) erradicar a pobreza e a marginalização e reduzir as desigualdades sociais e regionais.

Como se sabe, a opção política pela forma de Estado federal impõe ao documento que lhe organiza, Constituição, a fixação de regras de distribuição de competências entre os entes que compõem a Federação, no caso brasileiro, a União, os Estados-membros, o Distrito Federal e os Municípios. Dentre o plexo de todas as competências atribuídas a cada um destes entes, entretanto, persiste inexoravelmente o objetivo maior que consubstancia a própria razão de ser do Estado brasileiro: o desenvolvimento e a consolidação de uma sociedade igualitariamente justa.[3]

---

[2] *Idem.*

[3] Não obstante o enfoque kelseniano do papel do Direito e do Estado na sociedade — Direito como ordem normativa da conduta humana e Estado como ordem jurídica relativamente centralizada —, não há como negar que o sistema jurídico brasileiro impõe ao Estado brasileiro um objetivo de alto teor valorativo, consubstanciado nos incisos do artigo 3º da Carta Magna transcritos anteriormente.

Independentemente da forma como são distribuídas as diferentes competências entre as esferas político-administrativas brasileiras, todas elas servem como instrumento para alcançar estes objetivos encartados na nossa Lei Maior.

No que se refere ao Direito Urbanístico, esta norma fundamental constitui balizamento para o exercício das competências legislativas e materiais distribuídas entre União, Estado e Município. A busca pela igualdade na sociedade brasileira, qualquer que seja a natureza considerada (política, social ou econômica), é objetivo dos mais relevantes no âmbito do Direito Urbanístico. Com o aumento da complexidade das sociedades modernas, intensificam-se as desigualdades entre os espaços habitáveis espalhados pelo território brasileiro. Outrossim, se é verdade que existem diferenças entre regiões brasileiras, da mesma forma verificam-se distorções no âmbito de uma mesma cidade, por vezes fruto das referidas desigualdades espalhadas pelo território brasileiro. Trata-se de um círculo vicioso que se manifesta com intensidade explícita nos grandes centros urbanos brasileiros.

Com efeito, os objetivos encartados no artigo 3º incidem sobre todos os entes federativos que integram o Estado brasileiro, independentemente das características mais evidentes de suas competências urbanísticas. Trata-se de normas informadoras do sistema jurídico brasileiro, de especial relevo para o Direito Urbanístico.

2.2 Normas constitucionais com implicações urbanísticas aplicáveis a todas as esferas político-administrativas

Os incisos XXII e XXIII do artigo 5º da Constituição Federal que (i) garantem o direito à propriedade e (ii) determinam que esta atenda a sua função social, respectivamente, apesar de tradicionalmente integrarem o Direito Civil são determinantes e imprescindíveis dentro do arcabouço de normas que integram o Direito Urbanístico. Da mesma forma, os incisos II e III do artigo 170 da Carta Magna incidem sobre as normas de Direito Urbanístico ao tratarem respectivamente da propriedade privada e da função social da propriedade como princípios da atividade econômica, que se manifesta materialmente nas cidades.

O inciso LXXIII franqueia aos cidadãos a possibilidade de propositura de ação popular para anulação de ato lesivo ao patrimônio público ou de entidade que o Estado participe e ao patrimônio histórico-cultural. Trata-se de um remédio processual de relevo para o Direito Urbanístico.

O art. 6º estabelece como sendo direitos sociais o direito ao trabalho, à moradia e ao lazer, funções urbanas elementares definidas na Carta de Atenas de 1928.

O artigo 7º, IV, fixa como direito do trabalhador o salário mínimo, nacionalmente unificado, capaz de atender a suas necessidades vitais básicas e às de sua família, dentre outras coisas, com moradia, lazer, transporte, com reajustes periódicos que lhe preservem o poder aquisitivo. Para não repetir integralmente o texto deste dispositivo constitucional, que ao menos influencia a vida nas cidades, citamos apenas aqueles elementos que guardam relação direta com as funções urbanas.

O artigo 48, IV, estabelece prerrogativas ao Congresso Nacional para dispor sobre planos e programas nacionais, regionais e setoriais de desenvolvimento, que apresentam relação intrínseca a questões de planejamento urbano. Ainda no que diz respeito ao Congresso Nacional, ao tratar de suas Comissões, a Constituição Federal estabelece em seu artigo 58, §2º, VI, que as estas cabe apreciar programas de obras, planos nacionais, regionais e setoriais de desenvolvimento e sobre eles emitir parecer.

O artigo 129, III, da Constituição Federal estabelece a competência do Ministério Público para promover inquérito civil e ação civil pública para a proteção do patrimônio público e social, do meio ambiente e de outros interesses difusos e coletivos, objetos invariavelmente relacionados a questões urbanísticas.

Os artigos 145, inciso III, e 156, inciso I e seu §1º, e inciso II, da Constituição Federal estabelecem normas de natureza tributária intrinsecamente relacionadas ao Direito Urbanístico. O primeiro deles estabelece que União, Estados, Distrito Federal e Municípios podem instituir contribuição de melhoria, decorrente de obras públicas. E o segundo estabelece que o Município pode instituir imposto sobre a propriedade urbana, definindo mais adiante que este poderá ser progressivo em razão do valor do imóvel e ter alíquotas diferentes, de acordo com a localização e uso do imóvel.

O artigo 225, *caput*, da Constituição Federal, não obstante ser norma fundante do Direito Ambiental, também é de especial relevo para o Direito Urbanístico, na medida em que se aplica diretamente ao ordenamento do meio ambiente urbano. Nesse sentido, a garantia constitucional ao meio ambiente ecologicamente equilibrado, por meio da defesa do Poder Público e da coletividade é norma que informa o Direito Urbanístico.

Da mesma forma o §2º do artigo 227 da Carta Magna influencia o Direito Urbanístico, pois estabelece que a lei disporá sobre normas de construção dos logradouros e dos edifícios de uso público e de fabricação de veículos de transporte coletivo, a fim de garantir acesso adequado às pessoas portadoras de deficiências. O mesmo se diga ao artigo 244, que estabelece que a lei disporá sobre normas de construção dos logradouros e dos edifícios de uso público e de fabricação de veículos de transporte coletivo, a fim de garantir acesso adequado às pessoas portadoras de deficiência.

Percebe-se, da brevidade dos comentários a cada uma normas aqui referidas, que este trabalho não pretende esgotar a análise de seus respectivos conteúdos, mas apenas identificar, e quando necessário, justificar a razão pela qual relacionam-se com este ramo do Direito Público.

2.3 Regra de cooperação entre os entes político-administrativos

O parágrafo único do artigo 23 da Constituição Federal prescreve norma de suma importância para o âmbito da atividade urbanística ao estabelecer que lei complementar fixará normas para a cooperação entre a União, os Estados, o Distrito Federal e os Municípios, tendo em vista o equilíbrio do desenvolvimento e do bem-estar em âmbito nacional.

Por meio deste dispositivo constitucional, percebe-se nitidamente a necessidade de integração entre as esferas político-administrativas para o alcance dos objetivos precípuos do Estado brasileiro. No que se refere ao Direito Urbanístico, esta integração deve se operar de maneira ainda mais acentuada, conforme se denota da distribuição de competência constitucional em matéria urbanística. Deve-se desde já registrar que as competências urbanísticas, quer sejam de natureza legislativa, quer sejam materiais, transbordam a atuação da esfera municipal. Os problemas inerentes às cidades não devem ser enfrentados juridicamente como questões locais. É o que se verá através dos itens seguintes.

2.4 Normas de competência legislativa com implicações diretas e indiretas na atividade urbanística

O artigo 22 da Constituição Federal estabelece as competências privativas legislativas da União. No que diz respeito a normas de implicações no Direito Urbanístico, pode-se destacar o inciso II, que estabelece a competência da União para legislar sobre desapropriação. Além disso, o inciso XI prevê a competência deste ente da Federação para legislar sobre trânsito e transporte. Limitações ao direito de propriedade e regulação de meios de locomoção são indiscutivelmente temas de relevo para o Direito Urbanístico.

Importa notar que este mesmo artigo 22 em seu parágrafo único estabelece a possibilidade de lei complementar específica autorizar que Estados legislem sobre questões específicas das matérias relacionadas neste artigo.

O artigo 24 da Constituição Federal estabelece o rol de matérias de competência legislativa da União, Estados, Distrito Federal e Municípios. Este dispositivo possui três incisos de implicação indireta no Direito Urbanístico.

Antes, todavia, cumpre notar que referido dispositivo constitucional estabelece a regra da competência concorrente limitada,[4] por meio do qual a União exerce competência legislativa restrita às normas de caráter geral, fundamental, enquanto aos Estados compete editar normas de caráter suplementar sobre as matérias contidas neste artigo. Ademais, a competência legislativa dos Estados pode se exercer de maneira plena, na hipótese de inexistência de legislação federal sobre determinada matéria incluída no referido dispositivo constitucional, suspendendo-se a eficácia do que for incompatível com a legislação federal, quando esta vier a ser editada.

A parte final do inciso I do artigo 24 estabelece expressamente como sendo de competência concorrente dos entes federativos legislar sobre matéria de Direito Urbanístico. Já o inciso VII estabelece a competência legislativa destes entes para legislar sobre proteção ao patrimônio histórico, cultural, artístico, turístico e paisagístico. O inciso VIII trata da competência concorrente para legislar sobre a responsabilidade por dano ao meio ambiente, ao consumidor, a bens e direitos de valor artístico, estético, histórico, turístico e paisagístico.

O artigo 25 da Constituição Federal estabelece a competência legislativa residual dos Estados. Por meio do seu §1º fixa que aos Estados são reservadas as competências que não lhe são vedadas pela Carta Magna. Especificamente no que tange ao Direito Urbanístico, cabe fazer referência ao §3º do referido artigo, que estabelece que os Estados poderão, mediante lei complementar, instituir regiões metropolitanas, aglomerações urbanas e microrregiões, constituídas por agrupamentos de Municípios limítrofes, para integrar a organização, o planejamento e a execução de funções públicas de interesse comum.

---

[4] MOREIRA NETO. Competência concorrente limitada. *Revista de Informação Legislativa.*

Tal dispositivo constitucional propõe um dos maiores desafios do Direito Urbanístico, cuja aplicação se dá em meio à complexidade das sociedades atuais. A criação de regiões metropolitanas e institutos relacionados impõe-se como solução ajustada ao fenômeno da conurbação,[5] mas esbarra em aspectos operacionais, como o equacionamento da atribuição de competências administrativas a uma entidade pública (autarquia) composta pelos Municípios diretamente relacionados à região metropolitana e a observância do princípio da autonomia política, administrativa e financeira destes últimos.

A necessidade de repensar a intransigência desta autonomia municipal é presente, pois está cada vez mais claro que os problemas que afligem a uma região deixam de ser questões municipais isoladas. A flexibilização de soberania, assunto de delicada envergadura, implementada em regiões continentais como a Europa, apesar de consubstanciarem experiências absolutamente distintas da que ora tratamos, serve apenas para ilustrar que o paradigma da reserva de poder das esferas político-administrativas deve ser reavaliado, como forma de viabilizar o exercício da administração integrada das sociedades complexas atuais.

Por fim, o artigo 30 da Constituição Federal estabelece a competência legislativa dos Municípios, fixando em seu inciso I a atribuição de legislar sobre matéria de interesse local. Já o inciso II estabelece a regra da suplementariedade da competência legislativa dos Municípios, em relação aos Estados e à União.

2.5 Normas de competência material com implicações diretas e indiretas na atividade urbanística

O artigo 21 da Constituição Federal estabelece as competências materiais privativas da União. Em seu inciso IX fixa sua competência para elaborar e *executar planos nacionais e regionais de ordenação do território e de desenvolvimento econômico e social*. Ainda neste mesmo artigo, inciso XX, fica estabelecida a competência material da União para instituir diretrizes para o desenvolvimento urbano, inclusive habitação, saneamento básico e transportes urbanos.

O artigo 23 estabelece a competência material comum de União, Estados, Distrito Federal e Municípios. Neste dispositivo constitucional existem atribuições aos referidos entes federativos de sensíveis implicações para o Direito Urbanístico. O inciso III estabelece que a eles compete proteger as obras e outros bens de valor histórico, artístico e cultural, os monumentos, as paisagens naturais notáveis e os sítios arqueológicos. O inciso IX fixa a competência comum para *promover a construção de moradias e melhoria das condições habitacionais e de saneamento básico*. Por sua vez, o inciso X estabelece que compete à União, aos Estados, ao Distrito Federal e aos Municípios *combater as causas da pobreza e os fatores de marginalização, promovendo a integração social dos setores desfavorecidos*.

---

[5] "A existência de núcleos urbanos contíguos, contínuos ou não, subordinados a mais de um Município, sob a influência de um Município polo" (SILVA, *op. sup. cit.*, p. 153).

O já referido artigo 30 estabelece como competência material dos Municípios a criação, organização e supressão de distritos, desde que observada a legislação estadual (inciso IV). Além disso, o inciso VIII estabelece que compete ao Município *a promoção, **no que couber**, do adequado ordenamento territorial, mediante planejamento e controle de uso, do parcelamento e da ocupação do solo urbano*. O inciso IX a ele estabelece a competência material para promover a proteção do patrimônio histórico-cultural local, observada a legislação e ação fiscalizadora federal e estadual.

O artigo 43 estabelece a competência da União para articular ações num mesmo complexo geoeconômico e social, visando seu desenvolvimento e a redução das desigualdades regionais. O §1º estabelece a atribuição de lei complementar que deve tratar das condições de integração de regiões em desenvolvimento e a composição dos organismos regionais que executarão os planos regionais. Ainda que esta norma tenha um alcance muito maior do que o espectro das cidades, pois fundamenta a criação das Agências de Desenvolvimento Regionais, por exemplo, cuja atribuição vai muito além das questões urbanísticas, não há como negar que suas atribuições trazem implicações para a atividade urbanística.

Os artigos 182 e 183 da Constituição Federal inserem-se no capítulo da Política Urbana e atribuem ao Poder Público Municipal a atribuição de executá-lo, em clara definição de sua competência material no que tange a este mister.

O *caput* do artigo 182 prevê que a política de desenvolvimento urbano, executada pelo Município, tem por objetivo ordenar o pleno desenvolvimento das funções sociais da cidade e garantir o bem-estar de seus habitantes. A partir deste dispositivo, a Constituição elenca no bojo deste capítulo certas regras que vieram a ser regulamentadas pelo Estatuto da Cidade.

Conhecer a fundo as atribuições materiais dos entes federativos para execução da política urbana a partir do arcabouço legal existente revela a ausência de exclusividade municipal neste assunto.

A análise detalhada dos dispositivos constitucionais aponta claramente a preocupação jurídica de distribuição de competências legislativas e, principalmente, *materiais* para a implementação de políticas urbanas ajustadas à complexidade da sociedade brasileira, sensivelmente desigual e, por via de consequência, muito distante dos objetivos encartados no artigo 3º da Lei Maior.

3 Normas de competência contidas no estatuto da cidade

O Estatuto da Cidade estabelece as diretrizes gerais da política urbana, que tem por objetivo ordenar o pleno desenvolvimento das funções da cidade e da propriedade.

O artigo 3º do Estatuto da Cidade tem a seguinte redação:

> Artigo 3º Compete à União, *entre outras atribuições de interesse da política urbana*:
>
> I – legislar sobre normas gerais de direito urbanístico;
>
> II – legislar sobre normas para a cooperação entre a União, os Estados, o Distrito Federal e os Municípios em relação à política urbana, tendo em vista o equilíbrio do desenvolvimento e do bem-estar em âmbito nacional;

III – *promover, por iniciativa própria e em conjunto com os Estados, o Distrito Federal e os Municípios, programas de construção de moradias e melhoria das condições habitacionais e de saneamento básico;*

IV – instituir diretrizes para o desenvolvimento urbano, inclusive habitação, saneamento básico e transporte urbano;

V – elaborar e executar planos nacionais e regionais de ordenação do território e de desenvolvimento econômico e social. (grifos nossos)

Como se pode notar, o Estatuto da Cidade reuniu as competências legislativas e materiais constitucionais da União de implicação direta na atividade urbanística e as reproduziu em seu texto. Importante destacar o disposto no inciso II, que estabelece a competência da União para legislar sobre normas de *cooperação* (material) entre União, Estados, Distrito Federal e Municípios relativas à política urbana, bem como o disposto no inciso III que reiterou as atribuições materiais a todas as esferas político-administrativas quanto às questões relacionadas a moradia e saneamento básico.

Uma vez analisadas as normas de competência de implicação urbanística, a questão que se coloca, num primeiro momento, é saber qual é a extensão do conceito de competência material para execução de política urbana, para então discutir acerca das atribuições de competência material urbanística descentralizadas entre os entes federativos, quer por meio da Constituição, quer por meio do Estatuto da Cidade.

4 A competência material urbanística – Exclusividade municipal?

Não é possível analisar a regra de competência material prevista no artigo 182 da Constituição Federal de forma dissociada do restante da Carta. Foi por esta razão que ao longo deste trabalho houve um esforço em demonstrar a preocupação estampada na própria Constituição, sensível à complexidade deste tema, que acaba por dotar todos os entes que integram a federação brasileira de certas atribuições que tocam à ordenação da atividade urbanística.

Se em algumas circunstâncias a atribuição de competência urbanística comum à União, Estados, Distrito Federal e Municípios se faz expressa, como no caso da promoção de construção de moradias e melhoria das condições habitacionais e de saneamento básico (art. 24, IX, da Constituição Federal, e art. 3º, III, da Lei nº 10.257/01), questão central do urbanismo, conforme estudo da urbanista Ermínia Maricato,[6] em outras, como naquelas que impõem ao Estado e seus entes federativos reduções das desigualdades, por exemplo, encontra terreno fértil para a argumentação da descentralização de competências materiais urbanísticas.

Outrossim, a análise do fenômeno urbano, sob o ponto de vista da evolução da sociedade brasileira como meio para identificação de responsabilidades e omissões, torna-se forma de justificação de competências jurídicas para a colaboração de políticas urbanas de competência dos Municípios.

A atribuição da competência material de execução da política urbana aos Municípios até hoje tem sido confundida com a saudável descentralização administrativa,

[6] MARICATO. *Brasil, cidades*: alternativas para a crise urbana.

da qual se orgulham os entes federativos. A questão que se coloca, todavia, é limitar a extensão do que vem a ser a execução de política urbana como forma de evitar a transferência do ônus de administração de um dos fenômenos contemporâneos de maior complexidade, qual seja, o urbano. Não se pode extrair do conceito de execução da política urbana a responsabilidade isolada pela solução das questões da *urbs*. É na cidade que grande parte do povo brasileiro mora. É nela que está grande parte do cotidiano nacional. Como transferir ao Município a responsabilidade pela implementação de políticas urbanas capazes de assegurar os objetivos contidos no artigo 3º da Constituição Federal sem a participação direta de todos os entes federativos?

Executar política urbana não é sinônimo de custear (sozinho) a execução de política urbana. Tanto União quanto Estados e Distrito Federal, sob a interpretação literal do artigo 182 da Constituição Federal, não podem ignorar sua responsabilidade na participação direta da solução das questões urbanísticas, ainda que caiba aos Municípios lançar mão dos instrumentos urbanísticos necessários para a concretização de políticas urbanas.

O histórico de migrações internas ao longo das últimas décadas revela a flagrante desigualdade entre centros urbanos e as centralidades periféricas; por outro lado, explicita a falta ou ineficácia de políticas nacionais, regionais e locais que acabaram por transferir o debate para as grandes metrópoles. Nos dias atuais não há como negar que as periferias dos grandes centros urbanos escondem (ou escancaram) o produto cruel das mazelas de um Estado historicamente desigual. E quem é responsável por isso? De quem é a competência para a execução das políticas urbanas? Em última análise, a quem compete a ordenação do caos urbano, gerador de mais miséria e desigualdade social?

Por mais distante da realidade jurídica que este debate possa parecer é possível encontrar respostas para tais indagações dentro do sistema jurídico brasileiro.

Da análise de competências apresentadas acima é possível assegurar que ao Município não compete isoladamente a solução das questões urbanísticas. A correta interpretação a ser dada ao disposto no artigo 182 da Constituição Federal e aos dispositivos contidos no Estatuto da Cidade é que ao Município se impõe o dever de execução de políticas urbanas, por meio dos instrumentos urbanísticos juridicamente definidos. A viabilidade política e econômica, todavia, para a viabilização do adequado manuseio de tais instrumentos, entretanto, é de atribuição de todos os entes federativos, pois é o sistema jurídico brasileiro que assim o estabelece. Portanto, cabe a todos eles, e de forma coordenada às políticas urbanas consubstanciadas nos Planos Diretores (norma jurídica de natureza municipal), a realização de ações urbanísticas concretas.[7]

Não há como imaginar que somente através dos instrumentos urbanísticos previstos na Constituição Federal e no Estatuto da Cidade os Municípios serão capazes de isoladamente executar os objetivos da política urbana previstos no artigo 2º do Estatuto da Cidade. Como implementar um planejamento de desenvolvimento de

[7] Um bom exemplo a ser referido é o convênio celebrado entre União, Estado de São Paulo e Município de São Paulo para a implementação do Rodoanel Mário Covas. Trata-se de uma ação coordenada entre as três esferas político-administrativas da federação para consecução de um projeto de vital importância para a atividade urbanística do Município de São Paulo e região metropolitana.

cidade a partir do imponderável crescimento populacional fruto de fluxos migratórios do campo para as grandes cidades espalhadas pelo país. Como ordenar o controle do uso do solo de forma a evitar a poluição e a degradação ambiental (art. 2º, VI, "g", do Estatuto da Cidade) em situações como a da cidade de São Paulo, que possui uma população equivalente à de Manaus, 1.157.000 (hum milhão cento e cinquenta e sete mil habitantes), sobre uma área de manancial na região Sul (próximo à represa de Guarapiranga). Com uma periferia que se expandiu no período de 1991 a 1996 a uma taxa de 16,7% e considerando-se uma população total de 16.667.000 (dezesseis milhões seiscentos e sessenta e sete mil) habitantes,[8] em que grande parte reside nesta periferia.

O mesmo se diga sobre outras metrópoles brasileiras, como Belém, em que o crescimento da periferia foi de 157,9%, onde reside grande parte da sua população de 1.629.000 (hum milhão seiscentos e vinte e nove mil) de homens e mulheres; Curitiba – 28,2% de taxa de crescimento da periferia, população de 2.349.000 (dois milhões trezentos e quarenta e nove mil) habitantes; Belo Horizonte – 20,9% de taxa de crescimento de periferia, população de 3.829.000 (três milhões oitocentos e vinte e nove mil) habitantes e Salvador – 18,1% de taxa de crescimento de periferia, população de 2.776.000 (dois milhões setecentos e setenta e seis mil) habitantes.[9]

A solução dada para esta realidade é facilmente identificada no que diz respeito a um tema central no Direito Urbanístico, o habitacional. Tanto a Constituição Federal como o Estatuto da Cidade possuem normas expressas que atribuem a todos os entes federativos a competência material para lidar com esta questão. Mas é preciso reconhecer que tal solução representa mera remediação de um problema muito maior: o das desigualdades regionais.[10]

Os fluxos migratórios que produziram os grandes centros urbanos atuais são decorrência de anos de descaso e incompetência política na implantação de políticas públicas que pudessem diminuir tal situação, mas que não são objeto deste trabalho. Todavia, diante desta constatação que estende responsabilidades a todos os entes federativos, é forçoso reconhecer-se que a atribuição de competência material exclusiva para execução de política urbana outorgada aos Municípios não pode ir além do manuseio dos instrumentos urbanísticos previstos na legislação aplicável. Neste sentido, o custeio, planejamento e a competência para algumas ações concretas, como o caso da moradia e saneamento básico, não são tarefas exclusivas dos Municípios.

---

[8] Dados IPEA 1999.

[9] MARICATO, *op. sup. cit.*, p. 24-25.

[10] Maria Garcia em brilhante artigo publicado no *Cadernos de Direito Constitucional e Ciência Política*, ano 6, n. 22, jan./mar. 1998, intitulado "Política urbana e questão habitacional", em fls. 74 *et seq.*, ao responder a autoindagação: habitação, um falso problema? e tratar do problema da moradia acertadamente identifica-o como sendo a consequência de outro muito mais grave: a questão migratória e suas origens. Para esta Professora: Ela é que enseja as demais questões, partícipes do grande problema nacional da política de desenvolvimento (sem adentarmos o cerne do problema, em si: o desenvolvimento para determinado povo, em determinada fase de sua história, dentro do seu complexo cultural e humano?). Porquanto de antemão às conclusões da presente análise, pode-se afirmar que nem a política urbana realizada tal como previsto na Constituição nem varinha de condão, que houvesse, poderão resolver a questão habitacional enquanto não se estancarem na origem as correntes migratórias no ritmo que vem ocorrendo, pela solução adequada dos reais problemas de tais populações, inclusive as interioranas, possibilitando-lhes a permanência no seu solo, no seu hábitat, na sua própria cultura.

Tal entendimento não é baseado em critérios valorativos de justiça fundados, por exemplo, na ideia de que é injusto que um Município arque com os problemas sociais de outros menos favorecidos ou na concepção patrimonialista de que a União, como Poder Central, tem a atribuição e o poder para socorrer os menos favorecidos, mas em critérios jurídicos, pois foi o próprio ordenamento que estabeleceu o compartilhamento de competências materiais sobre temas inerentes à política urbana, por meio de normas com implicações diretas e indiretas na atividade urbanística.

Uma das formas encontradas pelo sistema jurídico para ordenar a atuação conjunta dos entes federativos quanto a questões urbanísticas é essencialmente por meio de planejamento urbanístico, instrumento de natureza jurídica dos mais importantes para a realização de atividades urbanísticas.[11]

Além disso, cite-se a relevância do plano plurianual, instrumento jurídico de natureza orçamentária, para finalidades urbanísticas.

Quanto a este mister, todavia, não há espaços para ilusões, pois como bem pondera Maria Paula Dallari Bucci, ao tratar da previsão da gestão participativa prevista no Estatuto da Cidade, "vale a advertência feita acima, no sentido de que a simples aprovação formal tanto da lei como dos planos e programas pode não ser suficiente para garantir sua efetividade. Sem recursos e suporte técnico adequado dificilmente os projetos urbanísticos mais arrojados sairão do papel".[12]

De qualquer forma, o planejamento urbanístico, e mais especificamente o plano plurianual, além de serem vetores de políticas públicas são ótimos instrumentos de fiscalização para eventuais omissões relativas a comprometimentos orçamentários e administrativos, servindo de fundamento para eventuais responsabilizações em matéria urbanística.[13]

5 Conclusão

A primeira preocupação deste trabalho foi demonstrar que a atividade urbanística contém inúmeros dispositivos constitucionais que lhe informam e que, juntamente com as normas infraconstitucionais, notadamente o Estatuto da Cidade, possui um ramo do Direito, de natureza multidisciplinar, que lhe ordena, o Direito Urbanístico.

Após discorrer brevemente sobre tais dispositivos constitucionais, restou demonstrado que a matéria urbanística, e mais especificamente a competência material para ações urbanísticas, não são atribuições específicas dos Municípios, como querem crer alguns, fundados na interpretação literal do artigo 182 da Constituição Federal. No nosso entender, a execução de políticas urbanas está mais voltada ao manuseio dos instrumentos urbanísticos que o ordenamento jurídico disponibiliza aos Municípios para ordenar a atividade urbanística; todavia, o planejamento, custeio e execução de certas atividades urbanísticas são atribuições de todos os entes da Federação.

---

[11] Sobre esse assunto, *vide* SILVA, *op. sup. cit.*, p. 86 *et seq.*

[12] DALLARI; FERRAZ (Org.). *Estatuto da Cidade*: comentários à Lei Federal 10.257/2001, p. 322.

[13] Apenas a título de exemplo, um Município que seja réu em ação civil pública pela não solução de problemas relacionados a saneamento básico e moradia decorrentes de um loteamento irregular em área de manancial cuja proposta de solução havia sido compartilhada no plano plurianual entre os entes federativos pode chamar ao processo o Estado responsável e a União pela sua corresponsabilidade na questão.

É que a análise sistemática do texto constitucional (jurídica), bem como do fenômeno urbano (sociológica), sob o ponto de vista da evolução da sociedade brasileira, como meio para identificação de responsabilidades e omissões, em última análise revela a responsabilidade de União, Estados, Distrito Federal e Municípios para cumprir os objetivos do Estado brasileiro fixados no artigo 3º da Constituição Federal.

Por fim, conclui-se que o planejamento urbanístico e os instrumentos de planejamento orçamentário, notadamente o plano plurianual, podem servir como instrumentos para consecução e fiscalização das condutas integradas dos entes federativos quanto a ações urbanísticas, bem como eventuais responsabilizações, na hipótese de condutas omissivas.

Referências

DALLARI, Dalmo de Abreu. *Elementos de teoria geral do Estado*. 17. ed. São Paulo: Saraiva, 1993.

DALLARI, Adilson Abreu; FERRAZ, Sergio (Org.). *Estatuto da Cidade*: comentários à Lei Federal 10.257/2001. São Paulo: Malheiros, 2002.

GARCIA, Maria. Política urbana e questão habitacional. *Cadernos de Direito Constitucional e Ciência Política*, São Paulo, ano 6, n. 22, jan./mar. 1998.

MARICATO, Ermínia. *Brasil, cidades*: alternativas para a crise urbana. Petrópolis: Vozes, 2001.

MOREIRA NETO, Diogo de Figueiredo. Competência concorrente limitada. *Revista de Informação Legislativa*, v. 25, n. 100, 1988.

SILVA, José Afonso da. *Direito urbanístico brasileiro*. 3. ed. São Paulo: Malheiros, 2000.

Informação bibliográfica deste texto, conforme a NBR 6023:2002 da Associação Brasileira de Normas Técnicas (ABNT):

VICHI, Bruno de Souza. O direito urbanístico e as regras de competência na Constituição Brasileira e no Estatuto da Cidade. *In*: DALLARI, Adilson Abreu; DI SARNO, Daniela Campos Libório (Coord.). *Direito urbanístico e ambiental*. 2. ed. rev. Belo Horizonte: Fórum, 2011. p. 95-106. ISBN 978-85-7700-449-2.

A Função Social da Propriedade no Novo Código Civil

Paulo César Machado de Macedo

Sumário: Introdução – **1** A evolução da função social da propriedade no Código Civil – **2** Da propriedade em geral – **3** Da aquisição da propriedade imóvel – **4** Da perda da propriedade – **5** Dos direitos de vizinhança – **6** Do direito de construir – **7** Conclusões – Referências

Introdução

A presente monografia visa elaborar um estudo da função social da propriedade imobiliária urbana em face da promulgação do novo Código Civil — Lei nº 10.406, de 10 de janeiro de 2002.

O novo Código utiliza-se para tanto do conceito de função social da propriedade insculpido na Constituição Federal, de 5 de outubro de 1988, bem como de elementos introduzidos pelo Estatuto da Cidade — Lei nº 10.257, de 10 de julho de 2001.

Analisaremos o tratamento legal dispensado às propriedades imobiliárias urbanas, quer no tocante às espécies de usucapião, perda da propriedade abandonada, passando ainda pelo uso nocivo da propriedade, pelas relações de vizinhança e pelo direito de construir.

Mencionaremos as principais inovações do Novo Código Civil, como a proibição ao abuso de direito de propriedade em razão da função ética da propriedade imobiliária urbana, entre outras.

Para tanto, citaremos o entendimento inicial da doutrina, além de procurarmos vislumbrar os caminhos que a jurisprudência poderá percorrer.

Ao final, teceremos nossas considerações pessoais a respeito do tema, posicionando-nos sobre os aspectos mais controvertidos, sem receio de, talvez, cometermos algumas impropriedades.

1 A evolução da função social da propriedade no Código Civil

O antigo Código Civil, Lei nº 3.071, de 1º de janeiro de 1916, tratava o direito de propriedade muito mais como um direito individual do que social, em consonância com a Constituição de então.

Sob esta ótica, o Estado deveria assegurar os meios jurídicos necessários para o proprietário garantir a manutenção de sua propriedade, bem como o seu caráter de perpetuidade.

O direito de usar, gozar e abusar da coisa era assegurado, mas não de maneira absoluta, uma vez que a lei impunha algumas restrições, no resguardo do interesse público.

Já com o novo Código Civil, em consonância com a Constituição Democrática de 1988, a função social da propriedade foi destacada, podendo-se afirmar que a doutrina do direito privado da propriedade foi substituída pelo direito social da propriedade, uma vez que este direito está agora condicionado ao cumprimento da sua função social e ambiental.

No direito moderno, segundo Mattos Neto, o proprietário tem uma função a exercer, não bastando ter uma propriedade, mas devendo imprimir a esta uma função social, ou seja, ele tem um ônus social e, portanto, o direito de propriedade somente é eticamente válido se cumprida sua função social.[1]

Já Mônica Castro aponta com firmeza que mais do que uma nova lei, o novo Código Civil adota um novo paradigma, abandonando o sistema fechado por um sistema aberto, onde predomina a sociabilidade, no sentido de prevalência dos valores coletivos sobre os individuais, sem perder de vista o valor fundamental da dignidade da pessoa humana.[2]

Para tanto, o novo diploma legal utiliza-se de tipos abertos e conceitos jurídicos plurissignificativos, muitas vezes de difícil determinação, mas não impossível, o que com certeza levará a árduos debates na comunidade acadêmica, além de impor uma tarefa incansável aos operadores do Direito, em especial aos juízes, como forma de possibilitar a realização da plena Justiça Social.

Neste mesmo sentido, Nelson Nery Junior, menciona ainda que, agora, a autonomia privada está limitada pela função social da propriedade, sendo esta norma de ordem pública, nos termos do parágrafo único, do art. 2.035 do novo Código Civil.[3]

Portanto, com todas estas novidades, em especial a alteração sistêmica adotada pelo novo Código Civil, passaremos a analisar detalhadamente as principais disposições no tocante à propriedade imobiliária urbana, bem como apontaremos os pontos mais controvertidos do novo diploma legal.

2 Da propriedade em geral

O disposto no novo Código Civil, no tocante à propriedade em geral, inova o sistema jurídico ao alterar substancialmente a redação, inserindo expressamente a função econômica e social da propriedade, bem como o respeito ao meio ambiente.

---

[1] Função ética da propriedade imobiliária no novo Código Civil. *Revista de Direito Privado*, p. 20.

[2] A desapropriação judicial no novo Código Civil. *Revista Síntese de Direito Civil e Processual Civil*, p. 146.

[3] *Novo Código Civil*, p. 181.

> Art. 1.228. O proprietário tem a faculdade de *usar, gozar* e *dispor* da coisa, e o direito de reavê-la do poder de quem quer que seja injustamente a possua ou detenha.
>
> §1º. O direito de propriedade deve ser exercido em consonância com as suas *finalidades econômicas e sociais* e de modo que sejam *preservados*, de conformidade com o estabelecido em lei especial, *a flora, a fauna, as belezas naturais, o equilíbrio ecológico e o patrimônio histórico e artístico, bem como evitada a poluição do ar e das águas.*
>
> §2º. São *defesos os atos que não trazem ao proprietário qualquer comodidade*, ou utilidade, e sejam animados pela intenção de prejudicar outrem.
>
> §3º. O proprietário pode ser *privado da coisa*, nos casos de desapropriação, por necessidade ou utilidade pública ou *interesse social*, bem como no de requisição, em caso de perigo público iminente.
>
> §4º. O proprietário *também pode ser privado* da coisa se o imóvel reivindicado consistir em extensa área, na posse ininterrupta e de boa-fé, por mais de cinco anos, de considerável número de pessoas, e estas nela houverem realizado, em conjunto ou separadamente, *obras e serviços* considerados pelo juiz de *interesse social e econômico relevante.*
>
> §5º. No caso do parágrafo antecedente, o juiz fixará a *justa indenização* devida ao proprietário; *pago o preço*, valerá a sentença como título para o registro em nome dos possuidores.

Podemos verificar que o *caput* deste artigo manteve como faculdades do proprietário o direito de usar, gozar e dispor de sua propriedade, assim como a redação do Código anterior, uma vez que há muito já havia decaído a expressão *abusar* pela *disposição* do imóvel.

Já no §1º, o novo Código Civil inovou ao mencionar expressamente que a propriedade deve atender as finalidades não só econômicas, mas principalmente as sociais, sem prejuízo da preservação da natureza e do patrimônio histórico e artístico.

No §2º, há a proibição expressa de atos desprovidos de qualquer utilidade por parte do proprietário, que tenham por intenção prejudicar terceiros.

O §3º menciona a perda definitiva da propriedade nos casos de desapropriação e a perda temporária no caso da requisição.

Já os §§4º e 5º inovam no mundo jurídico ao prever a perda da coisa no caso de posse exercida por mais de cinco anos por um considerável número de pessoas, quando existentes obras e serviços de interesse social e econômico relevante.

Para tanto, após pago o preço da justa indenização, o juiz proferirá sentença para registro da área em nome dos possuidores.

Nesta nova modalidade de perda da propriedade, a doutrina diverge profundamente, quer entendendo se tratar de desapropriação judicial ou usucapião expropriatório, quer considerando inconstitucional o mencionado dispositivo legal.

Neste último sentido, Rocha Guimarães afirma que o mencionado dispositivo é flagrantemente *inconstitucional*, uma vez que a legislação ordinária não pode criar mais um caso de desapropriação, é *irrealizável* porque não definiu quem irá pagar o preço, além de *inconveniente*, porque deixa ao Poder Judiciário a fixação do alcance da lei.[4]

Porém, diversos outros doutrinadores entendem que a norma é constitucional, divergindo, no entanto, apenas quanto à natureza jurídica deste novo instituto, bem como no tocante à responsabilidade do dever de indenizar.

---

[4] O novo Código Civil e o direito das coisas. *Revista dos Tribunais*, p. 56.

Para Mônica Castro, trata-se de desapropriação judicial, na qual o Estado deve ser chamado ao processo, uma vez que incumbe a ele o dever de indenizar. Portanto, segundo esta autora, em se tratando de imóveis urbanos, o Município é quem deverá indenizar, ao passo que a União só assumirá este ônus quando o imóvel for rural.[5]

Já para Nelson Nery, trata-se de modalidade especial de desapropriação judicial, sendo constitucional tal dispositivo, uma vez que o direito de propriedade não pode estar acima do princípio constitucional da função social. Devendo, porém, prossegue o autor, a indenização ser paga pelos próprios ocupantes, podendo ainda existir na modalidade *direta*, quando a ação é proposta por estes, ou *indireta*, quando proposta pelos proprietários.[6]

Para José da Costa, o dispositivo em questão cria o usucapião expropriatório, porém, este não analisa a responsabilidade no pagamento do preço nem o procedimento judicial a ser utilizado para tanto.[7]

Neste mesmo sentido, Carlos Gonçalves entende que se trata de espécie de desapropriação, mas este também não aponta o devedor do preço, apenas menciona se tratar de inovação de alto alcance, inspirada no sentido social do direito de propriedade e também pelo novo conceito de posse, qualificada como *posse-trabalho*.[8]

Para Mattos Neto, o §1º do art. 1.228 do novo Código Civil explicita a função ética da propriedade, uma vez que o direito de propriedade deve ser exercido com a função social e econômica que lhe é natural. Tal comando genérico implica necessariamente transformar o imóvel em bem útil social e economicamente ao homem.

Para tanto, o proprietário não pode danificar, ofender, espoliar a flora, a fauna, as belezas naturais, o equilíbrio ecológico, o patrimônio histórico e artístico, devendo, ainda, evitar a poluição da água e do ar.

Segundo este mesmo autor, a lei inovou trazendo a desapropriação judicial sem interferência do Poder Executivo, sendo esta promovida diretamente pelo juiz, em caso de interesse social revelado pela posse coletiva do imóvel, prestigiando o apossamento coletivo econômica e socialmente útil.[9]

Já para Edílson Pereira Nobre Júnior, em artigo intitulado "A posse e a propriedade no novo Código Civil", a novidade trazida pelos §§4º e 5º, do art. 1.228, mais se assemelha ao modelo expropriatório, na sua modalidade indireta, uma vez que o domínio aqui será adquirido de forma compulsória, entendendo por fim, que competirá ao Poder Público o encargo de pagar o valor da avaliação judicial.[10]

Portanto, pela leitura dos comentários acima expostos, verifica-se que este será um dos dois dispositivos mais debatidos no que se refere a propriedade imobiliária urbana no novo Código Civil.

---

[5] A desapropriação judicial no novo Código Civil. *Revista Síntese de Direito Civil e Processual Civil*, p. 148.

[6] *Novo Código Civil*, p. 418.

[7] Inovações principais do novo Código Civil. *Revista dos Tribunais*, p. 55.

[8] *Principais inovações no Código Civil de 2002*, p. 63.

[9] Função ética da propriedade imobiliária no novo Código Civil. *Revista de Direito Privado*, p. 23.

[10] Disponível em: <http://www.jfrn.gov.br/docs/doutrina180.doc>. Acesso em: 25 fev. 2003.

3 Da aquisição da propriedade imóvel

Neste particular, o novo diploma legal reduziu os prazos da prescrição aquisitiva da propriedade, principalmente quando o possuidor residir ou trabalhar no imóvel em questão.

> Art. 1.238. Aquele que, por quinze anos, sem interrupção, nem oposição, possuir como seu um imóvel, adquire-lhe a propriedade, independentemente de título e boa-fé; podendo requerer ao juiz que assim o declare por sentença, a qual servirá de título para o registro no Cartório de Registro de Imóveis.
>
> Parágrafo único. O prazo estabelecido neste artigo reduzir-se-á a dez anos se o possuidor houver estabelecido no imóvel a sua residência habitual, ou nele realizado obras ou serviços de caráter produtivo.
>
> Art. 1.240. Aquele que possuir, como sua, área urbana de até duzentos e cinqüenta metros quadrados, por cinco anos ininterruptamente e sem oposição, utilizando-a para sua moradia ou de sua família, adquirir-lhe-á o domínio, desde que não seja proprietário de outro imóvel urbano ou rural.
>
> §1º. O título de domínio e a concessão de uso serão conferidos ao homem ou à mulher, ou a ambos, independentemente do estado civil.
>
> §2º. O direito previsto no parágrafo antecedente não será reconhecido ao mesmo possuidor mais de uma vez.
>
> Art. 1.242. Adquire também a propriedade do imóvel aquele que, continua e incontestadamente, com justo título e boa-fé, o possuir por dez anos.
>
> Parágrafo único. Será de cinco anos o prazo previsto neste artigo se o imóvel houver sido adquirido, onerosamente, com base no registro constante do respectivo cartório, cancelada posteriormente, desde que os possuidores nele tiverem estabelecido a sua moradia ou realizado investimento de interesse social e econômico.

Para Mattos Neto, o novo diploma legal também traz a efetividade da norma ética quando trata do usucapião, modernizando o instituto e criando as figuras dos usucapiões *pro-labore* tanto extraordinário quanto ordinário.[11]

Sistematiza ainda a matéria da seguinte forma: usucapião extraordinário (art. 1.238), extraordinário *pro-labore* (art. 1.238, parágrafo único), especial rural (art. 1.239), especial urbano (art. 1.240), ordinário (art. 1.242) e ordinário *pro-labore* (art. 1.242, parágrafo único).

Para ele, tanto o usucapião *pro-labore* quanto o especial são motivados pelo trabalho, pelo esforço do titular somado à moradia ou investimento produtivo, respeitando-se, assim, o trabalho humano, a dignidade da pessoa, o direito à moradia, uma vez que estes são valores essenciais ao homem.

Também neste sentido é o entendimento de Villaça Azevedo, uma vez que para este o encurtamento dos prazos de usucapião ordinário e extraordinário reafirma a função social da propriedade, dentro da nova visão da posse-trabalho.[12]

---

[11] Função ética da propriedade imobiliária no novo Código Civil. *Revista de Direito Privado*, p. 24.

[12] Anotações sobre o novo Código Civil: novo Código Civil, aspectos relevantes. *Revista do Advogado*, p. 13.

4 Da perda da propriedade

No tocante à perda da propriedade pelo abandono do imóvel, o novo Código Civil inova muito ao dispor sobre a arrecadação do imóvel urbano pelo Município ou Distrito Federal, nos seguintes termos:

> Art. 1.276. O imóvel urbano que o proprietário abandonar, com a intenção de não mais o conservar em seu patrimônio, e que se não encontrar na posse de outrem, poderá ser arrecadado, como bem vago, e passar, três anos depois, à propriedade do Município ou à do Distrito Federal, se achar nas respectivas circunscrições.
>
> §1º. O imóvel situado na zona rural, abandonado nas mesmas circunstâncias, poderá ser arrecadado, com bem vago, e passar três anos depois, à propriedade da União, onde quer que ele se localize.
>
> §2º. Presumir-se-á de modo absoluto a intenção a que se refere este artigo, quando, cessados os atos de posse, deixar o proprietário de satisfazer os ônus fiscais.

Este artigo sofrerá as mais severas críticas da doutrina, uma vez que não apenas cria a figura da arrecadação do bem imóvel pelo ente federado em caso de abandono por mais de três anos, como ainda presume de modo *absoluto* o abandono no caso de não serem exercidos atos de posse e o proprietário deixar de pagar os impostos relativos a este bem.

Para Villaça Azevedo, o art. 1.276 prevê o confisco de imóvel abandonado por três anos — derrelição — que tenha débitos fiscais, apesar de ele não mencionar, entende-se constitucional ou não tal dispositivo legal.[13]

Já para Edilson Pereira Nobre Júnior, em artigo já mencionado, a inovação do art. 1.276 do novo Código Civil não deve passar despercebida, uma vez que se inseriu uma presunção absoluta de abandono, ocorrente quando, cessados os atos de posse, deixar o proprietário de satisfazer os ônus fiscais incidentes sobre o bem.[14]

Aqui, a discussão poderá ainda se acentuar no tocante ao Imposto Predial e Territorial Urbano de função urbanística, disposto no art. 7º do Estatuto da Cidade, Lei nº 10.257, de 10 de julho de 2001, que autoriza os Municípios a instituírem a cobrança do IPTU com a adoção de alíquotas progressivas no tempo.

Ocorre que, neste caso específico, o tributo em questão não tem caráter fiscal, mas sim parafiscal, não se aplicando a hipótese prevista no novo Código Civil, ao nosso ver, uma vez que neste caso o legislador utilizou-se expressamente da expressão *ônus fiscais*.

Tal interpretação se justifica, uma vez que o não pagamento do IPTU progressivo no tempo, por mais de cinco anos, acarretará a *pena* de desapropriação para fins urbanísticos, com pagamento da justa indenização, apenas por intermédio de títulos da dívida pública.

5 Dos direitos de vizinhança

Neste tópico, o novo Código Civil não trouxe grandes alterações ao ordenamento jurídico, apenas previu expressamente o princípio da prevalência do interesse público sobre o interesse privado.

---

[13] Anotações sobre o novo Código Civil: novo Código Civil, aspectos relevantes. *Revista do Advogado*, p. 13.

[14] Disponível em: <http://www.jfrn.gov.br/docs/doutrina180.doc>. Acesso em: 25 fev. 2003.

Art. 1.277. O proprietário ou o possuidor de um prédio tem o direito de fazer cessar as interferências prejudiciais à segurança, ao sossego e à saúde dos que o habitam, provocadas pela utilização de propriedade vizinha.

Parágrafo único. Proíbem-se as interferências considerando-se a natureza da utilização, a localização do prédio, atendidas as normas que distribuem as edificações em zonas, e os limites ordinários de tolerância dos poderes da vizinhança.

Art. 1.278. O direito a que se refere o artigo antecedente não prevalece quando as interferências forem justificadas por interesse público, caso em que o proprietário ou o possuidor, causador delas, pagará ao vizinho indenização cabal.

Art. 1.279. Ainda que por decisão judicial devam ser toleradas as interferências, poderá o vizinho exigir a sua redução, ou eliminação, quando estas se tornarem possíveis.

O Código Civil, como bem observou Mattos Neto, não tolera o mau uso da propriedade vizinha, outorgando poderes para cessar o dano a quem estiver sendo vítima de interferências prejudiciais à segurança, sossego ou saúde, consagrando direitos personalíssimos.[15]

Segundo Nelson Nery Junior, o novo Código Civil veda o uso anormal da propriedade, pautando-se a jurisprudência, quanto à ocorrência do mau uso da propriedade em função da *normalidade*, ou não, da utilização.[16]

Acrescenta Rocha Guimarães que a regra estampada no art. 1.278 é novidade trazida ao nosso ordenamento jurídico, ao permitir interferências, ainda que prejudiciais, desde que justificadas por interesse público, quando o causador pagará ao vizinho cabal indenização.[17]

Ou seja, mesmo no caso de atividades prejudiciais a um particular, quando houver *relevante* interesse público envolvido, prevalecerá este último sobre o interesse individual, assegurando-se, porém, ao prejudicado o pagamento de cabal indenização.

6 Do direito de construir

Aqui, o novo Código Civil reafirma o caráter relativo do direito de construir, condicionando a propriedade ao cumprimento da sua função social.

Art. 1.299. O proprietário pode levantar em seu terreno as construções que lhe aprouver, salvo o direito dos vizinhos e os regulamentos administrativos.

Para Nelson Nery Junior, este dispositivo reafirma que o uso do solo urbano está submetido aos princípios disciplinadores da função social da propriedade, evidenciando-se, assim, a defesa do meio ambiente e do bem-estar comum da sociedade.[18]

Deve ser ressaltado, porém, que o disposto neste artigo do novo Código Civil, de redação semelhante ao artigo correspondente do Código Civil de 1916, não significa que o direito de construir não integra mais a propriedade, mas pelo contrário, este reafirma implicitamente que o direito de construir é inerente à propriedade imobiliária.

---

[15] Função ética da propriedade imobiliária no novo Código Civil. *Revista de Direito Privado*, p. 24.

[16] *Novo Código Civil*, p. 445.

[17] O novo Código Civil e o direito das coisas. *Revista dos Tribunais*, p. 58.

[18] *Novo Código Civil*, p. 455.

A discussão sobre a separação do direito de construir do direito de propriedade já foi realizada pela doutrina e jurisprudência italianas, quando da apreciação da Lei nº 10, de 28 de janeiro de 1977, tendo a Corte Constitucional Italiana, na Sentença nº 5, de 30 de janeiro de 1980, bem como na Sentença nº 92, de 27 de abril de 1982, decidido que o direito de edificar continuava inerente à propriedade.

A lei em questão foi apontada por muitos como sancionadora da separação do *jus aedificandi* do direito de propriedade. Nesta perspectiva, segundo Aldo Fiale, chegou-se a afirmar que o ordenamento jurídico não reconhecia mais o direito de construir como conteúdo normal da propriedade, uma vez que a regra geral de inedificabilidade do solo fora sancionada pela Lei nº 70/1977.[19]

Entretanto, as sucessivas decisões da Corte Constitucional daquele país expressamente negaram que o proprietário do solo estivesse privado do direito de construir e que fosse possível a imposição de restrições de inedificabilidade sem indenização por um tempo indeterminado.

Em nosso país, decisão diferente a esta com certeza não haveria, em face do nosso ordenamento jurídico, mesmo que o novo Código Civil dispusesse desta forma, uma vez que haveria afronta diretamente ao princípio constitucional que assegura o direito de propriedade.

7 Conclusões

Neste artigo estudamos a função social da propriedade urbana em face do novo Código Civil, bem como tecemos comentários às principais alterações introduzidas pelo legislador ordinário.

Para tanto, partimos de um breve histórico da evolução do conceito da função social da propriedade no Código Civil, onde a visão individualista foi substituída por uma visão social em face do novo paradigma adotado pelo novo Código Civil, que se preocupa inclusive com o aspecto ético da propriedade.

Analisamos a menção expressa da função social da propriedade, inclusive com o respeito ao meio ambiente urbano ao lado da sua função econômica, mas com o predomínio do interesse público em detrimento do interesse privado do proprietário particular.

Ressaltamos a inovação legislativa do art. 1.228, §§4º e 5º, que consideramos constitucional e de alcance social muito grande, entendendo-a como desapropriação judicial, passível de ser proposta na forma direta ou indireta, em que o preço deverá ser pago pelos ocupantes da área, que poderão eventualmente contar com a colaboração do Município, em se tratando de área urbana, mas sem a inclusão obrigatória deste no processo judicial.

Já a redução dos prazos de usucapião adotada pelo legislador, adequando-os aos prazos especiais já fixados pela Constituição Federal, quer incluindo as novas modalidades de usucapião que já haviam sido contempladas no Estatuto da Cidade, visa assegurar o cumprimento do princípio constitucional da função social da propriedade, dando mais segurança jurídica às relações decorrentes do exercício

[19] *Elementi di diritto urbanistico*, p. 36.

de posse longeva e de boa-fé dos ocupantes de grandes extensões de áreas urbanas, dando efetividade, inclusive, ao princípio constitucional do direito à moradia.

A segunda grande inovação jurídica que destacamos foi a hipótese de perdimento do bem imóvel disposta no art. 1.276 do novo Código Civil, no caso de abandono da propriedade pelo prazo superior a três anos, presumindo-se de modo absoluto essa intenção, quando o proprietário deixar de satisfazer os ônus fiscais.

Acreditamos que esta inovação é constitucional e salutar, deixando, porém, de concordar com a presunção absoluta trazida pelo novo dispositivo legal, entendendo que a jurisprudência deve abrandar este rigor excessivo, passando a interpretar esta presunção como relativa e não absoluta.

Nesta hipótese ainda, defendemos a posição de que tal presunção, ainda que interpretada como relativa, não deve prevalecer no caso do IPTU progressivo no tempo, onde a legislação específica, no caso o Estatuto da Cidade, já prevê expressamente a pena cominada para o proprietário urbano que descumprir a função social da propriedade, podendo, neste caso, ocorrer até mesmo a desapropriação-sanção, com indenização em títulos da dívida pública.

Já no tocante ao direito de vizinhança, o novo Código Civil ressalta a prevalência do interesse público sobre o interesse privado, ainda que na utilização da propriedade urbana ocorram interferências justificadas pelo relevante interesse público envolvido, prevendo, porém, neste caso o pagamento de indenização cabal ao prejudicado.

Quanto ao direito de construir, o novo Código Civil ressalta que este direito é condicionado à função social da propriedade, dispondo que o proprietário pode construir o que lhe aprouver, desde que respeite o direito da vizinhança e as limitações e restrições urbanísticas, normas estas de interesse público e de grande alcance social garantidoras do cumprimento da função social da propriedade por parte do particular, proprietário de imóvel urbano.

Por fim, mencionamos que no nosso ordenamento jurídico, bem como no direito italiano citado como exemplo, o direito de construir é inerente ao próprio direito de propriedade, conforme assegura a nossa Carta Magna.

Referências

AZEVEDO, Álvaro Villaça. Anotações sobre o novo Código Civil: novo Código Civil, aspectos relevantes. *Revista do Advogado*, São Paulo, n. 68, p. 7-18, 2002.

CASTRO, Mônica. A desapropriação judicial no novo Código Civil. *Revista Síntese de Direito Civil e Processual Civil*, Porto Alegre, v. 4, n. 19, p. 144-150, 2002.

COSTA, Dilvanir José da. Inovações principais do novo Código Civil. *Revista dos Tribunais*, São Paulo, v. 91, n. 796, p. 39-65, 2002.

FIALE, Aldo. *Elementi di diritto urbanistico*. Napoli: Edizioni Giuridiche Simone, 1999.

GONÇALVES, Carlos Roberto. *Principais inovações no Código Civil de 2002*. São Paulo: Saraiva, 2002.

GUIMARÃES, Jackson Rocha. O novo Código Civil e o direito das coisas. *Revista dos Tribunais*, São Paulo, v. 91, n. 798, p. 51-64, 2002.

MATTOS NETO, Antonio José de. Função ética da propriedade imobiliária no novo Código Civil. *Revista de Direito Privado*, São Paulo, n. 11, p. 18-24, 2002.

NERY JUNIOR, Nelson; NERY, Rosa Maria de Andrade. *Novo Código Civil e legislação extravagante anotados*. São Paulo: Revista dos Tribunais, 2002.

Informação bibliográfica deste texto, conforme a NBR 6023:2002 da Associação Brasileira de Normas Técnicas (ABNT):

MACEDO, Paulo César Machado de. A função social da propriedade no novo Código Civil. *In*: DALLARI, Adilson Abreu; DI SARNO, Daniela Campos Libório (Coord.). *Direito urbanístico e ambiental*. 2. ed. rev Belo Horizonte: Fórum, 2011. p. 107-116. ISBN 978-85-7700-449-2.

Planejamento Urbano e Qualidade de Vida – Da Constituição Federal ao Plano Diretor

Mariana Senna Sant'Anna

1 Introdução

O artigo 3º,[1] inserto no Título "Dos princípios fundamentais" da Constituição Federal Brasileira, declara expressamente que o Estado tem como *objetivo*, entre outros, "a promoção do bem de todos". O artigo 182,[2] do Título "Da ordem econômica e financeira" – "Da política urbana", por sua vez, prevê que a política de desenvolvimento urbano tem por *objetivo* garantir o *bem-estar* dos habitantes das cidades.

Para que *objetivos* sejam alcançados, são necessárias estratégias. Ou seja, para que alcancemos fins (alvos, propósitos), são necessários meios (métodos, estratégias).[3]

[1] "Art. 3º. Constituem objetivos fundamentais da República Federativa do Brasil: I – constituir uma sociedade livre, justa e solidária; II – garantir o desenvolvimento nacional; III – erradicar a pobreza e a marginalização e reduzir as desigualdades sociais e regionais; IV – promover o bem de todos, sem preconceitos de origem, raça, sexo, cor, idade e quaisquer outras formas de discriminação."

[2] "Art. 182. A política de desenvolvimento urbano, executada pelo Poder Público municipal, conforme diretrizes fixadas em lei, tem por objetivo ordenar o pleno desenvolvimento das funções sociais da cidade e garantir o bem-estar de seus habitantes."

[3] Paródia à frase "*O fim justifica os meios!*", atribuída a Nicolau Maquiavel.

Estes meios, métodos ou estratégia são adotados para possibilitar e facilitar o alcance dos objetivos. Senão, vejamos: "estratégia" é definida como a "arte de aplicar com eficácia os recursos de que se dispõe ou de explorar as condições favoráveis de que porventura se desfrute, *visando ao alcance de determinados objetivos*"[4] (grifamos).

Assim, por meio de estratégias são definidas quais as condições favoráveis, as diretrizes e os critérios a serem considerados quando da atuação do estrategista. O conjunto de métodos e estratégias conforma a atuação planejada.

Em seguimento, o artigo 174[5] da Constituição brasileira prevê que o Estado, como agente e regulador da atividade econômica, exercerá o planejamento, como função determinante para o setor público e indicativa para o setor privado. Ou seja, o planejamento é função essencial do Estado, dando apenas diretrizes à atuação dos particulares.

A previsão contida no referido artigo está inserta no Título "Da ordem econômica e financeira", no Capítulo "Dos princípios gerais da atividade econômica". Diante deste cenário, concluímos que o Poder Público deverá planejar para interferir na ordem econômica e financeira. Ainda, considerando que a política urbana está no segundo capítulo do mesmo título, o Poder Público deve planejar suas atividades quando da implantação desta política urbana.

Este trabalho tem como objetivo analisar o planejamento urbano como instrumento do Direito Urbanístico, essencial auxiliador na busca do "bem-estar de todos" — objetivo constitucional.

Para isto, dividimos o trabalho em quatro seções. A primeira delas conceitua o Direito Urbanístico e apresenta alguns de seus princípios, relacionando-os ao planejamento urbano e à forma de atuação do Poder Público.

Com a finalidade de melhor compreender o desenvolvimento e a realização do planejamento, a segunda seção conceitua o planejamento urbano e trata das suas origens e trajetória.

A terceira, por sua vez, discorre sobre a cidade, suas funções e a proposta de bem-estar social. Assim, tentamos demonstrar que a cidade tem como objetivo, ou como função fundamental, a realização do bem-estar de seus cidadãos. Esta seção também demonstra qual o cenário atual das cidades brasileiras e como a legislação recente propõe uma reforma urbana.

Por fim, a quarta e última seção aborda as formas de elaboração de um plano diretor e sugere quais as melhores maneiras de atuação pelo Estado para um planejamento eficiente.

Desta forma, tentamos demonstrar que o Direito Urbanístico dá instrumentos ao Estado para que este atue de maneira planejada com a finalidade de atingir o objetivo constitucional do "bem-estar de todos".

---

[4] HOUAISS; VILLAR; FRANCO. *Dicionário Houaiss da língua portuguesa*, p. 1261.

[5] "Art. 174. Como agente normativo e regulador da atividade econômica, o Estado exercerá, na forma da lei, as funções de fiscalização, incentivo e planejamento, sendo este determinante para o setor público e indicativo para o setor privado."

2 Direito Urbanístico

2.1 Conceito

Com a finalidade de organizar o espaço em que convive, o homem busca distribuir cada um dos equipamentos que lhe serve em locais adequados à sua convivência, de acordo com as suas necessidades, costumes e, também, com base na identificação que tem com cada bem. Sempre na busca de seu bem-estar, organiza-se para promoção de uma boa qualidade de vida.

É preciso levar em conta que, salvo exceções, o espaço em que o homem convive não é previamente projetado e, ainda, não se forma de uma hora para outra. Os centros urbanos surgem e crescem de acordo com as necessidades de seus habitantes. Por isso, na maior parte das vezes, crescem de forma desordenada e sem qualquer controle, o que acarreta em sérias consequências à vida dos cidadãos urbanos.

Na busca da ordenação do espaço urbano com o objetivo de promover o bem-estar de todos é que o homem criou o urbanismo. Assim entendido, "o urbanismo é uma ciência, uma técnica e uma arte ao mesmo tempo, cujo objetivo é a organização do espaço urbano visando o bem-estar coletivo — através de uma legislação, de um planejamento e da execução de obras públicas que permitam o desempenho harmônico e progressivo das funções urbanas elementares: habitação, trabalho, recreação, do corpo e do espírito, circulação no espaço urbano."[6]

O urbanismo, entretanto, é exercido através de normas legais. Por este motivo, "o urbanismo de hoje, como expressão do desejo coletivo na organização dos espaços habitáveis, atua em todos os sentidos e em todos os ambientes, através de normas de duas ordens: normas técnicas de planejamento e construção, recomendadas pela Ciência e Artes que lhes são tributárias e normas jurídicas de conduta social, exigidas e impostas pelo ordenamento legal vigente (...) Aí está a íntima correlação entre o Urbanismo e o Direito, permitindo-nos afirmar, mesmo, que não há, nem pode haver, atuação urbanística sem imposição legal. Isto porque o Urbanismo é feito de limitações de ordem pública ao uso da propriedade particular e ao exercício de atividades individuais, que afetam a coexistência social. Para a organização da vida em sociedade, cada componente do agregado humano deve ceder parcela mínima de seus direitos, recebendo em retribuição segurança, higiene, conforto e bem-estar coletivos. Mas, como o egoísmo é da natureza humana, necessário se torna que um poder superior aos indivíduos — o Poder Público — intervenha imparcialmente na repartição dos encargos, impondo a todos, indistintamente, as restrições reclamadas pelo interesse da comunidade. Esta repartição dos encargos só o Direito pode realizar, com igualdade, coercitividade e justiça. Eis aí o fundamento e a razão de ser das imposições de ordem urbanística".[7]

Pelo exposto, podemos conceituar o Direito Urbanístico como o sistema legal que visa direcionar o Estado na organização do espaço urbano. Nas palavras de

---

[6] BALTAZAR, Antônio Bezerra. *Introdução ao planejamento urbano*, p. 136, *apud* SILVA. *Direito urbanístico brasileiro*, p. 30.

[7] MEIRELLES. *Direito municipal brasileiro*, p. 379-380.

José Afonso da Silva, "O Direito Urbanístico (...) consiste no conjunto de normas jurídicas reguladoras da atividade do Poder Público destinadas a ordenar os espaços habitáveis (...)".[8]

Na visão de Hely Lopes Meirelles, "as exigências urbanísticas desenvolveram-se de tal modo nas nações civilizadas e passaram a pedir soluções jurídicas, que se criou em nossos dias o Direito Urbanístico, ramo do Direito Público destinado ao estudo e formulação dos princípios e normas que devem reger os espaços habitáveis, no seu conjunto cidade-campo. Na amplitude deste conceito, incluem-se todas as áreas em que o homem exerce coletivamente qualquer de suas quatro funções essenciais na comunidade: habitação, trabalho, circulação, e recreação, excluídas somente as terras de exploração agrícola, pecuária ou extrativa, que não afetem a vida humana".[9]

2.2 Princípios de Direito Urbanístico

2.2.1 Da legalidade

Tido como dos mais importantes princípios do direito positivo brasileiro, decorre do que está previsto no artigo 5º, inciso II, da Constituição Federal, o qual prevê "ninguém será obrigado a fazer ou deixar de fazer alguma coisa senão em virtude de lei".

Com relação à Administração Pública, agente e regulador do Direito Urbanístico, referimo-nos ao constante do artigo 37[10] da Constituição Federal, que determina que a Administração somente poderá atuar de acordo com o princípio da legalidade. Maria Sylvia Zanella Di Pietro, analisando este princípio, comenta "a vontade da Administração Pública é a que decorre da lei (...). Em decorrência disso, (...) não pode, por simples ato administrativo, conceder direitos de qualquer espécie, criar obrigações ou impor vedações aos administrados; para tanto, ela depende de lei".[11]

A importância deste princípio é de tal vulto que se encontra, inclusive, no artigo 4º da Declaração dos Direitos do Homem e do Cidadão, de 1789, o qual determina "a liberdade consiste em fazer tudo aquilo que não prejudica a outrem; assim, os exercícios dos direitos naturais de cada homem não têm outros limites que os que asseguram aos membros da sociedade o gozo desses mesmos direitos. *Esses limites somente podem ser estabelecidos em lei*" (grifamos).[12]

2.2.2 Da função pública

Este princípio declara que o urbanismo é uma *função pública*, na medida em que a ordenação urbana é uma atribuição pública e não privada. Por meio desta função,

---

[8] *Ibid.*, p. 36.

[9] *Ibid.*, p. 380.

[10] "Art. 37. A administração pública direta, indireta ou fundacional, de qualquer dos Poderes da União, dos Estados, do Distrito Federal e dos Municípios obedecerá aos princípios da legalidade, impessoalidade, moralidade, publicidade e, também, ao seguinte: (...)"

[11] DI PIETRO. *Direito administrativo*, p. 67.

[12] *Ibid.*, p. 68.

ao Setor Público é viável dar preferência ao interesse social sobre o particular, o que é papel próprio do Estado na garantia do interesse comum e do bem-estar de todos os cidadãos.

Não constam da legislação pátria referências expressas a este princípio, incluindo-o como parte do Direito Urbanístico. Todavia, mediante a interpretação das normas constitucionais, podemos classificar este princípio como parte do Direito Urbanístico. Pois, "As funções ("officia munera") são os poderes que se exercem não por interesse próprio, ou exclusivamente próprio, mas por interesse de outrem ou por um interesse objetivo".[13]

Neste sentido, as funções exercidas não por interesse próprio (do Estado), mas por interesse da coletividade somente podem ser atribuídas ao Estado, que atua através da *função pública*.

Assim, como bem concluído por Regina Helena Costa, "(...) o Urbanismo, como conjunto de medidas destinadas a organizar os espaços habitáveis, é, sem dúvida, uma função pública, visto estar-se diante de um poder voltado para atendimento do interesse coletivo e cujo exercício consubstancia-se num dever jurídico".[14]

2.2.3 Da coesão dinâmica

A própria denominação do princípio da *coesão dinâmica* nos ajuda a elucidar qual o seu sentido. Por coesão, entende-se algo que tem sentido lógico. Que é inteligível no contexto em que está inserto. "Unidade lógica, coerência de um pensamento, de uma obra".[15]

Por outro lado, dinâmico é algo que está sempre em movimento, em desenvolvimento, em transformação. "Que se modifica continuamente, que evolui".[16]

Desta forma, unindo os significados das duas palavras do princípio da *coesão dinâmica*, vemos que formam um outro sentido, totalmente relacionado com o urbanismo e, por isto, parte do Direito Urbanístico.

A *coesão dinâmica* exige que o urbanismo seja coeso, tenha sentido totalmente lógico no contexto em que estiver inserto, devendo tal logicidade ser mantida mesmo com as alterações e transformações que a implantação do planejamento traz como consequência.

Ora, se o objetivo do planejamento é alterar a realidade urbana, deverá ele ser atualizado de tal forma a não permitir que surja distanciamento entre o planejamento e o seu objeto, visto que este distanciamento tornaria impossível o alcance dos objetivos primados pelo plano em andamento.

É importante frisar que a realidade é alterada não só pelo plano em execução, mas também por circunstâncias outras não previstas pelo planejador, o qual deve ser sábio e perspicaz para encarar a realidade de frente, agindo de forma rápida e eficiente para contornar as mais diversas situações e fazendo com que a situação retorne a um caminho controlável.

---

[13] Santi Romano *apud* COSTA. *Princípios de direito urbanístico na Constituição de 1988*, p. 122.

[14] *Ibid.*

[15] HOUAISS; VILLAR; FRANCO. *Dicionário Houaiss da língua portuguesa*, p. 754.

[16] *Ibid.*, p. 1043.

2.2.4 Da subsidiariedade

Este princípio decorre do artigo 173 da Constituição Federal, o qual determina que, *in verbis* "Ressalvados os casos previstos nesta Constituição, a exploração econômica pelo Estado só será permitida quando necessária aos imperativos de segurança nacional ou relevante interesse coletivo, conforme definidos em lei".

Apesar de mencionar a exploração econômica pelo Estado, este artigo também diz respeito à política urbana e, portanto, ao Direito Urbanístico, visto que incide sobre o domínio econômico, o qual exerce influência sobre a problemática da propriedade — também objeto do urbanismo.

Este princípio estabelece que, ao Estado, somente será permitida a exploração econômica quando relevante ao interesse coletivo. Por outro lado já vimos que ao Poder Público caberá a coordenação da atividade urbanística, que é função pública.

Neste sentido, o interesse coletivo deverá ser observado quando da atuação do Estado. Na hipótese de não haver interesse da coletividade em que o Estado aja, a atuação deverá ser proveniente dos particulares.

Desta forma, o princípio da subsidiariedade é aquele "pelo qual se confere preferência aos particulares na implementação do planejamento urbanístico, desde que estes possam fazê-lo de maneira adequada e suficiente".[17]

2.2.5 Da função social da propriedade

Segundo o artigo 5º da Constituição Federal, a garantia ao direito de propriedade se subordina ao preceito de que esta propriedade deverá atender uma função social. Desta forma, o papel a ser cumprido pela propriedade não é o de servir somente aos interesses do proprietário particular, mas deverá atingir os interesses da coletividade.

Por este motivo, o particular não mais pode fazer o que bem entender com a sua propriedade, visto que está limitado legalmente a obedecer aos interesses da sociedade na utilização de seu imóvel.

2.3 Relação entre os princípios de Direito Urbanístico e o instituto do planejamento

A compreensão dos princípios de Direito Urbanístico apresentados faz-nos verificar que o planejamento é instrumento essencial ao urbanismo. É por meio do planejamento que o urbanismo se realiza, uma vez que tal equipamento possibilita a estruturação do mesmo.

Assim, a Administração Pública deve atuar através de leis escritas (*legalidade*), as quais direcionam as *funções públicas* na organização dos espaços urbanos, por meio de normas planejadoras. Referidas normas são o planejamento em si, pois elas é que estabelecem os objetivos e as estratégias do Poder Público.

[17] COSTA. *Princípios de direito urbanístico na Constituição de 1988*, p. 127.

No mesmo sentido, o planejamento deve sempre se manter *coeso* e lógico com as alterações e transformações, que são *dinâmicas* e decorrem da implantação dele próprio ou até do desenvolvimento natural da sociedade e da sua organização.

Diante do desenvolvimento social, é essencial a existência do planejamento, pois durante todas as suas fases (diagnóstico, implantação, finalização e fiscalização) será ele que permitirá que o planejador permaneça no controle das situações. Na medida em que o Poder Público é o agente que implanta o urbanismo, é essencial que ele permaneça no controle das situações, inclusive para verificar a supremacia do interesse público sobre o privado (*subsidiariedade*). Isto se torna possível, como explicitado, através do planejamento.

Por fim, com relação ao princípio da *função social da propriedade urbana*, cabe-nos observar que o planejamento direcionará, tanto os particulares, como o Poder Público, na utilização da propriedade urbana de acordo com a sua finalidade social. Será ele (o planejamento) que determinará qual o interesse da coletividade nas terras urbanas, em cada uma das áreas e bairros específicos.

3 Planejamento urbano

3.1 Conceito

Como já vimos na seção anterior, para a transformação de uma realidade urbana insatisfatória, faz-se necessário que o Estado seja munido de instrumentos que o permitam atuar nesta transformação de forma eficiente. Um destes instrumentos é o planejamento.

O conceito trazido por José Afonso da Silva, o qual ele mesmo classifica como noção essencial e sem pormenores, diz que "O planejamento, em geral, é um processo técnico instrumentalizado para transformar a realidade existente no sentido de objetivos previamente estabelecidos".[18]

Para Almiro do Couto e Silva, planejar é "estabelecer metas e eleger os meios que serão utilizados para que elas sejam atingidas".[19]

O planejamento, para Joseff Wolff, é o princípio de toda a atividade urbanística, pois quem impulsiona e exerce essa ação de ordenação precisa ter consciência do que quer alcançar com tal influxo. Deve ter uma ideia clara do que seja desejável para o lugar ou território em questão, mas também do que razoavelmente pode lograr com os meios de que dispõe.[20]

Diante dos conceitos apresentados, veremos quais as origens e trajetórias do planejamento, com o objetivo de compreendermos melhor o instituto e apontarmos algumas formas de implantação do mesmo.

---

[18] SILVA. *Direito urbanístico brasileiro*, p. 85.

[19] SILVA, Almiro do Couto e. Problemas jurídicos do planejamento. *Revista de Direito Administrativo – RDA*, n. 170, p. 1, out./dez. 1987.

[20] WOLFF, Joseff. El planejamiento urbanístico del território y las normas que garantizan su efectividad, conforme la Ley Federal de Ordenación Urbanística. *In*: *La Ley Federal Alemana de Ordenación Urbanística y los Municípios apud* SILVA. *Direito urbanístico brasileiro*, p. 32.

3.2 Origens e trajetória[21]

A teoria de freios e contrapesos de Montesquieu analisa a forma de atuação do Estado antigo, o qual dividia suas funções internamente com a finalidade de afastar arbitrariedade e os abusos entre os três Poderes. Diante deste comportamento, o Poder Executivo somente atuava por meio de uma decisão do Judiciário ou das normas promulgadas pelo Legislativo. O Executivo somente poderia atuar após a ação dos outros dois Poderes. Entretanto, com a revolução industrial, a urbanização cresceu e as necessidades sociais de moradia, transporte, saneamento, etc. fizeram com que o Estado tivesse que agir de forma mais rápida e independente. Diante disto, o Estado foi obrigado a iniciar um planejamento para sua atuação mais eficiente.[22]

No Brasil, no início do século, a preocupação com o planejamento urbano surgiu com o escopo de o Estado intervir nas cidades para o desenvolvimento de instrumentos que trouxessem melhoria aos aspectos da saúde pública. Assim, o saneamento básico ou a higiene foi a primeira preocupação que impulsionou o Estado a intervir no ordenamento das cidades e a população a buscar melhores condições de vida.

O Professor Adilson Abreu Dallari conta que, no início do século passado, a preocupação da população com a higiene deu origem ao bairro de Higienópolis (ou seja, cidade limpa. Higiene de limpeza e pólis de cidade). Em razão de a sua localização ser superior em relação ao bairro de Campos Elíseos, considerado como o bom bairro da época, os mais afortunados mudaram-se para Higienópolis para que o saneamento das mansões resultasse do escoamento dos resíduos para os lugares mais baixos. Ainda que de forma precária, esta solução pode ser considerada um planejamento, pois apesar de precária e informal, demonstra preocupação com a organização do meio ambiente urbano.

As primeiras tentativas de intervenção pelo Estado no planejamento urbano surgiram a partir de trabalhos elaborados pelos urbanistas franceses *A. Aguache* e *Le Corbusier*, na segunda metade dos anos 20, os quais disseminaram as primeiras ideias de *planos urbanos*. Contudo, estas intervenções não trouxeram grandes alterações ao cenário das cidades brasileiras da época.

Nos idos de 1950, com a industrialização e as consequentes alterações na economia, o Brasil passou a sofrer maiores influências mundiais, o que acarretou na adoção de algumas concepções globalizadas. Urbanistas reformadores europeus fizeram com que novas práticas administrativas fossem absorvidas pelo Estado brasileiro. O Programa de Metas elaborado em 1956, durante o governo Juscelino Kubitschek, representou um grande avanço na relação do Estado com a sua economia. Este plano econômico passou a ser defendido por diversos setores da sociedade e o planejamento passou a ser bem visto no Brasil.

O governo João Goulart foi baseado em uma política econômica baseada em planos. O Plano Trienal diagnosticava a realidade econômica do país e propunha metas e objetivos para reformas de base.

---

[21] Subtítulo baseado em capítulo de *Reforma urbana*: por um novo modelo de planejamento e gestão das cidades, Orlando Alves dos Santos Júnior.

[22] DI SARNO. *A política do planejamento urbanístico brasileiro*, p. 14-15.

Mas, foi a partir do regime militar de 64 que o governo autoritário consolidou a forma planejada de atuação. Entretanto, não se sabe afirmar se de uma forma positiva ou negativa. Se por um lado, o Estado Novo promoveu a adoção de direitos sociais e o tratamento social igualitário, por outro lado, o governo centralizado acentuou a divisão das instituições governamentais e praticamente impossibilitou a participação populacional nos processos decisórios.

O sistema de planejamento dos anos 60 e 70 tinha como agente fundamental o Estado. Os problemas deste modelo identificados por alguns estudiosos são "a superestimação da capacidade de atuação do Estado enquanto ator independente e a subestimação do papel das forças de mercado que atuam fora do controle estatal e dos entraves institucionais dentro da própria máquina pública".[23]

Com a Constituição de 1988 as forças políticas de centro-esquerda fortaleceram o modelo institucional, redistributivo, universalista e igualitário de organização social no Brasil. A partir disto, o Estado de Bem-Estar passa a ser reestruturado.

Nas palavras de Orlando Gomes dos Santos Júnior, "A proposta de reforma urbana que vai ser construída a partir do processo de elaboração da Constituição Federal de 1988 compõe o ideário reformista e vai se firmando durante a elaboração das constituições estaduais, leis orgânicas municipais e dos planos diretores".[24] Em outras palavras, a reforma urbana implantada pela Magna Carta estabelece expressamente o planejamento, por cada um dos entes federados, como forma de atuação do Estado.

4 A cidade, o bem-estar e a qualidade de vida

4.1 Funções sociais e ambientais da cidade

As cidades surgiram, inicialmente, com a finalidade precípua da subsistência. A alimentação e a proteção eram os imperativos da antiguidade. Para a subsistência, o homem se organizou, e desta organização nasceram novas necessidades sociais, tais como a troca de utensílios, a moeda, o trabalho, o culto e as festas religiosas, o lazer, etc. As formas de organização fizeram com que o homem começasse a se preocupar com a estética, o que deu origem ao urbanismo.

Além dos motivos que deram origem a cada cidade, sabe-se que a posição geográfica, o clima, a localização em relação a outras cidades e outras diversas situações, influenciam a cidade na determinação de suas funções, tanto sociais como ambientais, fazendo com que, em cada uma das cidades, sejam preponderantes aspectos específicos.

Por outro lado, considerando as necessidades básicas do homem, existem funções essenciais que toda cidade deve atender para bem servir aos seus cidadãos. As funções urbanas elementares foram classificadas na "Carta de Atenas", documento firmado em Atenas, Grécia, em 1933, no 4º *Congrés Internacional d'Arquitecture Moderne (CIAM)*. São elas: habitar, trabalhar, recrear e circular.

---

[23] AZEVEDO, Sergio de; PRATES, A. *Planejamento participativo, movimentos sociais e ação coletiva, apud* SANTOS JÚNIOR. *Reforma urbana*: por um novo modelo de planejamento e gestão das cidades, p. 29-31.

[24] SANTOS JÚNIOR. *Reforma urbana*: por um novo modelo de planejamento e gestão das cidades, p. 38.

Para que tais funções básicas sejam garantidas de forma eficiente "o urbanismo prescreve e impõe normas de desenvolvimento, de funcionalidade, de conforto e de estética da cidade, e planifica suas adjacências, racionalizando o uso do solo, ordenando o traçado urbano, coordenando o sistema viário e controlando as construções que vão compor o agregado humano — a urbe".[25]

Neste sentido, as normas impostas relativamente às funções sociais da cidade estão previstas na Constituição, artigo 182, *caput*, que determina "A política de desenvolvimento urbano, executada pelo Poder Público municipal, conforme diretrizes gerais fixadas em lei, tem por objetivo ordenar o pleno desenvolvimento das funções sociais da cidade e *garantir o bem-estar de seus habitantes*".

Assim, a função social de uma determinada cidade compreende, necessariamente, o oferecimento efetivo e de boas condições de moradia, transporte, recreação e condições satisfatórias de trabalho aos seus moradores, para que o bem-estar seja definitivamente alcançado por todos.

Quanto aos aspectos ambientais da cidade, cumpre-nos observar que considera-se meio ambiente "o conjunto de condições, leis, influências e interações de ordem física, química e biológica, que permite, abriga e rege a vida em todas as suas formas".[26]

As normas impostas com relação ao ambiente dos cidadãos urbanos determinam que todos têm direito a uma *sadia qualidade de vida*.[27] Desta forma, não basta que se garanta a vida, mas as condições de sobrevivência devem ter qualidade e serem sadias.

Como bem observado por Daniela Campos Libório Di Sarno, "Saudável é aquilo que possui saúde. Saúde é o estado de completo bem-estar físico, mental, social, não apenas ausência de doenças e enfermidades (NRB 9.896/93, p. 85) ou, segundo a Organização Mundial de Saúde, é o estado de completo bem-estar físico, mental, social do ser, resultando de adequadas condições de alimentação, *habitação, saneamento*, educação, renda, *meio ambiente*, trabalho, *transporte*, emprego, *lazer*, liberdade, *acesso e posse da terra* e acesso a serviços de saúde. Destes 13 itens, pelo menos seis são relacionados com a política urbana, donde se deduz que, para que haja uma oferta de sadia qualidade de vida para a população, será necessária a estruturação e realização de uma política urbana condizente a estes valores".[28]

Ainda, o texto constitucional no artigo 225 prevê que o meio ambiente deve ser preservado para garantia da qualidade de vida, não só para as presentes, mas também para as futuras gerações. Para que seja possível que futuras gerações usufruam uma sadia qualidade de vida, é necessário que haja conservação dos recursos naturais atualmente existentes.

Desta forma, além de se garantir uma sadia qualidade de vida, é preciso agir de forma a não deteriorar e nem esgotar os recursos naturais atuais para que as futuras gerações deles também usufruam de forma saudável.

---

[25] MEIRELLES. *Direito municipal brasileiro*, p. 378.

[26] Art. 3º, I, Lei nº 6.938/81 de Política Nacional do Meio Ambiente.

[27] "Art. 225. Todos têm direito ao meio ambiente ecologicamente equilibrado, bem de uso comum do povo e essencial à *sadia qualidade de vida*, impondo-se ao Poder Público e à coletividade o dever de defendê-lo e preservá-lo para as presentes e futuras gerações" (grifamos).

[28] DI SARNO. *Direito urbanístico moderno*: meio ambiente urbano e qualidade de vida, p. 136-137.

Assim, podemos conceituar função ambiental da cidade como sendo o conjunto de atividades que visam garantir a todos o direito constitucional de desfrutar um meio ambiente equilibrado e sustentável, na busca da sadia e satisfatória qualidade de vida, para a presente e futuras gerações.

4.2 Cenário atual

O cenário atual é dos piores. "São Paulo conta hoje 30 assassinatos por dia, um milhão de pessoas vivendo em favelas, mais de dois milhões em cortiços."[29] Torna-se cada dia maior o número de pessoas que infringem a lei para tornar possível a sua moradia no entorno das grandes cidades, vivendo sem qualquer segurança jurídica na posse de suas casas, em condições precárias ou mesmo insalubres e perigosas. Normalmente, estas pessoas se mantêm em áreas urbanas sem qualquer infraestrutura. Dados recentes revelam que, grande parte da população vive nesta situação, precária e ilegalmente.[30]

A alta concentração de pessoas em locais limitados faz com que o consumo dos recursos naturais seja feito de maneira descontrolada. Ainda, a ocupação das áreas periféricas das cidades ocorre, muitas vezes, sobre áreas de proteção ambiental, tais como de mananciais. "A poluição das águas, que um dia nos serão indispensável, é generalizada". Em São Paulo, "cerca de 12 mil toneladas de lixo por dia são depositados ao Deus-dará, sem que ninguém se preocupe com o futuro das

---

[29] DOWBOR. *O mosaico partido*: a economia além das equações, p. 54.

[30] "Segundo o Instituto Brasileiro de Geografia e Estatística, nos anos 60, o Brasil ainda era um país agrícola, com uma taxa de urbanização de apenas 44,7%. Em 1980, 67,6% do total da população já vivia em cidades. Entre 1991 e 1996, houve um acréscimo de 12,1 milhões de habitantes urbanos, o que se reflete na elevada taxa de urbanização (78,4%).
Das 4,4 milhões de unidades construídas entre 1995 e 1999, 3,7 milhões foram erguidas por famílias pobres, na maioria das vezes em loteamentos irregulares nas periferias das grandes cidades e das regiões metropolitanas. A ocupação ilegal do solo atinge perto de 10% dos domicílios urbanos do país. Em São Paulo, cerca de 30% dos domicílios — onde vivem 2,6 milhões de pessoas — estariam em terras invadidas. Na cidade de Salvador, a porcentagem de domicílios em loteamentos irregulares e clandestinos é estimada em 33% e, no Recife, 40%. No Rio de Janeiro, a Secretaria Municipal da Habitação calcula que 2,2 milhões de pessoas (40% da população local) vivem em moradias informais. Segundo levantamento da Fundação Instituto de Pesquisas Econômicas (Fipe), em 1993, o número de habitações e moradores nas favelas chegava a 379 mil domicílios, com 1,9 milhão de pessoas — quase 20% da população. Em 1987 o número era menor: existiam 150 mil habitações e 812 mil favelados em São Paulo.
Na cidade do Rio de Janeiro, a população residente em favelas aumenta 32% de 1981 a 1991 e atinge, aproximadamente, 1 milhão de pessoas — 18% da população do município. Desse total, cerca de 30 mil vivem em locais de risco, à beira de rios ou em áreas de desabamento nas encostas de morros. Um estudo recente feito pela ONU calcula que, em 1998, cerca de 34% da população carioca era favelada. Muitas das favelas não dispõem de abastecimento de água, luz e esgoto. Não há pavimentação, e o acesso ao transporte coletivo é difícil.
A Fundação João Pinheiro, em Belo Horizonte (MG), estima no ano de 1995 o déficit de habitação no Brasil em torno de 5,6 milhões de unidades: 4 milhões nas cidades e 1,6 milhão no meio rural. Já o déficit de infraestrutura atinge 4,6 milhões de moradias. De acordo com a fundação, 85% do déficit habitacional concentra-se nos estados do Sudeste, entre as famílias com rendimento mensal de até cinco salários mínimos, sem condições de ser atendidas pelos programas habitacionais oferecidos por construtoras.
Não obstante este enorme déficit habitacional existente, das 54 milhões de moradias encontradas pelo Censo 2000, 16,7% estão fechadas, vagas ou são de uso esporádico." *Direito de propriedade e ação social*, trabalho apresentado ao *MOVIMENTO JURÍDICO PELA SOLIDARIEDADE* – elaborado pela advogada Analucia Zuliani Réa e pela acadêmica de Direito Silvia Cristina Roson.

infiltrações do chorume nos lençóis freáticos. São cerca de 5 milhões de automóveis, numa cidade que conseguiu paralisar... por excesso de meios de transporte. O metrô, solução de longo prazo evidente para cidades deste porte, ostenta os seus ridículos 40 quilômetros".[31]

Pelo fato de a maioria das ofertas de trabalho estarem nos centros urbanos, o transporte é insuficiente para a quantidade de pessoas que circula das periferias em direção à área central das cidades nas jornadas diárias de trabalho. Sem contar que o grande fluxo de pessoas que é transportada pelas cidades faz com que o trânsito se torne, dia a dia, mais caótico. São Paulo "é também uma gigantesca bacia, de 30 por 50 quilômetros, com dois terços impermeabilizados, porque ninguém pensou em assegurar a suficiente permeabilização do solo, como fazem outras cidades do mundo. Dez milhões de pessoas olham passivamente todo verão as enchentes quase permanentes, sentadas pacientemente nos carros parados, carros que, aliás, são construídos para poder andar a mais de 150 quilômetros por hora (...)."[32]

Além destes aspectos, as ofertas de lazer relacionadas a um ambiente natural e saudável são insuficientes, ou quase inexistentes em algumas áreas. Os valores sociais distorcidos fizeram com que shoppings sejam considerados como espaços de lazer. Ocorre que, nestes locais, para se divertir é preciso consumir. Tomar sorvete, ir ao cinema, comprar pipoca, uma calça *jeans*, tudo custa dinheiro. Parques, praças e áreas livres, onde o desfrute de uma vida saudável não é relacionado ao *status* social são raridades nas grandes cidades brasileiras.

A grande maioria da população brasileira está privada de boa qualidade de habitação, trabalho, transporte e lazer. O *bem-estar de todos* e a *sadia qualidade de vida* preconizados constitucionalmente são, por enquanto, letras estáticas sobre um papel.

Diante desta crítica situação, são urgentes as providências em direção à transformação. É preciso conscientizar a população e seus dirigentes para que algo seja modificado. Para que alterações no cenário urbano sejam feitas, é preciso que o Poder Público atue. Assim, a reforma urbana deverá ocorrer primeiramente através de um planejamento normativo e, em seguida, de sua implantação.

4.3 Cenário legislativo atual

A situação atual é consequência de muitos anos de ocupação indiscriminada das áreas urbanas e seu entorno. O interesse pela sobrevivência e a falta de limitação adequada pelo Estado gerou esta situação: uma sobrevivência sem qualidade.

Entretanto, como observa Ermínia Maricato, "não foi por falta de planos e leis que nossas cidades tomaram o rumo que tomaram. (...) mesmo antes da aprovação do Estatuto da Cidade, havia instrumentos para garantir a promessa de todo plano diretor, de garantir um desenvolvimento urbano 'equilibrado', 'harmônico', 'sustentável' e outros adjetivos (...)".[33]

---

[31] *Ibid.*

[32] *Ibid.*

[33] MARICATO. *Brasil, cidades*: alternativas para a crise urbana, p. 95.

A problemática da estrutura brasileira de planejamento urbano não foi a falta de previsão legal que previsse a implantação de políticas de desenvolvimento. Muitas cidades aprovaram seus planos diretores, previstos na Constituição de 1988. A legislação urbanística de São Paulo, por exemplo, é bastante extensa. Por outro lado, a situação atual da cidade é caótica.

O planejamento urbano deve estar vinculado ao planejamento econômico e social. Pelo fato de o Município não ter competência em parâmetros suficientes para que sua atuação ocorresse de forma eficaz,[34] nestes anos todos "os Municípios não implantaram nem mesmo o plano urbanístico de ordenação que integrava e integra a sua competência".[35]

É essencial que haja integração entre a legislação e as formas de implantação dos planejamentos federal, estadual e municipal. A gestão das políticas preconizadas nestas legislações também deve, necessariamente, ser integrada para que se tornem eficientes.

> Ou seja, desde que o planejamento econômico e social realizado no nível nacional estabeleça *diretrizes do desenvolvimento urbano* (interurbano, ou seja, da rede urbana nacional), como aspecto da política de crescimento econômico e da melhoria da qualidade de vida das populações; a essas diretrizes, integradas na política econômica do desenvolvimento se vincularia a política urbana no nível regional e estadual como aspecto da programação econômica nos mesmos níveis; finalmente, a elas estariam integrados os planos urbanísticos locais mais concretamente destinados à ordenação do território para o cumprimento das funções urbanísticas elementares (habitar, trabalhar, recrear e circular) — ou, como diz a Constituição, destinados a ordenar o pleno desenvolvimento das funções sociais da cidade (art. 182)[36]. (grifamos)

Estas diretrizes, agora previstas no Estatuto da Cidade, não vão resolver por completo os problemas urbanísticos brasileiros, mas vão tornar possível que haja integração normativa entre as políticas urbanas nacional, estadual e municipal, na medida em que tais diretrizes direcionam os entes federados na elaboração e na execução do planejamento urbano.

As competências outorgadas constitucionalmente aos entes federados, para que estes atuem de forma planejada,[37] agora terão as mesmas diretrizes gerais. Desta forma, atuarão na mesma direção. Isto facilitará a gestão dos planos, trazendo maior efetividade em suas implantações por parte do Poder Público.

---

[34] "Durante oito anos de discussão no processo do Orçamento Participativo, a população aprendeu que existem problemas que ultrapassam a esfera do município. Que as questões de saúde, educação, habitação, assistência social, geração de renda, entre outras, para a sua resolução estrutural, dependem de política macroeconômicas, fiscais, definições dos governos estaduais e da União, na Assembléia Legislativa e no Congresso Nacional" (GENRO; SOUZA. *Orçamento participativo*: a experiência de Porto Alegre, p. 50, 51).

[35] SILVA, *ibid.*, p. 99.

[36] *Ibid.*

[37] "Art. 21. Compete à União: IX – elaborar e executar planos nacionais e regionais de ordenação do território e de desenvolvimento econômico e social;
Art. 25, §3º Os Estados poderão, mediante lei complementar, instituir regiões metropolitanas, aglomerações urbanas e microrregiões, constituídas por agrupamentos de Municípios limítrofes, para integrar a organização, o planejamento e a execução de funções públicas de interesse comum.
Art. 30. Compete aos Municípios: VIII – promover, no que couber, adequado ordenamento territorial, mediante planejamento e controle do uso, do parcelamento e da ocupação do solo urbano."

Entretanto, "para que os instrumentos previstos no Estatuto da Cidade não se tornem 'letra morta' ou, até mesmo, para que eles não venham alimentar ainda mais a dinâmica do mercado excludente (...), há muito para fazer. Não resta dúvida de que a nova lei dá condições para a mudança histórica do direito de propriedade urbana e, portanto, para mudar o rumo do crescimento das cidades marcado pela desigualdade social como já vimos. Mas essa condição prevê a aprovação, pelas Câmaras Municipais de um PD[38] que vá contra os interesses dos proprietários fundiários e daqueles que lucram com a atividade especulativa imobiliária, que são, em geral, integrantes dos grupos que controlam o poder local".[39]

5 Do planejamento nacional ao planejamento local

5.1 Planejamento nacional – Estatuto da Cidade

Com a promulgação do Estatuto da Cidade, a tipologia de planos urbanísticos proposta por José Afonso da Silva, em sua obra *Direito Urbanístico Brasileiro*,[40] passou a ser mais completa. As diretrizes previstas na legislação nacional, agora, fundamentam efetivamente a elaboração de todo o planejamento brasileiro.[41]

O artigo 4º [42] do Estatuto da Cidade classifica os planos nacionais, regionais, estaduais, das regiões metropolitanas e municipais, como instrumentos de implantação das diretrizes gerais de política urbana nacional. Desta forma, fortalece as competências conferidas pela Constituição aos entes federados no planejamento da política urbana. Ainda, faz com que todo o planejamento nacional esteja direcionado no mesmo sentido, o que facilita a implantação do planejamento ora em vigor.

Com relação ao planejamento municipal, o mesmo artigo apresenta instrumentos ainda mais específicos, *in verbis*: "a) planos diretores; b) disciplina do parcelamento, do uso e da ocupação do solo; c) zoneamento ambiental; d) plano plurianual; e) diretrizes orçamentárias e orçamento anual; f) gestão orçamentária participativa; g) planos, programas e projetos setoriais; h) planos de desenvolvimento econômico e social".

Estes instrumentos de planejamento devem ser diferenciados entre si da seguinte forma: "Os primeiros (plano diretor, disciplina do parcelamento, uso e ocupação do solo e zoneamento ambiental) são fundamentalmente planos físicos, destinados a disciplinar os espaços urbanos. Já o plano plurianual, as diretrizes orçamentárias e o orçamento anual são instrumentos basicamente econômicos, destinados a disciplinar o uso dos recursos financeiros municipais. A gestão orçamentária participativa refere-se ao processo de elaboração e execução dos orçamentos acima referidos e corresponde

---

[38] Plano Diretor.

[39] MARICATO. *Brasil, cidades*: alternativas para a crise urbana, p. 113.

[40] p. 101-103.

[41] Conforme observado por Adilson Abreu Dallari (*Estatuto da Cidade*: comentários à Lei Federal 10.257/2001) "o primeiro grupo de instrumentos de política urbana, previstos nos incisos I, II, e III do art. 4º da Lei 10.257, de 10.7.2001, pode receber a designação genérica de *planejamento*" (grifamos).

[42] "Art. 4º. Para fins desta Lei, serão utilizados, entre outros instrumentos: I – planos nacionais, regionais e estaduais de ordenação do território e de desenvolvimento econômico e social; II – planejamento das regiões metropolitanas, aglomerações urbanas e microrregiões; III – planejamento municipal, (...)."

a princípios e preceitos constitucionais (princípio participativo, art. 1º, parágrafo único e planejamento participativo, art. 29, XII, ambos da CF). Os planos, programas e projetos setoriais referem-se a áreas específicas de atuação, podendo ter maior ou menor amplitude (por exemplo: saneamento básico ou coleta e disposição de lixo, educação ou ensino básico, saúde ou atendimento de emergência etc.) Por último, são mencionados os planos de desenvolvimento econômico e social, que vão além da simples disciplina dos recursos financeiros públicos municipais, para abranger as ações de particulares e de outros níveis de governo".[43]

Dentre todos os instrumentos do planejamento acima mencionados, os que consideramos como os mais relevantes são o plano diretor e a gestão orçamentária participativa.

O plano diretor porque é o instrumento básico da política urbana, figurando como o equipamento planejador mais próximo da população. Tem objetivos gerais e específicos. São gerais: o de promover a ordenação dos espaços habitáveis do Município e de *instrumentar uma estratégia de mudança no sentido de obter a melhoria da qualidade de vida da comunidade local*. Os específicos dependem da realidade que se quer transformar.[44]

A gestão orçamentária participativa, por sua vez, porque faz com que a população participe de sua própria gestão. Princípio constitucional (art. 29, XII) que demonstra sabedoria e maturidade do Estado, o qual deixa de ser o único responsável por suas decisões, conferindo ao povo grande parcela do ônus governamental.[45]

5.2 Do planejamento local

Como visto anteriormente, a legislação do Estatuto da Cidade veio permitir que a integração legislativa seja feita com base em alicerces normativos comuns. Além disto, o Estatuto regulamentou instrumentos jurídicos de gestão e participação democrática das cidades, recomendando que os planos diretores incluam em suas previsões legais a participação pelo povo.

A gestão democrática participativa faz com que os problemas urbanos e suas soluções sejam discutidos e resolvidos localmente. É a população quem sente e identifica os problemas que tem e é por este motivo, também, que será a mais indicada para apresentar soluções.

Na medida em que apresenta caminhos para a solução de seus problemas, compromete-se com a efetivação destas soluções. Uma vez que os caminhos traçados pela maioria são aceitos, esta maioria se engaja na implantação das soluções. Também a partir do momento em que a população tem a chance de discutir e opinar no seu

[43] DALLARI; FERRAZ (Org.). *Estatuto da Cidade*: comentários à Lei Federal 10.257/2001, p. 77.

[44] SILVA, *ibid.*, p. 134.

[45] "A principal riqueza do Orçamento Participativo é a democratização da relação do Estado com a sociedade. Esta experiência rompe com a visão tradicional da política, em que o cidadão encerra a sua participação política no ato de votar, e os governantes eleitos podem fazer o que bem entenderem, por meio das políticas tecnocratas ou populistas e clientelistas. O cidadão deixa de ser um simples coadjuvantes da política tradicional para ser protagonista ativo da gestão pública" (GENRO; SOUZA. *Orçamento participativo*: a experiência de Porto Alegre, p. 45-46).

governo, ainda que as soluções propostas individualmente não sejam aceitas, pelo fato de todos estarem presentes na escolha de uma solução comum, ela (população) se esforça para a resolução de cada problema. Assim, é preciso "um lastro político de sociedade civil organizada, em torno dos espaços locais, que é onde finalmente a população mora e pode constatar se há ou não progresso real em termos de qualidade de vida".[46]

A gestão participativa traz comprometimento à sociedade em relação ao seu próprio governo, na medida em que ela mesma participa da escolha dos seus caminhos. Como comentado por Ladislau Dowbor[47] sobre suas experiências de vida, "Numa missão que realizei na Costa Rica, para as Nações Unidas, constatei que os municípios ali decidem sobre o uso de apenas 5% dos recursos públicos. Analisando o sistema de gestão da Suécia, constatei que esta proporção é de 72%. Em outros termos, a Suécia não se caracteriza por ter menos Estado, e sim por seu Estado funcionar essencialmente na base, com controle direto da própria população. E como as necessidades básicas da população são de nível local, como a escola, o médico para a família, a condução, o pão, o leite, a segurança e assim por diante, tratava-se de colocar simplesmente a pirâmide em pé, com a base da população tendo um peso determinante sobre as decisões econômicas".

Assim, no planejamento local, é essencial a participação da população na identificação de seus problemas e na solução dos mesmos. Desta forma, sendo o plano diretor o instrumento básico de política urbana e o mais próximo da população de cada um dos Municípios, veremos quais as melhores formas de elaboração e implantação do mesmo.

5.3 Plano diretor – Formas de elaboração

Não basta planejar. Antes de tudo é preciso planejar de forma eficiente para garantia de uma implantação eficaz. Para tanto, são necessários alguns procedimentos.

Em trabalho apresentado por Roberto Braga,[48] este apresenta como elaborar um plano diretor que dê certo. Primeiramente, sugere que seja elaborado pela própria municipalidade e nunca por técnicos ou empresas públicas ou privadas. Os técnicos, no máximo, poderão auxiliar os agentes da Administração. Aconselha que o plano diretor seja "do tamanho do município", ou seja, não deve ser um documento que preveja mais do que o necessário. Depois, alerta que é essencial que haja participação efetiva da comunidade, por meio de suas entidades representativas. Por fim, frisa a importância da administração municipal atuar com legítimo interesse em elaborar e implantar o plano diretor, encarando-o como "um instrumento dentro do processo democrático mais amplo, que possibilite um aprimoramento da gestão territorial do município e não somente uma imposição legal ou um modismo".

---

[46] DOWBOR. *O mosaico partido*: a economia além das equações, p. 54.

[47] *Ibid*.

[48] Professor Doutor do Departamento de Planejamento Territorial e Geoprocessamento da UNESP – Campus Rio Claro, *Plano diretor municipal*: três questões para discussão.

José Afonso da Silva,[49] por sua vez, enumera os princípios básicos do processo de planejamento local para que este permaneça adequado à realidade do Município. São eles:

I – *o processo de planejamento é mais importante do que o plano*, o que significa que todos os caminhos a serem percorridos pela municipalidade devem ser efetivados por meio de um processo. Ou seja, toda a atuação do Município deve decorrer de um planejamento, pois não basta que haja um plano tecnicamente bem elaborado, se todos os passos de seus gestores não obedecerem a ordem do planejamento;

II – *o processo de planejamento deve elaborar planos estritamente adequados à realidade do Município*, os seja, devem corresponder aos problemas efetivamente sentidos pela população e àqueles que existam objetivamente;

III – *os planos devem ser exequíveis*, ou seja, passíveis de serem efetivados pela Prefeitura;

IV – *o nível de profundidade dos estudos deve ser apenas o necessário para orientar a ação da Municipalidade*, não se devendo onerar em demasia o custo da elaboração do plano com pesquisas e análises que não sejam exigidas para informar as decisões necessárias aos objetivos daquele plano específico;

V – *complementaridade e integração de políticas, planos e programas setoriais*, para que seja possível o desenvolvimento local integrado entre áreas interurbanas e intraurbanas e urbano-rural, inclusive;

VI – *respeito e adequação à realidade regional, além da local, e consonância com os planos e programas estaduais e federais existentes*, para que sejam atendidos os princípios do planejamento estrutural, anteriormente mencionado;

VII – democracia e acesso às informações disponíveis, de forma a garantir a participação do povo em todas as fases do planejamento municipal.

> Enfim, aceitabilidade, exeqüibilidade, viabilidade e sensibilidade, são (...), os caracteres de um bom plano, e só um planejamento democrático realizará esses princípios.[50]

5.4 Formas de atuação dos gestores da política urbana

Não basta planejar de uma forma eficiente. Para que o planejamento não fique no papel é preciso implantá-lo de forma eficiente.

Relativamente aos gestores do planejamento, é preciso que haja vontade política e o maior esforço em que a integração de todos os entes e instituições envolvidos na gestão urbana seja eficiente; para que as hierarquias ou falta delas não impeça a solução dos problemas, mas sim que o bom senso e a busca dos objetivos constitucionais (arts. 1º e 3º) sejam sempre os fundamentos de qualquer ação.

Ainda, é preciso que estes gestores incentivem e realmente realizem a gestão participativa, e através desta gestão é preciso que não só o Poder Público demonstre sua vontade política, mas os cidadãos também cooperem na implantação do planejamento. Pois, "não interessa um plano normativo apenas, que se esgota na

---

[49] *Ibid.*, p. 132.

[50] *Ibid.*

aprovação de uma lei, mas sim que ele seja comprometido com um processo, uma esfera de gestão democrática para corrigir seus rumos, uma esfera operativa com investimentos definidos, com ações definidas e com fiscalização".[51]

> A construção de uma sociedade mais justa e equilibrada não é tarefa fácil e imediata. Demanda aprendizado demorado e às vezes até mesmo doloroso. Exige organização e grande mobilização dos brasileiros em torno de projetos de mudanças radicais, o que supõe a extensão da consciência dos direitos e deveres de cidadania e a prática da participação política à maioria da nossa população.[52]

Ainda não alcançamos este estágio de desenvolvimento e conscientização, mas pelo menos já temos instrumentos normativos de base bem estruturados para que novos planejamentos locais sejam votados e implantados — com participação popular — para o *bem-estar de todos* e a *sadia qualidade de vida*.

6 Conclusão

O Direito Urbanístico tem como objetivo ordenar a cidade para garantia do *bem-estar de todos*. Para tanto, tem como instrumento o planejamento, cuja importância se demonstra inclusive por meio da análise dos princípios do Direito Urbanístico.

O planejamento urbano é um instrumento técnico elaborado e implementado para a transformação da realidade da cidade.

A cidade tem funções primordiais (habitar, trabalhar, circular e recrear) que devem ser atendidas de forma satisfatória para que sejam garantidos o *bem-estar de todos*. Aos cidadãos deve ser garantida não somente a vida, mas a *sadia qualidade de vida*.

A situação atual das cidades brasileiras demonstra que seus cidadãos não têm condições satisfatórias de convivência, uma vez que a grande maioria da população não habita bem, não apresenta boa condição de trabalho, o transporte é precário e as formas de lazer são bastante precárias. As funções sociais e ambientais das cidades, portanto, não estão sendo cumpridas de forma a garantir os objetivos do *bem-estar de todos* e da *sadia qualidade de vida*.

A legislação urbanística é bastante extensa, mas pelo fato do Município não ter competência suficiente para a solução de todos os aspectos da vida social e, ainda, por não haver integração entre as legislações municipal, estadual e federal, por muito tempo a ocupação das áreas urbanas ocorreu sem qualquer limitação e fiscalização.

A promulgação do Estatuto da Cidade estruturou o planejamento nacional, dando diretrizes sólidas para a elaboração de novos planos diretores que terão o mesmo sentido que o planejamento dos municípios vizinhos, das regiões metropolitanas, dos Estados e até da União.

O planejamento local é essencial na construção do *bem-estar de todos* e da *sadia qualidade de vida*, uma vez que a comunidade é o núcleo sensitivo dos problemas urbanos e a principal interessada em melhorar suas condições de vida, devendo atuar efetivamente na discussão e na solução de cada um dos aspectos que envolve o seu governo.

---

[51] MARICATO, *ibid.*, p. 71.

[52] ALVES. *Metrópoles*: cidadania e qualidade de vida, p. 143.

Para que o planejamento nacional, regional, estadual e municipal venha a transformar a realidade urbana brasileira, é preciso que os planos diretores municipais garantam a participação popular no planejamento municipal e a gestão orçamentária participativa. Além disto, é preciso que a vontade política e a conscientização popular façam efetivamente parte dos governos de cada um dos Municípios, Regiões Metropolitanas, Estados e União.

Referências

ALVES, Júlia Falivene. *Metrópolis, cidadania e qualidade de vida*. 8. ed. São Paulo: Moderna, 1995.

BRAGA, Roberto. Plano diretor municipal: três questões para discussão. *Caderno de Planejamento da Faculdade de Ciências e Tecnologia – UNESP*, Presidente Prudente, v. 1, 1995.

COSTA, Regina Helena. Princípios de direito urbanístico na Constituição de 1988. *In*: DALLARI, Adilson Abreu; FIGUEIREDO, Lúcia Valle (Coord.). *Temas de direito urbanístico* 2. São Paulo: Revista dos Tribunais, 1991.

DALLARI, Adilson Abreu. *Desapropriações para fins urbanísticos*. Rio de Janeiro: Forense, 1981.

DALLARI, Adilson Abreu. O uso do solo metropolitano. *Revista de Direito Público – RDP*, São Paulo, v. 4, n. 14, 1968.

DALLARI, Adilson Abreu; FERRAZ, Sergio (Org.). *Estatuto da Cidade*: comentários à Lei Federal 10.257/2001. São Paulo: Malheiros, 2002.

DI PIETRO, Maria Sylvia Zanella. *Direito administrativo*. 14. ed. São Paulo: Atlas, 2002.

DI SARNO, Daniela Campos Libório. *A política do planejamento urbanístico brasileiro*. Orientador: Adilson Abreu Dallari. Tese (Mestrado em Direito Urbanístico) – Pontifícia Universidade Católica de São Paulo – PUC-SP, São Paulo, 1996.

DI SARNO, Daniela Campos Libório. *Direito urbanístico moderno*: meio ambiente e qualidade de vida. Orientador: Adilson Abreu Dallari. Tese (Doutorado em Direito) – Pontifícia Universidade Católica de São Paulo – PUC-SP, São Paulo, 2002.

DOWBOR, Ladislau. *O mosaico partido*: a economia além das equações. Petrópolis: Vozes, 2000.

FERNANDES, Edésio. *Estatuto da Cidade comentado*: do Código Civil de 1916 ao Estatuto da Cidade: algumas notas sobre a trajetória do direito urbanístico no Brasil. Belo Horizonte: Mandamentos, 2002.

FIGUEIREDO, Lúcia Valle. O devido processo legal e a responsabilidade do Estado por dano decorrente do planejamento. *Revista de Direito Administrativo*, Rio de Janeiro, n. 206, 1996.

FREITAS, Vladimir Passos de. *A Constituição Federal e a efetividade das normas ambientais*. São Paulo: Revista dos Tribunais, 2000.

GENRO, Tarso; SOUZA, Ubiratan de. *Orçamento participativo*: a experiência de Porto Alegre. 4. ed. São Paulo: Fundação Perseu Abramo, 2001.

HOUAISS, Antônio; VILLAR, Mauro de Salles; FRANCO, Francisco Manoel de Mello. *Dicionário Houaiss da língua portuguesa*. Rio de Janeiro: Objetiva, 2001.

MARICATO, Ermínia. *Brasil, cidades*: alternativas para a crise urbana. Petrópolis: Vozes, 2001.

MEIRELLES, Hely Lopes. *Direito administrativo brasileiro*. 23. ed. atual. por Eurico de Andrade Azevedo e outros. São Paulo: Malheiros, 1998.

MEIRELLES, Hely Lopes. *Direito municipal brasileiro*. 6. ed. São Paulo: Malheiros, 1993.

RATTER, Henrique. *Planejamento urbano e regional*. 2. ed. São Paulo: Companhia Editora Nacional, 1978.

REALE, Miguel. Direito e planificação. *Revista de Direito Público – RDP*, São Paulo, v. 6, n. 24, abr./jun. 1973.

SANTOS JÚNIOR, Orlando Alves dos. *Reforma urbana*: por um modelo de planejamento e gestão das cidades. Rio de Janeiro: FASE, 1995.

SILVA, Almiro do Couto e. Responsabilidade do Estado e problemas jurídicos resultantes do planejamento. *Revista de Direito Público – RDP*, São Paulo, v. 4, n. 63, jul./set. 1982.

SILVA, José Afonso da. *Direito urbanístico brasileiro*. 3. ed. rev. e atual. São Paulo: Malheiros, 2000.

Informação bibliográfica deste texto, conforme a NBR 6023:2002 da Associação Brasileira de Normas Técnicas (ABNT):

SANT'ANNA, Mariana Senna. Planejamento urbano e qualidade de vida: da Constituição Federal ao plano diretor. *In*: DALLARI, Adilson Abreu; DI SARNO, Daniela Campos Libório (Coord.). *Direito urbanístico e ambiental*. 2. ed. rev. Belo Horizonte: Fórum, 2011. p. 117-136. ISBN 978-85-7700-449-2.

O Direito Urbanístico e a Tutela do Meio Ambiente Urbano

João Roberto Salazar Jr.

1 Introdução

O presente estudo pretende demonstrar a importância do Direito Urbanístico para a tutela do meio ambiente, sobretudo no seu aspecto urbano. Inicialmente analisaremos a relação dessa nova disciplina jurídica com o Direito Ambiental, tendo em vista principalmente o disposto no artigo 225 da Constituição Federal. Em seguida, a partir da análise da poluição atmosférica na Grande São Paulo, trataremos da relevância do Direito Urbanístico no enfrentamento das questões ambientais que afetam as cidades, ainda hoje tratadas predominantemente sob o prisma do Direito Ambiental.

2 A relação entre Direito Urbanístico e Direito Ambiental

Tanto o Direito Urbanístico como o Direito Ambiental constituem disciplinas jurídicas mais recentes, principalmente no Brasil, sendo que muitos autores ainda não reconhecem a autonomia científica de ambos.[1]

[1] Nesse sentido José Afonso da Silva: "Talvez seja ainda cedo para se discutir sobre sua autonomia e sua natureza. Pode-se, não obstante isso, dizer que se trata de uma disciplina jurídica de acentuada autonomia, dada a natureza específica de seu objeto — ordenação da qualidade do meio ambiente com vista a uma boa qualidade de vida — que não se confunde nem mesmo se assemelha com o objeto de outros ramos do Direito" (*Direito ambiental constitucional*, p. 21). "Vê-se, portanto, que os autores, em geral, não se arriscam a conceber o Direito Urbanístico como um ramo autônomo da ciência jurídica, ainda que autonomistas também existam com tímida convicção" (SILVA. *Direito urbanístico brasileiro*, p. 34).

Contudo, é certo que cada qual possui institutos próprios, sendo de Direito Urbanístico, por exemplo, o planejamento urbanístico, o parcelamento do solo urbano, o zoneamento de uso do solo, a ocupação do solo, o reparcelamento,[2] e, de Direito Ambiental, o zoneamento ambiental e o estudo prévio de impacto ambiental.

Ressalta nítida a diferença entre as duas disciplinas jurídicas ao se analisar as definições de José Afonso da Silva, profundo estudioso de ambos os temas.

O insigne professor considera normas de Direito Urbanístico "as que tenham *por objeto* disciplinar o planejamento urbano, o uso e ocupação do solo urbano, as áreas de interesse especial (como a execução das urbanificações, o disciplinamento dos bens urbanísticos naturais e culturais), a ordenação urbanística da atividade edilícia e a utilização dos instrumentos de intervenção urbanística",[3] ou, de forma mais sucinta, o "conjunto de normas que tem por objeto organizar os espaços habitáveis, de modo a propiciar melhores condições de vida ao homem na comunidade".[4]

Segundo José Afonso da Silva, o Direito Ambiental *objetivo*, por sua vez, "consiste no conjunto de normas jurídicas disciplinadoras da proteção da qualidade do meio ambiente".[5]

Como se vê, a despeito da absoluta distinção do objeto imediato da tutela jurídica das normas de Direito Urbanístico e de Direito Ambiental, verifica-se perfeita comunhão quanto à finalidade mediata de ambas as disciplinas,[6] consistente na melhoria da qualidade de vida do ser humano.

Daí é possível extrair uma consequência vital para o prosseguimento do presente estudo: mesmo que as normas de Direito Urbanístico não apresentem como finalidade imediata a proteção do meio ambiente, atribuição exclusiva das normas ambientais, o fato de tutelarem obliquamente a qualidade de vida as tornam obrigatoriamente comprometidas com a proteção e preservação do meio ambiente.

Isto porque o conceito de qualidade de vida está diretamente atrelado à preservação do meio ambiente, por força do disposto no artigo 225 da Constituição Federal, que estabelece como condição "essencial à sadia qualidade de vida" o direito ao meio ambiente ecologicamente equilibrado, devendo este ser protegido não apenas pelo Poder Público, mas também por toda a coletividade.

Com efeito, é forçoso reconhecer que ao disciplinar a organização dos espaços habitáveis, o Direito Urbanístico promove, indiretamente, a proteção do meio ambiente.

---

[2] O artigo 4º, do Estatuto da Cidade, prevê uma série de instrumentos urbanísticos. Todavia, como bem observa Adilson de Abreu Dallari, o rol desse artigo não é exaustivo: "A redação do artigo deixa claro que tal relação não é exaustiva ao dizer que eles deverão figurar 'entre outros instrumentos' — o que significa um reconhecimento da validade de instrumentos existentes e utilizados antes da edição do Estatuto da Cidade e também que, mesmo agora, novos instrumentos (não previsto nessa relação) poderão vir a ser criados, inclusive por Estados e Municípios" (Instrumentos da política urbana. *In*: *Estatuto da Cidade*: comentários à Lei Federal 10.257/2001, p. 72).

[3] SILVA. *Direito urbanístico brasileiro*, p. 32.

[4] SILVA. *Direito ambiental constitucional*, p. 42.

[5] SILVA. *Direito ambiental constitucional*, p. 21.

[6] Sobre os objetos de tutela do Direito Ambiental anotou José Afonso da Silva: "O *objeto de tutela jurídica* não é tanto o meio ambiente considerado nos seus elementos constitutivos. O que o direito visa proteger é a *qualidade do meio ambiente* em função da *qualidade de vida*. Pode-se dizer que há dois objetos de tutela, no caso: um *imediato*, que é a qualidade do meio ambiente, e outro *mediato*, que é a saúde, o bem-estar e a segurança da população, que se vêm sintetizando na expressão *qualidade de vida*" (*Direito ambiental constitucional*, p. 54).

Esse estreito vínculo entre a atividade urbanística e a proteção do meio ambiente foi sublinhado por José Afonso da Silva:

> Em suma, o que se está vendo é que a atividade urbanística tem um sério compromisso com a preservação do meio ambiente natural e cultural, buscando assegurar, de um lado, condições de vida respirável e, de outro lado, a sobrevivência de legados históricos e artísticos e a salvaguarda de belezas naturais e paisagísticas de deleite do homem. Ao inverso, em certos casos a ação urbanística incide em áreas envelhecidas e deterioradas, procurando renová-las com o mesmo objetivo de criar condições para o pleno desenvolvimento das funções sociais da cidade e a garantia do bem estar de seus habitantes.[7]

Antônio Silveira Ribeiro dos Santos, ao examinar o processo de urbanização no Brasil, assim também concluiu:

> Portanto, as questões urbanísticas têm enormes repercussões sociais e estão ligadas também diretamente a preservação do meio ambiente, uma vez que a boa qualidade de vida desejada ao ser humano tem reflexos positivos de preservação para a natureza como um todo e, consequentemente, todos os interessados na qualidade do meio ambiente devem colaborar nos estudos urbanísticos.[8]

Contudo, a penetração do Direito Ambiental no Direito Urbanístico não ocorre com exclusividade neste ramo do Direito, mas verifica-se em inúmeras outras disciplinas jurídicas, pois decorre da própria natureza do Direito Ambiental, como ensina o Professor Michel Prieur, da Universidade de Limonges, França, e Diretor do Centro de Direito Ambiental:

> Na medida em que o ambiente é a expressão de uma visão global das intenções e das relações dos seres vivos entre eles e com seu meio, não é surpreendente que o Direito do ambiente seja um Direito de caráter horizontal, que recubra os diferentes ramos clássicos do Direito (Direito civil, Direito administrativo, Direito penal, Direito internacional) e um Direito de interações, que se encontra disperso nas várias regulamentações. Mais do que um novo ramo do Direito com seu próprio corpo de regras, o Direito do ambiente tende a penetrar todos os sistemas jurídicos existentes para os orientar num sentido ambientalista. (Droit de l'Environnement)[9]

A interação entre as duas disciplinas em estudo tem sido acentuada em razão do crescente interesse do Direito Ambiental pelo meio ambiente *artificial* — representado principalmente pelos aglomerados urbanos —, após longo período de atenção quase exclusivamente voltada para o estudo do meio ambiente *natural*.[10]

---

[7] SILVA. *Direito ambiental constitucional*, p. 153.

[8] Questões urbanas e proteção ambiental, São Paulo, 1997.

[9] Citado por Paulo Affonso Leme Machado (*Direito ambiental brasileiro*, p. 91).

[10] Em artigo intitulado "A evolução da proteção do patrimônio cultural – Crimes contra o ordenamento urbano e o patrimônio cultural", José Eduardo Ramos Rodrigues anota a preponderância do meio ambiente natural, sobre o artificial: "É voz corrente que meio ambiente diz respeito apenas à natureza, preferencialmente intocada, e os aglomerados urbanos seriam a sua negação, a sua destruição" (FIGUEIREDO (Org.). *Temas de direito ambiental e urbanístico*, p. 199).

2.1 O meio ambiente *artificial*

A preocupação hodierna com a qualidade do meio ambiente *artificial*[11] [12] deve-se parcialmente ao fato de que a maior parte da população mundial vive e desenvolve suas atividades nos centros urbanos.

A partir da década de 70, os estudos do meio ambiente, que até então se centravam no seu aspecto *natural*, passaram a adotar novas perspectivas, inclusive o impacto dos padrões de consumo no meio ambiente,[13] iniciando-se na década de 90 uma profunda discussão sobre os efeitos da urbanização no meio ambiente.

Ademais, não se pode olvidar que as consequências ambientais provocadas pelos centros urbanos não se limitam a sua circunscrição, sendo notadas em todo o seu entorno, podendo atingir florestas, rios, e outros aspectos do meio ambiente *natural* existentes nos arredores.[14] [15] [16]

A Declaração do Meio Ambiente firmada na Conferência das Nações Unidas, em Estocolmo, em junho de 1972, representou o primeiro passo para envolver o meio ambiente *artificial* no contexto das questões ambientais globais, valendo destacar a adoção dos seguintes princípios:

---

[11] Considera-se meio ambiente *artificial* o "espaço urbano construído, consubstanciado no conjunto de edificações (*espaço urbano fechado*) e dos equipamentos públicos (ruas, praças, áreas verdes, espaços livres em geral: *espaço urbano aberto*)" (SILVA. *Direito ambiental constitucional*).

[12] Importante esclarecer que quando se fala nos aspectos *natural*, *artificial* e *cultural* do meio ambiente, não significa que estamos compartimentando o tema, mas apenas tratando-o sob o ponto de vista jurídico. José Afonso da Silva ensina que "A indicação dos três aspectos acima revela apenas uma visão jurídica, fundada no fato de que estão sujeitos a regime jurídico diverso. A doutrina tem se debruçado sobre a questão da unidade ambiental, com alguma divergência que tende a desaparecer" (SILVA. *Direito ambiental constitucional*, p. 3).

[13] Sobre esse tema ver Marcelo Gomes Sodré (Padrões de consumo e meio ambiente. *Revista de Direito do Consumidor*, p. 25-35).

[14] "O *Direito Urbanístico objetivo* (conjunto de normas) tem por objeto regular a atividade urbanística, disciplinar a ordenação do território. Visa 'precipuamente a ordenação das cidades', como nota Hely Lopes Meirelles, mas os seus preceitos incidem também sobre as áreas rurais, no vasto campo da ecologia e da proteção ambiental, intimamente relacionadas com as condições da vida humana em todos os núcleos populacionais, da cidade e do campo" (SILVA. *Direito urbanístico brasileiro*, p. 32).

[15] "Saliente-se que os efeitos da poluição urbana não se restringem aos limites citadinos. Atingem, com grande frequência, as zonas fronteiriças às cidades, onde se situam os chamados 'cinturões verdes', os locais destinados aos produtos hortigranjeiros" (MACHADO. Urbanismo e poluição: aspectos jurídicos. *Revista dos Tribunais*, p. 34-37).

[16] A poluição atmosférica na Grande São Paulo, tema que será estudado detidamente mais adiante, revela a enorme amplitude das questões ambientais oriundas das grandes cidades, alcançando um raio de até 400km, como demonstra o estudo "Meteorologia e Poluição Atmosférica em São Paulo", realizado pelo Instituto de Astronomia, Geofísica e Ciências Atmosféricas (IAG), juntamente com institutos de Química e Física da USP e com o Instituto de Pesquisas Energéticas e Nucleares (IPEN), vinculado à Secretaria de Estado da Ciência e Tecnologia. As conclusões preliminares desse trabalho foram relatadas em matéria publicada na *Folha de S.Paulo*, em 18 fev. 2002:

"Pesquisa multidisciplinar realizada por estudiosos da USP (Universidade de São Paulo) mostra que os refúgios ambientais podem ser tão ou até mais poluídos que o centro da capital.

Pela ação do movimento das massas de ar, poluentes como o ozônio (O_3) deslocam-se para regiões mais altas — como a serra da Cantareira e o pico do Jaraguá, respectivamente nas zonas norte e oeste da capital — e municípios num raio de até 400km de distância — como Barueri, Embu, Campinas, Sorocaba, Tatuí e Bauru.

Nas cidades do interior que ficam a cerca de 100km de distância da capital, até 30% da carga poluidora da atmosfera é 'importada'. Na Cantareira, no Jaraguá, em Barueri e Embu, as concentrações de O_3 podem chegar a ser 50% mais altas que as verificadas na praça da Sé ou no vale do Anhangabaú (centro da capital).

Isso porque em cerca de 70% dos dias do ano, os ventos que atingem a Grande São Paulo são de sudeste, ou seja, vêm do litoral em direção ao interior, o que facilita o deslocamento dos poluentes para aquelas regiões" (VIVEIROS. SP exporta poluição para refúgios 'verdes'. *Folha de S.Paulo*, p. C1).

> **Princípio 1.** O homem tem o direito fundamental à liberdade, à igualdade e ao desfrute de condições de vida adequada em um meio cuja qualidade lhe permite levar uma vida digna e gozar de bem-estar e tem a solene obrigação de proteger e melhorar esse meio para as gerações presentes e futuras. (...)
>
> **Princípio 15.** Deve-se aplicar o planejamento tanto na ocupação do solo para fins agrícolas como na urbanização com vistas a evitar efeitos prejudiciais sobre o meio ambiente e a obter o máximo benefício social, econômico e ambiental para todos. (...).
>
> **Princípio 16.** Nas regiões onde existe o risco de as altas taxas de crescimento demográfico ou as concentrações excessivas da população prejudicarem o meio ou o desenvolvimento, ou onde a baixa densidade de população possa impedir a melhora do meio e obstaculizar o desenvolvimento deveriam ser aplicadas políticas demográficas que mantivessem o respeito pelos direitos humanos fundamentais e ao mesmo tempo contassem com a aprovação dos governos interessados.

Mais recentemente, a Conferência das Nações Unidas sobre Meio Ambiente e Desenvolvimento, realizada no Rio de Janeiro, em 1992, e a Conferência do Habitat, ocorrida em Istambul, no ano de 1996, dedicaram-se a essa problemática complexa, alertando para a relevância do tema, especialmente diante do frenético e progressivo ritmo de urbanização da população mundial que acabará — e em muitos casos já o faz —, a negar o direito ao espaço. A este respeito, John Kenneth Galbraith[17] afirma que um dos efeitos a longo prazo dos danos contemporâneos é "o esgotamento do próprio espaço de vida relevante (...) à medida que a população crescer e a urbanização continuar irrestrita".

O renomado economista, em primorosa obra, estuda os graves problemas do meio ambiente *artificial* a partir do exame de exigências econômicas estreitamente relacionadas, cada qual com força independente, quais sejam: "a necessidade de suprir os bens de consumo e serviços requeridos; a necessidade de assegurar que essa produção e seu uso e consumo não exerçam um efeito adverso sobre o atual bem-estar do público em geral; e a necessidade de assegurar que não afetem adversamente as vidas e o bem-estar das gerações futuras", sendo que "as duas últimas exigências estão em frequente conflito com a primeira, conflito esse fortemente manifesto na economia e na política diárias".

Por fim, John Kenneth Galbraith assevera:

> Os problemas ambientais emergem do impacto dessa produção e desse consumo sobre a saúde, o conforto e o bem-estar contemporâneos da comunidade como um todo. E advêm de seus efeitos futuros, inclusive o esgotamento dos recursos naturais agora tão abundantemente disponíveis e consumidos.
>
> As manifestações de dano contemporâneas são penosamente familiares — poluição do ar e da água, o grande e crescente problema da remoção do lixo, o perigo imediato à saúde de produtos e serviços distribuídos e a poluição visual da intromissão das atividades de produção e de vendas, em particular a atividade de vendas varejistas, sobre a paisagem urbana e rural. Com certa freqüência, a má condição de saúde e a poluição visual andam juntas.[18]

---

[17] GALBRAITH. *A sociedade justa*: uma perspectiva humana, p. 95.

[18] *Op. cit.*, p. 93-94.

No Brasil, tem-se revelado crescente interesse pelo aspecto *artificial* do meio ambiente.

Nesse sentido, estudo de Celso Augusto Coccaro Filho propugna o tratamento dos conflitos de vizinhança — regulados inicialmente com exclusividade pelo Direito Civil, notadamente pelo artigo 554 do Código Civil Brasileiro —, por meio do Direito Ambiental, inclusive fazendo uso de seus instrumentos.[19]

É interessante notar, entretanto, que as primeiras normas que trataram da tutela do meio ambiente visavam justamente a proteção da qualidade do ar nas zonas industriais, ou seja, tutelavam o meio ambiente *artificial*.

A Lei nº 6.938, de 31 de agosto de 1981, primeira norma a sistematizar a tutela do meio ambiente, tampouco excluíra do conceito de meio ambiente o aspecto *artificial*, definindo meio ambiente como "o conjunto de condições, leis, influências e interações de ordem física, química e biológica, que permite, abriga e rege a vida em todas as suas formas"; (art. 3º, I), assim como fez a Constituição Federal de 1988.

Contudo, é na legislação ambiental mais recente que se nota maior atenção com a proteção do meio ambiente *artificial*.

A Lei nº 9.795, de 27 de abril de 1999, que instituiu a Política Nacional de Educação Ambiental, estabelece como um dos princípios básicos da educação ambiental "a concepção do meio ambiente em sua totalidade, considerando a interdependência entre o meio natural, o socioeconômico e o cultural, sob o enfoque da sustentabilidade" (artigo 4º, II) e inclui dentre os objetivos fundamentais da educação ambiental "o desenvolvimento de uma compreensão integrada do meio ambiente em suas múltiplas e complexas relações, envolvendo aspectos ecológicos, psicológicos, legais, políticos, sociais, econômicos, científicos, culturais e éticos" (artigo 5º, I).

A Lei nº 9.605, de 12 de fevereiro de 1998, conhecida como Lei dos Crimes Ambientais, conta com uma seção denominada "Dos crimes contra o ordenamento urbano e o patrimônio cultural" (Seção IV, do Capítulo V), que visa inibir os atos contrários à manutenção de prédios urbanos, incluindo-se não somente aqueles protegidos especialmente "por lei, ato administrativo ou decisão judicial" (art. 62 e 63), mas também os imóveis desprovidos de proteção especial do Estado (art. 65).

É nesse contexto que o Direito Ambiental, atualmente marcado por uma profunda preocupação com o meio ambiente *artificial*, interage com o Direito Urbanístico.

---

[19] "Com fundamentação semelhante, sem prejuízo ou colisão com tais conclusões, entendo conveniente a aplicação das normas ambientais a hipóteses de conflitos de vizinhança que a comportem, quer por analogia quer diretamente.
A aplicação direta é cabível, em inúmeras hipóteses. A título de exemplo, a responsabilidade civil objetiva do poluidor, prevista no §1º, do art. 14 da Lei nº 6.938/81. Apenas exegese restritiva permite concluir que o agente da lesão é o 'grande poluidor' e que a emissão deve necessariamente atingir interesses metaindividuais.
(...)
Além da responsabilidade objetiva, deve ser adotado, como princípio norteador, o conceito de desenvolvimento sustentado, bem como instrumentos típicos da Política Nacional do Meio Ambiente, notadamente o zoneamento ambiental, os padrões ambientais e a aferição do impacto ambiental" (COCCARO FILHO, Celso Augusto. Aplicação de instrumentos do direito ambiental na solução de conflitos de vizinhança. *In*: FIGUEIREDO (Org.). *Temas de direito ambiental e urbanístico*, p. 88-89).

2.2 O compromisso do Direito Urbanístico com a proteção do meio ambiente

Ao analisarmos o conceito de Direito Urbanístico, constatamos o comprometimento dessa disciplina com a tutela do meio ambiente.

Essa característica transparece na legislação urbanística mais remota, como no disposto no Decreto-lei nº 1.413/75, que tratava do combate à poluição atmosférica, e na Lei nº 6.766/79, que regula o parcelamento do solo urbano.[20]

A recente promulgação do Estatuto da Cidade (Lei nº 10.257/01), que fixa normas gerais de Direito Urbanístico, regulamentando os artigos 182 e 183 da Carta Magna, igualmente revela esse empenho ao estabelecer como princípio informador do Direito Urbanístico o equilíbrio ambiental, *in verbis*:

> Art. 1º Na execução da política urbana, de que tratam os arts. 182 e 183 da Constituição Federal, será aplicado o previsto nesta Lei.
>
> Parágrafo único. *Para todos os efeitos, esta Lei, denominada Estatuto da Cidade, estabelece normas de ordem pública e interesse social que regulam o uso da propriedade urbana em prol do bem coletivo, da segurança e do bem-estar dos cidadãos, bem como do equilíbrio ambiental.* (grifo nosso)

O artigo 2º, por sua vez, fixa as diretrizes gerais da política urbana, ressaltando expressamente a tutela do meio ambiente não apenas no seu aspecto *artificial*, mas também sob o ponto de vista *natural* e *cultural*:

> Art. 2º A política urbana tem por objetivo ordenar o pleno desenvolvimento das funções sociais da cidade e da propriedade urbana, mediante as seguintes diretrizes gerais:
>
> I – garantia do direito a cidades sustentáveis, entendido como o direito à terra urbana, à moradia, ao *saneamento ambiental*, à infra-estrutura urbana, ao transporte e aos serviços públicos, ao trabalho e ao lazer, para as presentes e futuras gerações;
>
> (...)
>
> IV – planejamento do desenvolvimento das cidades, da distribuição espacial da população e das atividades econômicas do Município e do território sob sua área de influência, *de modo a evitar e corrigir as distorções do crescimento urbano e seus efeitos negativos sobre o meio ambiente;*
>
> (...)
>
> VI – ordenação e controle do uso do solo, de forma a evitar:
>
> a) a utilização inadequada dos imóveis urbanos;
>
> b) a proximidade de usos incompatíveis ou inconvenientes;
>
> c) o parcelamento do solo, a edificação ou o uso excessivos ou inadequados em relação à infra-estrutura urbana;
>
> d) a instalação de empreendimentos ou atividades que possam funcionar como pólos geradores de tráfego, sem a previsão da infra-estrutura correspondente;

[20] "Art. 3º. Somente será admitido o parcelamento do solo para fins urbanos em zonas urbanas ou de expansão urbana, assim definidas por lei municipal.
Parágrafo único. Não será permitido o parcelamento do solo:
(...)
V – em áreas de preservação ecológica ou naquelas onde a poluição impeça condições sanitárias suportáveis, até a sua correção" (grifo nosso).

> e) a retenção especulativa de imóvel urbano, que resulte na sua subutilização ou não utilização;
>
> f) *a deterioração das áreas urbanizadas;*
>
> g) *a poluição e a degradação ambiental;*
>
> (...)
>
> VIII – *adoção de padrões de produção e consumo de bens e serviços e de expansão urbana compatíveis com os limites da sustentabilidade ambiental, social e econômica do Município e do território sob sua área de influência;*
>
> (...)
>
> XII – *proteção, preservação e recuperação do meio ambiente natural e construído, do patrimônio cultural, histórico, artístico, paisagístico e arqueológico;*
>
> XIII – *audiência do Poder Público municipal e da população interessada nos processos de implantação de empreendimentos ou atividades com efeitos potencialmente negativos sobre o meio ambiente natural ou construído, o conforto ou a segurança da população;*
>
> XIV – *regularização fundiária e urbanização de áreas ocupadas por população de baixa renda mediante o estabelecimento de normas especiais de urbanização, uso e ocupação do solo e edificação, consideradas a situação socioeconômica da população e as normas ambientais;* (grifos nossos)

Além disso, o Estatuto da Cidade adota instrumentos típicos de Direito Ambiental para a política urbana, como a criação de unidades de conservação, o zoneamento ambiental e o estudo prévio de impacto ambiental (art. 4º, III, "c"; V, "e"; e VI, respectivamente).

Por fim, vale observar que o Estatuto da Cidade insere a *valorização ambiental* como um dos objetivos a serem perseguidos por meio das *operações urbanas consorciadas*, instrumento definido como "o conjunto de intervenções e medidas coordenadas pelo Poder Público municipal, com a participação dos proprietários, moradores, usuários permanentes e investidores privados, com o objetivo de alcançar em uma área transformações urbanísticas estruturais, melhorias sociais e a *valorização ambiental*" (grifo nosso) (art. 32, §1º).

Como não poderia deixar de ser, o crescente interesse do Direito Ambiental pelos problemas urbanos, representado pelo desenvolvimento atual do estudo e da tutela do meio ambiente *artificial* e, de outro lado, o compromisso intrínseco do Direito Urbanístico com a tutela do meio ambiente, podem trazer importantes resultados no enfrentamento dos problemas ambientais que afligem os grandes centros urbanos.

3 A importância do Direito Urbanístico no enfrentamento de questões ambientais: a poluição atmosférica

Considerando que as grandes cidades apresentam duas fontes principais de emissão de poluentes: as indústrias (fontes fixas) e os veículos automotores (fontes móveis),[21] com clara preponderância desta última sobre a primeira,[22] vejamos como o tema tem sido tratado pelo Poder Público.

---

[21] SILVA. *Direito ambiental constitucional*, p. 79-80.

[22] "A qualidade do ar na Região Metropolitana de São Paulo é determinada por um complexo sistema de fontes móveis (veículos automotores) e fixas (indústrias), pela topografia e pelas condições meteorológicas da região.

A poluição industrial há muito vem sendo objeto de normas de caráter urbanístico.

O Decreto-lei nº 1.413/75, que trata da poluição do meio ambiente causada por atividades industriais, não somente impõe às indústrias o dever de "promover as medidas necessárias a prevenir ou corrigir os inconvenientes e prejuízos da poluição e da contaminação do meio ambiente." (artigo 1º, *caput*), mas também estabelece disposição de caráter eminentemente urbanístico, segundo a qual os órgãos governamentais devem considerar a situação dos locais onde a poluição seja crítica, nas tomadas de decisões sobre a localização de novas indústrias (artigo 3º).

O artigo 4º, da mencionada norma, vai além, rezando que "Nas áreas críticas, será adotado esquema de zoneamento urbano, objetivando, inclusive, para situações existentes, viabilizar alternativa adequada de nova localização, nos casos mais graves, assim como, em geral, estabelecer prazos razoáveis para a instalação dos equipamentos de controle da poluição".

Anos mais tarde foi promulgada a Lei nº 6.803, de 2 de julho de 1980 — a primeira lei federal de Direito Ambiental promulgada no país[23] —, que, prioritariamente, estabeleceu diretrizes para o zoneamento industrial nas áreas críticas de poluição.

O zoneamento industrial constitui, assim, um importante exemplo da utilização de um instituto de Direito Urbanístico no combate de um problema tipicamente ambiental, visando à melhoria da qualidade do ar nos centros urbanos, onde está instalada a maioria das indústrias.

Além do controle ambiental, também há normas de caráter urbanístico visando atacar o problema da poluição atmosférica provocada pela atividade industrial.

Por outro lado, em relação à segunda fonte de emissão de poluentes nos grandes centros, os veículos automotores — como já mencionado, os principais responsáveis pela poluição do ar nas metrópoles —, nota-se ainda que a tutela do meio ambiente faz-se quase que exclusivamente por meio de normas de Direito Ambiental, como a Lei nº 8.723, de 24 de outubro de 1993, que dispõe sobre a redução de emissão de poluentes por veículos automotores, e a regulamentação editada pelo CONAMA (Conselho Nacional do Meio Ambiente), representada por um conjunto de resoluções,[24] dentre

---

As emissões veiculares desempenham hoje um papel de destaque no nível de poluição do ar da RMSP, uma vez que as emissões industriais, principalmente de dióxido de enxofre e material particulado, já se encontram em avançado estágio de controle" (sem grifo no original) (*Relatório de qualidade do ar no Estado de São Paulo 2003*, p. 2). Igual conclusão já havia sido esposada em artigo publicado pelo jornal *Folha de S.Paulo*, em 01 out. 1996, por Antônio Gerassi Neto, então membro do Conselho de Administração da Companhia de Saneamento de Tecnologia Ambiental (CETESB): "*Cerca de 90% da poluição do ar na região metropolitana de São Paulo é provocada diretamente por veículos automotores*" (sem grifo no original) (GERASSI NETO, Antonio. Rodízio: ação preventiva. *Folha de S.Paulo*, São Paulo, 1º out. 1996, Caderno 2, p. 3).

[23] "Até então tivemos a criação da Secretaria Especial do Meio Ambiente pelo Decreto nº 73.030/73. Após, surgiram o Decreto-Lei nº 1.413/75 e o Decreto nº 76.389/75. Dessa forma se constata que é a primeira manifestação conjunta Executivo e Legislativo federais no campo ambiental. O interesse pela preservação do meio ambiente começava a encontrar ressonância nos setores da Administração Púbica e do Congresso" (MACHADO, *op. cit.*, p. 142).

[24] São exemplos da regulamentação do CONAMA, a Resolução nº 18, de 06.05.86, que instituiu o Programa de Controle da Poluição do Ar por Veículos Automotores (PROCONVE), fixando limites de monóxido de carbono, hidrocarbonetos e óxidos de nitrogênio e estabelecendo um cronograma para os fabricantes de veículos adotarem padrões preestabelecidos; e a Resolução nº 20, de 24.10.96, que "define e proíbe que veículos sejam equipados com itens de ação indesejável", sendo assim considerados "quaisquer peças, componentes,

as quais a Resolução nº 256, de 30 de junho de 1999, que regulamenta a inspeção de emissão de poluentes e ruído prevista no artigo 104, do Código de Trânsito Brasileiro (Lei nº 9.503, de 23 de setembro de 1997).

Mas, diante da magnitude do problema, a solução da questão jamais será alcançada apenas com o controle da emissão de poluentes dos veículos,[25] principalmente porque essa medida não obsta o crescimento do número de automóveis a transitar nas vias urbanas,[26] além do que implica em enormes custos para a Administração.[27]

O sistema de rodízio de veículos, operado no Estado de São Paulo por meio da Lei Estadual nº 9.358/96, regulamentada pelo Decreto nº 41.049/96, igualmente mostrou-se ineficiente para sanar o problema, como apontam diversos especialistas.[28]

O fato é que o assunto está longe de ser resolvido. Prova disso é que se considera a cidade de São Paulo a quinta cidade mais poluída do mundo, ao lado de Manila (Filipinas) e Pequim (China), segundo revela pesquisa realizada pelo *Imperial College*, de Londres, em algumas das maiores cidades do planeta.[29]

---

dispositivos, sistemas, *softwares*, lubrificantes, aditivos, combustíveis e procedimentos operacionais que reduzam ou possam reduzir a eficácia do controle da emissão de ruído e de poluentes atmosféricos de veículos automotores, ou produzam variações indesejáveis ou descontínuas destas emissões em condições que possam ser esperadas durante a sua operação em uso normal" (art. 1º, *caput*).

[25] "O PROCONVE – Programa de Controle da Poluição do Ar por Veículos Automotores, principal programa de controle das emissões veiculares e responsável por significativa redução do impacto ambiental, notadamente por monóxido de carbono, passa a ter, mesmo com a sua atualização, resultados mais modestos" (*Relatório de qualidade do ar no Estado de São Paulo 2003*, p. 3).

[26] Ao descrever o cenário nos EUA, José Carlos Figueiredo Ferraz permite-nos detectar a dimensão do aumento de número de veículos em circulação: "Hoje mais de oitenta por cento das famílias americanas possuem um ou mais carros, sendo que nesse país já se registram agora cerca de 120 milhões de automóveis, com uma produção mediando entre sete e nove milhões. É bem de ver que considerarmos os EUA como um país paradigma, e se todos os demais almejassem o mesmo padrão e qualidade de vida, o solo mal bastaria para conter os carros e as reservas energéticas consumar-se-iam em alguns anos. Apenas para enfatizar: um americano consome o dobro de energia que um alemão, o triplo de um suíço, sessenta vezes mais do que um indiano e mil e cem vezes mais do que um africano de Ruanda" (FERRAZ. *Urbs Nostra*, p. 135).

[27] "Uma legislação para estabelecimento de níveis máximos de poluentes emitidos pelo automóvel, como a estabelecida nos EUA em 1970, provocará uma série de custos adicionais. As exigências legais, se obedecidas pela indústria automobilística americana, importarão em aproximadamente US$60 bilhões entre 1972 e 1981, sendo que as despesas de controle e fiscalização atingiriam US$25 bilhões por ano" (FERRAZ, *op. cit.*, p. 136).

[28] Walter Lazzarini, consultor ambiental e ex-presidente da Cetesb, analisando dados técnicos da Cetesb, revela a diminuta contribuição do rodízio de veículos para a melhoria do ar na cidade de São Paulo: "Calculando as emissões de cada um dos cinco principais poluentes, por fonte de emissão, com base no Relatório da Qualidade do Ar no Estado de São Paulo – 1994, da Cetesb, conclui-se que a Operação rodízio reduziu, no máximo, a emissão de cerca de 1,1% do dióxido de enxofre, 1,9% de partículas inaláveis, 2,8% de óxidos de nitrogênio, 12,9% de monóxido de carbono e 13,3% de hidrocarbonetos" (LAZZARINI, Walter. Uma política para o ar. *Jornal da Tarde*, São Paulo, 1º set. 1996). Délcio Rodrigues, então coordenador de campanha do Greenpeace, organização internacional de defesa do meio ambiente atuante no país, em entrevista ao jornal *O Estado de S.Paulo*, igualmente afirma a limitação do rodízio para o ar da Capital, dois anos após sua introdução, em razão do aumento do número de veículos: "O número de carros a mais na frota da cidade é mais ou menos o que o rodízio podia tirar das ruas há dois anos" (Greenpeace critica ação isolada. *O Estado de S.Paulo*, São Paulo, 09 maio 1998, Caderno C, p. 8).

[29] "Enquanto a capital britânica proporciona a seus habitantes um ar 'quase perfeito', a cidade de São Paulo aparece como a 5ª mais poluída nesse ranking, no mesmo nível de Manila (Filipinas) e Pequim (China)" (Londres vence poluição, diz estudo. *Folha de S.Paulo*, São Paulo, 18 jan. 2000, Caderno Mundo, p. 12).

Evidente, portanto, que a tutela da qualidade do ar deve ser intensificada sob a ótica urbanística,[30] notadamente com a melhoria do transporte coletivo, que constitui o principal remédio contra o aumento da poluição atmosférica nas cidades.[31]

Nesse diapasão, vale lembrar que a circulação é uma das funções urbanas objeto da atividade urbanística, razão pela qual a ordenação jurídica do sistema viário merece atenção especial por parte do Direito Urbanístico, seja sob o enfoque estático (*rede viária*), como do ponto de vista dinâmico (*transportes*).[32]

Ora, se o problema da poluição atmosférica nas cidades decorre principalmente da emissão de gases pelos veículos, é evidente que o Poder Público, ao estabelecer a estrutura do sistema viário, deve não só garantir a adequada circulação dos seus habitantes, mas também fazê-lo de modo a minorar a emissão de poluentes, visando à melhoria da qualidade do ar.

José Afonso da Silva sublinhou a fundamental importância dos transportes urbanos para o Direito Urbanístico, não apenas em razão do problema de uso e ocupação do solo que acarreta para a cidade, mas, sobretudo "...pelo prisma dos seus efeitos sobre o meio ambiente urbano, advindos dos ruídos (dos motores, buzinas, ranger de freios, batida violenta de portas), das vibrações, da poluição do ar e da água, da interceptação visual, da influência no quadro estético das vias e sobre o lazer".[33]

Assim, além de propiciar a circulação de todos, cumpre ao Estado assegurar a efetiva tutela do meio ambiente, não se esquivando da responsabilidade que lhe é atribuída pelo artigo 225, da Constituição Federal, segundo o qual cumpre ao Poder Público preservar e proteger os bens ambientais, "para as presentes e futuras gerações".

A título ilustrativo, veja-se comparativamente duas situações diametralmente distintas: *a)* a construção de túneis e pontes ligando grandes avenidas, privilegiando o transporte de veículos, o que, inevitavelmente, contribui para o agravamento da poluição atmosférica, e *b)* a ampliação das linhas de metrô, que, ao contrário, estimula a redução do uso de veículos particulares.

Considerando que há um sem número de maneiras de viabilizar a circulação nas cidades, constitui dever do Poder Público adotar a forma menos gravosa ao

---

[30] Esse entendimento é compartilhado pela Companhia de Tecnologia de Saneamento Ambiental do Estado de São Paulo, em seu último relatório sobre a qualidade do ar no Estado: "No entanto, a atual situação das condições de tráfego e poluição da RMSP requer medidas complementares que considerem programas de inspeção veicular e melhoria da qualidade dos combustíveis, *planejamento do uso do solo, maior eficiência do sistema viário e transporte público*. Desta forma, a redução dos níveis de poluição do ar não deve se basear, exclusivamente, nas reduções das emissões dos veículos isoladamente, mas numa ação mais complexa e integrada dos diferentes níveis governamentais" (sem grifo no original) (*Relatório de qualidade do ar no Estado de São Paulo 2003*, p. 3).

[31] Walter Lazzarini é contundente nesse sentido: "A questão exige uma política ampla, de curto, médio e longo prazos, *com investimentos em transporte coletivo não poluente, como metrô e ônibus elétrico*, inspeção e manutenção para garantir a regulagem permanente dos veículos, adoção do gás como combustível alternativo, *intervenções de caráter urbanístico* e de educação ambiental, e outras" (grifos nossos) (LAZZARINI, Walter. Uma política para o ar. *Jornal da Tarde*, São Paulo, 1º set. 1996). Em matéria publicada em *O Estado de S.Paulo*, isso também fica claro: "A principal medida a ser tomada, de acordo com o Greenpeace, é a melhoria do transporte público na metrópole. A expansão do metrô para os 400 quilômetros ideais é um problema para décadas, mas há ações mais rápidas que podem ser feitas. Como exemplo, Rodrigues cita a criação de mais corredores de ônibus" (Greenpeace critica ação isolada. *O Estado de S.Paulo*, 09 maio 1998, Caderno C, p. 8).

[32] SILVA. *Direito urbanístico brasileiro*, p. 161.

[33] *Op. cit.*, p. 211.

meio ambiente urbano, devendo a coletividade, por sua vez, exigir a atuação da Administração em consonância com esse preceito, seja por meio dos cidadãos individualmente considerados, ou por meio de associações de bairro, associações de defesa do meio ambiente, sindicatos etc., contando para isso com instrumentos jurídicos de tutela do meio ambiente, e, mais recentemente, com os instrumentos urbanísticos contemplados no Estatuto da Cidade.

Nesse ponto, merece destaque a eficácia que tem demonstrado a participação da população na resolução dos problemas urbanos em alguns Estados da Federação, prática expressamente prevista no Estatuto da Cidade, obrigando o Poder Público não apenas a ouvir a comunidade *antes*, mas também *durante* a execução de planos urbanísticos.

Atualmente, uma das diretrizes da política urbana consiste na "gestão democrática por meio da participação da população e de associações representativas dos vários segmentos da comunidade na formulação, execução e acompanhamento de planos, programas e projetos de desenvolvimento urbano" (art. 2º, II, EC), sendo um de seus instrumentos a "gestão orçamentária participativa" no âmbito Municipal (art. 4º, III, "f", EC).

Portanto, ao elaborar planos e programas de conteúdo urbanístico, o Estado não pode ignorar o mandamento constitucional inscrito no artigo 225, devendo adotar uma postura de proteção e defesa do meio ambiente urbano.

Lembramos, por fim, que além de contribuir diretamente para a redução do tráfego de veículos e, consequentemente, para a diminuição da poluição atmosférica,[34] o transporte coletivo, como o metrô, favorece o aumento do número de pedestres nas ruas, o que, indiretamente, resgata a função social da via pública, do espaço público, como local de encontro, de reunião, atendendo ao disposto no artigo 5º, XVI, da Carta Constitucional.

4 Conclusão

Constatamos, assim, a existência de um compromisso inerente do Direito Urbanístico *objetivo* com a tutela do meio ambiente, manifestamente presente na legislação urbanística pátria, sobretudo no Estatuto da Cidade, relação esta que tende a se estreitar ainda mais com o crescente desenvolvimento do estudo e da tutela do meio ambiente *artificial* pelo Direito Ambiental.

Como visto na análise da poluição atmosférica que aflige a Grande São Paulo, a integração entre o Direito Urbanístico e o Direito Ambiental faz-se absolutamente essencial para que a sociedade alcance resultados mais satisfatórios no enfrentamento das questões ambientais.[35]

---

[34] "A organização do tráfego urbano e a política de transportes são determinantes na qualidade do ar nas grandes cidades. O transporte coletivo produz emissões muito menores do que os automóveis, quando estas são calculadas por pessoa/quilômetro transportada. Além disso, o congestionamento ou a redução da velocidade média aumenta muito a emissão de cada veículo" (*Relatório de qualidade do ar no Estado de São Paulo 2003*, p. 90).

[35] Vislumbrando ser este um grande desafio da sociedade atual, Maria Coeli Simões Pires: "Um dos grandes desafios da pós-modernidade é a gestão da cidade sob a perspectiva urbanístico-ambiental.

Em outras palavras, a interseção entre esses dois ramos do Direito enriquece o tratamento dos problemas ambientais, pois permite a introdução de novos instrumentos à tutela do meio ambiente.

Diante da complexidade das questões ambientais das metrópoles, podemos até mesmo afirmar que, a exemplo da poluição atmosférica na Grande São Paulo, a atuação exclusiva sob o prisma ambiental revela-se insuficiente para assegurar a efetiva "sadia qualidade de vida" aos cidadãos.

Evidentemente que este enfoque deve ser implementado não apenas no combate da poluição atmosférica — referida no presente estudo apenas a título ilustrativo —, mas no combate de todos os demais problemas que afligem as cidades, como a ocupação irregular das áreas de mananciais,[36] a poluição visual, a poluição da água etc.

Para o avanço dessa concepção integrada é fundamental que a sociedade cobre da Administração Pública uma postura mais moderna, incorporando os instrumentos urbanísticos na tutela do meio ambiente.

Referências

CETESB. São Paulo. *Relatório de qualidade do ar no Estado de São Paulo 2003*. São Paulo: Cetesb, 2004.

DALLARI, Adilson Abreu. Instrumentos da política urbana. *In*: *Estatuto da Cidade*: comentários à Lei Federal 10.257/2001. São Paulo: Malheiros, 2002.

FERRAZ, José Carlos Figueiredo. *Urbs Nostra*. São Paulo: Edusp, 1991.

FIGUEIREDO, Guilherme José Purvin de (Org.). *Temas de direito ambiental e urbanístico*. São Paulo: Max Limonad, 1998.

Tal desafio, justificado pelas demandas de uma sociedade de massas, pelos impactos da tecnologia crescente e da ordem global, é tanto maior quando se têm em vista as megacidades, as capitais em processo de expansão desordenada, as regiões metropolitanas e os aglomerados urbanos, em que, resguardados apenas os espaços elitizados por muralhas de defesa e segregação, prevalece a pressão do 'progresso' e de suas mazelas sobre o patrimônio natural e cultural. Qualitativamente, é o mesmo problema que se apresenta no âmbito de pequenos núcleos urbanos ameaçados por múltiplos fatores de desequilíbrio ambiental, sejam os agenciamentos espaciais transgressores, sejam as práticas sociais e econômicas impactuantes das condições de sustentabilidade" (Direito urbanístico, meio ambiente e patrimônio cultural. *Revista de Informação Legislativa*, Brasília, p. 207-230, jul./set 2001).

[36] Sobre esse tema, veja-se o comentário de Raquel Rolnik: "O Estatuto da Cidade permite uma ruptura com as práticas tradicionais de planejamento e regulação urbanística, propondo uma ação pública de indução, isto é, o poder público não apenas define o que seria desejável acontecer em cada pedaço da cidade, mas também adota um conjunto de instrumentos para fazer com que isso realmente aconteça, interagindo com o mercado e intervindo diretamente em seus mecanismos.

Um pressuposto para essa intervenção é reconhecer que a maior demanda por localização vem de segmentos de mercado com muito pouca capacidade de investimento, sobretudo porque a terra e os imóveis são bens de alto valor. É preciso também que se compreenda o funcionamento global dos mecanismos de crescimento da cidade: a pressão da demanda de baixa renda, se não atendida no interior das áreas melhor dotadas de infraestrutura e equipamentos, portanto mais aptas para a ocupação, vai gerar a ocupação de terrenos impróprios, em periferias longínquas ou em regiões ambientalmente frágeis — beiras de córregos, morros, mangues e áreas de mananciais. A intervenção indutiva do mercado, ampliando a oferta para as camadas de menor renda, vai portanto muito além da simples provisão de habitação de interesse social. É fundamental para garantir a sustentabilidade ambiental e o uso adequado dos investimentos já realizados — com recursos públicos — no espaço da cidade" (Plano Diretor Estatuto da Cidade: instrumentos para as cidades que sonham crescer com justiça e beleza. *Revista de Direito Imobiliário*, São Paulo, v. 25, p. 14-15, jan./jun. 2002, grifo nosso).

GALBRAITH, John Kenneth. *A sociedade justa*: uma perspectiva humana. Tradução de Ivo Korytowski. Rio de Janeiro: Campus, 1996.

GERASSI NETO, Antonio. Rodízio: ação preventiva. *Folha de S.Paulo*, São Paulo, 1º out. 1996, Caderno 2, p. 3.

LAZZARINI, Walter. Uma política para o ar. *Jornal da Tarde*, São Paulo, 1º set. 1996.

MACHADO, Paulo Affonso Leme. *Direito ambiental brasileiro*. 7. ed. rev. atual. e ampl. São Paulo: Malheiros, 1998.

MACHADO, Paulo Affonso Leme. Urbanismo e poluição: aspectos jurídicos. *Revista dos Tribunais*, São Paulo, n. 469, p. 34-37, nov. 1974.

PIRES, Maria Coeli Simões. Direito urbanístico, meio ambiente e patrimônio cultural. *Revista de Informação Legislativa*, Brasília, v. 38, n. 151, p. 207-230, jul./set. 2001.

ROLNIK, Raquel. Plano Diretor Estatuto da Cidade: instrumentos para as cidades que sonham crescer com justiça e beleza. *Revista de Direito Imobiliário*, São Paulo, v. 25, jan./jun. 2002.

SILVA, José Afonso da. *Direito ambiental constitucional*. 2. ed. rev. São Paulo: Malheiros, 1995.

SILVA, José Afonso da. *Direito urbanístico brasileiro*. 2. ed. rev. e atual. São Paulo: Malheiros, 1995.

SODRÉ, Marcelo Gomes. Padrões de consumo e meio ambiente. *Revista de Direito do Consumidor*, São Paulo, n. 31, p. 25-35, jul./set. 1999.

VIVEIROS, Mariana. SP exporta poluição para refúgios "verdes". *Folha de S.Paulo*, São Paulo, 18 fev. 2002, p. C 1.

Informação bibliográfica deste texto, conforme a NBR 6023:2002 da Associação Brasileira de Normas Técnicas (ABNT):

SALAZAR JR., João Roberto. O direito urbanístico e a tutela do meio ambiente urbano. *In*: DALLARI, Adilson Abreu; DI SARNO, Daniela Campos Libório (Coord.). *Direito urbanístico e ambiental*. 2. ed. rev. Belo Horizonte: Fórum, 2011. p. 137-150. ISBN 978-85-7700-449-2.

Gestão Democrática da Cidade – Delineamento Constitucional e Legal

Jivago Petrucci

1 Introdução

O Estatuto da Cidade (Lei nº 10.705, de 10 de julho de 2001) ingressou no mundo jurídico portando um arsenal de novidades de Direito Urbanístico. E entre suas importantíssimas disposições incluiu preceitos que buscam democratizar o processo de gestão das cidades brasileiras.

Buscaremos, no presente estudo, traçar um paralelo entre os preceitos veiculados pela novel legislação, e aqueles que há mais de dez anos estão deitados em berço esplêndido no texto da Constituição de 1988, ansiando por efetividade.

Serão analisadas as consequências dos postulados constitucionais da *soberania popular*, do *Estado Democrático de Direito*, da *República*, da *representação* e da *participação popular* no estabelecimento de um sistema democrático de gestão das cidades para, a seguir, analisarem-se especificamente, e sob tais luzes, as normas veiculadas pelo Estatuto da Cidade sobre o tema.

Certamente as disposições do Estatuto da Cidade surpreenderam muitos, especialmente os que encaram a democratização como um processo que pressupõe *condições, requisitos*, que invariavelmente nunca estão devidamente preenchidos pela sociedade brasileira. A estes fica, desde já, oposta a constatação de que, se fosse possível a consolidação de um regime democrático sem a prática democrática, nossa nação seria exemplo universal de democracia. Na lição de José Afonso da Silva sobre o tema:

> Uma visão elitista antepõe diversos tipos de pressupostos que julga necessários à existência e realização da democracia. (...) A contradição é evidente, pois supõe que o povo deve obter tais requisitos para o exercício da democracia dentro de um regime não democrático; que as elites devem conduzi-lo a uma situação que justamente se opõe aos interesses delas e as elimina. Teremos, enfim, a singularidade de aprender a fazer a democracia em um laboratório não democrático. (...) A democracia não precisa de pressupostos especiais. Basta a existência de uma sociedade. Se seu governo emana do povo, é democrática; se não, não o é.[1]

2 Fundamentos constitucionais

É um imperativo inafastável, antes de analisarmos especificamente a disciplina conferida à gestão democrática das cidades pelo Estatuto da Cidade, verificarmos quais são os fundamentos constitucionais de tal disciplina. Aí residem, soberanamente, as linhas mestras do ordenamento jurídico de um Estado, sobretudo a maneira como deverão se relacionar os poderes constituídos e a sociedade civil. Na lição de Adilson Abreu Dallari:

> É a Constituição que, ao definir as características do Estado, estabelecendo seus objetivos fundamentais, já define também os traços fundamentais dos instrumentos, meios e modos de atuação de seu ramo executivo, especialmente no relacionamento com os cidadãos.[2]

2.1 Conceito de democracia

Apesar de considerarmos que as opções políticas do legislador constituinte, depois de incluídas no texto de uma constituição, deixam de ser apenas opções políticas fundamentais e tornam-se normas jurídicas, sujeitas, como tal, às considerações da ciência jurídica, reputamos de todo conveniente para uma correta abordagem do tema aqui estudado que se faça uma análise, ainda que superficial, do que se entende modernamente por *democracia*.

A definição do que seja *democracia* é tormentosa. E os riscos de tal definição, para o jurista, se tornam ainda maiores, já que o tema recebe uma influência decisiva da Ciência Política, da Sociologia, da Filosofia etc. Mas podemos isolar nas mais diversas definições que o substantivo recebe um núcleo comum, que se revela presente, em essência, em todas as análises do tema: a *democracia* é um mecanismo de *limitação* e de *legitimação* do poder político.

Para José Afonso da Silva, a *democracia* é um "conceito histórico" e possui uma função instrumental de "realização de valores essenciais de convivência humana, que se traduzem basicamente nos direitos fundamentais do homem". Como conceito histórico, modifica-se a cada etapa do evolver social, preservando, entretanto, seu núcleo básico: "regime político em que o poder repousa na vontade do povo".[3]

---

[1] *Curso de direito constitucional positivo*, p. 130-132.

[2] Os poderes administrativos e as relações jurídico-administrativas. *Revista de Informação Legislativa*, p. 79.

[3] *Op. cit.*, p. 130.

Referindo-se ao mesmo núcleo do conceito, escreve Norberto Bobbio:

> Da idade clássica a hoje o termo "democracia" foi sempre empregado para designar uma das formas de governo, ou melhor, um dos diversos modos com que pode ser exercido o poder político. Especificamente, designa a forma de governo na qual o poder político é exercido pelo povo.[4]

O festejado professor italiano, em outra obra, vai mais além, afirmando que apesar dos mais diversos conceitos que o termo *democracia* vem recebendo "não se pode deixar de incluir em seus conotativos a visibilidade ou transparência do poder",[5] e conclui com o que chama de "definição mínima de democracia":

> Afirmo preliminarmente que o único modo de se chegar a um acordo quando se fala de democracia, entendida como contraposta a todas as formas de governo autocrático, é o de considerá-la caracterizada por um conjunto de regras (primárias ou fundamentais) que estabelecem quem está autorizado a tomar as decisões coletivas e com quais procedimentos.[6]

Celso Antônio Bandeira de Mello vislumbra na definição do termo um conjunto de mecanismos que garantem o exercício do poder político destinado à realização de dois valores fundamentais: liberdade e igualdade.

> Independentemente dos desacordos possíveis em torno do conceito de democracia, pode-se convir em que dita expressão reporta-se nuclearmente a um sistema político fundado em princípios afirmadores da liberdade e da igualdade de todos os homens e armado ao propósito de garantir que a condução da vida social se realize na conformidade de decisões afinadas com tais valores, tomadas pelo conjunto de seus membros, diretamente ou por meio de representantes seus livremente eleitos pelos cidadãos, os quais são havidos como os titulares da soberania. Donde resulta que Estado democrático é aquele que se estrutura em instituições armadas de maneira a colimar tais resultados.[7]

O fato é que, quer se agregue ao conceito puramente "formal" de *democracia* os valores fundamentais que tal regime pretende proteger, quer se faça abstração de tais valores para encará-la apenas sobre o ponto de vista do exercício do poder político, a razão de ser do conceito é a mesma: limitar o exercício do poder político e justificar a sua existência em termos racionais (ou seja, legitimá-lo).[8]

Hoje, em termos mundiais, apesar dos avanços e retrocesso que se sucedem em matéria de respeito aos direitos fundamentais, constatamos que a forma democrática de exercício do poder político é quase que universalmente aceita, o que leva Paulo

---

4 *Estado, governo, sociedade*: para uma teoria geral da política, p. 135.

5 *O futuro da democracia*, p. 21.

6 *Op. cit.*, p. 30.

7 A democracia e suas dificuldades contemporâneas. *Revista de Informação Legislativa*, p. 255.

8 Bobbio resume a questão da legitimação do poder: "O problema da justificação do poder nasce da pergunta: 'Admitido que o poder político é o poder que dispõe do uso exclusivo da força num determinado grupo social, basta a força para fazê-lo aceito por aqueles sobre os quais se exerce, para induzir os seus destinatários a obedecê-lo?'" (*Estado, governo, sociedade*: para uma teoria geral da política, p. 86).

Bonavides a encarar a *democracia* sob uma faceta de "direito fundamental" dos povos: um direito de quarta geração, surgido na linha de evolução dos direitos individuais (de primeira geração), dos direitos econômicos, sociais e culturais (de segunda geração) e dos direitos à paz, ao desenvolvimento, à qualidade de vida etc. (de terceira geração).[9]

Apesar de tal "conteúdo mínimo" relativamente uniforme que encontramos nas definições do que seja *democracia*, a forma pela qual tais ideias foram aplicadas nos mais diversos Estados no decorrer dos tempos foi e é muito diversa.

Dentre as muitas classificações que podem ser formuladas para a *democracia*, nos interessa, aqui, a que leva em conta o grau de participação do povo no exercício do poder político. Sob tal aspecto, a democracia costuma ser classificada em direta, representativa (ou indireta) e semidireta (participativa), sendo que na primeira modalidade o povo exerce o poder político diretamente; na segunda, através de representantes eleitos para tal fim; e na última, através de representantes eleitos e também diretamente.

O primeiro dos modelos citados costuma ser definido como uma mera reminiscência histórica da Grécia antiga, atualmente impraticável pelas dimensões que assumiram os Estados modernos.

Já a democracia indireta ou representativa foi o modelo adotado pelo Estado Liberal — em que pese a antipatia que por ela nutria o maior dos teóricos liberais: Rousseau. Baseada na representação sem vinculação do eleito à vontade do eleitor (mandato representativo, apenas), foi a modalidade que imperou após a Revolução Francesa, perfeitamente adequada a uma concepção de Estado mínimo, a uma sociedade minimamente conflituosa e a um sufrágio muitas vezes restrito.

Entretanto, as modificações trazidas pela Revolução Industrial acarretaram uma necessidade imperiosa de alargamento da esfera de participação política das classes menos favorecidas, cuja pressão sobre o aparato estatal fazia-se cada vez maior. Assim, como forma de garantir a sua legitimidade, o Estado passou admitir a participação de tais extratos sociais na vida política (ampliação do direito de voto) e a atender diretamente as demandas de tais classes, realizando prestações positivas cada vez intensas para atendimento das demandas sociais igualmente mais amplas a cada dia.

> Sob pena de perder a legitimidade, o Estado incorporou o aumento dos limites democráticos impostos pela nova ordem social. A participação política foi, assim, garantida pela democracia representativa, como uma forma de apenas se delimitar demandas, sem haver real influência na tomada de decisões. O Estado tomou para si a atividade de garantir a igualdade e a dignidade. Incluiu, assim, os novos grupos sociais na sua atividade previdenciária, havendo um evidente alargamento das demandas sociais.[10]

Demandas cada vez maiores *versus* limitadas possibilidades concretas de atendimento, somadas à distância do representante eleito dos interesses de seus eleitores geraram, obviamente, o que se convencionou chamar de "crise de legitimidade" do Estado moderno. Leciona Roberto Amaral:

---

[9] *Teoria do Estado*, p. 349-350.

[10] BRUNET. *Crise do Estado*: participação e solidariedade, p. 207.

O desvanecimento do poder representante do cidadão, limitado no seu poder de escolha do mandatário, e a liberdade do mandatário, agindo sem vínculo com a representação, agravam a falência da democracia representativa tanto mais quando outros órgãos, organismos, instituições e entidades, sem raiz na vontade popular, sem pouso na soberania do voto, sem legitimidade popular, adquirem poder constituinte e, assim, passam a gerar direitos e poder, numa flagrante usurpação de mandato, que fratura de forma irremediável a democracia e a representação popular, sem a qual aquela falece por inanição.[11]

Efetivamente, a representação pura e simples propiciou condições para que as oligarquias se fortalecessem, a ponto de Dalmo de Abreu Dallari utilizar-se da expressão "partidocracia" para referir-se ao produto final da adoção desmesurada da democracia representativa:

> Especialmente a partir do Século XIX enveredamos pelo caminho dos partidos políticos, começamos a exigir a participação do povo através de partidos políticos. E chegamos a um ponto em que o partido não é mais um representante do povo, ele é um substituto do povo, e aquilo que no começo se propunha como democracia, degenerou em partidocracia. E assim decisões da mais alta relevância são tomadas sem que o povo participe e sem que o povo saiba exatamente porque foram tomadas.[12]

Se tais consequências atormentaram até mesmo nações desenvolvidas, com um regime democrático já consolidado, em Estados ainda em desenvolvimento e sem instituições sólidas, com uma conflituosidade exacerbada na base da sociedade, a representação gerou resultados funestos. Nossa sociedade não foi admitida a participar das grandes conquistas políticas da nossa história, que via de regra se caracterizaram como "concessões benevolentes" das elites, que sempre souberam antecipar-se na concessão dos direitos, "frustrando a conquista deles pela senzala".[13]

> Os fracassos da Quarta República provocaram em todo o País uma considerável descrença da Sociedade no aparelho representativo tradicional. O emprego deste, ao longo de quatro repúblicas, por mais de um século, não eliminou as oligarquias, não transferiu ao povo o comando e a direção dos negócios públicos, não fortaleceu nem legitimou nem tampouco fez genuína a presença dos partidos no exercício do poder. Ao contrário, tornou mais ásperas e agudas as contradições partidárias em matéria de participação governativa eficaz. Do mesmo passo fez, também, do poder pessoal, da hegemonia executiva e da rede de interesses poderosos e privilegiados, a essência de toda uma política guiada no interesse próprio de minorias refratárias à prevalência da vontade social e sem respaldo de opinião junto das camadas majoritárias da sociedade.[14]

Como antídoto para tal enfermidade do Estado, buscou-se legitimar as ações estatais através de mecanismos que garantissem uma vinculação entre as decisões políticas e a vontade da população. Inseriram-se nos ordenamentos jurídicos das nações modernas, instrumentos para que o povo participasse diretamente da

---

[11] A democracia representativa está morta..., p. 20.

[12] Formas de participação política. *Revista da Procuradoria Geral do Estado de São Paulo*, p. 137.

[13] ALVES. Os 500 anos da participação popular no Brasil. *Revista de Informação Legislativa*, p. 203.

[14] BONAVIDES. *Teoria do Estado*, p. 351.

formulação da vontade governamental, originando o conceito de democracia semi-direta ou participativa, definida como "um processo de construção gradual que não compreende o banimento de todas as formas de representação, mas sua substituição por aqueles instrumentos de participação popular que implicam intervenção do governado na governança e seu controle sobre os governantes".[15]

Buscou-se, com isso, sem que houvesse o completo banimento da representação,[16] uma atenuação da dicotomia entre governantes e governados, uma retomada do conceito rousseauniano de povo, "povo-ícone, o povo do contrato social, donde a democracia compreendida como regime que possibilita a participação dos governados na formação da vontade governativa".[17]

Temos para nós que somente através de uma análise histórica da deformação operada no conceito de democracia durante o passar dos séculos é que podemos compreender esta graduação da quantidade de participação popular em suas diversas espécies. Racionalmente não é concebível dentro de um regime democrático uma construção argumentativa que retire a possibilidade do povo participar diretamente do exercício do poder, já que é o próprio povo que detém a titularidade de tal poder. A expressão "democracia participativa", portanto, revela-se tautológica:

> A democracia não é apenas uma forma de governo, uma modalidade de Estado, um regime político, uma forma de vida. É um direito da Humanidade (dos povos e dos cidadãos). Democracia e participação se exigem, democracia participativa constitui uma tautologia virtuosa. Não há democracia sem participação, sem povo. O regime será tanto mais democrático quanto tenha desobstruído canais, obstáculos, óbices, à livre e direta manifestação da vontade do cidadão.[18]

2.2 Democracia no Estado brasileiro

Dentro do contexto histórico acima descrito, devemos nos debruçar, agora, sobre a opção política escolhida pelo texto constitucional em vigor.

Iniciamos nossa análise pelo preâmbulo[19] e pelo artigo 1º e seu parágrafo único, no qual o constituinte autodenomina-se *representante do povo brasileiro*, de onde afirma

---

[15] AMARAL, *op. cit.*, p. 49.

[16] Diversos autores fazem questão de reafirmar que a adoção de mecanismos diretos de participação popular não implica no completo abandono da representação: BONAVIDES. *Teoria do Estado*, p. 354; BENEVIDES. *A cidadania ativa*, p. 44-45, SILVA. *Curso...*, p. 145; MOURÃO. *Gestão municipal democrática*, p. 44. Norberto Bobbio, com acuidade, observa que ambas as "modalidades" de democracia têm a mesma origem: "...à parte o fato de que o exercício direto do poder de decisão por parte dos cidadãos não é incompatível com o exercício indireto através de representantes eleitos, como demonstra a existência de constituições como a italiana vigente (que previu o instituto do 'referendum' popular, embora apenas com eficácia ab-rogativa), tanto a democracia direta quanto a indireta descendem do mesmo princípio da soberania popular, apesar de se distinguirem pelas modalidades e pelas formas com que essa soberania é exercida" (*Liberalismo e democracia*, p. 34).

[17] AMARAL, *op. cit.*, p. 20.

[18] PEDRA. *Na defesa de uma democracia participativa. Jus Navigandi*, p. 4. No mesmo sentido, BONAVIDES. *Teoria constitucional da democracia participativa*: por um direito constitucional de luta e resistência; por uma nova hermenêutica; por uma repolitização da legitimidade, p. 283.

[19] Advogamos, aqui, concepção segundo a qual não há em um texto constitucional disposições não jurídicas. Tudo o que nele está contido deverá ter, em maior ou menor grau, aplicabilidade jurídica, inclusive o que constar de seu preâmbulo. Nesse sentido, Paulo Bonavides: "O Preâmbulo é, por conseguinte, a diretriz normativa e espiritual da unidade da Constituição. Nele o constituinte de primeiro grau fixou, em termos absolutos e irrefragáveis, a linha de valores que hão de reger o ordenamento" (*Ibidem*, p. 40).

emanar o poder político do *Estado Democrático de Direito* que proclama instituído, sob a forma *republicana*.

Tais proclamações não constituem apenas declarações políticas vagas e imprecisas, mas sim verdadeiros princípios constitucionais, que "ocupam o lugar mais alto e nobre na hierarquia dos ordenamentos jurídicos"[20] e norteiam a interpretação e aplicação tanto das próprias regras constitucionais, como de toda a legislação infraconstitucional, inclusive, como é cediço, das normas sobre gestão participativa da cidade veiculadas pelo Estatuto da Cidade.

Dos princípios da soberania popular, da democracia e da república várias e importantes consequências devem ser extraídas, sobretudo o direito do povo a uma participação direta na condução da coisa pública.

A constituição de um Estado Democrático de Direito supera a simples noção tradicional de Estado submetido às leis, para indicar um caminho de democratização do poder, invariavelmente destinado à participação popular:

> Por outras palavras, o Estado, sem deixar de ser "Estado de Direito", protetor das liberdades individuais, e sem deixar de ser "Estado Social", protetor do bem comum, passou a ser também "Estado Democrático". Daí a expressão Estado de Direito Social e Democrático. Não que o princípio democrático já não fosse acolhido nas concepções anteriores, mas ele passa a ser visto sob nova roupagem. O que se almeja é a participação popular no processo político, nas decisões do Governo, no controle da Administração Pública.[21]

> A legitimação popular, sem dúvida, decorre lógica e diretamente da forma de governo (República), do tipo de Estado (Democrático de Direito) eleitos pelo constituinte, além é claro da titularidade do poder que lhe foi conferida. Mas não só disso. A cidadania, parece-nos, é o grande fator de legitimação do povo, permitindo que haja em defesa das instituições democráticas.[22]

E a democracia — a ser vista pelo jurista como verdadeiro princípio jurídico[23] — também fundamenta a exigência de participação popular, ao propugnar pela chamada "identidade democrática", ou seja, "a identidade entre *povo* e *governo*".[24]

> No que tange à realidade institucional brasileira, a junção da noção de democracia à de Estado de direito, levada a efeito pela atual Constituição, muito mais que estabelecer um qualificativo do modo de ser do nosso Estado Federal, foi responsável pela atribuição

---

[20] *Ibidem*, p. 301.

[21] DI PIETRO. *Parcerias na Administração Pública*, p. 23.

[22] DIAS. A democracia participativa brasileira. *Jus Navigandi*, p. 4.

[23] Nesse sentido, Paulo Bonavides (*Teoria do Estado*, p. 364).

[24] TEIXEIRA. *Curso de direito constitucional*, p. 462, arremata: "Logo, a primeira conseqüência do princípio democrático será, realmente, a necessidade de tornar, tanto quanto possível, efetiva, real essa ' identificação' entre governantes e governados, vale dizer, 'tornar mais ampla possível a participação do povo no governo". Aliás, como anota Bobbio, a dicotomia Estado-sociedade civil nem sempre foi uma realidade: "A idéia de que a sociedade civil é o anteato (ou a contrafação) do Estado entrou de tal maneira na prática cotidiana que é preciso fazer um grande esforço para se convencer de que, durante séculos, a mesma expressão foi usada para designar aquele conjunto de instituições e de normas que hoje constituem exatamente o que se chama de Estado, e que ninguém poderia mais chamar de sociedade civil sem correr o risco de um completo mal-entendido" (*Estado, governo, sociedade*, p. 49).

aos cidadãos de um direito de primeiríssima grandeza, de importância inquestionável: o direito de participação nas decisões estatais.[25]

De fato, parece-nos ter sido a opção do constituinte de 1988 a adoção de um sistema democrático semidireto ou participativo. Independentemente da razão de ser das disposições constitucionais sobre a participação popular, tidas por alguns como um verdadeiro descuido do constituinte conservador,[26] a análise sistemática dos princípios e normas constitucionais que se referem ao tema apontam para um sistema que se aparta da representatividade tradicional, e em muitos pontos a supera.

A modificação de redação experimentada pelo artigo 1º, parágrafo 1º da Carta, se comparado aos preceitos similares constantes dos anteriores textos magnos brasileiros, revela uma modificação substancial na forma de exercício do poder político. Deixou-se de lado o tradicional "Todo poder emana do povo e em seu nome será exercido" para, mantendo-se a soberania popular, expressamente alterar-se a forma de exercício do poder que passa a ser exercido por meio de representantes eleitos *ou diretamente*, ambas as formas submetidas à cláusula final "nos termos desta Constituição".

Com argúcia, Anderson Sant'Ana Pedra refere-se a tal modificação de redação da seguinte forma:

> Observa-se que o legislador constituinte conferiu nova redação à cláusula que, desde a Constituição de 1934, consagra o princípio da soberania popular em nossas constituições. Assim, à tradicional afirmação de que "todo o poder emana do povo e em seu nome será exercido", enunciado emblemático de um modelo de democracia predominantemente representativa, não conduziu o Constituinte de 1988 que preferiu declarar que "todo o poder emana do povo, que o exerce por meio de representantes eleitos ou diretamente, nos termos desta Constituição". Estaria assim assinalada a passagem ao que tem sido interpretado como um modelo de democracia participativa, semidireta ou plena, em que o exercício da soberania popular se estende para além do voto, com a preservação da potencial constituinte dos cidadãos.[27]

Também Laís Almeida Mourão foi sensível à utilização do advérbio *diretamente* em nosso texto fundamental:

> É exatamente do desdobramento desse promissor advérbio *diretamente* que emergem os mecanismos institucionais de participação popular, considerada um princípio democrático que concretiza a realização da soberania popular, exercida de modo combinado por instituições de Democracia Direta e Representativa, de forma que uma não exclua a outra — ao contrário, para que se conjuguem e se completem em prol do bem comum, fim último a ser buscado pela Administração Pública.[28]

E não é só. O artigo 14 da Constituição, num desdobramento das disposições fundamentais constantes do artigo 1º e seu parágrafo único, estabelece, em rol que

[25] OLIVEIRA. As audiências públicas..., p. 274.

[26] Nesse sentido, Benevides (*A cidadania ativa*, p. 13); Amaral (A democracia representativa está morta..., p. 50).

[27] Na defesa de uma democracia participativa. *Jus Navigandi*, p. 6.

[28] *Gestão municipal democrática*, p. 20.

reputamos apenas exemplificativo, outras formas de exercício direto da soberania popular, concorrentemente ao sufrágio universal.

Além disso, em diversas outras passagens o direito de participação popular é expressamente referido, *v.g.* na exigência de participação das associações representativas no planejamento municipal (artigo 29, XII), no gerenciamento da seguridade social (art. 194, parágrafo único, VII), da saúde (art. 198, III), da assistência social (artigo 204, II) e da educação (artigo 206, VI), entre outros inúmeros dispositivos que se ligam, direta ou indiretamente, ao tema.[29]

Portanto, é mister afirmar que a vigente Constituição da República estabeleceu um sistema de exercício do poder político que conjuga a tradicional representação com a intervenção direta do povo no desempenho de todas as funções estatais (administrativa, legislativa e judiciária), superando a "velha dicotomia Estado e sociedade civil",[30] com o que os "particulares, os cidadãos, os destinatários finais das ações estatais, paulatinamente estão deixando de ser considerados como intrusos nas atividades administrativas, especialmente nos processos de tomada de decisões".[31]

Vivemos, pois, numa *democracia participativa.*

Mas é evidente que tal constatação, apesar de afinada com uma moderna tendência do mundo ocidental[32] não basta a uma transformação de nossa sociedade, ainda imersa em ranços oligárquicos que surpreendem pela persistência, e polarizada por um debate inútil sobre estatismo e privatismo.[33] É necessário que os chamados "operadores do direito" sejamos suficientemente corajosos para extrair do texto constitucional suas efetivas possibilidades, a fim de "impedir que a Constituição se

---

[29] A constatação de que os mecanismos de participação popular em nossa Constituição Federal referem-se apenas à função legislativa e à administrativa não seria de causar espécie, se considerarmos as características da função jurisdicional e a participação, no processo, garantida pelo contraditório, dos atingidos pelo provimento jurisdicional. Entretanto, sem entrarmos na discussão a respeito da revogação das decisões judiciais pelo voto popular ou de outros mecanismos de influência direta da população no conteúdo das sentenças, é espantoso que o texto constitucional não faça qualquer referência à participação popular no desempenho da atividade administrativa pelo Poder Judiciário. Luís Roberto Barroso é incisivo ao tratar do tema: "Durante os trabalhos da Assembléia constituinte, manifestei meu entendimento de que era por todas as razões lamentável que o Projeto de Constituição da Comissão de Sistematização houvesse excluído do Conselho Nacional de Justiça — órgão ao qual se atribuía o controle da atividade administrativa e do desempenho dos deveres funcionais do Poder Judiciário e do Ministério Público — a participação de membros indicados pelo Congresso Nacional e pelo Conselho Federal da Ordem dos Advogados do Brasil. A verdade, no entanto, é que o resultado foi ainda pior: o texto aprovado em plenário, e que se converteu na Constituição em vigor, simplesmente eliminou a existência do Conselho Nacional de Justiça" (*O direito constitucional e a efetividade...*, p. 134). Sobre o tema, ver interessante artigo de Marcelo Semer, intitulado "Para abrir as caixas pretas", no *Boletim da Associação Juízes para a Democracia*, São Paulo, ano 6, n. 31, p. 2, jan./mar. 2003. Com a Emenda Constitucional nº 45/2004, o texto constitucional passou a acolher o Conselho Nacional de Justiça (artigo 103-B), com participação de cidadãos indicados pelo Senado Federal e pela Câmara dos Deputados.

[30] BENEVIDES. *A Cidadania ativa*, p. 20.

[31] DALLARI. *Os poderes administrativos...*, p. 82.

[32] MOURÃO. *Gestão municipal democrática*, p. 20: "De fato, nossos constituintes não passaram ao largo das tendências do mundo ocidental, que caminha para a conclusão da síntese entre a democracia representativa e a direta na busca de superação da dicotomia Estado/Sociedade Civil. Estados ocidentais como Espanha, Suíça, França, Itália e Grécia, por exemplo, têm incorporado a seus estatutos políticos mecanismos próprios de participação direta do cidadão no universo político administrativo."

[33] COMPARATO. *Direito público*: estudos e pareceres, p. 19: "A relevância da atuação administrativa do Estado Social é um fato sobejamente conhecido. Convém, no entanto, advertir para a falsa dicotomia que se procura hoje articular, no tocante à distribuição eqüitativa do bem-estar social, entre o estatismo e o privatismo. O princípio da participação popular permite evitar esses extremos. Introduzindo uma linha de ação mais democrática na administração da coisa pública".

avilte ao ponto de funcionar como instrumento de exclusão social, quando oposta é a sua razão de ser, e para a qual foi concebida na sociedade democrática de direito".[34]

A cidadania ativa deve superar sua condição de *mito*; deve ser mais que uma *promessa*, apesar da qual "conservam-se problemas crônicos, como a truculência policial, abusos de autoridades administrativas, inoperalidade, corrupção, impunidade", pois "se não temos cidadania (e, por conseqüência, cidadãos), se não temos participação consciente (um amplo contingente de pessoas conscientes e dispostas a participar da e) na condução da sociedade organizada em Estado, não temos democracia".[35]

A participação popular, muito mais do que uma nova forma de exercício do poder político no Estado, muito mais do que mecanismo que permite a correção da oligarquia, muito mais do que princípio jurídico norteador do processo interpretativo, é mecanismo que garante a eficácia social da Constituição, sobretudo em constituições analíticas como a nossa, povoadas de diretrizes programáticas cuja inaplicabilidade sempre foi a aposta — vencedora — de todos os que buscam perpetuar o estado de desigualdade presente em nossa sociedade.

> Não há efetividade possível da Constituição, sobretudo quanto à sua parte dogmática, sem uma cidadania participativa. Veja-se que a ordem jurídica, como já afirmamos em outro estudo, na generalidade das situações, é instrumento de estabilização, e não de transformação. Sem deixar de reconhecer-lhes um ocasional caráter educativo, as leis, usualmente, "refletem" — e não promovem — conquistas sociais longamente amadurecidas no dia-a-dia das reivindicações populares.[36]

2.3 Soberania popular e soberania parlamentar

Dentro do quadro acima descrito, fácil é a constatação de que o *princípio da participação popular* enfraquece — ou ao menos impõe uma reavaliação da importância de — alguns outros princípios constitucionais tradicionais, sobretudo a *soberania parlamentar*. Mas a tensão entre princípios constitucionais (dentre os quais não é cabível falar-se em antinomia) deve ser encarada como um acontecimento natural dentro de constituições democráticas, "que forçosamente precisa apresentar tensão interna congênita, sob pena de não traduzir, de modo legítimo e em permanente legitimação, os multifacéticos anseios alojados no corpo e na alma da sociedade, suscitando ou impondo o permanente trabalho interpretativo de compatibilização e de dação de vida organizada às prescrições fragmentárias".[37]

---

[34] SOUZA. *Democracia e exclusão social*, p. 504. Convém frisar, todavia, que a positivação de instrumentos jurídicos de participação não basta para que esta ocorra, como bem observa Paulo Modesto: "É ingenuidade supor que o incremento da participação popular na administração pública possa ser isolado da questão da participação popular nos demais setores do Estado ou reduzido a uma questão meramente jurídica, relacionada unicamente à definição de instrumento normativo de participação. A participação popular é sobretudo uma questão política, relacionada ao grau de desenvolvimento e efetivação da democracia. O aparato jurídico é incapaz de induzir a participação popular; mais ainda, freqüentemente cumpre papel inverso, dificultando a participação, estabelecendo mecanismos de neutralização e acomodação extremamente sutis" (*In*: Participação popular..., p. 3).

[35] MAMEDE. Hipocrisia: o mito da cidadania no Brasil. *Revista de Informação Legislativa*, p. 227.

[36] BARROSO. *O direito constitucional e a efetividade de suas normas*, p. 128.

[37] FREITAS. O intérprete..., p. 234.

Marcelo Campos Galuppo expõe com clareza a questão:

> No plano da justificação, a Constituição desempenha um papel especial quanto aos princípios no Estado Democrático de Direito. Apesar de não poder ser concebida como o único repositório dos mesmos, é tarefa sua, por excelência, indicar (e preservar) aqueles princípios reputados mais importantes pelos cidadãos por meio do representante constituinte sensível à sociedade. A concorrência entre os princípios constitucionais revela uma característica fundamental da sociedade em que existe um Estado Democrático de Direito.[38]

Tradicionalmente, o princípio da participação popular, quando em tensão com o princípio da soberania parlamentar, tem sido postergado, o que reputamos uma completa inversão dos valores consagrados pelo constituinte de 1988. A soberania popular, remodelada pela nova dicção do artigo 1º, parágrafo único da Carta de 1988, somada às inúmeras referências à participação popular espalhadas pelo texto magno, demonstram que o exercício direto da soberania popular é valor prestigiadíssimo, que deve prevalecer quando confrontado com outras formas de exercício do poder político.

Por outro lado, a sonora declaração constitucional de que "todo poder emana do povo", belo resquício contratualista, deve sempre nortear toda e qualquer interpretação sobre as formas de exercício do poder político, prestigiando a solução que aponte para a maximização do exercício direto das funções estatais pelos verdadeiros detentores do poder soberano.

A interpretação jurídica pressupõe a hierarquização, seja de normas, seja de princípios. Hierarquizar é "a nota suprema da interpretação jurídica como um todo".[39] A hierarquização de princípios constitucionais, entretanto, demanda uma atenção especial ao chamado *princípio da proporcionalidade,* como bem nos mostra Willis Santiago Guerra Filho:

> Para resolver o grande dilema da interpretação constitucional, representado pelo conflito entre princípios constitucionais, aos quais se deve igual obediência, por ser a mesma a posição que ocupam na hierarquia normativa, preconiza-se o recurso a um "princípio dos princípios", o PRINCÍPIO DA PROPORCIONALIDADE, que determina a busca de uma "solução de compromisso", na qual se respeita mais, em determinada situação, um dos princípios em conflito, procurando desrespeitar o mínimo o(s) outro(s), e jamais lhe(s) faltando totalmente com o respeito, isto é, ferindo-lhe(s) seu "núcleo essencial" onde se acha insculpida a dignidade humana.[40]

Não se olvida aqui destas preciosas lições de hermenêutica constitucional. Mas o que refutamos, por completo, é a fragilização justamente do *princípio da participação popular*, que deriva diretamente da afirmação da *soberania popular*, quando em conflito com os mecanismos tradicionais de *representação parlamentar*. Ora, o sistema representativo apenas deve ser encarado — numa sociedade que proclama o povo como titular da soberania — como um mecanismo suplementar de exercício do poder

---

[38] Os princípios jurídicos..., p. 205.

[39] FREITAS, *op. cit.*, p. 230.

[40] Princípio da proporcionalidade..., p. 269.

político, que cede sempre que esteja presente uma via *direta* de exercício desse poder pelo seu próprio titular.

Podemos afirmar, portanto, com suporte em Maria Victoria de Mesquita Benevides, que qualquer atividade de interpretação constitucional somente estará afinada com os valores prestigiados pelo texto constitucional de 1988 se tiver como pressuposto o "postulado da soberania popular, à qual deve estar submetida a representação, para que esta seja efetivamente uma representação democrática".[41]

3 A gestão democrática da cidade

3.1 A importância da gestão democrática

O Estatuto da Cidade inova o ordenamento jurídico pátrio em vários aspectos. Traz novidades ansiosamente aguardadas, permitindo a aplicação de diversos dispositivos constitucionais igualmente inovadores, a utilização de instrumentos urbanísticos modernos, enfim traz um ferramental absolutamente fundamental para que tenhamos, em nossos diversos municípios, uma política urbana.

Entretanto, o atingimento dos objetivos fundamentais desta política urbana estabelecidos pelo artigo 182 da Constituição Federal — ordenar o pleno desenvolvimento das funções sociais da cidade e garantir o bem-estar dos seus habitantes — está diretamente condicionado pela gestão municipal democrática.

Na lição de Nelson Saule Júnior:

> A constituição de um sistema de gestão democrática da cidade no Município, é condição essencial para os objetivos da política urbana serem atingidos, através da aplicação do plano diretor, uma vez que o processo de formulação e execução das políticas públicas, o planejamento municipal e o modelo de gestão da cidade são matérias vinculantes para a execução do plano diretor.[42]

Também Maria Paula Dallari Bucci deixa clara a importância da gestão democrática dentro do Estatuto:

> A própria situação topológica do capítulo, que é o penúltimo do Estatuto, antecedendo apenas as "Disposições Gerais", além do seu conteúdo indicam seu caráter de norma de processo político-administrativo, que informa o modo concreto de formulação da política urbana e da incidência dos dispositivos tratados nos capítulos anteriores, para o quê se exige sempre a necessária participação popular.
>
> (...)
>
> A realização do processo democrático na gestão das cidades é a razão da própria existência do Estatuto da Cidade, que resulta, ele próprio, de uma longe história de participação popular, iniciada na década de 80, e que teve grande influência na redação do capítulo da política urbana da Constituição Federal (arts. 182-183).

---

[41] *A cidadania ativa*, p. 20, em que a renomada professora arremata: "Já o pressuposto dos que são contra a participação popular na esfera legislativa é o da soberania parlamentar — segundo a qual o Legislativo não precisa obedecer a vontade popular (no extremo limite, essa posição termina por negar a própria idéia de representação, da nação ou do povo; nesse sentido, os representantes são eleitos para exprimir a vontade própria, a deles, e não a de seus supostos representados)".

[42] *Direito à cidade*, p. 118.

> (...)
> A plena realização da gestão democrática é, na verdade, a única garantia de que os instrumentos de política urbana introduzidos, regulamentados ou sistematizados pelo Estatuto da Cidade (tais como o direito de preempção, o direito de construir, as operações consorciadas etc.) não serão meras ferramentas a serviço de concepções tecnocráticas, mas ao contrário, verdadeiros instrumentos de promoção do direito à cidade para todos, sem exclusões.[43]

E, na realidade, o Estatuto introduz e regulamenta meios muito intensos de intervenção do Estado sobre a propriedade privada, os quais, se concebidos de uma forma tecnocrática ou se utilizados com desvio de finalidade, poderão acarretar danos consideráveis aos cidadãos. Some-se a isso o risco de "descambar para o totalitarismo", presente no Direito Urbanístico em virtude de sua "visão totalizante de mundo",[44] e teremos, em linhas gerais, a importância do sistema de gestão democrática engendrado pela novel *Lei de Responsabilidade Social*.

3.2 Poder local e participação

Nos termos como concebida a *participação popular* pela nossa Constituição Federal, ela poderá — ou melhor, deverá — ter lugar em todos os níveis de exercício do poder político. Mas o nível local é, por excelência, seu *habitat* natural. A proximidade que as comunidades menores — a grande maioria dos municípios, portanto — permite entre o povo e os governantes é elemento incentivador e facilitador da participação.

Ensina Laís de Almeida Mourão:

> Como célula política da organização nacional, é no Município que se apresentam as condições propícias à participação popular, não só pela existência de uma relativa homogeneidade na composição de cada comunidade local como pela maior possibilidade de identificação dos interesses comuns e dos meios a serem utilizados para a sua realização.[45]

No mesmo sentido é o magistério de Ladislau Dowbor:

> A questão do poder local está rapidamente emergindo para tornar-se uma das questões fundamentais da nossa organização como sociedade. Referido como *local authority* em inglês, *communautés locales* em francês, ou ainda como espaço local, o poder local está no centro do conjunto de transformações que envolvem a descentralização, a desburocratização e a participação, bem como as chamadas novas tecnologias urbanas.
>
> No caso dos países subdesenvolvidos, a questão se reveste de particular importância na medida em que o reforço do poder local permite, ainda que não assegure, criar equilíbrios mais democráticos frente ao poder absurdamente centralizado nas mãos das elites.[46]

---

[43] Gestão democrática da cidade, p. 323-324.

[44] SUNDFELD. *O Estatuto da Cidade...*, p. 57.

[45] *Gestão municipal democrática*, p. 17.

[46] *O que é poder local*, p. 11.

Roberto Amaral chega até mesmo a rotular o fortalecimento do poder local como condição de existência da democracia,[47] o que basta para demonstrar a importância das regras sobre gestão democrática da cidade para a efetividade da democracia participativa estabelecida pela Constituição Federal.

3.3 Das normas esparsas sobre gestão democrática

Não só no Capítulo IV o Estatuto da Cidade refere-se à gestão democrática. Há, em seu todo, diversas normas esparsas que se afinam, direta ou indiretamente, com a forma compartilhada de gestão municipal estabelecida no capítulo específico que trata do tema.

As primeiras referências feitas pelo novel diploma legal à gestão democrática constam dos incisos II, III e XIII do seu artigo 2º, que veicula as suas *diretrizes gerais*. Podemos afirmar, neste passo, que a *gestão democrática*, a *cooperação entre governo, iniciativa privada e população no processo de urbanização* e a obrigatoriedade de *audiência do poder público municipal e da população interessada para a implantação de empreendimentos ou atividades com efeitos potencialmente negativos sobre o meio ambiente natural ou construído, o conforto ou a segurança da população* são, na realidade, princípios jurídicos, vetores para a interpretação tanto das demais normas do próprio Estatuto, quanto da legislação que lhe dá complemento, em qualquer nível. Cabe ressaltar, aqui, que a norma amplia a visão de impacto ambiental, tradicionalmente vinculado apenas ao meio ambiente natural.[48]

Em seguida, ao disciplinar os chamados *instrumentos de política urbana*, novamente o Estatuto traz regramentos relacionados à gestão democrática: a *gestão orçamentária participativa* (artigo 4º, II, "f", esmiuçada no artigo 44, adiante analisado); o plebiscito e o referendo (artigo 4º, II, "s") e os *estudos prévios de impacto de vizinhança (EIV) e de impacto ambiental (EIA)* (artigo 4º, VI).

O parágrafo 3º do artigo 4º também estabelece o chamado *controle social do dispêndio de recursos*, exigindo a participação da comunidade no controle da utilização dos instrumentos de política urbana que demandem o dispêndio de recursos públicos.

A efetividade da norma restou comprometida pelo veto aposto ao artigo 52, I, do Estatuto, que estabelecia hipótese de improbidade administrativa para o prefeito que dificultasse o controle social, já que "tristemente, a tradição brasileira tem demonstrado existir um vínculo significativo entre a eficácia das normas e a força das sanções correspondentes para o caso de seu descumprimento".[49]

Nas razões do veto invocou-se um pseudocaráter *político* do controle social, para vetá-la por contrariedade ao interesse público. Parece-nos que foi adotado um posicionamento conservador que já não mais impera no seio do Direito Constitucional e Administrativo. O caráter político do controle prevalece até que normas jurídicas instituam sua obrigatoriedade, o que lhe dá, então, caráter jurídico. Mesmo que fosse necessária uma disciplina mais pormenorizada do tal *controle social* do dispêndio de

[47] A democracia representativa..., p. 52.
[48] MATTOS. *Diretrizes gerais*, p. 95.
[49] *Idem*. *Da gestão democrática da cidade*, p. 306-307.

recursos, entendemos que a hipótese de improbidade administrativa que havia sido traçada contribuiria bastante para a eficácia do §3º, acima citado.

O artigo 33, VII, exige que a lei específica que aprove a constituição de uma *operação urbana consorciada* preveja controle compartilhado da operação com a sociedade civil.

O artigo 37, parágrafo único, exige a publicidade dos documentos integrantes do Estudo de Impacto de Vizinhança. A mesma exigência de publicidade é repetida com relação ao Plano Diretor, no artigo 40, §4º, da lei sob comento.

A exigência é integralmente compatível com o princípio da publicidade. E, para além disso, a publicidade representa verdadeira *condição* para a participação. No dizer de Nelson Saule Júnior:

> A participação popular tem como pressuposto o respeito ao direito à informação, como meio de permitir ao cidadão condições para tomar decisões sobre as políticas e medidas que devem ser executadas para garantir o pleno desenvolvimento das funções sociais da cidade.[50]

> O acesso às informações é elemento primordial para a democratização da gestão da cidade, que deverá ser utilizado por qualquer cidadão e não apenas pelos órgãos da administração municipal, permitindo eliminar a apropriação indevida do conhecimento sobre a cidade por pequenos grupos de técnicos e servidores da máquina estatal, que atendem apenas os interesses da minoria privilegiada que sempre teve acesso às instâncias do poder municipal.[51]

Garantir a publicidade e o acesso às informações engloba condutas diversas da administração: a imposição de publicidade exige uma "postura ativa a ser tomada pela Administração"; permitir o acesso, por sua vez, implica numa "postura de receptividade em relação a quem queira se inteirar dos assuntos de público interesse".[52]

Em nenhum momento as normas estabelecem o prazo mínimo para que as informações fiquem à disposição do público. O atendimento à exigência dependerá da análise do caso concreto, onde deverá ser levada em consideração, *v.g.*, a complexidade do assunto tratado. Caso conclua-se pela insuficiência do prazo fixado em concreto, é perfeitamente possível a correção judicial da ilegalidade, sem prejuízo do enquadramento da conduta do prefeito municipal como improbidade administrativa (artigo 52, VI).

O processo de elaboração do Plano Diretor também é objeto das preocupações democráticas do Estatuto. Vislumbra-se uma preocupação considerável com a superação do chamado *planejamento de gabinete*, que provocou uma espécie de "discurso esquizofrênico" nas Administrações e funcionou como grande "gerador de desigualdades", por não levar em consideração a grande parcela da população que vivia — e vive — à margem da legalidade.[53] Reconhece-se a cidade com um "palco

[50] *O tratamento constitucional...*, p. 63.
[51] *Idem. Novas perspectivas...*, p. 275.
[52] CÂMARA. *Plano diretor*, p. 318.
[53] ROLNIK. *Estatuto da Cidade*, p. 115.

de conflitos", que somente podem ser satisfatoriamente resolvidos em "espaços democráticos de negociação entre os diversos atores urbanos".[54]

Aliás, merece transcrição a lição de José Afonso da Silva sobre a exigência de um planejamento participativo:

> É um completo engano pensar que a democracia atrapalha do planejamento, mesmo porque, se esta antinomia fosse verdadeira, seria correto eliminar imediatamente o planejamento. Ao contrário, o planejamento é uma forma de organizar a democracia e de exprimi-la. O que devemos dizer, de forma clara e tranqüila, é que este tipo de planejamento toma o partido da maioria da população da cidade e a defende, aliás, por isso ele é democrático.[55]

As exigências estabelecidas no artigo 40, §4º, atingem tanto o Poder Executivo como o Poder Legislativo. Portanto, é obrigatória a realização de audiências e debates no âmbito de ambos os poderes, não restando cumprida a exigência se apenas um deles os realizar. E trata-se de verdadeira *obrigatoriedade*, com o que o legislador afastou-se da sistemática adotada na Lei de Processo Administrativo Federal, na qual a realização é apenas uma *faculdade* do Poder Público.

O Estatuto também não estabeleceu os requisitos formais para a realização das audiências e debates, mas a análise do caso concreto tornará possível a constatação do cumprimento ou não das exigências. A lei municipal poderá, obviamente, estabelecer o procedimento a ser seguido nas convocações de audiências públicas e debates, mas sua eventual inexistência não tornará inaplicável a exigência do Estatuto, que reúne todos os elementos necessários à sua aplicabilidade imediata.

Com efeito, a lei estabeleceu verdadeiro *requisito de validade* do Plano Diretor, em estreita vinculação com o estabelecido no artigo 29, VII, da Constituição Federal. Adotando-se como correta a concepção ampla de *forma* do ato administrativo, que a encara não apenas como a sua exteriorização, mas também como o conjunto de todas as formalidades que devem ser obedecidas no processo de gestação do ato, a inobservância das formalidades procedimentais estabelecidas evidentemente gera a sua invalidade.[56]

Exatamente por isso, aliás, reputamos absolutamente inútil o veto aposto ao §5º do artigo 40 do Estatuto da Cidade, que expressamente cominava nulidade à lei que instituísse o plano diretor sem a observância das exigências estabelecidas no §4º. Nesse sentido as constatações de Nelson Saule Júnior e Toshio Mukai:

> Esta nulidade independe deste veto, poderá ser solicitada por qualquer cidadão pelo descumprimento da Constituição e do Estatuto da Cidade através dos remédios

[54] MENEGASSI; OSÓRIO. *Estudo de impacto de vizinhança*, p. 250.

[55] *Direito urbanístico brasileiro*, p. 97.

[56] Na lição de Maria Sylvia Zanella Di Pietro: "Não há dúvida, pois, que a observância das formalidades constitui requisito de validade do ato administrativo, de modo que o procedimento administrativo integra o conceito de forma.
No direito administrativo, o aspecto formal do ato é de muito maior relevância do que no direito privado, já que a obediência à forma (no sentido estrito) e ao procedimento constitui garantia jurídica para o administrado e para a própria Administração; é pelo respeito à forma que se possibilita o controle do ato administrativo, quer pelos seus destinatários, quer pela própria Administração, quer pelos demais Poderes do Estado" (*Direito administrativo*, p. 192).

constitucionais de garantia dos direitos fundamentais, tais como a ação popular, o mandado de segurança, a ação civil pública, e a ação declaratória de inconstitucionalidade de lei.[57]

Ora, o §4º do art. 40 obtém sua legitimidade no próprio texto constitucional, mais precisamente no art. 1º e seu §1º da C.F., no inciso XII, do art. 29, da C.F e no direito de petição inscrito no art. 5º, incisos XXXIII e XXXIV, da C.F.

Portanto, a lei que instituir o plano diretor, sem levar em conta os direitos da cidadania, previstos no §4º do art. 40 do Estatuto será inconstitucional e, como tal, nula de pleno direito. Portanto o veto foi absolutamente inócuo.[58]

Interessante questão a respeito de planos diretores aprovados anteriormente ao advento da Constituição de 1988 é levantada por Nelson Saule Júnior. Para o autor, se o plano foi aprovado sem a participação da comunidade local, "desrespeitando o requisito constitucional da participação popular", o município estará obrigado a "revisar o seu plano diretor no prazo de cinco anos, estabelecido no artigo 50".[59]

A tese não nos parece sustentável. A incompatibilidade que geraria a revogação do plano diretor anterior à Constituição seria apenas a incompatibilidade *material*; a incompatibilidade *formal* não impede a recepção da legislação anterior, ainda que sob outra roupagem. Escreve Elival da Silva Ramos, sustentando, preliminarmente, que se trata de revogação e não de inconstitucionalidade superveniente da legislação anterior incompatível com o novo texto constitucional:

> Se a Constituição é editada posteriormente à lei, não serve ela de parâmetro, a despeito de sua inegável superioridade hierárquica, pois, se ao tempo do nascimento da lei a Constituição ainda não existia, como se pode falar na conformidade ou desconformidade daquela com respeito a esta? Tanto é assim que mesmo os que acolhem a tese da ilegitimidade constitucional sucessiva aceitam que não se pode caracterizar a inconstitucionalidade por defeito procedimental em relação às leis anteriores à Constituição ("tempus regit actum").[60]

3.4 Das normas específicas sobre a gestão democrática

A gestão democrática da cidade vem especificamente tratada no Capítulo IV do Estatuto da Cidade.

De início, podemos afirmar que na disciplina estabelecida sobressai um *caráter processual*, do que se extrai que a ideia foi atingir uma *legitimação* da gestão pública através do *procedimento*.

A opção do legislador, a nosso ver, é plenamente válida. Na lição de Cármen Lúcia Antunes Rocha:

---

[57] *Do plano diretor*, p. 271.

[58] *Direito urbano-ambiental brasileiro*, p. 255. Em sentido contrário, ver os posicionamentos de Diogenes Gasparini (*O Estatuto da Cidade*, p. 198); e Maria Paula Dallari Bucci (*Gestão democrática da cidade*, p. 335), embora ressaltando a falta de base jurídica do veto.

[59] *Do plano diretor*, p. 268.

[60] *A inconstitucionalidade das leis*, p. 68-69. No mesmo sentido Luís Roberto Barroso (*Interpretação e aplicação da Constituição*, p. 80).

> Na organização administrativa democrática, o processo administrativo surge como uma forma de superação da atuação estatal autoritária. É por ele, fundamentalmente, que o princípio da legitimidade do poder, desempenhado por meio da atividade administrativa, ganha densidade e foros de evidência e eficiência social e política.[61]

No mesmo sentido é a lição de Maria Lourido dos Santos:

> Pelo processo administrativo supera-se a idéia de imperatividade da Administração. O cidadão deixa de ser visto súdito para ser colaborador, inclusive, o vocábulo administrado vem sendo evitado por indicar estado de sujeição. Afinal, o cidadão deve ser considerado como titular do poder, pois na democracia o poder pertence ao povo. É esse reconhecimento que promove a legitimação do poder.[62]

O artigo 43 começa por arrolar os instrumentos que deverão ser utilizados para garantir que a gestão das cidades se faça de forma democrática. O rol aí utilizado é *meramente exemplificativo*, o que fica claro pelo uso da expressão "entre outros".

Não se especificou o que o legislador pretende quando fala em *órgãos colegiados de política urbana*. Com base nas experiências já havidas em nosso país em matéria de gestão democrática, podemos extrair dois modelos básicos que poderiam ser adotados: aqueles com participação exclusiva da sociedade civil (denominados os *Conselhos Populares*); e aqueles compostos por representantes do Poder Público e da sociedade civil, em composição paritária (cadeiras divididas entre representantes da sociedade e do governo) ou tripartite (composto de um terço de representantes do governo; um terço da sociedade civil organizada e um terço de representantes escolhidos livremente pela população).

A liberdade para a instituição de tais *órgãos colegiados* é grande, e cada município poderá adotar a estrutura que mais lhe aprouver. O que deve ficar consignado é que, segundo pensamos, alguns requisitos mínimos devem ser observados, que são extraídos da interpretação sistemática e teleológica do Estatuto e de suas bases constitucionais.

Em primeiro lugar, a prerrogativa de indicar os membros de tais órgãos deve ser atribuída ou às entidades civis que nele têm assento, ou à população, no caso da composição tripartite acima mencionada. Não é cabível a atribuição de tal poder ao Chefe do Executivo ou a qualquer órgão governamental, pois isso desvirtuaria o caráter de colegiado democrático que a legislação objetivou imprimir a tais conselhos.[63] É a constatação, *de lege ferenda*, de Paulo Affonso Leme Machado:

> Generalizou-se a implantação de conselhos com poderes consultivos não só nas matérias já costumeiras em meio ambiente, mas também nas mais recentes, como os "organismos geneticamente modificados". Outros países passaram a organizar conselhos com poderes consultivos e deliberativos nas mais variadas matérias ambientais. A prática

---

[61] *Princípios constitucionais...*, p. 9.

[62] *Noções gerais acerca do processo...*, p. 250.

[63] Esta premissa não norteou a criação do Conselho Nacional de Desenvolvimento Urbano, através da Medida Provisória nº 2.220/01. Ali se atribuiu ao Presidente da República o poder de estruturar o Conselho e determinar até mesmo a forma de escolha de seus membros.

registra que, em alguns países, são as próprias organizações governamentais que elegem seus representantes para esses conselhos, sem que os governos interfiram nessa eleição.[64]

Ademais, a composição do órgão deve garantir a participação de todos os segmentos sociais relevantes no município, o que, inclusive, pode ser pleiteado através de ações judiciais a serem patrocinadas pelos interessados. É a conclusão também esposada por Nelson Saule Júnior:

> O princípio da participação popular tem como elemento, para identificar o seu cumprimento, o exercício do direito à igualdade, pois não pode haver exclusão de qualquer segmento da sociedade nos processos de tomada de decisões de interesse da coletividade. Portanto, qualquer pessoa e em especial os grupos sociais marginalizados têm o direito de participar do processo de planejamento municipal, ou seja, do processo do plano diretor.[65]

Também a inexistência de mandato fixo para os representantes das organizações não governamentais é uma imposição que acreditamos decorrer diretamente do sistema adotado pela lei. O mandato de tais conselheiros pertence, na realidade, às associações civis que representam. É, pois, um mandato com características de *imperativo*.

A atribuição de funções *normativas* a tais órgãos colegiados também não foi, *a priori*, descartada pelo Estatuto. Dependerá, obviamente, do que dispuser a legislação de cada entidade federada. E, desde que respeitada a seara reservada exclusivamente ao legislativo, não vemos óbices constitucionais ao exercício do chamado *poder normativo* pelos Conselhos. Já disse Eros Roberto Grau, ao comentar o antigo Projeto nº 775/83 no tocante à atribuição de tais poderes ao Conselho Nacional de Desenvolvimento Urbano:

> Ora, há visível distinção entre as seguintes duas situações: a) vinculação da Administração às definições da lei; b) vinculação da Administração às definições "decorrentes" — isto é, fixadas em virtude dela — de lei.
>
> Na segunda delas, ainda quando as definições em pauta se operem em atos normativos não da espécie legislativa — mas decorrentes de previsão implícita ou explícita em atos legislativos contida — o princípio estará sendo devidamente acatado.
>
> (...)
>
> Tenho para mim, a partir da exposição acima produzida, que o artigo 38, IV do projeto não opera a delegação de "função legislativa" ao CNDU, mas apenas e tão-somente a atribuição, a ele, de "função normativa". Daí por que, decorrente — "em virtude" — de lei, essa atribuição implica se autoriza àquele órgão o exercício de capacidade regulamentar, plenamente compatível com a ordem constitucional.[66]

Questão tormentosa é saber se as decisões de tais órgãos colegiados, ou mesmo as conclusões extraídas de uma audiência pública, são ou não vinculantes para o poder público. Cremos que tal efeito não foi expressamente previsto pelo Estatuto, mas

---

[64] *Informação e participação...*, p. 217.
[65] *Do plano diretor*, p. 271.
[66] *Direito urbano*, p. 142.

poderá ser legalmente adotado no âmbito de cada município, como bem destacado por Maria Paula Dallari Bucci:

> A atribuição de funções deliberativas ao Conselho esbarrará nas matérias em relação às quais o Estatuto da Cidade ou outras normas exijam edição de lei específica, reservando, portanto, competência ao Poder Legislativo. Contudo, em relação a outras matérias, não cobertas por essa vedação, poderá ser atribuído ao conselho poder de deliberar sobre aspectos de fundo, os quais se tornarão elementos vinculantes ou de forte poder persuasório para a expedição de atos administrativos ou legislativos subseqüentes.[67]

Ainda que a vinculação não seja adotada, o simples fato de haver uma deliberação de um órgão colegiado, ou um posicionamento colhido em audiência pública, torna imprescindível uma *extensa motivação* por parte da autoridade pública que pretender agir em desconformidade com o decidido. Paulo de Bessa Antunes, ao tecer considerações sobre a audiência pública no processo de licenciamento ambiental, e concluir pela sua *natureza consultiva*, vai ao ponto crucial da questão:

> Penso que aqui se estabeleceu um dever de levar em conta a manifestação pública. Este dever se materializa na obrigação jurídica de que o órgão licenciante realize um reexame, em profundidade, de todos os aspectos do empreendimento que tenham sido criticados, fundamentadamente, na audiência pública.[68]

Também Lúcia Valle Figueiredo constata o que chama de *inversão do ônus da prova* em decorrência da deliberação tomada em audiência pública. Escreve, especificamente sobre as audiências públicas previstas na Lei de Licitações:

> Destarte, a primeira grande conseqüência, verificada por nós: inverte-se, em termos de controle, o ônus da prova. Há necessidade de a Administração provar que sua decisão, não obstante desacolhida ou questionada pela comunidade interessada, ou acolhida em outros termos, foi bem tomada. Nota-se, em conseqüência, a presunção de que a obra ou o serviço poderia entrar em atrito com os princípios vetoriais da Administração Pública.[69]

A seguir, o Estatuto refere-se aos debates, audiências e consultas públicas. Vale aqui o que já foi dito a respeito da vinculação das decisões dos Conselhos. O que se busca atingir é a fase de gestação dos atos de governo. Se nela não houve a participação popular, seu resultado — o ato de governo propriamente dito — é inválido.

As hipóteses de obrigatoriedade da realização de audiências, debates e consultas serão estabelecidas pela legislação de cada ente federado. Mas o próprio Estatuto já prevê um caso de audiência obrigatória: artigo 2º, XIII, que a torna imprescindível para a instalação de empreendimento potencialmente danoso.[70]

---

[67] *Gestão democrática da cidade*, p. 331. Em sentido contrário, Regis Fernandes de Oliveira (*Comentários ao Estatuto da Cidade*, p. 110).

[68] *Direito ambiental*, p. 296.

[69] *Instrumentos da administração consensual...*, p. 4.

[70] Maria Paula Dallari Bucci também inclui como hipótese de consulta pública obrigatória aquela prevista no artigo 37, parágrafo único do Estatuto (*Gestão democrática da cidade*, p. 335). Nos parece que não se trata de consulta *ao* público, mas sim de consulta *do* público com relação aos documentos integrantes do EIV.

Sempre que a audiência pública (ou, no mesmo passo, as consultas e debates) for prevista como obrigatória, sua realização deve ser encarada como verdadeiro *requisito de validade* do procedimento administrativo:

> Utilizando-nos da teoria da linguagem, podemos afirmar que a audiência pública é um evento, que, depois, feita a competente ata documentando-o, passa a ser relevante para o direito como fato administrativo, pois jurisdicizado, e absolutamente necessário para compor o procedimento, a preceder — nesses casos assinalados — o ato administrativo do edital. Portanto, temos a necessidade de um fato jurídico preliminar ao edital para validá-lo, fato jurídico este que será documentado pela Ata da Audiência, esta constituindo-se no ato administrativo inicial do procedimento.[71]

Também são mencionadas as conferências sobre assuntos de interesse urbano. São "foros para a formação de uma cultura de participação popular e consulta democrática na formulação de políticas, do que propriamente como um expediente legal vinculante".[72]

A iniciativa popular de projeto de lei e de planos, programas e projetos de desenvolvimento urbano vem prevista no inciso IV. A norma inova ao diferenciar a iniciativa de *projetos de lei* daquela referente a *planos, programas e projetos* de desenvolvimento urbano.

Não se olvide, aqui, da natureza jurídica de *lei* dos planos urbanísticos. Não estamos perante uma desvinculação das políticas públicas da estrita legalidade. No Brasil, "todo plano urbanístico há de ser aprovado por lei".[73] Mas nos parece que o legislador instituiu uma verdadeira *iniciativa da gestação de políticas públicas*, a ser manifestada perante o executivo. Através dela, portanto, a população desencadearia um processo de planejamento urbano, dentro da Administração.

Em matéria de iniciativa popular devemos rechaçar posicionamentos doutrinários que insistem em supervalorizar o princípio representativo. Insistimos, como já explicitado na parte inicial do presente estudo, que nosso texto constitucional adotou a *democracia participativa* como princípio fundamental, reflexo direto da *soberania popular*. Portanto, a iniciativa popular é cabível *ainda que a matéria do projeto seja de iniciativa privativa do chefe do executivo*.[74]

O inciso V do artigo 43, vetado, arrolava como instrumentos de gestão democrática o referendo e o plebiscito. A razão principal do veto é a existência da Lei nº 9.709, de 18 de novembro de 1998, que já regula tais institutos. Não nos parece que a existência da legislação sobre o tema deva funcionar como causa do veto. O Estatuto não buscou interferir na sistemática legal de tais institutos, mas apenas, num esforço de sistematização, arrolá-los como instrumentos para garantir a gestão democrática das cidades.

Em que pese a existência do veto, tais instrumentos continuam arrolados no artigo 4º do Estatuto, como instrumentos de política urbana, e deverão ser objeto de

---

[71] FIGUEIREDO. *Instrumentos da administração consensual...*, p. 6.

[72] BUCCI, *op. cit.*, p. 336.

[73] SILVA. *Direito urbanístico brasileiro*, p. 85.

[74] Em sentido contrário, Manoel Gonçalves Ferreira Filho (*Do processo legislativo*, p. 203); Maria Paula Dallari Bucci (*op. cit.*, p. 337).

legislação municipal que delimitará os "temas que podem ser objeto de referendo e plebiscito e as matérias referentes à fase de solicitação e da aprovação destes pela Câmara Municipal".[75]

No artigo 44, o Estatuto estabelece o que vem sendo chamado de *gestão orçamentária participativa*. A realização de audiências públicas, debates e consultas sobre as propostas das três leis orçamentárias, é alçada ao nível de verdadeira *condição de procedibilidade* do orçamento. Sem a realização de tais *providências democratizantes*, não poderá haver a aprovação das leis do orçamento pelo legislativo.

> Em verdade, a participação popular no orçamento, por exemplo, passa a ser obrigatória, o que leva à conclusão de que, em sua ausência, o processo de elaboração do orçamento é viciado, podendo ensejar disputa judicial Imagine-se que não tenha havido qualquer audiência pública, não pode o juiz entender inexistente o orçamento ou ser ele nulo? Poderá, em ação civil pública, conceder liminar a fim de o prefeito ou a Câmara proceder nos termos da lei, ouvindo a comunidade? Será que isso não é ingerência de um poder no outro? Parece-nos que a lei erigiu a participação popular (por qualquer forma que se a entenda) como "condição obrigatória" para aprovação do orçamento e, pois, requisito de validade, o que admite o controle judicial, uma vez que se cuida de legalidade do ato que venha a ser emanado.[76]

Por fim, o Estatuto obriga, em seu artigo 45, que os organismos gestores das regiões metropolitanas e das aglomerações urbanas incluam significativa participação popular e de associações civis como forma de controle de suas atividades.

Os conceitos de *região metropolitana, aglomeração urbana* e *microrregião* não são pacíficos na Doutrina e na legislação.[77] Apesar disso, podemos afirmar que a existência de *conurbação* apenas está presente nas duas primeiras. Somente nelas, pois, terá lugar o *organismo gestor* referido no artigo 45 do Estatuto, o que explica a falta de referência às microrregiões.

4 Conclusões

As disposições do Estatuto da Cidade, referentes à gestão democrática das cidades, estão diretamente relacionadas com a *democracia participativa* acolhida no texto de nossa Constituição vigente.

Muito mais do que simples fundamento político, o texto constitucional deve funcionar como verdadeiro norteador do processo interpretativo do Estatuto da Cidade, bem como da legislação que lhe venha complementar. Somente assim será possível a superação de uma visão conservadora dos instrumentos de participação direta do povo nos negócios do governo e que, via de regra, supervalorizam a *representação*, em detrimento direto da *soberania popular*.

Se nossos olhos, ao se deitarem sobre as normas que implementam a gestão democrática das cidades, estiverem devidamente embargados pelo espírito da Constituição Cidadã de 1988, certamente extrairemos do Estatuto a máxima efetividade

---

[75] SAULE JÚNIOR. *Novas perspectivas...*, p. 257. Em sentido contrário: Marcos Jordão Teixeira do Amaral Filho (*Da gestão democrática da cidade*, p. 265).

[76] OLIVEIRA. *Comentários ao Estatuto da Cidade*, p. 23.

[77] *Vide*, sobre o tema, José Afonso da Silva (*Direito urbanístico brasileiro*, p. 136 *et seq.*).

que se espera de suas disposições, fazendo jus às expectativas que, durante anos, cercaram os debates sobre a tão aguardada *lei de desenvolvimento urbano*.

Referências

ALVES, Fábio Wellington Ataíde. Os 500 anos da participação popular no Brasil. *Revista de Informação Legislativa*, Brasília, ano 37, n. 146, p. 203-208, abr./jun. 2000.

AMARAL FILHO, Marcos Jordão Teixeira do. Da gestão democrática da cidade. *In*: MEDAUAR, Odete; ALMEIDA, Fernando Dias Menezes de (Coord.). *Estatuto da Cidade*. 2. ed. rev. atual. e ampl. São Paulo: Revista dos Tribunais, 2004.

AMARAL, Roberto. A democracia representativa está morta; viva a democracia participativa. *In*: GRAU, Eros Roberto; GUERRA FILHO, Willis Santiago (Coord.). *Direito constitucional*: estudos em homenagem a Paulo Bonavides. 1. ed., 2. tiragem. São Paulo: Malheiros, 2003.

ANTUNES, Paulo de Bessa. *Direito ambiental*. 6. ed. rev. ampl. e atual. Rio de Janeiro: Lumen Juris, 2002.

BANDEIRA DE MELLO, Celso Antônio. A democracia e suas dificuldades contemporâneas. *Revista de Informação Legislativa*, Brasília, ano 35, n. 137, p. 255-264, jan./mar. 1998.

BARROSO, Luís Roberto. *Interpretação e aplicação da Constituição*. São Paulo: Saraiva, 1996.

BARROSO, Luís Roberto. *O direito constitucional e a efetividade de suas normas*: limites e possibilidades da Constituição Brasileira. 3. ed. atual. e ampl. Rio de Janeiro: Renovar, 1996.

BENEVIDES, Maria Victoria de Mesquita. *A cidadania ativa*: referendo, plebiscito e iniciativa popular. 3. ed. São Paulo: Ática, 1998.

BOBBIO, Norberto. *Estado, governo, sociedade*: para uma teoria geral da política. 10. ed. Tradução de Marco Aurélio Nogueira. Rio de Janeiro: Paz e Terra, 2003.

BOBBIO, Norberto. *Liberalismo e democracia*. 6. ed. Tradução de Marco Aurélio Nogueira. São Paulo: Brasiliense S.A., 1995.

BOBBIO, Norberto. *O futuro da democracia*. 8. ed. rev. e ampl. Tradução de Marco Aurélio Nogueira. São Paulo: Paz e Terra, 2002.

BONAVIDES, Paulo. *Teoria constitucional da democracia participativa*: por um direito constitucional de luta e resistência; por uma nova hermenêutica; por uma repolitização da legitimidade. 2. ed. São Paulo: Malheiros, 2003.

BONAVIDES, Paulo. *Teoria do Estado*. 3. ed. rev. e ampl. São Paulo: Malheiros, 1995.

BRUNET, Karina. Crise do Estado: participação e solidariedade. *Revista de Informação Legislativa*, Brasília, ano 38, n. 152, p. 205-214, out./dez. 2001.

BUCCI, Maria Paula Dallari. Gestão democrática da cidade. *In*: DALLARI, Adilson Abreu; FERRAZ, Sergio (Coord.). *Estatuto da Cidade*. São Paulo: Malheiros, 2002.

CÂMARA, Jacintho Arruda. Plano diretor. *In*: DALLARI, Adilson Abreu; FERRAZ, Sergio (Coord.). *Estatuto da Cidade*. São Paulo: Malheiros, 2002.

COMPARATO, Fábio Konder. *Direito público*: estudos e pareceres. São Paulo: Saraiva, 1996.

DALLARI, Adilson Abreu. Os poderes administrativos e as relações jurídico-administrativas. *Revista de Informação Legislativa*, Brasília, ano 36, n. 141, p. 75-87, jan./mar. 1999.

DALLARI, Dalmo de Abreu. Formas de participação política. *Revista da Procuradoria Geral do Estado de São Paulo*, São Paulo, n. 24, p. 135-147, dez. 1995.

DI PIETRO, Maria Sylvia Zanella. *Direito administrativo*. 12. ed. São Paulo: Atlas, 2000.

DI PIETRO, Maria Sylvia Zanella. *Parcerias na Administração Pública*. 3. ed. São Paulo: Atlas S.A, 1999.

DIAS, Luiz Cláudio Portinho. A democracia participativa brasileira. *Jus Navigandi*, Teresina, ano 3, n. 27, dez. 1998. Disponível em: <http://www1.jus.com.br/doutrina/texto.asp?id=61>. Acesso em: 28 jul. 2003.

DOWBOR, Ladislau. *O que é poder local*. São Paulo: Brasiliense S.A., 1999.

FERREIRA FILHO, Manoel Gonçalves. *Do processo legislativo*. 3. ed. atual. São Paulo: Saraiva, 1995.

FIGUEIREDO, Lúcia Valle. Instrumentos da administração consensual: a audiência pública e sua finalidade. *Revista Diálogo Jurídico*, Salvador, v. 1, n. 8, nov. 2001. Disponível em: <http://www.direitopublico.com.br>. Acesso em: 10 jun. 2003.

FREITAS, Juarez. O intérprete e o poder de dar vida à Constituição: preceitos de exegese constitucional. *In*: GRAU, Eros Roberto; GUERRA FILHO, Willis Santiago (Coord.). *Direito constitucional*: estudos em homenagem a Paulo Bonavides. 1. ed., 2. tiragem. São Paulo: Malheiros, 2003.

GALUPPO, Marcelo Campos. Os princípios jurídicos no estado democrático de direito: ensaio sobre o modo de sua aplicação. *Revista de Informação Legislativa*, Brasília, ano 36, n. 143, p. 191-210, jul./set. 1999.

GASPARINI, Diogenes. *O Estatuto da Cidade*. São Paulo: NDJ, 2002.

GRAU, Eros Roberto. *Direito urbano*. São Paulo: Revista dos Tribunais, 1983.

GUERRA FILHO, Willis Santiago. Princípio da proporcionalidade e teoria do direito. *In*: GRAU, Eros Roberto; GUERRA FILHO, Willis Santiago (Coord.). *Direito constitucional*: estudos em homenagem a Paulo Bonavides. 1. ed., 2. tiragem. São Paulo: Malheiros, 2003.

MACHADO, Paulo Affonso Leme. Informação e participação: instrumentos necessários para a implementação do direito ambiental. *Revista de Informação Legislativa*, Brasília, ano 34, n. 134, p. 213-218, abr./jun. 1997.

MAMEDE, Gladston. Hipocrisia: o mito da cidadania no Brasil. *Revista de Informação Legislativa*, Brasília, ano 34, n. 134, p. 219-230, abr./jun. 1997.

MATTOS, Liana Portilho. Da gestão democrática da cidade. *In*: MATTOS, Liana Portilho (Org.). *Estatuto da Cidade comentado*. Belo Horizonte: Mandamentos, 2002.

MATTOS, Liana Portilho. Diretrizes gerais. *In*: MATTOS, Liana Portilho (Org.). *Estatuto da Cidade comentado*. Belo Horizonte: Mandamentos, 2002.

MENEGASSI, Jaqueline; OSÓRIO, Letícia Marques. Estudo de impacto de vizinhança. *In*: MATTOS, Liana Portilho (Org.). *Estatuto da Cidade comentado*. Belo Horizonte: Mandamentos, 2002.

MODESTO, Paulo. Participação popular na Administração Pública: mecanismos de operacionalização. *Revista Diálogo Jurídico*, Salvador, v. 1, n. 7, out. 2001. Disponível em: <http://www.direitopublico.com.br>. Acesso em: 10 jun. 2003.

MOURÃO, Laís de Almeida (Coord.). *Gestão municipal democrática*. São Paulo: FUNDAÇÃO PREFEITO FARIA LIMA – CEPAM. Unidade de Produção de Pareceres e Informações Jurídicas – UPPIJ, 2001.

MUKAI, Toshio. *Direito urbano-ambiental brasileiro*. 2. ed. rev. atual. e ampl. São Paulo: Dialética, 2002.

OLIVEIRA, Gustavo Henrique Justino de. As audiências públicas e o processo administrativo brasileiro. *Revista de Informação Legislativa*, Brasília, ano 34, n. 135, p. 271-282, jul./set. 1997.

OLIVEIRA, Regis Fernandes de. *Comentários ao Estatuto da Cidade*. São Paulo: Revista dos Tribunais, 2002.

PEDRA, Anderson Sant'Ana. Na defesa de uma democracia participativa. *Jus Navigandi*, Teresina, ano 7, n. 63, mar. 2003. Disponível em: <http://www1.jus.com.br/doutrina/texto.asp?id=3795>. Acesso em: 10 jun. 2003.

RAMOS, Elival da Silva. *A inconstitucionalidade das leis*. São Paulo: Saraiva, 1994.

ROCHA, Cármen Lúcia Antunes. Princípios constitucionais do processo administrativo no direito brasileiro. *Revista de Informação Legislativa*, Brasília, ano 34, n. 136, p. 5-28, out./dez. 1997.

ROLNIK, Raquel. Planejamento e gestão: um diálogo de surdos?. *In*: MOREIRA, Mariana (Coord.). *Estatuto da Cidade*. São Paulo: Fundação Prefeito Faria Lima – CEPAM, 2001.

SANTOS, Marília Lourido dos. Noções gerais acerca do processo administrativo e da Lei nº 9.784/99. *Revista de Informação Legislativa*, Brasília, ano 38, n. 149, p. 243-254, jan./mar. 2001.

SAULE JÚNIOR, Nelson. *Direito à cidade*: trilhas legais para o direito às cidades sustentáveis. São Paulo: Max Limonad, 1999.

SAULE JÚNIOR, Nelson. Do plano diretor. *In*: MATTOS, Liana Portilho (Org.). *Estatuto da Cidade comentado*. Belo Horizonte: Mandamentos, 2002.

SAULE JÚNIOR, Nelson. *Novas perspectivas do direito urbanístico brasileiro*: ordenamento constitucional da política urbana: aplicação e eficácia do plano diretor. Porto Alegre: Sergio Antonio Fabris, 1997.

SAULE JÚNIOR, Nelson. O tratamento constitucional do plano diretor como instrumento de política urbana. *In*: FERNANDES, Edésio (Coord.). *Direito urbanístico*. Belo Horizonte: Del Rey, 1998.

SILVA, José Afonso da. *Curso de direito constitucional positivo*. 19. ed. rev. e atual. São Paulo: Malheiros, 2001.

SILVA, José Afonso da. *Direito urbanístico brasileiro*. 2. ed. rev. e atual. São Paulo: Malheiros, 1995.

SOUZA, Washington Peluso Albino de. Democracia e exclusão social. *In*: GRAU, Eros Roberto; GUERRA FILHO, Willis Santiago (Coord.). *Direito constitucional*: estudos em homenagem a Paulo Bonavides. 1. ed., 2. tiragem. São Paulo: Malheiros, 2003.

SUNDFELD, Carlos Ary. O Estatuto da Cidade e suas diretrizes gerais. *In*: DALLARI, Adilson Abreu; FERRAZ, Sergio (Coord.). *Estatuto da Cidade*. São Paulo: Malheiros, 2002.

TEIXEIRA, José Horácio Meirelles. *Curso de direito constitucional*. Rio de Janeiro: Forense Universitária, 1991.

Informação bibliográfica deste texto, conforme a NBR 6023:2002 da Associação Brasileira de Normas Técnicas (ABNT):

PETRUCCI, Jivago. Gestão democrática da cidade: delineamento constitucional e legal. *In*: DALLARI, Adilson Abreu; DI SARNO, Daniela Campos Libório (Coord.). *Direito urbanístico e ambiental*. 2. ed. rev. Belo Horizonte: Fórum, 2011. p. 151-175. ISBN 978-85-7700-449-2.

Plano Diretor – O Processo Legislativo

João Jampaulo Júnior

Introdução

O Direito Urbanístico é uma disciplina nova que surgiu com o desenvolvimento tecnológico. Na mesma proporção em que a sociedade foi passando por processos de evolução, desenvolvimento e de sofisticação, o direito não poderia ficar estagnado ante essa dinâmica social. O Direito Urbanístico, pela sua novidade, não possui ainda um corpo sistematizado, motivo pelo qual deverá ser trabalhado com aquilo que puder ser extraído do texto constitucional.

A Constituição Federal de 1988 inovou sobremaneira em matéria de Direito Urbanístico, ocupando-se do tema em vários de seus dispositivos e dedicando um capítulo especial à Política Urbana. Ao atribuir aos Municípios competência para legislar sobre assuntos de interesse local, suplementar à legislação federal e estadual no que couber e promover, também no que couber, o adequado ordenamento territorial, mediante planejamento e controle do uso, do parcelamento e da ocupação do solo urbano,[1] o texto constitucional deferiu competência específica aos Municípios, no caso, em matéria de urbanismo. Tanto a assertiva é verdadeira que a Lei Fundamental impõe aos Municípios com mais de 20 mil habitantes, a obrigatoriedade de plano diretor aprovado pela Câmara.[2]

Tendo em vista o mandamento constitucional onde o plano diretor deverá ser aprovado pela Câmara, tal imposição implica necessariamente na existência de um processo legislativo, o que envolve preliminarmente uma discussão sobre o seu procedimento.

---

[1] Constituição Federal – Art. 30, incs. I, II e VIII.

[2] Constituição Federal – Art. 182, §1º.

O plano diretor poderá ser tratado em sede de processo legislativo ordinário ou pela importância e complexidade da matéria carecerá ele de um procedimento legislativo especial? Várias outras questões igualmente se apresentam para serem dirimidas, tais como: qual seria o instrumento normativo hábil a fazer ingressar no ordenamento jurídico o plano diretor? A iniciativa legislativa é privativa do Executivo ou pode o Legislativo desencadear o processo em iniciativa concorrente? Pode o plano diretor ser rejeitado pela Câmara? Uma vez aprovado por lei, o plano diretor poderá ser objeto de veto total pelo Executivo?

O presente estudo não tem a pretensão de esgotar a matéria e muito menos apresentar soluções definitivas com relação à temática do plano diretor. A sua finalidade busca tão somente trazer à discussão algumas das dificuldades apontadas e que ousaremos enfrentar no decorrer deste trabalho.

1 Procedimento legislativo

1.1 Considerações preliminares

O projeto de lei que pretender instituir o plano diretor deverá seguir as mais comezinhas regras do processo de elaboração dos atos normativos. Conforme já dissemos em outra oportunidade, *"a redação de um projeto cuida diretamente da linguagem a ser utilizada"*[3] (grifo nosso), primando pela sua correção e buscando sempre a fórmula da simplicidade, posto que as leis são feitas para serem entendidas por pessoas comuns.

O texto da futura lei deverá buscar uma correta distribuição e uma sistematização lógica, afigurando-se como medida salutar que reputamos necessária, e às vezes até obrigatória, uma pesquisa prévia e a elaboração posterior de um anteprojeto *"pois só dessa forma ficará claro e definido o que pretende o legislador regular"*[4] (grifo nosso).

Ocorre, todavia, que o plano diretor não encerra um texto normativo comum, pois adentra ao campo da elaboração de planos ou planificação. Miguel Reale em precioso artigo denominado "Direito e planificação"[5] leciona que *"o problema da forma jurídica não deve ser proposto depois da escolha dos fins e dos meios, mas concomitantemente com ela, tão íntima é a vinculação existente entre esses elementos, entre conteúdo e forma, planos de ação e esquemas jurídicos adequados"* (grifo nosso).

Assim, não é sem razão que José Afonso da Silva, ao cuidar da elaboração do plano diretor, adverte para a lição de que a *"formulação desse documento é uma tarefa técnica multidisciplinar"* (grifo nosso), predominando aspectos técnicos e envolvendo um procedimento jurídico em vista dos requisitos impostos.[6]

---

[3] JAMPAULO JÚNIOR. *O processo legislativo municipal*, p. 162.

[4] *Ibidem*, p. 162.

[5] *Revista de Direito Público – RDP*, p. 94.

[6] SILVA. *Direito urbanístico brasileiro*, p. 127.

1.2 O procedimento especial

Os atos normativos deverão ser elaborados em consonância com as regras ditadas na Lei Orgânica do Município e no Regimento Interno da Câmara Municipal. O trâmite do projeto é o que tecnicamente se denomina procedimento legislativo, ou seja, o modo pelo qual os atos ordenados do processo legislativo se desenvolvem na Câmara de Vereadores. No sistema brasileiro, os procedimentos legislativos dividem-se em procedimento ordinário, procedimento sumário e procedimentos legislativos especiais.

Existe divergência na doutrina sobre quais casos devam integrar o procedimento legislativo especial. Para uns, enquadram-se dentre os procedimentos especiais tão somente a elaboração de emendas à Constituição e a elaboração de códigos. Para outros, dentre os quais nos incluímos, a matéria abrange a elaboração de emenda constitucional, leis financeiras, lei delegada, medidas provisórias, leis complementares, os códigos e as consolidações.[7]

Não obstante a controvérsia sobre o tema, entendemos que o projeto do plano diretor, pela sua importância, complexidade e extensão, deve adotar um procedimento mais longo, minucioso e participativo. Tendo em vista essas questões, quer nos parecer necessário que a Câmara faça previsão em seu regimento interno de normas de procedimento com relação à tramitação do projeto de lei do plano diretor, incluindo audiências públicas,[8] onde as várias facções da sociedade possam se manifestar e inclusive ofertar sugestões,[9] que, se acolhidas, poderão ser utilizadas na forma de emendas apresentadas por vereadores ou comissão legislativa.[10]

Em verdade, não se pode olvidar que a participação das entidades previstas no inciso XII do artigo 29 da Constituição Federal poderá se dar, inclusive, quando da elaboração do plano, ainda no âmbito do Executivo. Todavia, fica a sugestão para que os segmentos populares participem não só da elaboração do plano, mas também da sua discussão, agora em sede Legislativa.

O projeto do plano diretor, após instruído com o parecer técnico-jurídico e debatido em audiência pública, deverá ser encaminhado a uma comissão mista ou especial, que poderá ser composta pelos membros das comissões permanentes diretamente ligadas ao tema (p. ex.: comissão de justiça, de finanças e orçamento, de obras e serviços públicos, do meio ambiente, etc.).

As emendas ofertadas deverão ser apresentadas nessa comissão, em prazo regimentalmente determinado, que terá o poder de sobre elas deliberar, sem excluir o direito de que as emendas rejeitadas, mediante determinado número de assinaturas, possam ser apreciadas pelo plenário da Câmara. Encerrado o prazo para apresentação de emendas, a Comissão, através de seu relator, deverá ofertar parecer sobre o projeto, já com as emendas acolhidas. Instruído com o parecer da comissão mista ou especial, o projeto estará apto à discussão e votação.

---

[7] JAMPAULO JÚNIOR. *O processo legislativo municipal*, p. 120.

[8] O Estatuto da Cidade, Lei nº 10.257 de 10 de julho de 2001, em seu artigo 43, inciso II, cuida da Gestão Democrática da Cidade, prevendo dentre outros mecanismos debates, audiências e consultas públicas.

[9] Constituição Federal – Art. 29, inc. XII.

[10] JAMPAULO JÚNIOR, *op. cit.*, p. 134.

Entendemos que para aprovação do projeto do plano diretor, bem como para alterações posteriores ao plano, pela relevância de seu objeto, devem adotar o sistema de dois turnos de votação, com interstício mínimo a ser previsto regimentalmente entre o primeiro e o segundo turno, considerando-se aprovado o projeto ou a alteração do plano, pelo *quorum* qualificado de dois terços dos membros da Câmara.

Conclui-se dessa maneira que, ao adotar um procedimento legislativo especial, o projeto instituidor do plano diretor poderá ser elaborado pelo Executivo com critérios técnicos e participação popular, e poderá a Câmara de Vereadores legislar e deliberar sobre o tema, com prazo suficiente para uma ampla discussão dessa que é uma das matérias mais importantes em sede municipal.

2 Natureza jurídica

2.1 O ordenamento jurídico anterior

Antes do advento da Constituição de 1988, quando ao tratar da competência constitucional municipal, a Lei Fundamental apontava para os assuntos de peculiar interesse. As disposições sobre plano diretor não eram tratadas em sede constitucional, mas sim nas leis orgânicas impostas aos Municípios pelo Estado, e a questão sobre o instrumento normativo hábil a fazer ingressar no ordenamento jurídico o plano diretor se afigurava de maneira pacífica.

O comando constitucional do peculiar interesse, combinado com o artigo 20, inciso XI do Decreto-Lei Complementar nº 9, de 31 de dezembro de 1969,[11] bastava para solucionar a questão, uma vez que dentre as atribuições da Câmara, a ela competia, com a sanção do Prefeito, dispor sobre as matérias de competência do Município e, especialmente, "*aprovar o Plano Diretor de Desenvolvimento Integrado*".[12] Ora, a aprovação pela Câmara com a sanção do Prefeito era indicador mais do que suficiente para se concluir que o plano diretor era matéria de lei, e lei cuja aprovação dependia do voto favorável de dois terços dos membros da Câmara, consoante dispunha o artigo 19, §3º, nº 1, "a", da Lei Orgânica dos Municípios do Estado de São Paulo, cuja redação foi alterada posteriormente. Assim, não restava qualquer dúvida de que a lei seria o ato normativo hábil a fazer ingressar no mundo jurídico o plano diretor.

2.2 O ordenamento jurídico atual

Nos dias atuais, o problema não se afigura de maneira tão simplista ou tão clara no novo ordenamento constitucional, o que demanda uma análise mais aprofundada sobre o tema. Com efeito, o §1º do artigo 182 da Constituição Federal determina que o plano diretor deverá ser "*aprovado pela Câmara Municipal*". Esse comando constitucional, se interpretado isoladamente, não irá oferecer subsídios indicativos e seguros sobre qual o ato normativo competente para a elaboração e a aprovação do plano diretor.

---

[11] Lei Orgânica dos Municípios do Estado de São Paulo.

[12] Decreto-Lei Complementar nº 9, de 31.12.1969 – Art. 24, inc. XI.

A dúvida que surge da leitura de mencionado dispositivo revela que em um primeiro momento o plano diretor poderia ser aprovado pelo legislativo municipal através de outro ato normativo que não a lei, sugerindo, inclusive, um novo procedimento na Câmara, visto que o texto constitucional queda silente, não falando sequer em sanção pelo chefe do Executivo.

O legislador ordinário, quando teve oportunidade, também não dirimiu a dúvida. Tanto a assertiva é verdadeira, que o *Projeto de Lei do Senado nº 181, de 1989*,[13] ao cuidar do plano diretor em seu artigo 47, preceituava que o mesmo seria elaborado pelo Poder Executivo, e que após seria submetido à apreciação da Câmara, cuja aprovação e modificação dependeria do *quorum* de dois terços.

A problemática persistiu, posto que aludido projeto de lei, ao cuidar do tema, falou em elaboração pelo Executivo, aprovação pela Câmara e a necessidade de *quorum* qualificado a ser obedecido na aprovação, silenciando com relação à sanção ou veto e não fornecendo qualquer outro indicativo para a solução do problema sobre a natureza jurídica do ato normativo hábil a fazer ingressar no ordenamento jurídico municipal o plano diretor.

2.3 Aprovação por lei

A questão para nós não se afigura de todo intransponível. O texto constitucional apresenta fortes indícios de que o plano diretor deve ser aprovado através de lei municipal.

O primeiro argumento que milita em favor desse entendimento diz respeito ao postulado da *Unidade da Constituição*, onde o intérprete não pode e não deve analisar individualmente os vários preceitos existentes, pois não atingirá a necessária compreensão.

A verdade inserida na Lei Fundamental só poderá ser alcançada através de uma interpretação sistemática, o que afasta preliminarmente a simples leitura de um artigo de maneira isolada, devendo o obreiro da atividade interpretativa buscar as recíprocas implicações de preceitos e princípios até atingir uma vontade unitária na Constituição.[14] A interpretação constitucional deve ser realizada de maneira a evitar contradições entre suas normas. Ante o exposto, de total aplicabilidade o magistério de Ferrara, quando diz que um princípio jurídico não pode ser concebido de maneira isolada, pois está ligado por nexo íntimo com outros princípios.[15]

Celso Ribeiro Bastos, em recente artigo denominado "Interpretação correta das normas",[16] ao cuidar da interpretação da Constituição, prescreve precioso ensinamento que a seguir transcrevemos:

> Constitui um velho ideal do iluminismo a aplicação mecanicista do Direito, a aceitação de que os significados das palavras são tão evidentes que o intérprete cumpriria sua missão se se dispusesse a ler atentamente as disposições que interpreta. Nada mais

---

[13] Dispõe sobre o "Estatuto da Cidade" – Matéria não aprovada e, portanto, não convertida em lei.

[14] BASTOS. Hermenêutica constitucional. *Revista de Informação Legislativa*, p. 54.

[15] FERRARA. *Interpretação e aplicação das leis*, p. 143.

[16] Publicado no Jornal *Folha de S.Paulo*, 05 dez. 1998. Opinião 1-3.

> nocivo para o Direito do que esse fetichismo, que leva a cabo interpretações rígidas. Na Constituição, nada é suficientemente claro que não demande interpretação.
>
> É que a linguagem normativa não tem significações unívocas. Seus vocábulos comportam mais de um conceito, o que já seria o bastante para justificar a necessidade da interpretação. Há que acrescentar hipóteses em que o texto legal vem inçado de erros de gramática, de lógica ou sintáticos, que obscurecem o conteúdo correto da norma.
>
> Não se pode, pois, reduzir o intérprete a mero autômato. Todo ato interpretativo é um ato de vontade; contém em si uma carga valorativa própria daquele que desenvolveu a atividade interpretativa. Vale lembrar que a interpretação constitucional não deve procurar obter a vontade de uma norma isolada. Formando a Constituição um sistema, suas normas deverão ser consideradas coesas e mutuamente imbricadas. Jamais se poderá tomar alguma isoladamente. (grifo nosso)

Retomando o tema em discussão, e quisesse o legislador constituinte que o plano diretor fosse aprovado por ato normativo diverso de lei e independentemente de sanção do Executivo, teria dito expressamente, assim como o fez em outras oportunidades. Comprova essa afirmação o conteúdo do artigo 48 da Lei Fundamental, que excluiu expressamente a sanção do Presidente da República nas matérias tratadas nos artigos 49, 51 e 52, que dispõem, respectivamente, sobre a competência exclusiva do Congresso Nacional, da Câmara dos Deputados e do Senado Federal, indicando que para as matérias ali dispostas o Legislativo utilizar-se-á de ato próprio de sua competência.[17] Como se não bastasse o conteúdo do artigo 29, *caput*, da Magna Carta, ao tratar da Lei Orgânica regedora dos Municípios, impõe a sua aprovação pela Câmara de vereadores "*que a promulgará*", excluindo dessa forma o ato de sanção ou veto pelo Executivo.

Partindo do princípio de que não existem lacunas na Constituição e que se o constituinte não disse foi porque não quis, uma vez que a ideia de globalidade constitucional que surge dentro do princípio da unidade da Constituição impõe ao intérprete a noção de conjunto, de preceitos integrados e não isolados, duas conclusões são obrigatórias: ou se recorre a uma interpretação sistêmica obediente aos princípios hermenêuticos constitucionais ou a matéria foi relegada ao plano da legislação infraconstitucional. Esta segunda hipótese é descartada de pronto, uma vez que o projeto de lei do Senado não foi aprovado, e mesmo que tivesse sido, já demonstramos que ele (o projeto do Senado) não esclareceu a questão.

Resta, assim, a alternativa de uma interpretação sistemática e obediente ao princípio da unidade da Constituição, conforme demonstrado, e que nos levará, neste primeiro momento, na direção de que a aprovação do plano diretor deverá se dar através de lei, pois se a vontade da Constituição fosse outra, o seu texto ou diria expressamente, ou apresentaria indicativos nesse sentido.

O segundo argumento, que conjugado ao primeiro se nos afigura como definitivo no sentido de que o plano diretor deve ser aprovado por lei, encontra fundamento no fato de que o poder público sempre deve agir sob a égide do princípio da legalidade.

---

[17] Por força da Emenda Constitucional nº 19, de 5 de julho de 1989 a fixação dos subsídios dos agentes políticos e dos servidores do Legislativo passam a ser matéria de lei.

O plano diretor é um instrumento limitativo ao direito, e como tal deverá ser tratado através de lei. José Afonso da Silva se pronuncia sobre a questão dizendo que os planos urbanísticos são aprovados por lei em razão de assim exigir o princípio da legalidade no nosso sistema, uma vez que não é admissível a criação de obrigações e a imposição de constrangimentos senão através de lei, conforme dispõe o inciso II, do artigo 5º da Magna Carta.[18] Hely Lopes Meirelles[19] corrobora essa assertiva quando leciona que:

> *A aprovação do plano diretor (sic)* deve ser por lei, e lei com supremacia sobre as demais para dar preeminência e maior estabilidade às regras e diretrizes do planejamento. Daí por que os Municípios podem estabelecer em sua legislação *quorum (sic)* qualificado para aprovação ou modificação da lei do plano diretor, infundindo, assim, mais segurança e perenidade a essa legislação. (grifo nosso)

Levando-se em conta a ideia de globalidade constitucional que surge dentro do princípio da unidade da Constituição impondo ao intérprete a noção de conjunto, de preceitos integrados e não isolados, e em vista da inexistência de lacunas na Constituição, acrescendo-se a esse raciocínio a obediência ao princípio da legalidade, uma vez que as limitações, nos dizeres de Celso Antônio Bandeira de Mello,[20] só podem ser impostas por lei, "*e lei formal*" (grifo nosso), imperioso interpretar que o comando "*aprovado pela Câmara Municipal*" contido no §1º do artigo 182 da Constituição Federal equivale a dizer que o plano diretor deverá ser aprovado por lei.

Após o envio do projeto instituidor do plano diretor pelo Executivo, o mesmo deverá ser apreciado pela Câmara Municipal, que, se aprovado e posteriormente sancionado e promulgado pelo Executivo, irá adquirir força "*para que se torne impositivo para a Administração e para os administrados*"[21] (grifo nosso). Justifica-se, pois, o nosso entendimento no sentido de que o plano diretor, por força de uma interpretação sistemática da Constituição conjugada ao princípio da legalidade, dar-se-á por lei aprovada pela Câmara Municipal, pois só assim poderá ter a característica de um instrumento limitativo.[22]

3 Iniciativa legislativa

3.1 Primeiras considerações

A iniciativa, conforme já dissemos em outra oportunidade,[23] é o ato pelo qual se origina, se inicia o processo legislativo. É o ato inaugural, é o impulso original da

---

[18] SILVA. *Direito urbanístico brasileiro*, p. 127.

[19] MEIRELLES. *Direito municipal brasileiro*, p. 395.

[20] MELLO, Celso Antônio Bandeira de. Natureza jurídica do zoneamento: efeitos. *Revista de Direito Público – RDP*, n. 61, p. 40: "*Esta assertiva é inquestionável, pelo menos nos ordenamentos em que o princípio da legalidade foi acolhido em toda sua extensão, como sucede no caso do Texto Constitucional brasileiro*" (grifo nosso).

[21] MEIRELLES. *Direito municipal brasileiro*, p. 395.

[22] O Estatuto da Cidade, Lei nº 10.257 de 10 de julho de 2001, em seu artigo 40 dirimiu de vez a questão, determinando que o Plano Diretor deve ser aprovado por Lei Municipal, *in verbis*: **Art. 40.** O plano diretor, *aprovado por lei municipal*, é o instrumento básico da política de desenvolvimento e expansão urbana (destacamos).

[23] JAMPAULO JÚNIOR. *O processo legislativo municipal*, p. 78.

elaboração da lei mediante a sua apresentação em forma de projeto de lei, conforme a matéria que se pretenda regular. Ou segundo ensina Michel Temer,[24] "*iniciativa é o ato que deflagra o processo de criação da lei*" (grifo nosso).

Manoel Gonçalves Ferreira Filho,[25] ao tratar da iniciativa, manifesta-se no sentido de que ela "*não é propriamente uma fase do processo legislativo, mas sim o ato que o desencadeia. Em verdade, juridicamente, a iniciativa é o ato por que se propõe a adoção do direito novo. Tal ato é uma declaração de vontade, que deve ser formulada por escrito e articuladamente; ato que se manifesta pelo depósito do instrumento, do projeto, em mãos da autoridade competente*" (grifo nosso).

Conclui-se, pois, que a iniciativa legislativa é um poder ou faculdade que se atribui a alguém ou a algum órgão, para apresentar projetos de lei ao Legislativo. Esse poder ou faculdade concedida caracteriza o seu destinatário como o *titular da iniciativa.*

3.2 Iniciativa privativa e a iniciativa concorrente

A iniciativa legislativa pode ser concorrente (geral) ou privativa (reservada). A iniciativa concorrente é a regra. Em sede municipal ela compete a qualquer Vereador, à Mesa ou Comissão da Câmara, ao Prefeito, ou, ainda, à população, na forma e nos casos previstos na Lei Orgânica de cada Município, obedecendo-se ao que dispõe o artigo 61 da Constituição Federal.

A iniciativa privativa é a exceção. É conferida a apenas um órgão, agente ou pessoa, ou seja, é a que cabe exclusivamente a um titular, seja o Prefeito, seja a Câmara, em nível municipal, conforme dispuser a Lei Orgânica Municipal.

3.3 Iniciativa legislativa e plano diretor

O plano diretor, segundo Hely Lopes Meirelles, transcende a natureza de um simples projeto executivo de obras e serviços públicos, pois possui a característica de instrumento guia dos futuros empreendimentos da Prefeitura, visando à satisfação comunitária.[26]

A elaboração do projeto de lei que resultará no plano diretor municipal, pela sua própria característica e natureza, é "*tarefa de especialistas nos diversos setores de sua abrangência, devendo por isso mesmo ser confiada a órgão técnico da Prefeitura ou contratada com profissionais de notória especialização na matéria*"[27] (grifo nosso). Outro não é o pensamento de José Afonso da Silva[28] quando atribui a tarefa de elaboração desse projeto de lei como competência do Executivo municipal, através dos vários setores da Prefeitura encarregados do planejamento, e conclui dizendo que a elaboração do

---

[24] TEMER. *Elementos de direito constitucional*, p. 137.

[25] FERREIRA FILHO. *Curso de direito constitucional*, p. 164.

[26] MEIRELLES. *Direito de construir*, p. 99.

[27] MEIRELLES. *Direito municipal brasileiro*, p. 395.

[28] SILVA. *Direito urbanístico brasileiro*, p. 127.

plano implica no envolvimento de uma *"lenta preparação que exige uma metodologia adequada"*[29] (grifo nosso).

O Projeto de Lei do Senado nº 181/89 (Estatuto da Cidade), que buscava estabelecer as diretrizes gerais da Política Urbana, embora não aprovado, oferece subsídios interessantes a respeito da iniciativa legislativa do plano diretor ao dispor em seu artigo 47 que o *"Plano Diretor e os planos municipais de desenvolvimento serão elaborados pelo Poder Executivo do Município e submetidos à apreciação da Câmara dos Vereadores"*.

Assim, nos parece inquestionável a competência do Executivo municipal para elaborar o plano diretor, através de seus órgãos competentes, sempre *"sob supervisão do prefeito, que transmitirá as aspirações dos munícipes quanto ao desenvolvimento do Município e indicará as prioridades das obras e serviços de maior urgência e utilidade para a população"*[30] (grifo nosso).

Depreende-se de todo o exposto que, pela complexidade técnica da matéria, além de elaborar o plano diretor, caberá ao Executivo municipal a iniciativa legislativa, encaminhando o respectivo projeto de lei à Câmara de Vereadores, que sobre ele deliberará.

3.4 O poder de emenda

Não obstante competir ao Executivo a elaboração do plano diretor e o exercício da iniciativa legislativa, que nesse primeiro momento é privativa do Prefeito municipal, à Câmara de Vereadores é facultado apresentar emendas ao projeto de lei durante o curso do processo legislativo, posto que nesse momento processual torna-se concorrente a matéria.

Através do poder de emenda, poderá a Câmara Municipal ofertar ao projeto do plano diretor outros anseios da comunidade às vezes não alcançados pelo Executivo, uma vez que são os Vereadores os agentes políticos de maior contato com os bairros e com a população. Desse convívio pode-se apurar as necessidades das obras e demais serviços de urgência, guiando as futuras ações do Poder Público, através de uma política de empreendimentos que busque a satisfação do bem comum. Contudo, merece registro a lição de José Afonso da Silva[31] no sentido de que *"devem-se evitar emendas que o desfigurem, lhe quebrem a coerência, o tornem inexeqüível, ou de mera satisfação de interesse individual ou em detrimento do interesse público"* (grifo nosso).

4 Apreciação do Projeto de Plano Diretor

4.1 Considerações gerais

A Constituição da República dispõe que o plano diretor será *"aprovado pela Câmara Municipal"* e que o mesmo é *"obrigatório"* para cidades com mais de 20 mil

[29] *Ibidem*, p. 127.

[30] MEIRELLES. *Direito municipal brasileiro*, p. 395.

[31] SILVA. *Direito urbanístico brasileiro*, p. 130.

habitantes.[32] Tendo em vista o comando constitucional, poderia o projeto de lei que institui o plano diretor ser rejeitado pelo Legislativo? E se aprovado pela Câmara de Vereadores, poderia ser vetado totalmente pelo Executivo? Essas questões merecem um aprofundamento maior.

Em passado não muito distante, o Decreto-Lei Complementar nº 9, de 31.12.1969, ao cuidar das atribuições da Câmara, dispunha competir ao Legislativo municipal, com a sanção do Prefeito, dispor sobre as matérias de competência do Município, especialmente *"aprovar o Plano Diretor de Desenvolvimento Integrado"*.[33]

A regra aparecia dentro do procedimento legislativo normal quando caberia à Câmara de Vereadores aprovar ou não a proposta de plano diretor, como igualmente era facultado ao Executivo sancionar ou exercer o seu julgamento sobre o projeto através do veto.

Merece igualmente destaque o fato de que a Lei Orgânica dos Municípios falava apenas em aprovação do plano diretor, silenciando a respeito de alteração por parte do Legislativo. Todavia, como a matéria não se encontrava inserida no rol daquelas cuja iniciativa era privativa do Prefeito,[34] ao menos em tese, admitia-se que a Câmara poderia no curso do processo legislativo exercer o seu direito de emenda, ou mesmo alterar o Plano Diretor, após aprovado.

4.2 Aprovação, rejeição e veto

Nos dias atuais, quer nos parecer que a situação não sofreu alterações. Somente para argumentar, tivesse sido aprovado o Projeto de Lei do Senado que buscava instituir o Estatuto da Cidade,[35] talvez fosse possível defender entendimento, ao menos em tese, no sentido de que o plano diretor não poderia ser rejeitado pela Câmara Municipal, pois o parágrafo único do artigo 50 de mencionado projeto dispunha que os Municípios teriam prazo de dois anos, a partir da promulgação daquela lei, para aprovarem o respectivo plano diretor. Conjugando-se esse comando da obrigatoriedade de plano diretor para os Municípios com mais de 20 mil habitantes ao prazo temporal impositivo de limite para sua aprovação (dois anos), conforme disposto no parágrafo único do dispositivo mencionado, poder-se-ia ter a ideia de que o projeto de lei instituidor do plano diretor não poderia ser rejeitado pela Câmara de Vereadores após o decurso do prazo e em vista da sua obrigatoriedade.[36]

Ocorre que esse argumento seria por demais frágil, pois poder-se-ia advogar que nesse prazo de dois anos o projeto poderia ser rejeitado tantas e quantas vezes fosse apresentado até que se atingisse o texto ideal dentro do lapso temporal estipulado. Contudo, este é apenas um exercício de raciocínio, uma vez que o projeto do Senado não mereceu aprovação.

---

[32] Artigo 182, §1º – "O plano diretor, aprovado pela Câmara Municipal, obrigatório para cidades com mais de vinte mil habitantes, é o instrumento básico da política de desenvolvimento e de expansão urbana".

[33] Lei Orgânica dos Municípios do Estado de São Paulo – artigo 24, inciso XI.

[34] Decreto-Lei Complementar nº 9, de 31.12.1969 – artigo 27.

[35] Projeto de Lei do Senado nº 181, de 1989.

[36] O Estatuto da Cidade, Lei nº 10.257 de 10 de julho de 2001, em seu artigo 50 estabelece o prazo de cinco anos para a aprovação do Plano Diretor nas cidades inclusas no art. 41, incisos I e II do mesmo estatuto. Todavia, entendemos que o nosso raciocínio apresentado continua valendo.

Em vista dessas colocações, não existe no atual ordenamento jurídico qualquer possibilidade através dos instrumentais interpretativos que possibilite concluir que a Câmara Municipal está obrigada a aprovar o projeto de lei do plano diretor, limitando assim o seu poder de deliberação. Ocorre, todavia, que a questão transcende em muito as regras do processo legislativo sobre a faculdade de deliberação da Câmara com relação à aprovação ou rejeição ao projeto de lei que busca instituir o plano diretor.

A Câmara de Vereadores deve deliberar e legislar com responsabilidade e consciência. Prudente, pois, é a lição de José Afonso da Silva:[37]

> Claro também que o projeto do PD (*sic*) pode ser aprovado, com ou sem emendas, ou rejeitado. Não é, porém, de boa prática rejeitá-lo "in totum" (*sic*), a não ser que os estudos técnicos revelem sua absoluta inaceitabilidade, sua inexequibilidade ou sua inviabilidade econômica, e não houver meio de aperfeiçoá-lo. Conforme já dissemos certa vez: "Se o plano deixar algo a desejar, impor ta aos Vereadores procurar seu aperfeiçoamento, antes que sacrificá-lo de vez. Aperfeiçoar os projetos é missão do legislador, mormente quando tem instrumento tão importante para o crescimento e desenvolvimento da comunidade. Rejeitá-lo pura e simplesmente, se é uma faculdade do legislativo, nem sempre se revela uma medida satisfatória e conveniente" (*sic*). Por outro lado, devem-se evitar emendas que o desfigurem, lhe quebrem o coerência, o tornem inexeqüível, ou de mera satisfação de interesse individual ou em detrimento do interesse público. (grifo nosso)

Uma vez que é conferido ao Legislativo o poder de emenda, devem os Vereadores buscar através desse instrumento o aperfeiçoamento do projeto enviado e não adotarem uma medida radical pela rejeição pura e simplesmente. A não utilização do poder de emenda pode dar margem a uma interpretação no sentido de que o Legislativo, podendo alterar o projeto e não o fazendo, com ele teria concordado. Assim, embora seja facultado à Câmara de Vereadores, dentro de sua liberdade e independência legislativa, a rejeição do projeto, deve ela deliberar com consciência, aproveitando o que for aproveitável e modificando, através de seu poder de emendar, aquilo que necessitar de reparos, pois, conforme já dito, a questão envolve muito mais que regras de processo legislativo tendo em vista o relevante interesse público, uma vez que o plano diretor, por força de comando constitucional, representa o "*instrumento básico da política de desenvolvimento e de expansão urbana*".[38]

Com relação ao veto aposto pelo Executivo, a questão se nos afigura um pouco diferente. Uma vez aprovado o projeto de lei instituidor do plano diretor, com ou sem emendas pela Câmara Municipal, o mesmo deverá ser encaminhado ao chefe do Executivo, na forma de autógrafo, para sanção e promulgação.

Todavia, se o Prefeito Municipal não concordar com a maneira como o projeto foi aprovado, poderá vetá-lo total ou parcialmente por inconstitucionalidade, ilegalidade ou contrariedade ao interesse público, sempre através de mensagem fundamentada. Ou seja, deverá ele demonstrar à sociedade a inconstitucionalidade — *antagonismo para com a Lei Fundamental ou à Carta Estadual* — a ilegalidade — *que poderá decorrer de desobediência à Lei Orgânica do Município ou à legislação ordinária* — e

---

[37] *Direito urbanístico brasileiro*, p. 130.

[38] §1º, *in fine*, artigo 182 da Constituição Federal.

a contrariedade ao interesse público, sendo esta fundada em razões de mérito, ou mesmo do poder discricionário do Executivo em entender inoportuna a aprovação de determinado texto pelo Legislativo. E tal é possível, pois o veto é "*uma forma de discordância, de julgamento, de oposição formal do Prefeito ao projeto de lei aprovado pela Câmara de Vereadores e remetido para sanção e promulgação*"[39] (grifo nosso).

Conforme já dito, o veto poderá ser total ou parcial. É considerado veto total quando atingir o projeto aprovado na íntegra. O veto parcial, particularidade do direito brasileiro, dar-se-á quando apenas parte do projeto for impugnada. Se o veto for total, deverá a Câmara de vereadores reexaminar por inteiro o projeto. Contudo, se o veto for parcial, o reexame dar-se-á tão somente sobre a parte vetada, pois o restante do projeto aprovado será sancionado e promulgado pelo Executivo e entrará em vigor tão logo seja publicado, independentemente do pronunciamento do Legislativo sobre a parte impugnada.

Postas as coisas dessa maneira, fica claro que o exercício do veto pelo chefe do Executivo "*não conclui o processo legislativo, vez que o projeto deverá ser devolvido à Edilidade para apreciação e deliberação sobre as razões que motivaram a recusa do Prefeito, podendo acolhê-la ou rejeitá-la*"[40] (grifo nosso).

Assim, para que o Município não sofra pela ausência de lei instituidora de plano diretor, deve o Legislativo deliberar novamente com cuidado sobre as razões ensejadoras do veto.

Na apreciação do veto parcial, é facultado ao Legislativo manter algumas partes vetadas, rejeitando outras sem maiores problemas. No veto total, muito embora o costume seja no sentido de se acolher ou não na íntegra o julgamento do Prefeito, é possível ao Legislativo, segundo Manoel Gonçalves Ferreira Filho, citando Themistocles Brandão Cavalcanti, reapreciar cada dispositivo do projeto, ratificando uns e rejeitando outros, partindo do raciocínio de que o veto total é na verdade um conjunto de vetos parciais.[41] Apenas a título de ilustração e informação, o Supremo Tribunal Federal já admitiu a hipótese de rejeição parcial de veto total.[42]

Conforme se constata, da mesma maneira que não existe qualquer imposição que obrigue a Câmara Municipal a acatar o projeto instituidor do plano diretor, aprovando-o, da mesma forma, pelas possibilidades apontadas, poderá o Legislativo apreciar o veto parcial ou total de maneira equilibrada, aproveitando, como já dito, tudo o que for aproveitável, não ceifando da cidade a possibilidade de ter a lei instituidora do plano diretor, muito embora a rejeição do projeto e o acolhimento de veto total aposto não sejam hipóteses vedadas.

Todavia, dentro de uma razoabilidade aceitável, entendemos que embora possa o Executivo vetar totalmente o projeto de lei, caberá ao Legislativo atuar com equilíbrio em sua deliberação final sobre esse julgamento.

---

[39] JAMPAULO JÚNIOR. *O processo legislativo municipal*, p. 107.

[40] JAMPAULO JÚNIOR. *O processo legislativo municipal*, p. 108.

[41] FERREIRA FILHO. *Do processo legislativo*, p. 222.

[42] STF – Representação nº 1385 – *Diário da Justiça*, p. 20411, 20 set. 1987.

5 Conclusão

1. *Procedimento legislativo especial* – O projeto do plano diretor, pela sua importância, complexidade e extensão deve adotar um procedimento mais longo, minucioso e participativo. O Regimento Interno da Câmara Municipal deverá prever: a) normas de procedimento com relação à tramitação do projeto de lei do plano diretor, incluindo audiências públicas em que as várias facções da sociedade possam se manifestar e inclusive ofertar sugestões; b) a participação das entidades previstas no inciso XII, do artigo 29 da Constituição Federal poderá se dar, inclusive, quando da elaboração do plano, ainda no âmbito do Executivo; c) o projeto do plano diretor, após instruído com o parecer técnico-jurídico e debatido em audiência pública, deverá ser encaminhado a uma comissão mista ou especial, que poderá ser composta pelos membros das comissões permanentes diretamente ligadas ao tema; d) as emendas ofertadas deverão ser apresentadas nessa comissão, que terá o poder de sobre elas deliberar; e) instruído com o parecer da comissão mista ou especial, o projeto estará apto à discussão e votação; f) para aprovação do projeto do plano diretor, bem como para alterações posteriores ao plano, deve ser adotado o sistema de dois turnos de votação, com interstício mínimo a ser previsto regimentalmente entre o primeiro e o segundo turno, considerando-se aprovado o projeto ou alterado o plano, pelo *quorum* qualificado de dois terços dos membros da Câmara, procedimento este que emprestará segurança jurídica ao Estatuto.
2. *Aprovação por lei* – A ideia de globalidade constitucional que surge dentro do princípio da unidade da Constituição, impondo ao intérprete a noção de conjunto, de preceitos integrados e não isolados e em vista da inexistência de lacunas na Constituição, acrescida da obediência ao princípio da legalidade, uma vez que as limitações só podem ser impostas por lei, imperioso interpretar que o comando contido no §1º do artigo 182 da Constituição Federal equivale a dizer que o plano diretor deverá se dar através de lei, aprovada pela Câmara Municipal, sancionada e promulgada pelo chefe do Executivo.
3. *Iniciativa legislativa* – a) além de elaborar o plano diretor, caberá ao Executivo municipal o exercício da iniciativa legislativa, que nesse primeiro momento é privativa. Após elaborado, o projeto de lei instituidor do plano diretor deverá ser encaminhando à Câmara de Vereadores, que sobre ele deliberará; b) à Câmara de Vereadores é facultado apresentar emendas ao projeto de lei durante o curso do processo legislativo, inclusive visando o seu aperfeiçoamento, posto que nesse momento processual torna-se concorrente a matéria.
4. *Aprovação, rejeição e veto* – a) o projeto do plano diretor pode ser aprovado com ou sem emendas, ou rejeitado, pois não existe qualquer restrição a esse respeito. Contudo, não se afigura de boa técnica a rejeição pura e simples por motivos outros, já que a Câmara poderá aperfeiçoá-lo através de seu poder de emenda; b) embora possa o Executivo vetar totalmente o projeto de lei, caberá ao Legislativo o equilíbrio em sua deliberação final, rejeitando ou acolhendo o veto, mas buscando sempre aproveitar o que for aproveitável.

Referências

BASTOS, Celso Ribeiro. Hermenêutica constitucional. *Revista de Informação Legislativa*, ano 42, n. 96, out./dez. 1987.

BASTOS, Celso Ribeiro. Interpretação correta das normas. *Folha de S.Paulo*, São Paulo, 5 dez. 1998, Opinião 1-3.

FERRARA, Francesco. *Interpretação e aplicação das leis*. 3. ed. Coimbra: Arménio Amado, 1997.

FERREIRA FILHO, Manoel Gonçalves. *Curso de direito constitucional*. 22. ed. atual. São Paulo: Saraiva, 1995.

FERREIRA FILHO, Manoel Gonçalves. *Do processo legislativo*. 3. ed. atual. São Paulo: Saraiva, 1995.

JAMPAULO JÚNIOR, João. *O processo legislativo municipal*. 2. ed. Belo Horizonte: Fórum, 2009.

MEIRELLES, Hely Lopes. *Direito de construir*. 7. ed. Atualizada por Eurico de Andrade Azevedo com a colaboração de Beatriz Di Giorgi e Flávia Piovesan. São Paulo: Malheiros, 1996.

MEIRELLES, Hely Lopes. *Direito municipal brasileiro*. 6. ed., 2. tiragem. Atualizada por Izabel Camargo Lopes Monteiro e Yara Darcy Police Monteiro. São Paulo: Malheiros, 1993.

MELLO, Celso Antônio Bandeira de. Natureza jurídica do zoneamento: efeitos. *Revista de Direito Público – RDP*, n. 61, p. 34.

REALE, Miguel. Direito e planificação. *Revista de Direito Público – RDP*, n. 24, p. 93.

SILVA, José Afonso da. *Direito urbanístico brasileiro*. 2. ed. rev. e atual. São Paulo: Malheiros, 1995.

TEMER, Michel. *Elementos de direito constitucional*. 8. ed. rev. de acordo com a Constituição Federal de 1998. São Paulo: Revista dos Tribunais, 1991.

Informação bibliográfica deste texto, conforme a NBR 6023:2002 da Associação Brasileira de Normas Técnicas (ABNT):

JAMPAULO JÚNIOR, João. Plano diretor: o processo legislativo. *In*: DALLARI, Adilson Abreu; DI SARNO, Daniela Campos Libório (Coord.). *Direito urbanístico e ambiental*. 2. ed. rev. Belo Horizonte: Fórum, 2011. p. 177-190. ISBN 978-85-7700-449-2.

Regiões Metropolitanas

Daniela Cordeiro de Farias Munhoz

Sumário: Introdução – **1** Breves considerações históricas sobre a Região Metropolitana de São Paulo – **2** O conceito de regiões metropolitanas – **3** A problemática da competência nas regiões metropolitanas e as questões relativas à sua gestão – **4** A necessidade de amadurecimento político como forma de garantia da dignidade humana – Conclusão – Referências

Introdução

O processo de metropolitanização, apesar de não mais constituir um fenômeno estranho e desconhecido no território brasileiro, ainda suscita diversas dúvidas, principalmente quando o tema refere-se à competência para tratar dos assuntos de interesse comum entre os municípios envolvidos.

A questão relacionada à criação e organização das chamadas regiões metropolitanas merece especial atenção, não só porque estas possuem peculiaridades inerentes à sua condição diferenciada, mas, também, porque as dimensões populacional e financeira abrangidas por essas áreas representam números potencialmente relevantes para o país.

As características peculiares que envolvem a formação e o desenvolvimento das regiões metropolitanas ensejam complexas problemáticas associadas a sua gestão, além de indefinições quanto à identificação das competências entre os entes federativos envolvidos.

O presente trabalho visa a tecer breves comentários sobre a realidade das metrópoles brasileiras para que, após avaliada a importância do tema, possa ser estudada uma forma de solução dos complexos conflitos existentes entre os municípios envolvidos e o Estado, inclusive no que tange às questões referentes à gestão das regiões metropolitanas como meio de viabilização de um planejamento urbanístico destas.

Pretende, outrossim, atentar para o fato de que o amadurecimento político e o trabalho em conjunto são os principais responsáveis pela existência de uma região metropolitana capaz de garantir a correta aplicação do princípio da dignidade da pessoa humana, oferecendo qualidade de vida aos seus habitantes.

Para tanto, por razões metodológicas, será isolado o exemplo da cidade de São Paulo, a qual retrata fielmente toda a problemática característica das regiões metropolitanas.

1 Breves considerações históricas sobre a Região Metropolitana de São Paulo

As regiões metropolitanas caracterizam-se, notadamente, pela essência urbana e pelo abrigo de uma parcela relevante dos habitantes e da riqueza do Estado correspondente. Só no Estado de São Paulo são três as áreas metropolitanas, as quais, apesar das semelhanças, possuem níveis diferentes de evolução no que tange à forma de organizar a gestão e ao planejamento de seus espaços, até porque cada uma delas possui suas particularidades.

A Região Metropolitana de São Paulo é considerada a sexta maior área urbana do mundo, onde vivem 19.672.582 de habitantes e se concentra mais da metade do PIB estadual e 15,6%[1] do nacional, sendo que a área territorial ocupada é consideravelmente maior do que a de muitos países.

A região metropolitana da Baixada Santista possui 1.663.082 de habitantes[2] em uma área de 2.422,776km^2 localizada entre o oceano Atlântico e a Serra do Mar, caracterizando-se pela relevante importância econômica para o país, não só por sua importância turística, mas também por abarcar em seu território o porto de Santos, maior e mais importante complexo portuário da América do Sul.

Por sua vez, a Região Metropolitana de Campinas, um dos mais importantes locais de desenvolvimento científico do Brasil, foi criada através da Lei Complementar Estadual nº 870, de 19 de junho de 2001, e possui, em sua área de 3.840,648km^2, 2.798.477[3] de habitantes.

Juntas, as três regiões metropolitanas formam o chamado Complexo Metropolitano Expandido, o qual ocupa apenas 5,72% da área territorial do Estado de São Paulo, mas abriga 24 milhões de habitantes, ou seja, 58,6% da população paulistana.

A análise dos dados referentes às citadas áreas metropolitanas revela diferentes estágios de articulação para o tratamento de seus problemas comuns, sendo certo que a Região Metropolitana da Baixada Santista e a de Campinas encontram-se em um nível avançado de articulação sub-regional quando comparadas à Região Metropolitana de São Paulo, a mais antiga das três.

A existência da Região Metropolitana de São Paulo, que há muito já consistia uma realidade de fato, foi oficializada em 1967, quando o Governo do Estado expediu o Decreto nº 47.863 criando a então denominada Região da Grande São Paulo.[4]

Apesar de, à época, vigorar a Constituição Federal de 1967, a qual dispunha que apenas a União detinha a competência para estabelecer regiões metropolitanas, esta não excluía a possibilidade dos Estados membros administrarem seus respectivos territórios, nos termos de suas características peculiares.

---

[1] Dados fornecidos pela Emplasa <http://www.emplasa.sp.gov.br>.

[2] Resultado da análise dos dados obtidos pelo IBGE <http://www.ibge.gov.br>.

[3] Resultado da análise dos dados obtidos pelo IBGE <http://www.ibge.gov.br>.

[4] Artigo 1º (...)
§1º – Para fins do presente decreto a área da Grande São Paulo será compreendida em sua delimitação preliminar que abrange os municípios de Barueri, Brás, Caieiras, Carapicuíba, Cajamar, Cotia, Diadema, Embu, Embu Guaçu, Ferraz de Vasconcelos, Francisco Morato, Franco da Rocha, Guarulhos, Itapecerica da Serra, Itapevi, Itaquaquecetuba, Jandira, Mairiporã, Mauá, Moji das Cruzes, Osasco, Poá, Pirapora do Bom Jesus, Rio Grande da Serra, Ribeirão Pires, Santana do Parnaíba, Santo André, São Bernardo do Campo, São Caetano do Sul, São Paulo, Suzano, Taboão da Serra.

As disposições da Carta Magna de 1967 apenas determinavam a competência federal quanto à formalidade da instituição das regiões metropolitanas, reflexo do autoritarismo centralizador característico daquele momento histórico nacional.

Apenas em 1973, por meio da Lei Complementar nº 14, de 8 de junho de 1973, a União instituiu as regiões metropolitanas brasileiras e, dentre elas, a de São Paulo, englobando 37 municípios.

Foi então que o Poder Legislativo paulistano editou a Lei Complementar Estadual nº 94, de 29 de maio de 1974, na qual se propunha uma articulação entre todos os entes federativos em prol das questões metropolitanas, além de definir um rol de serviços comuns de interesse metropolitano, quais sejam: planejamento integrado do desenvolvimento econômico e social, saneamento básico, uso do solo metropolitano, transporte e sistema viário, produção e distribuição de gás combustível canalizado, aproveitamento dos recursos hídricos e controle da poluição ambiental e outros serviços incluídos na área de competência do Conselho Deliberativo instituído por Lei Federal.[5]

As tendências de descentralização do poder federal e de autonomia estatal foram se firmando com o passar dos anos e, com o advento da Constituição Federal de 1988, consagraram-se, conforme se denota do artigo 25, §3º, o qual dispõe que:

> Art. 25. Os Estados organizam-se e regem-se pelas Constituições e leis que adotarem, observados os princípios desta Constituição. (...)
>
> §3º Os Estados poderão, mediante lei complementar, instituir Regiões Metropolitanas, aglomerações urbanas e micro-regiões, constituídas por agrupamentos de Municípios limítrofes, para integrar a organização, o planejamento e a execução de funções públicas de interesse comum.

Atualmente, a região metropolitana de São Paulo é constituída por 39 municípios e, em termos proporcionais ao Estado de São Paulo, sua área corresponde a 3,2% do território e abriga aproximadamente 48% de sua população. Comparando-se com a União, seu território corresponde a 0,93% do território nacional e a 10,3% da população total do país.[6]

Os números acima aduzidos relatam não apenas a manifesta gama de problemas inerentes a um conglomerado urbano, mas também a premente necessidade de se planejar uma área metropolitana de forma específica, considerando-se, como ponto de partida, a integração e colaboração entre os municípios membros.

Importante observar, ainda, que os 39 municípios formadores da Grande São Paulo apresentam enormes distâncias sociais, além de um constante e acelerado crescimento desordenado, frutos de um problema histórico de gestão das regiões metropolitanas em nosso país.

---

[5] Acerca desse tema, Pedro Estevam Alves Pinto Serrano defende a não recepção, pela Carta Magna de 1988, da legislação editada durante a Constituição Federal de 1967: "não há qualquer sentido sistemático, em nosso entender, atribuir-se ao legislador estadual competência para determinar o que deva ser considerado serviço comum, escolhendo, por decorrência, qual ente federado deve titularizar ou realizar determinadas atividades, pois não cabe ao legislador ordinário interditar ou restringir competência estabelecida pela Constituição ao Estado-membro cabe exercer sua competência no pacto federativo e não determiná-la. Muito menos lhe cabe determinar o alcance concreto da competência municipal. *Só a Constituição Federal pode definir e conformar as competências dos entes federados*" (*Região metropolitana e seu regime constitucional*. São Paulo: Verbatim, 2009. p. 150).

[6] Dados fornecidos pela Emplasa e pelo IBGE <http://www.emplasa.sp.gov.br> e <http://www.ibge.gov.br>.

2 O conceito de regiões metropolitanas

O artigo 1º, *caput*, da Constituição Federal pátria, aponta como um dos princípios fundamentais do sistema jurídico o fato de ser o Brasil uma República Federativa, formada pela união indissolúvel de Estados, municípios e Distrito Federal, constituindo-se um Estado Democrático de Direito.

As regiões metropolitanas estão mencionadas no artigo 25, §3º, da Carta Magna nacional, mas, como visto, tão somente quanto à forma a ser observada no momento de sua instituição.

Portanto, a primeira conclusão a ser destacada é a de que as regiões metropolitanas não podem ser consideradas, em hipótese alguma, como entes federativos, pois não estão classificadas como tal na Constituição Federal, limitando-se este diploma legal a declarar a possibilidade de existência das mesmas.

A segunda conclusão decorre da autonomia dos entes federativos, determinada no artigo 18, *caput*, também da Constituição Federal brasileira. Dessa forma, seria equivocado afirmar que, com a criação das regiões metropolitanas, haveria supressão da competência municipal ou estadual.[7]

Se não são entes federativos, tampouco representam a perda da autonomia de vários municípios ou do Estado em prol da criação de uma entidade política, o que são e como surgem as regiões metropolitanas?

Em termos simplificados, considerando-se que a cidade é o núcleo sede do Município, a área metropolitana surge quando essa cidade cresce mais do que o próprio Município que a abriga. É como se a cidade, grande demais para os limites territoriais que lhe foram antes dispostos, começasse a se espalhar pelas redondezas, até atingir a área de um Município vizinho e assim por diante.

O envolvimento de diversos municípios na formação de áreas metropolitanas denota o fato de que existem vários problemas a serem solucionados mediante um esforço conjunto das partes envolvidas e é justamente essa questão uma das principais responsáveis pela ocorrência de problemas de gestão nesses locais.

Isso porque não há como negar que cada município componente de uma região metropolitana possui características peculiares quanto ao seu território, população, operacionalidade, atividade econômica etc.

Como já dito, uma região metropolitana surge quando os municípios que a compõem não suportam o crescimento territorial das cidades que abriga. Tal fato gera a continuidade das demandas individuais específicas de cada Município para o plano do conjunto por eles formado, razão pela qual é extremamente comum que exista entre eles uma identidade socioeconômica.

É importante ressaltar que a identidade socioeconômica não denota a homogeneidade absoluta entre os municípios formadores da região metropolitana, a qual, como se sabe, inexiste.

---

[7] Nesse sentido, Pedro Estevam Alves Pinto Serrano afirma, de forma contundente, que: "Neste desiderato, cumpre inicialmente consignar que firmamos a tese de manutenção absoluta da competência municipal autônoma, cuja interferência do Estado-membro no pólo de administração das áreas conurbadas não pode afastar a autonomia conferida ao Município pela Constituição" (*Op. cit.*, p. 129).

Tome-se como exemplo, na região metropolitana de São Paulo, os municípios de São Caetano do Sul e Ferraz de Vasconcelos. O primeiro possui decréscimo na taxa de crescimento anual da população total, estatística que acompanha os índices dos países desenvolvidos, sendo que o segundo apresenta taxa geométrica de crescimento anual da população de 3,69%.[8]

Entretanto, apesar de o sistema de relações intrarregionais ser marcado pela heterogeneidade, a convivência em uma mesma região metropolitana faz com que os municípios sejam protagonistas de uma mesma problemática diária que envolve questões como transporte, energia, uso dos recursos hídricos, resíduos sólidos, entre outros. Essa característica faz com que haja a necessidade de existência de um trabalho cooperado que extrapola os limites individuais de cada um dos municípios.

Isso porque, mesmo sem perder suas autonomias individuais, os municípios formadores de uma região metropolitana fazem parte de um conjunto e, consequentemente, devem permanecer interligados para a realização dos serviços comuns que interessem à região metropolitana como um todo.

Por isso o termo *integração* socioeconômica é mais preciso do que identidade socioeconômica, porquanto este pode ensejar a ideia equivocada de igualdades sociais e econômicas entre os municípios, enquanto aquele sugere que haja, como deve haver, interligação e complementação nas ações que dizem respeito aos interesses conjuntos em prol do interesse público comum.

A Constituição do Estado de São Paulo, ao tratar sobre as regiões metropolitanas, determina, em seu artigo 153, *caput*, que, *in verbis*:

> Artigo 153 – O território estadual poderá ser dividido, total ou parcialmente, em unidades regionais constituídas por agrupamentos de Municípios limítrofes, mediante lei complementar, *para integrar a organização, o planejamento e a execução de funções públicas de interesse comum, atendidas as respectivas peculiaridades*. (grifo nosso)

Ao destacar a expressão "interesse comum" e a palavra "peculiaridades", o supracitado diploma legal informou duas das principais características das regiões metropolitanas, quais sejam, a existência de um conjunto com uma problemática em comum e o resguardo à autonomia dos municípios limítrofes.

A necessidade de expressão nacional, inserida no parágrafo primeiro do mesmo artigo 153 da Constituição do Estado de São Paulo, é outra característica importante e inerente a uma área metropolitana.

Aliás, o aludido artigo 153, parágrafo primeiro, praticamente define a região metropolitana como sendo "(...) o agrupamento de municípios limítrofes que assuma destacada expressão nacional, em razão da elevada densidade demográfica, significativa conurbação e de funções urbanas e regionais com alto grau de diversidade, especialização e integração socioeconômica, exigindo planejamento integrado e ação conjunta permanente dos entes públicos nela atuantes".

Nesse dispositivo estão todas as características exigidas pela lei para a criação de uma região metropolitana, as quais, reunidas, indicam que se trata de uma área com grande relevância nacional, não só no que tange ao número de habitantes envolvidos,

---

[8] Dados fornecidos pela Emplasa <http://www.emplasa.sp.gov.br>.

mas também no que se refere à riqueza gerada nessas áreas e, justamente por isso, justifica-se a exigência de que seja uma região com destacada expressão nacional.

A Constituição do Estado de São Paulo classifica as regiões metropolitanas como sendo entidades regionais, juntamente com as aglomerações urbanas e as microrregiões.

Tais entidades regionais têm em comum o fato de serem formadas por dois ou mais municípios, a necessidade de solução conjunta dos assuntos relativos ao espaço físico territorial e econômico e a exigência legal de elaboração de um planejamento integrado para nortear o crescimento e o desenvolvimento desses locais.

Contudo, a região metropolitana possui maior relevância nacional em razão, principalmente, de sua economia e de sua densidade demográfica, tanto é assim que houve a preocupação de prever sua forma de criação dentre os dispositivos da Constituição Federal.

A aglomeração urbana é um estágio embrionário da região metropolitana, pois ainda não pode ser reconhecida como sendo uma área de destacada expressão nacional. Já a microrregião sequer caracteriza-se pela urbanização contígua entre os municípios que a constitui.

Diante dessas considerações acerca das regiões metropolitanas, podemos conceituá-las como sendo divisões administrativas desprovidas de personalidade política que se consubstancializam na reunião de municípios autonomamente considerados e se caracterizam, essencialmente, pela comunicação de suas funções urbanísticas e pela necessidade de integração para a solução de questões inerentes ao interesse comum.

3 A problemática da competência nas regiões metropolitanas e as questões relativas à sua gestão

Como já foi destacado anteriormente, a Constituição Federal brasileira, em seu artigo 25, §3º, determina que a competência para a instituição das regiões metropolitanas pertence aos Estados,[9] mediante lei complementar.

A Carta Magna nacional apenas se preocupou em estabelecer a forma de criação das áreas metropolitanas, abstendo-se de versar sobre as questões relativas à competência para a tomada de decisões nesses locais, formados por diversos municípios que, ao mesmo tempo, possuem interesses particulares e interesses interligados ao conjunto.

Por sua vez, a Constituição do Estado de São Paulo não só previu a possibilidade de criação das unidades regionais, no caso, as regiões metropolitanas, como também cuidou de deliberar sobre algumas competências relativas à sua gestão.

O artigo 154, *caput*, determina ser o Estado de São Paulo o ente federativo competente para criar, por meio de lei complementar, um conselho de caráter normativo e deliberativo, com o objetivo de promover o planejamento regional, a organização e a execução das funções públicas de interesse comum.

[9] Para Pedro Estevam Alves Pinto Serrano: "...a criação de uma Região Metropolitana é atribuição do Estado-membro, que assim deverá proceder de acordo com a sua conveniência e discricionariedade, ou seja, perfaz-se a criação da Região Metropolitana um direito subjetivo do Estado, visto que tal situação implica compartilhar de competências com os Municípios pertencentes a tal Região" (*Op. cit.*, p. 124).

Tal disposição legal demonstra uma tentativa de concentrar as questões referentes ao interesse comum de todos os municípios formadores da área metropolitana em um só local, o que facilita a organização e a operacionalidade das decisões que valerão para todos.

Conforme expressa determinação legal, a competência para a criação do referido conselho é do Estado, fato esse que não impede, de forma alguma, que ele seja formado por representantes de todos os municípios envolvidos. Aliás, o parágrafo terceiro do citado artigo 154 versa exatamente sobre a necessidade de participação dos municípios, a qual deve ser disciplinada por lei complementar.

Outra competência estatal, prevista no *caput* do artigo 154, é a de dispor sobre a organização, a articulação, a coordenação e, se for o caso, a fusão de entidades ou órgãos públicos atuantes na região.

Essa determinação legal poderia gerar discussões acerca da supressão de autonomia dos entes municipais, mas o texto deixou evidente o direito dos municípios de participação nesse tipo de decisão, até porque o que é de competência municipal não está sujeito à transferência de titularidade, sendo possível, apenas, uma gestão compartilhada.

Considerando a existência da previsão constitucional de autonomia dos entes federativos, a lei deve ser interpretada apenas no sentido de determinar um responsável, no caso, o Estado, pela execução das medidas necessárias ao desenvolvimento de uma gestão satisfatória das regiões metropolitanas.

Oportuno se faz destacar que as leis devem ser interpretadas em conformidade com os princípios constitucionais para que sua *ratio* seja corretamente identificada e é justamente por isso que a autonomia dos municípios não pode ser ameaçada pelos Estados.

Com as competências previstas na Constituição Estadual de São Paulo resta evidente que o Estado é o responsável pela gestão das áreas metropolitanas formadas em seu território, até porque a este ente federativo compete tratar dos assuntos de interesse regional.[10] Tal gestão deve ser efetuada sempre em parceria com os municípios em questão, não só em razão do dever de observação das autonomias municipais, mas também porque o isolamento inviabilizaria a implementação das diretrizes e decisões para o conjunto de interesses inerentes a região metropolitana.[11]

Entretanto, o que se observa na prática é uma reduzida participação estatal na discussão metropolitana. Esse fato, aliado à dificuldade do diálogo intermunicipal, gera a desastrosa incapacidade de responder à obrigatoriedade de elaboração de um planejamento lógico de ocupação regional.

Ao analisar a característica básica das regiões metropolitanas, qual seja, a de ser um local formado por um conjunto de municípios, consequentemente chega-se à

---

[10] "Nesse sentido, cabe ao Estado os serviços e obras que ultrapassam as divisas de um Município ou afetam interesses regionais. Pela mesma razão, compete ao Estado-membro a realização de serviços de interesse geral ou de grupos ou categorias de habitantes disseminados pelo seu território, em relação aos quais não haja predominância do interesse local sobre o estadual" (MEIRELLES, Hely Lopes. *Direito administrativo brasileiro*. 34. ed. São Paulo: Malheiros, 2008. p. 343).

[11] Nos termos da lição de Pedro Estavam Alves Pinto Serrano: "...devemos entender como serviço ou atividade de interesse regional aquele que escapa da possibilidade material de realização por um único Município" (*Op. cit.*, p. 137).

conclusão de que se trata de um local a ser gerido de uma forma específica e planejada, gestão esta que nunca foi efetivamente implementada ao longo da história.

Após o reconhecimento da Região da Grande São Paulo no âmbito do Estado, o Decreto Estadual nº 48.162/67 criou o Conselho de Desenvolvimento da Grande São Paulo (CODEGRAN) e o Grupo Executivo da Grande São Paulo (GEGRAN), com o objetivo de executar a administração das regiões metropolitanas, e, especificamente, o planejamento destas.

Em 1970, durante o regime militar, os supracitados órgãos apresentaram um plano de gestão para a região da Grande São Paulo denominado PMDI (Plano Metropolitano de Desenvolvimento Integrado da Grande São Paulo), o qual atribuía ao Estado a competência para a execução das políticas metropolitanas.

Foi em 1973 que a União, após a publicação da Lei Complementar nº 14, instituiu a Região Metropolitana de São Paulo, composta por 37 municípios limítrofes. Diante desse novo contexto e da necessidade de adequação às normas federais sobre a matéria, foi implementado, em 1975, o Sistema de Planejamento e Administração Metropolitana (SPAM), ligado à Secretaria de Negócios Metropolitanos, composto pelo Conselho Consultivo (Consulti), pelo Conselho Deliberativo (Codegran), pelo Fundo Metropolitano de Financiamento e Investimento (Fumefi), pela Empresa Metropolitana de Transportes Urbanos (EMTU).

Ainda fazia parte desse Sistema de Planejamento e Administração Metropolitana a EMPLASA (Empresa Paulista de Planejamento Metropolitano), um órgão técnico e executivo de política metropolitana responsável, à época, pela elaboração de planos e projetos referentes à área metropolitana e pela análise de concessão de licenciamento de empreendimentos.

Após o advento da Constituição Federal de 1988, a competência para o desenvolvimento de políticas de gestão das regiões metropolitanas foi repassada aos Estados, seguindo a diretriz de descentralização de poderes advinda do período pós-ditatorial.

Na tentativa de proceder a adaptação à nova norma constitucional, algumas providências foram adotadas pelo Estado de São Paulo, dentre elas a extinção da Secretaria de Negócios Metropolitanos. O Sistema de Planejamento e Administração Metropolitana foi mantido, mas com a desativação do Conselho Consultivo (Consulti) e do Conselho Deliberativo (Codegran) e dos órgãos a ele vinculados.

Se, por um lado, extinguiu-se uma estrutura já existente e voltada para as questões metropolitanas, não havia como sustentar um Sistema de Planejamento e Administração Metropolitana criado sob a égide de um regime ditatorial, com conselhos que não se adaptavam ao modelo democrático, participativo e paritário instituído pelos princípios norteadores da Constituição Federal de 1988 e pelas regras específicas da Constituição Estadual de 1989.

A EMPLASA, hoje vinculada à Secretaria de Desenvolvimento Metropolitano do Governo do Estado de São Paulo, teve suprimida parte de suas funções e de sua importância na tomada de decisões relativas aos assuntos metropolitanos, mas continua exercendo suas atividades na participação de fóruns e na articulação de assuntos de interesse metropolitano.[12]

---

[12] Acerca do tema, Klara Kaiser Mori afirma que: "a partir de um certo momento, a EMPLASA passou por um processo de esvaziamento sistemático. As contínuas mudanças da estrutura administrativa do estado de São Paulo, e da própria localização, naquela estrutura, do que teoricamente seria órgão de planejamento por

Atualmente, as três regiões metropolitanas de São Paulo estão em estágios diferentes de evolução no que tange à implementação de soluções para a resolução dos problemas comuns aos municípios.

As regiões metropolitanas da Baixada Santista[13] e de Campinas[14] possuem conselhos de desenvolvimento, formados por prefeitos das cidades que as constituem e por representantes do Governo do Estado.

A região de Santos possui um fundo de desenvolvimento metropolitano,[15] formado por representantes dos municípios e do Estado, câmaras temáticas para discussão das demandas dos conselhos e uma agência de desenvolvimento, a AGEM,[16] para a execução dos projetos já aprovados pelos conselhos.

A região metropolitana de Campinas conta, ainda, com a AGEMCAMP (Agência Metropolitana de Campinas), autarquia estadual que tem como um dos principais objetivos o estabelecimento de metas, planos, programas e projetos de interesse comum, com a respectiva fiscalização e posterior avaliação da correspondente execução.

A pior situação é a da Região Metropolitana de São Paulo, a qual, apesar de ser a mais antiga, não cumpre as determinações expressas na Constituição Estadual de 1989, revelando o descaso com uma das áreas de maior relevância nacional.

Após a edição da Lei Complementar Estadual nº 760, de 1º de agosto de 1994, que formalizou e estabeleceu regras para a implantação dos Conselhos de Desenvolvimento das regiões metropolitanas, com caráter normativo e deliberativo, a plena efetivação das determinações legais ainda permanece em estudo na Assembleia Legislativa do Estado de São Paulo.

Esse quadro agrava ainda mais os problemas inerentes à área metropolitana da capital, uma vez que o crescimento continua a ocorrer de forma desordenada e sem preocupações com a elaboração de qualquer planejamento urbanístico ou de diretrizes para a garantia de qualidade de vida da população habitante.

De fato, a gestão das regiões metropolitanas, por suas peculiaridades, não é uma tarefa de fácil execução. Porém, se a própria lei prevê instrumentos para a criação de alguma estrutura de organização e planejamento das regiões metropolitanas de São Paulo — e, nesse momento, não cabe discutir se são os melhores, mas apenas salientar que existe previsão legal para a organização das regiões metropolitanas — o problema pode estar focado no âmbito da vontade política.

Comparado com as atribuições que poderiam executar, os órgãos do Sistema de Planejamento e Administração Metropolitana e a Empresa Metropolitana de Planejamento limitam a sua existência quase que à formalidade, sendo que as políticas

excelência da Metrópole aos poucos reduziram o termo 'metropolitano' a uma mera referência burocrática, a indefinição das funções das diversas instituições, conselhos e órgãos, a submissão crescente das metas de planejamento aos sucessivos programas de governo etc." (*Urbanização sem fronteiras*. (Tese de Doutorado) – Faculdade de Arquitetura e Urbanismo, Universidade de São Paulo, São Paulo, 1996. f. 250-251).

[13] Conselho de Desenvolvimento da Região Metropolitana da Baixada Santista – Lei Complementar nº 815, de 30 de julho de 1996 e Decreto nº 41.361, de 27 de novembro de 1996.

[14] Conselho de Desenvolvimento da Região Metropolitana de Campinas – Lei Complementar nº 870, de 19 de junho de 2000.

[15] Decreto nº 42.833, de 28 de janeiro de 1998.

[16] Lei Complementar nº 853, de 23 de dezembro de 1998.

metropolitanas ainda são elaboradas e realizadas isoladamente por cada um dos municípios.

É cada vez mais iminente a necessidade de colaboração e interligação entre os municípios e o Estado na formulação de soluções para as questões metropolitanas e, como a Região Metropolitana de São Paulo diferencia-se no seu espaço territorial, importância econômica e número de habitantes, o planejamento, para essa área, deve ser efetuado respeitando-se suas peculiaridades.

A Região Metropolitana de São Paulo é tão extensa e complexa que podem ser observadas relações de maior intimidade entre alguns de seus 39 municípios. A região do grande ABC é um grande exemplo disso, pois é formada por municípios que possuem diversas características parelhas entre si, tais como estatísticas de escolaridade, de natalidade etc.

Tal semelhança não ocorre quando comparados o Município de São Caetano do Sul, local de maior receita *per capita* de São Paulo, com o Município de Ferraz de Vasconcelos, famoso por seus índices de pobreza e consequentes problemas sociais, como já citado em exemplo anterior.

Diante desse quadro, com semelhanças e disparidades, uma das sugestões para o estudo, elaboração e implementação de ações referentes à área metropolitana de São Paulo, é a criação de conselhos sub-regionais. Assim, os problemas seriam ainda mais centralizados, facilitando a implementação de soluções às questões específicas de cada grupo semelhante de municípios.

Essa experiência de articulação sub-regional já foi efetuada pela Região do Grande ABC através da instalação do Fórum da Cidadania do Grande ABC, da Câmara do Grande ABC, a qual conta com a participação de representantes do Estado e da sociedade civil, e da Agência de Desenvolvimento Econômico do Grande ABC.

A Região Metropolitana de São Paulo deve ser planejada por meio de políticas dinâmicas e eficientes que privilegiem a participação paritária dos municípios envolvidos e do Estado. Para iniciar esse processo, a observância das disposições contidas na Constituição do Estado seria o início de um caminho visando à elaboração e implementação de ações compartilhadas.

4 A necessidade de amadurecimento político como forma de garantia da dignidade humana

O direto urbanístico tem como objetivo precípuo a ordenação dos espaços habitáveis através de um processo de planejamento, o qual, por essência, é um processo regido pela dinamicidade.

O planejamento urbanístico, para ser realizado, requer um esforço multidisciplinar voltado a uma finalidade comum, qual seja, a de assegurar à população o acesso satisfatório às quatro funções básicas de uma cidade: boas condições de trabalho, moradia, circulação e lazer.

A ausência de planejamento para organizar o crescimento dos grandes conglomerados urbanos provoca efetivos problemas de escassez de alimentos, habitação, água, energia, transporte, saneamento e serviços. A expansão instintiva e desordenada das cidades tem como consequência diversas desigualdades sociais, tais como a falta de moradia, de empregos e de serviços.

O planejamento das regiões metropolitanas é um dos instrumentos indispensáveis para a observância do princípio da dignidade da pessoa humana, previsto no artigo 1º, inciso III, da Carta Magna nacional, porquanto sua execução garante a formação de uma sociedade organizada e mais equilibrada.

O princípio da dignidade da pessoa humana é um princípio constitucional de grande abrangência valorativa, abarca todos os direitos fundamentais do homem e, por conseguinte, todas as normas que tratam da garantia da existência humana. Nesse sentido, e destacando-se o fato de que a Constituição Federal brasileira garante não apenas o direito à vida, mas sim à sadia qualidade de vida, é correto concluir que o direito urbanístico, juntamente com seus instrumentos, possui um relevante papel na efetividade do princípio da dignidade da pessoa humana.

A Constituição Federal brasileira não previu apenas a necessidade de execução de uma política de desenvolvimento urbano pelos municípios em seu artigo 182. Preocupou-se, sobretudo, em garantir a ordenação do pleno desenvolvimento das funções sociais da cidade e o bem-estar de seus habitantes.

Como instrumento de viabilização da qualidade de vida das pessoas, a Constituição Federal estabeleceu a obrigatoriedade de elaboração de um Plano Diretor, com base em diretrizes gerais fixadas em lei, para as cidades com mais de vinte mil habitantes. As diretrizes gerais foram fornecidas pela Lei Federal nº 10.257, de 10 de julho de 2001, denominada Estatuto da Cidade, e, com base nelas, foi formulado o Plano Diretor da Cidade de São Paulo, disposto na Lei Municipal nº 13.430, de 13 de setembro de 2002.

O Plano Diretor da Cidade de São Paulo possui diversos dispositivos que exprimem a preocupação com a aplicabilidade do princípio constitucional da dignidade da pessoa humana ao tratar de questões como resíduos sólidos, habitação, meio ambiente etc. Aliás, o Estatuto da Cidade e o Plano Diretor são dois relevantes instrumentos para a garantia da sadia qualidade de vida dos habitantes de uma cidade ou região metropolitana.

Especificamente, no que tange à Região Metropolitana do Estado de São Paulo, a elaboração de um planejamento urbanístico e dinâmico, tal como previsto no artigo 2º, parágrafo terceiro, inciso II, da Lei nº 13.430/02,[17] depende da articulação entre o Governo Federal, o Estado e os municípios envolvidos.

Como já destacado, o envolvimento de vários municípios e de seus interesses, algumas vezes divergentes, gera um problema de gestão que, até hoje, a Região Metropolitana de São Paulo não conseguiu superar. Porém, o fato de pertencerem a uma mesma área metropolitana faz com que existam muitos interesses necessariamente convergentes.

Tradicionalmente, é correto afirmar que são de interesse das regiões metropolitanas os assuntos relacionados a transporte, que requerem um planejamento de circulação metropolitana, a energia, a utilização dos recursos hídricos e os resíduos

---

[17] Nos termos do artigo 8º, inciso XII, da Lei Municipal nº 13.430, de 13 de setembro de 2002.

sólidos. Tais interesses comuns podem ser relacionados apenas a título exemplificativo e levando-se em consideração o fato de que cada Município possui suas questões particulares.

A esse respeito, mister se faz destacar que *o que se considera serviço comum pode variar conforme o caso concreto, segundo as referências temporais e geográficas da situação fática regulada pela norma, ou seja, o que significar interesse regional em uma Região não necessariamente o será em outra. O que hoje não se considera serviço comum, amanhã poderá sê-lo pela alteração do estado da conurbação.*[18]

Os interesses metropolitanos não podem ser considerados como sendo a soma dos interesses locais. São, na verdade, os interesses continuados e pontuados como de interesse geral que apenas serão passíveis de solução se pensados e efetivados de forma conjunta.

Não existem dúvidas quanto à existência de problemas metropolitanos, tampouco quanto à necessidade de solucioná-los a fim de conferir qualidade de vida aos habitantes e, dessa forma, garantir a aplicação do princípio da dignidade da pessoa humana, através da garantia das funções da cidade.

Entretanto, para que possa ser efetuada uma política de desenvolvimento urbano, com a elaboração de um planejamento metropolitano, o trabalho interligado e coordenado do Estado e dos municípios, juntamente com a colaboração do âmbito federal, é premissa indispensável.

Ao contrário do que muitos imaginam, o problema central que atinge as regiões metropolitanas não é a falta de definição quanto à forma de gestão a ser utilizada para a administração dessas áreas. Qualquer que seja o modelo proposto, a necessidade primordial sempre será o envolvimento das autoridades Municipais e do Estado, viabilizando-se, assim, uma gestão compartilhada da área conurbada.

A problemática reside no fato de que ainda não existe uma visão global das regiões metropolitanas, tampouco o amadurecimento político necessário à socialização de uma parcela da competência estadual para solucionar questões regionais ou uma visão atualizada das autoridades municipais para o enfrentamento das questões de uma forma cooperada, deixando de lado um modelo de gestão individualista e essencialmente burocrática que alimenta, constantemente, os próprios problemas locais.

O Estado e os municípios resistem à ideia de trabalho em conjunto porque isso demanda a socialização de uma parcela de seus poderes políticos individuais, o que gera a incapacidade de instalação de uma infraestrutura satisfatória no mesmo ritmo da expansão urbana.

Não haverá qualquer avanço significativo no planejamento urbanístico e na ordenação do desenvolvimento nas áreas metropolitanas se não houver um aprimoramento da conscientização política dos entes federativos envolvidos. A única forma de prover as funções sociais e ambientais da cidade para os habitantes metropolitanos é o trabalho cooperado entre os municípios e o Estado, no sentido de ampliar o ângulo de análise dos problemas do âmbito individual para o geral, deixando de lado interesses de caráter eminentemente particular.

---

[18] SERRANO, *op. cit.*, p. 149.

Sem a união entre os entes federativos envolvidos para conferir poder político às decisões referentes à Região Metropolitana a aplicabilidade do princípio constitucional da dignidade da pessoa humana também sofre sérios prejuízos. O amadurecimento político, portanto, é um dos fatores de maior relevância na construção de uma Região Metropolitana capaz de garantir os direitos fundamentais das pessoas que nela vivem.

Conclusão

A organização da ocupação das regiões metropolitanas através da elaboração de um planejamento intermunicipal é uma necessidade cada vez mais premente na medida em que, nos dias atuais, o ritmo de expansão urbana é consideravelmente maior do que as medidas adotadas pelos entes federativos para garantir, de forma satisfatória, as funções da cidade à população.

O Estado e os municípios envolvidos têm o poder-dever, e não mera opção, de implementar um planejamento capaz de ordenar as regiões metropolitanas que perfazem não apenas realidade de fato, mas também existem juridicamente. Os interesses em voga são de caráter coletivo e não podem ficar à mercê de questões políticas que dificultem o diálogo intermunicipal e o envolvimento estadual.

A implementação de ações compartilhadas, com o objetivo de sanar os problemas comuns que atingem as metrópoles, deve sobrepor-se aos interesses isolados dos municípios e, para que isso ocorra, é fundamental que o amadurecimento político seja um dos objetivos comuns a ser buscado, com a urgência necessária.

Não existirá respeito ao princípio constitucional da dignidade da pessoa humana sem que as administrações envolvidas juntem forças para a efetivação da qualidade de vida nas regiões metropolitanas. O direito ao lazer, ao transporte, às boas condições de trabalho e à moradia perfaz as funções básicas da cidade, as quais devem ser plenamente garantidas aos habitantes.

A gestão das regiões metropolitanas é outra questão que deve ser pensada com atenção, mas frisando que, qualquer que seja o modelo adotado, a necessidade de transferência do poder político local para o regional continua sendo um pré-requisito para um bom retorno à população.

Enfim, por meio desse breve estudo sobre as regiões metropolitanas procurou-se demonstrar que as intervenções conjuntas entre Estado e municípios em prol da garantia de qualidade de vida aos habitantes não se limitam a uma questão política. Mais do que isso, a inércia quanto à elaboração e efetivação de um planejamento metropolitano tem como consequência certa a violação ao princípio constitucional da dignidade da pessoa.

Referências

BANDEIRA DE MELLO, Celso Antônio. *Curso de direito administrativo*. 27. ed. São Paulo: Malheiros, 2010.

DALLARI, Adilson Abreu. O uso do solo metropolitano. *Revista de Direito Público – RDP*, v. 4, n. 14, p. 285, out./dez. 1970.

DALLARI, Adilson Abreu; FIGUEIREDO, Lúcia Valle (Coord.). *Temas de direito urbanístico – 2*. São Paulo: Revista dos Tribunais, 1991.

FERNANDES, Edésio. O ordenamento jurídico-institucional das regiões metropolitanas brasileiras. *Revista de Direito Público – RDP*, 72, p. 260, out./dez. 1984.

FERRAZ, Sergio. As regiões metropolitanas no direito brasileiro. *Revista de Direito Público – RDP*, n. 19, p. 37-38, jan./jun. 1976.

MEIRELLES, Hely Lopes. *Direito administrativo brasileiro*. 34. ed. São Paulo: Malheiros, 2008.

MEIRELLES, Hely Lopes. *Direito municipal brasileiro*. 3. ed. São Paulo: Revista dos Tribunais, 1977.

MEIRELLES, Hely Lopes. Direito urbanístico: competências legislativas. *Revista de Direito Público – RDP*, n. 73, p. 95, jan./mar. 1985.

MORI, Klara Kaiser. *Urbanização sem fronteiras*. (Tese de Doutorado) – Faculdade de Arquitetura e Urbanismo, Universidade de São Paulo, São Paulo, 1996.

ROLNIK, Raquel. *São Paulo*. São Paulo: Publifolha, 2001.

SÃO PAULO. *A região metropolitana de São Paulo*: um breve perfil dos 39 municípios. Prefeitura Municipal de São Paulo, Secretaria Municipal de Governo, 2002.

SERRANO, Pedro Estevam Alves Pinto. *Região metropolitana e seu regime constitucional*. São Paulo: Verbatim, 2009.

SILVA, Gutemberg da Mota e. Interesse metropolitano e Estado-Membro. *Revista de Direito Público – RDP*, n. 80, p. 131, out./dez. 86.

SILVA, José Afonso da. *Curso de direito constitucional positivo*. 19. ed. São Paulo: Malheiros, 2001.

Informação bibliográfica deste texto, conforme a NBR 6023:2002 da Associação Brasileira de Normas Técnicas (ABNT):

MUNHOZ, Daniela Cordeiro de Farias. Regiões metropolitanas. *In*: DALLARI, Adilson Abreu; DI SARNO, Daniela Campos Libório (Coord.). *Direito urbanístico e ambiental*. 2. ed. rev. Belo Horizonte: Fórum, 2011. p. 191-204. ISBN 978-85-7700-449-2.

A Educação Ambiental como Instrumento de Política Urbana

Jean Jacques Erenberg

Sumário: **1** Introdução – **2** O problema e suas causas – **3** Classificação e quantificação dos resíduos gerados – **4** A atuação do poder público – **5** A educação ambiental – **6** A educação ambiental como instrumento urbanístico – **7** Conclusão – Referências

1 Introdução

As cidades brasileiras experimentam excepcional crescimento a partir do século XX.

Na segunda metade daquele século, o êxodo rural, a migração em busca de melhores condições de vida e trabalho, foi causa determinante do inchaço populacional dos centros urbanos.

Incapazes de absorver adequadamente o fluxo incessante de novos habitantes, as urbes passaram a acolher duas realidades distintas: a cidade oficial, regular, e a cidade clandestina.

Verdadeiro instrumento de controle social das classes dominantes, a manutenção de tal estado de coisas era tida como um incômodo necessário. Afinal, é, em grande parte, nessas habitações irregulares (cortiços e favelas, em áreas ocupadas ilegalmente) que habita a mão de obra parcamente remunerada que erigiu (e ainda erige) os arranha-céus que simbolizam a pujança e o orgulho da cidade dita legítima.

As soluções, via de regra paliativas, geralmente têm se limitado à instalação de alguns poucos equipamentos públicos (postos de saúde, escolas e algumas vias pavimentadas para permitir a circulação de ambulâncias e viaturas policiais; às vezes saneamento e abastecimento de água e energia).

O resultado de décadas de descaso para com tal realidade é que hoje essa face da cidade que não se mostra aos turistas já não mais abriga uma parcela mínima da sociedade.

O contingente populacional que habita de forma "ilegítima" na cidade já representa um volume absurdamente grande de almas e ocupa porção bastante substancial do território.

Hoje, segundo a professora Ermínia Maricato, não há metrópole em que as linhas de circulação (parcelas de rodovias em zona urbana, grandes avenidas que cortam regiões menos urbanizadas) e áreas próximas a cursos d'água estejam livres de densos núcleos habitacionais clandestinos, com tudo, o que isso acarreta de nocivo ao meio ambiente (má gestão de resíduos sólidos e dejetos humanos, assoreamento de leitos de cursos d'água, degradação das matas ciliares, inundações, etc.).[1]

O presente estudo visa apontar a importância da educação ambiental, em especial a educação ambiental não formal, como parte do conjunto de medidas indispensáveis na busca e manutenção de soluções adequadas para o problema das moradias urbanas irregulares e seus efeitos deletérios em face do meio ambiente urbano. Para isso, o autor buscará o sentido da expressão "educação ambiental" e destacar a sua relevância enquanto instrumento de política urbana, não só como ferramenta para a efetiva solução do problema da poluição decorrente das ocupações irregulares, mas também como meio de manutenção dos benefícios urbanísticos obtidos após a implantação de programas e projetos bem-sucedidos de disposição e manejo de resíduos e dejetos ou mesmo de regularização fundiária.

2 O problema e suas causas

O problema atual das moradias irregulares (e consequente poluição ambiental) é fruto, principalmente, de largo período de desatenção oficial quanto à questão dos assentamentos irregulares.

Por longo tempo (do final da Segunda Grande Guerra, que marca o início do êxodo rural, até a edição da Lei Lehman, em 1979) o poder público parece não ter dado atenção ao fato de que o contingente humano trazido pelas grandes correntes migratórias, motivadas pela busca de emprego e melhores condições de vida, não dispunha (principalmente por ausência de adequado planejamento urbano) de condições para adquirir propriedades de forma regular e por isso passou a se fixar, principalmente, de forma clandestina, erigindo suas moradias através do sistema de autoconstrução parcelada,[2] muitas vezes em espaços públicos, retirando da população a possibilidade de habitar, trabalhar, recrear e circular adequada e plenamente.[3]

Tal situação era tolerada em razão de ser esse contingente humano necessário para possibilitar um barateamento dos custos da urbanização, então em ritmo acelerado. Esses ex-trabalhadores rurais, famintos e esperançosos, aceitavam salários e benefícios substancialmente menores que os trabalhadores já fixados nos centros urbanos. Emblemática dessa perversa realidade a expressão, popularizada na época, segundo a qual os operários erguiam prédios nos quais jamais poderiam entrar (mas sonhavam que seus filhos um dia pudessem).

Em 1979, a Lei Lehman (Lei nº 6.766/79), que dispõe sobre o parcelamento do solo urbano, estabeleceu a ilegalidade dessa solução habitacional, sem que, no entanto,

---

[1] Palestra "Fundamentos urbanísticos do Estatuto da Cidade", proferida no Instituto dos Advogados de São Paulo em 20 de junho de 2002.

[2] A respeito, José Afonso da Silva. *Direito urbanístico brasileiro*, citando Ermínia Maricato, p. 23.

[3] Definidas na Carta de Atenas, de 1933, como funções essenciais da cidade.

se oferecesse de forma efetiva e eficaz outra possibilidade de acesso à população de baixa renda à propriedade urbana, o que acabou por resultar num processo de favelização de grandes proporções.[4]

As ocupações irregulares, em quaisquer de suas possibilidades,[5] a par de inúmeros outros problemas de interesse urbanístico (violência urbana, ocupação de áreas públicas e de interesse especial, degradação do interesse turístico e paisagístico, dificuldade em proporcionar serviços públicos, etc.), geram um enorme problema ambiental.

A situação é visível a olho nu, sendo impossível deixar de notar o alarmante volume dos dejetos domésticos (excrementos, resíduos e bens pós-utilizados)[6] lançados aleatoriamente no redor das moradias, em lixões improvisados e nos cursos d'água próximos, transformando-os mesmo em esgotos a céu aberto.

Os primeiros a serem atingidos por esse passivo ambiental são os próprios moradores das habitações irregulares, que passam a conviver diuturnamente com vetores de doenças, inundações, contaminações e outros males. E grande parte desses habitantes, que carece de recursos financeiros para promover a própria subsistência digna, desconhece que muito do lixo que lhes ameaça poderia ser convertido em renda, através da reciclagem, ou não sabem como fazê-lo.

Abandonados à própria sorte, esses moradores dedicam-se desesperadamente à satisfação de suas necessidades mais básicas (alimento e abrigo), sujeitando-se a abrir mão do bem maior em prol do qual é erigido todo o sistema jurídico-constitucional pátrio: a dignidade da vida humana.

Em seguida, por óbvio, essa poluição ambiental passa a atingir difusamente a todos os habitantes da cidade e da região, mediante a contaminação do solo e do ar atmosférico, de mananciais e de cursos d'água superficiais e subterrâneos, bem como através de inundações originadas em locais de assoreamento, transmissão de enfermidades por vetores e pela ação dos ventos que carregam partículas contaminadas, além da degradação do patrimônio paisagístico e turístico, da obstrução das vias de circulação, etc.

Resumindo, a questão envolve sério perigo à saúde pública e ao meio ambiente, além de ameaçar a ordem urbanística.

Observa-se que, além dos dejetos humanos (excrementos), praticamente todos os tipos classificáveis de resíduos sólidos são encontrados nos arredores desses assentamentos irregulares.

---

[4] SILVA, *op. cit.*, mais uma vez citando Ermínia Maricato, p. 23.

[5] A pesquisa IBGE 2000 nos Municípios revela a presença de assentamentos irregulares em quase 100% das cidades com mais de 500 mil habitantes e, em menor escala, nas cidades médias e pequenas (fonte: página da Secretaria Nacional de Programas Urbanos do Ministério das Cidades na internet. Disponível em: <http://www.cidades.gov.br>. Acesso em: 18 jul. 2003).

[6] "A diferença básica entre a denominação genérica de 'resíduo' e a de bem 'pós-utilizado' está no fato deste último representar um tipo específico de resíduo, que tem sua gênese não como decorrência direta do consumo, mas sim na arbitragem de uma vida útil média estabelecida na própria concepção do produto. (...) Esta diferenciação entre os bens 'pós-utilizados' e os demais resíduos é fundamental para que se perceba as distintas concepções por trás de um invólucro de leite vazio e um automóvel abandonado após anos de uso" (FIGUEIREDO. *A sociedade do lixo*: os resíduos, a questão energética e a crise ambiental).

3 Classificação e quantificação dos resíduos gerados

O poder público, através do Conselho Nacional do Meio Ambiente (CONAMA), órgão consultivo e deliberativo do Sistema Nacional do Meio Ambiente (SISNAMA) (Lei nº 6.938/81, artigos 6º e 7º) define e classifica os resíduos sólidos, a fim de orientar sua disposição e tratamento.

A Resolução CONAMA nº 05, de 05 de agosto de 1993, assim define, em seu artigo 1º, os resíduos sólidos:

> Resíduos Sólidos: conforme a NBR no 10.004, da Associação Brasileira de Normas Técnicas — ABNT — "Resíduos nos estados sólido e semi-sólido, que resultam de atividades da comunidade de origem: industrial, doméstica, hospitalar, comercial, agrícola, de serviços e de varrição. Ficam incluídos nesta definição os lodos provenientes de sistemas de tratamento de água, aqueles gerados em equipamentos e instalações de controle de poluição, bem como determinados líquidos cujas particularidades tomem inviável seu lançamento na rede pública de esgotos ou corpos d'água, ou exijam para isso soluções técnica e economicamente inviáveis, em face à melhor tecnologia disponível".

Quanto à sua origem, os resíduos sólidos podem ser, assim, classificados como: domésticos, domiciliares ou residenciais; comerciais; industriais; da área de saúde ou hospitalares; agrícolas; de serviço e de varrição ou limpeza pública.

Resíduos sólidos domésticos, domiciliares ou residenciais são aqueles produzidos por pessoas em suas residências. São constituídos principalmente por restos de alimentos, embalagens, papéis e plásticos. É o tipo de resíduo mais abundante nos assentamentos irregulares.

Resíduos sólidos comerciais são aqueles gerados pelo setor terciário, ou seja, o comércio em geral, sendo compostos principalmente por papel, papelão e plásticos. A atividade terciária é exercida, no mais das vezes (mas nem sempre) de forma artesanal e clandestina nesses assentamentos, sendo relativamente significativa a presença dessa modalidade de resíduos.

Resíduos sólidos industriais são os que se originam no setor secundário, indústrias, como resultado da atividade fabril. Compõe-se essa classe de resíduos de restos alimentares, aparas de papel, sobras de madeiras, tecidos, couros, metais, bem como produtos químicos diversos. Igualmente, a atividade industrial, via de regra artesanal e clandestina, tem sua vez nesses núcleos habitacionais, sendo observável a presença dos resíduos equivalentes.

Resíduos sólidos dos serviços de saúde ou hospitalares são os que provêm de hospitais, farmácias, postos de saúde, laboratórios de análises clínicas, consultórios e clínicas médicas, odontológicas e veterinárias etc. (a presença dessa modalidade de resíduos não significa que esses serviços de saúde existam no local, porém, os resíduos correspondentes frequentemente são lá produzidos pelos moradores, por ocasião da necessidade de atendimentos emergenciais ou autoatendimento). Esse tipo de resíduo é composto por seringas e agulhas (inclusive as utilizadas pelos químico-dependentes), embalagens de remédios, sangue ou plasma (vidro ou plástico), algodão, gaze, luvas cirúrgicas, materiais descartáveis diversos, medicamentos com prazos de validade vencidos, tecidos humanos e de animais (inclusive resultantes de abortos provocados e espontâneos),[7] restos de alimentos que estiveram em contato com pessoas enfermas etc.[8]

Resíduos agrícolas são aqueles provenientes da atividade agrícola, como embalagens utilizadas para acondicionar adubos, pesticidas ou herbicidas, encontráveis em menos quantidade, mas não necessariamente ausentes nos assentamentos ilegais urbanos (em razão, até, da presença observável de uma certa cultura de subsistência).

Resíduos provenientes de serviços e varrição, ou limpeza pública, são aqueles que decorrem das podas de árvores, capinação, lavagem e varrição das vias públicas, tais como folhas em geral, galhos de árvores, papéis, plásticos, entulho de construções, terra, animais mortos, madeiras, móveis e outros utensílios domésticos danificados etc. A presença de tais resíduos não se verifica necessariamente pela prestação do serviço público de varrição, podendo se verificar pela ação voluntária de moradores ou mesmo pelo acúmulo espontâneo, sendo levados pelas chuvas para o leito dos cursos d'água e bueiros, ou espalhados pela ação dos ventos.

Quanto à sua natureza, os resíduos sólidos podem ser secos (vidros, metais, plásticos, papéis, etc.) e molhados ou úmidos (restos de alimentos, papéis higiênicos, fraldas descartáveis utilizadas, etc.).

Em relação à sua composição química, os resíduos sólidos podem ser classificados como orgânicos (restos de alimentos, folhas e galhos de árvores, animais mortos, restos humanos, etc.) e inorgânicos (vidros, plásticos, metais, etc.).

Quanto à potencialidade de risco ao meio ambiente, os resíduos sólidos podem ser *classe I*, *classe II* e *classe III* (conforme *NBR 10004* de setembro de 1987, da ABNT).

Resíduos classe I são os resíduos perigosos, que apresentam risco à saúde pública e ao meio ambiente, ou ainda os inflamáveis, corrosivos, tóxicos, reativos e patogênicos. Exemplos dessa classe de resíduos são as pilhas e baterias e produtos químicos decorrentes de transformação e acabamentos de peças metálicas, atividades desenvolvidas por postos de gasolina, oficinas mecânicas, lavanderias a seco, laboratórios fotográficos, gráficas, além de solventes e tintas, pesticidas, herbicidas, produtos para limpeza em geral, dentre outros. Esses resíduos merecem tratamento especial, devendo ser dispostos em aterros industriais especialmente preparados para torná-los inertes.

Resíduos classe II são os resíduos não inertes, ou seja, que apresentam propriedades como biodegradabilidade, solubilidade ou combustibilidade, como a matéria orgânica e o papel.

---

[7] Não se pode olvidar que nesse tipo de assentamento não é raro incluir nessa lista os restos mortais de vítimas de homicídios.

[8] Esse tipo de resíduo é especialmente perigoso para a saúde humana, devendo receber tratamento diferenciado desde a coleta até a disposição final. A propósito, no início do mês de dezembro do ano 2000, causou assombro a notícia, veiculada nos jornais de grande circulação, de que um dos incineradores de lixo da cidade de São Paulo, único da cidade voltado para a esterilização de resíduos hospitalares, foi apontado pela CETESB como ineficaz na esterilização desses resíduos. Dentre as cinzas do material incinerado, foram encontradas cascas de laranja, salsichas, bolsas de sangue e pedaços de papel, todos intactos, além de terem sido detectados micróbios vivos (coliformes fecais, vírus bacteriófagos e bactéria pseudomonas, resistentes aos processos de desinfecção) em concentrações elevadas. As cinzas resultantes da incineração são normalmente conduzidas a um aterro sanitário próximo, onde ficam acessíveis ao contato, direto ou pela propagação através dos ventos ou de vetores, pela população da região (*Folha de S.Paulo*, Cotidiano, 1º dez. 2000; *O Estado de S.Paulo*, Cidades, 02 dez. 2000).

Resíduos classe III são os resíduos inertes, que, ao teste de solubilização (norma *NBR 10006*), não tenham nenhum de seus componentes solubilizados, em concentrações superiores aos padrões definidos (listagem 8 – "Padrões para o teste de solubilização"), tais como rochas, tijolos, vidros, entulho e certos plásticos e borrachas que não são decompostos prontamente.

A Resolução CONAMA nº 5/93, em seu Anexo I, traz, ainda, a seguinte classificação:

> GRUPO A: resíduos que apresentam risco potencial a saúde pública e ao meio ambiente devido à presença de agentes biológicos.
>
> Enquadram-se neste grupo, dentre outros: sangue hemoderivados; animais usados em experimentação; bem como os materiais que tenham entrado em contato com os mesmos; excreções, secreções e líquidos orgânicos; meios de cultura; tecidos, órgão, fetos e peças anatômicas; filtros de gases aspirados de área contaminada; resíduos advindos de área de isolamento; restos alimentares de unidade de isolamento; resíduos de laboratórios de análises clínicas; e resíduos de unidade de atendimento ambulatorial; resíduos de sanitários de unidade de internação e de enfermaria e animais mortos a bordo dos meios de transporte, objeto desta Resolução. Neste grupo inclui-se dentre outro, os objetos perfurantes ou cortantes, capazes de causas punctura ou corte, tais como lâminas de barbear, bisturis, agulhas, escalpes, vidros quebrados, etc, provenientes de estabelecimentos prestadores de serviço de saúde.
>
> GRUPO B: resíduos que apresentam risco potencial a saúde pública e ao meio ambiente devido às sua característica químicas.
>
> a) drogas quimioterápicas e produtos por elas contaminados;
>
> b) resíduos farmacêuticos (medicamentos vencidos, contaminados, interditados ou não-utilizados); e,
>
> c) demais produtos considerados perigosos, conforme classificação da NBR 10004 da ABNT (tóxicos, corrosivos, inflamáveis e reativos).
>
> GRUPO C – rejeitos radioativos: enquadram-se neste grupo os materiais radioativos ou contaminados com radionuclídeos, provenientes de laboratórios de análises clínicas, serviços de medicina nuclear e radioterapia, segundo Resolução CNEN 6.05.
>
> GRUPO D: resíduos comuns são todos os demais que não se enquadram nos grupos descritos anteriormente.

E, por fim, a *NBR 12808*, de janeiro de 1993, da ABNT, classifica os resíduos de serviços de saúde em A (*infectantes*), B (*especiais*) e C (*comuns*).

Verifica-se nesses núcleos populacionais clandestinos a presença, em maior ou menor grau, de praticamente todas as modalidades de resíduos, com prevalência dos classificados como *domésticos* (também chamados *domiciliares* ou *residenciais*).

Em relação à quantidade de resíduos produzida, difícil é apontar qualquer valor, ante a inexistência de padrões confiáveis de produção e consumo no seio dessas comunidades. É sabido, porém, que em condições normais de urbanização, a média de produção de resíduos por habitante, no planeta, é de 0,5kg diários.[9] No Brasil, essa média eleva-se para 0,8 kg/dia.

---

[9] Dados: Projeto Andorinha. Disponível em: <http://www.jcbrasil.org.br/cajusmo/projetoandorinha.htm>.

Também se pode utilizar como parâmetro o fato de que o lixo anual de um brasileiro médio é composto por 90 latas de bebidas, 2 árvores em papel e papelão, 107 garrafas ou frascos de vidro, 70 latas de alimentos, 45 quilos de plástico, 10 vezes seu peso em refugos domésticos.[10]

4 A atuação do poder público

Diversos são os instrumentos postos pela Lei, com fundamento na Constituição, a serviço da Administração Pública, na missão de promover o ideal urbanístico.

Com efeito, a desapropriação, a concessão do direito real de uso, a concessão de uso especial para fim de moradia, a usucapião, a preempção para fins de regularização fundiária (mediante a utilização de recursos auferidos com a outorga onerosa do direito de construir e de alteração de uso), a regularização fundiária, a simplificação da legislação (todos esses expressamente previstos no Estatuto da Cidade) e a atuação registraria compatível, dentre outros, são instrumentos que, adequadamente aplicados, tendem a solucionar, a médio ou longo prazo, o problema urbanístico das moradias irregulares.

No entanto, até que os efeitos da aplicação dos instrumentos de políticas urbanas referidas possam ser verificados, tem-se a continuidade do *status quo* desfavorável ao meio ambiente urbano e global.

E mesmo após a efetivação dos efeitos pretendidos, a manutenção dos benefícios urbanísticos precisa ser garantida, para que não ocorra a deterioração e novo processo de favelização, mediante novas ondas de autoconstrução parcelada e outras condutas lesivas.[11]

Para tanto, é necessário que o poder público promova a oferta contínua e permanente de serviços públicos essenciais, como fornecimento de água e energia elétrica, saneamento, segurança pública, escolas, serviços de saúde, espaços comunitários e de lazer, transporte coletivo, limpeza urbana, etc. Mas também é imprescindível estabelecer com a comunidade um "pacto de reciprocidade", conscientizando-a sobre a questão ambiental-urbanística e motivando-a a adotar condutas adequadas, que reverterão em seu próprio benefício.

Fato relevante é que parcela significativa dos habitantes das cidades não traz, em seu arcabouço de conhecimento adquirido, conceitos adequados de manutenção da ordem urbanística (tais como adequada destinação de resíduos), por ausência de programas de educação ambiental (ou de programas de qualquer espécie, em muitos casos) oficiais ou não. Por outro lado, é detectável, em certa medida, um sentimento de "provisoriedade de estadia", nos grandes centros urbanos, persistindo a mítica ilusão de "prosperar e partir", que gera, de certa forma, uma postura psicológica no sentido de "não-lar". Talvez seja por isso que lançar dejetos ao redor da própria moradia, em locais inadequados e mesmo em cursos d'água se verifique como

[10] Dados: *Jornal Diário Catarinense*, p. 34, 28 dez. 1997.

[11] A respeito, muito interessante observar a trajetória da "Cidade de Deus", no Rio de Janeiro, retratada no filme homônimo, de Fernando Meirelles, que nos anos 60 foi concebido como um loteamento urbanisticamente organizado (apesar da ausência de alguns dos equipamentos urbanos essenciais) e pouco mais de uma década depois, já não era mais do que uma enorme aglomeração desordenada de moradias irregulares.

comportamento adotado com naturalidade por grande parte dos moradores de assentamentos irregulares. Faltam, à evidência, projetos, programas e ações capazes de disseminar noções elementares de consciência ambiental.

Para atingir a raiz desse problema (e com isso promover soluções duradouras), um dos instrumentos mais eficazes é, sem dúvida, a educação ambiental.

Não basta, porém, implementar a educação ambiental formal, aquela que se desenvolve nos bancos escolares, vez que, em sua grande maioria, as pessoas que vivem em assentamentos irregulares não têm oportunidade de frequentar os estabelecimentos de ensino e quando o fazem é por pouco tempo, pois logo têm de se engajar no esforço de sobrevivência.

Indispensável é, para que a conscientização ambiental seja efetiva, a implantação de programas e projetos que visem à educação ambiental não formal, única que tem o potencial de atingir à totalidade de indivíduos das comunidades que habitam assentamentos irregulares.

5 A educação ambiental

A educação ambiental é definida legalmente como o conjunto de "processos por meio dos quais o indivíduo e a coletividade constroem valores sociais, conhecimentos, habilidades, atitudes e competências voltadas para a qualidade de vida e sua sustentabilidade", conforme a redação do artigo 1º da Lei nº 9795, de 27 de abril de 1999 (Lei da Educação Ambiental e da Política Nacional de Educação Ambiental).

Estabelece o artigo 2º dessa mesma lei que a educação formal é componente essencial e permanente da educação nacional, que deve estar presente em todos os níveis e modalidades do processo educativo, em caráter formal (desenvolvida em caráter articulado, integrado, contínuo e permanente, no âmbito dos currículos das instituições de ensino públicas e privadas de todos os níveis, conforme a redação dos artigos 9º e 10) e não formal (tratando-se, então, das "ações e práticas educativas voltadas à sensibilização da coletividade sobre as questões ambientais e à sua organização e participação na defesa da qualidade do meio ambiente", conforme o teor do artigo 13).

A educação ambiental encontra seu fundamento constitucional no parágrafo 1º, inciso VI, do artigo 225, que estabelece a sua promoção como incumbência do poder público.

Resta, pois, definir como deve o poder público garantir a efetividade do preceito constitucional "promover a educação ambiental". *Promover*, segundo Aurélio Buarque de Holanda Ferreira,[12] é "dar impulso a, fazer avançar"; "causar, originar"; "diligenciar para que se realize".

Assim, a execução da política de educação ambiental consiste em "dar impulso e diligenciar para que se realizem ações e práticas educativas em caráter articulado, integrado, contínuo e permanente, no âmbito dos currículos das instituições de ensino públicas e privadas de todos os níveis e voltadas à sensibilização da coletividade sobre as questões ambientais e à sua organização e participação na defesa da qualidade do meio ambiente".

---

[12] *Minidicionário da língua portuguesa.*

A Lei nº 6.938, de 31 de agosto de 1981, arrola a educação ambiental como princípio a ser observado na execução da Política Nacional do Meio Ambiente (artigo 2º, inciso X).

O Decreto nº 9.9274, de 6 de junho de 1990, que regulamenta a Lei nº 6.938/81 (Política Nacional do Meio Ambiente), diz que cumpre ao poder público orientar a educação ambiental (artigo 1º, VII).

A Lei nº 9.795, de 27 de abril de 1999 (Educação Ambiental e Política Nacional de Educação Ambiental), em seu artigo 2º, trata a educação ambiental como componente essencial e permanente da educação nacional e determina a sua presença em todos os níveis e modalidades do processo educativo, no caráter formal e no não formal. Com isso, resta claro que não basta ao poder público "orientar" a educação ambiental para efetivamente promovê-la. É necessário, mais que isso, garantir a sua efetividade em tudo quando possa ser considerado "processo educativo". Mas não é só.

A mesma lei, em seu artigo 3º, arrola as incumbências do poder público, das instituições educativas, dos órgãos integrantes do Sistema Nacional de Meio Ambiente (SISNAMA), dos meios de comunicação de massa, das empresas, entidades de classe e instituições públicas e privadas e da sociedade como um todo, na busca da efetividade da promoção da educação ambiental.

Ao poder público ficou determinada a incumbência de:

a) definir políticas públicas que incorporem a dimensão ambiental;
b) promover a educação ambiental em todos os níveis de ensino (educação ambiental formal);
c) promover o engajamento da sociedade na conservação, recuperação e melhoria do meio ambiente (educação ambiental não formal).

Às instituições educativas restou a incumbência de promover a educação ambiental de maneira integrada aos programas educacionais que desenvolvem.

Aos órgãos integrantes do SISNAMA[13] incumbe promover ações de educação ambiental integradas aos programas de conservação, recuperação e melhoria do meio ambiente.

Aos meios de comunicação de massa cumpre colaborar, de maneira ativa e permanente na disseminação de informações e práticas educativas sobre o meio ambiente e incorporar a dimensão ambiental em sua programação.

Às empresas, entidades de classe e instituições públicas e privadas cabe promover programas destinados a capacitar os seus trabalhadores quanto ao meio ambiente do trabalho e os efeitos do processo produtivo no meio ambiente.

E, por fim, à sociedade incumbe manter-se atenta à formação de valores, atitudes e habilidade que propiciem a atuação individual e coletiva voltada para a prevenção, identificação e solução de problemas ambientais.

A Lei de Educação Ambiental, em seu artigo 13, tratando especificamente da promoção da educação ambiental não formal, determina ainda que o poder público incentivará, além do ecoturismo:

[13] Órgãos e entidades da União, dos Estados, do Distrito Federal, dos Territórios e dos Municípios, bem como as fundações instituídas pelo poder público, responsáveis pela proteção e melhoria da qualidade ambiental, conforme artigos 6º, da Lei nº 6.938/81 e 3º, do Decreto nº 99.274/90.

a) a difusão, por intermédio dos meios de comunicação, em seus espaços mais valorizados ("nobres"), de programas e campanhas educativas e de informações relacionadas ao meio ambiente;
b) a ampla participação da escola, da universidade e de organizações não governamentais na formulação e execução de programas e atividades vinculadas à educação ambiental não formal;
c) a participação de empresas públicas e privadas no desenvolvimento de programas de educação ambiental não formal em parceria com a escola, a universidade e as organizações não governamentais;
d) a sensibilização da sociedade, das populações tradicionalmente ligadas às unidades de conservação e dos agricultores para a questão ambiental.

No artigo 16, a Lei nº 9795/99 atribui aos Estados, Distrito Federal e Municípios, definir, na esfera de suas competências e nas áreas de sua jurisdição, diretrizes, normas e critérios para educação ambiental, respeitados os princípios e objetivos adotados nacionalmente.

Finalmente, em seu artigo 19, a lei determina que os programas de assistência técnica e financeira relativos ao meio ambiente e educação, nos níveis federal, estadual e municipal, devem alocar recursos às ações de educação ambiental.

O Decreto nº 4281, de 25 de junho de 2002 (regulamentador da Lei nº 9.795/99), determina que a Política Nacional de Educação Ambiental será executada pelos órgãos e entidades integrantes do SISNAMA, pelas instituições educacionais públicas e privadas, pelos órgãos públicos dos entes federados, "envolvendo entidades não governamentais, entidades de classe, meios de comunicação e demais segmentos da sociedade" (artigo 1º). Criou esse decreto o Órgão Gestor da Política Nacional de Educação Ambiental, referido no artigo 14 da Lei nº 9.795/99, dirigido pelos Ministros de Estado do Meio Ambiente e da Educação e estabeleceu suas competências (artigos 2º e 3º).

Assim, dentre outras, são competências atribuídas ao Órgão Gestor da Política Nacional de Educação Ambiental (artigo 15 da Lei nº 9.795/99 e artigo 3º do Decreto nº 4.281/2002):

a) definir diretrizes para a implementação em âmbito nacional, recomendada a adoção, como referência, dos Parâmetros e Diretrizes Curriculares Nacionais;
b) articular, coordenar e supervisionar planos, programas e projetos na área de educação ambiental, em âmbito nacional;
c) avaliar e intermediar, nos casos em que se fizer necessário, participando na negociação de financiamentos, programas e projetos da área de educação ambiental, bem como supervisionar a recepção e o emprego de recursos públicos e particulares aplicados nessas atividades;
d) apoiar o processo de implementação e avaliação da Política Nacional de Educação Ambiental em todos os níveis, delegando competências quando necessário;
e) estimular e promover parcerias entre instituições públicas e privadas, com ou sem fins lucrativos, objetivando o desenvolvimento de práticas educativas voltadas à conscientização da coletividade sobre questões ambientais (educação ambiental não formal);

f) levantar, sistematizar e divulgar as fontes de financiamento disponíveis no país e no exterior para a realização de projetos e programas de educação ambiental;
g) definir critérios considerando, inclusive, indicadores de sustentabilidade, para o apoio institucional e alocação de recursos a projetos da área não formal.

O artigo 6º desse decreto estabelece também que, sem prejuízo de outras ações, deverão ser implantados programas de educação ambiental integrados a todos os níveis e modalidades de ensino, bem como a atividades de gerenciamento de resíduos e de melhoria de qualidade ambiental, a políticas públicas de saneamento e de saúde e a projetos financiados com recursos públicos, dentre outros. Os parágrafos 1º e 2º desse dispositivo impõem: ao poder público o estabelecimento de mecanismo de incentivo à aplicação de recursos privados em projetos de educação ambiental; ao Órgão Gestor estimular os Fundos de Meio Ambiente e Educação, nos diversos níveis de governo, a alocarem recursos para o desenvolvimento de projetos de Educação Ambiental.

O artigo 7º determina aos Ministérios do Meio Ambiente e da Educação, e órgãos a eles vinculados, quando da elaboração de seus orçamentos respectivos, a consignação de recursos para a realização das atividades e para o cumprimento dos objetivos da Política Nacional de Educação Ambiental.[14]

De tudo isso pode-se extrair que a educação ambiental formal deve ser efetivamente proporcionada aos alunos do sistema de ensino pelo poder público, em suas diversas esferas de governo, através das instituições educacionais públicas e outros órgãos públicos ligados à educação e ao meio ambiente, devendo prever, destinar e alocar os recursos suficientes para tanto; bem como pelas instituições de ensino privadas, através de iniciativa própria, ou mediante incentivos e parcerias.

A educação formal já vem historicamente bem delineada no ordenamento jurídico pátrio (Constituição Federal, artigos 205 a 214; Lei nº 9.394/96, de Diretrizes e Bases da Educação Nacional; Decreto nº 2.306/97, Sistema Federal de Ensino; e outras leis de âmbito nacional, estadual e municipal), inexistindo dificuldades em determinar a competência material (no caso, comum à União, Distrito Federal, Estados e Municípios) para a execução das ações relativas à sua efetiva promoção.

Já quanto à determinação da competência material para as ações efetivas de educação ambiental não formal, um pouco mais de dificuldade se afigura. Percebe-se que as leis acima estudadas procuram atribuir ao poder público um papel mais de orientação, gerenciamento e fiscalização do que propriamente de execução.

Com efeito, ao tratar da promoção pelo poder público da educação formal em sentido amplo, a lei fala em princípio (Lei nº 6.938/81), orientação (Decreto nº 9.9274/90), definição de políticas públicas, promoção, articulação, participação na negociação

[14] Parte destes recursos foram empregados na realização da Conferência Nacional Infanto-Juvenil pelo Meio Ambiente, realizada em novembro de 2003, em Brasília. Um documento com propostas de políticas ambientais foi formulado por 400 alunos de 5ª a 8ª séries (atuais 6º ao 9º anos do ensino fundamental), eleitos em escolas de todo o país, e entregue à Ministra do Meio Ambiente. O texto do documento pode ser encontrado no sítio do Ministério do Meio Ambiente na internet: <http://www.mma.gov.br/conferenciainfantojuvenil/>. Pouco antes, os Ministros do Meio Ambiente (então Marina Silva) e da Educação (então Cristovam Buarque), assinaram um acordo de cooperação para expandir o ensino ambiental, que em 2003 se restringia aos alunos das séries acima apontadas, nas escolas e universidades.

de financiamentos, incentivo (Lei nº 9.795/99), definição de diretrizes, coordenação, supervisão, avaliação e intermediação, apoio, estímulo, levantamento, sistematização e divulgação de fontes de financiamento, definição de critérios (Decreto nº 4.281/2002).

Com isso, pode-se arriscar a dizer que a legislação infraconstitucional aponta, no que se refere à educação ambiental não formal, para uma pulverização do esforço de promoção exigido pela norma constitucional. Nesse cenário, o poder público, em suas diversas esferas de governo (União, Distrito Federal, Estados e Municípios, bem como seus órgãos), é apenas um dos atores da educação ambiental não formal, incumbindo igualmente às instituições educacionais públicas e privadas, às empresas, associações de classe, instituições públicas e privadas, órgãos integrantes do SISNAMA, meios de comunicação e à sociedade a promoção constitucionalmente garantida da educação ambiental não formal.

No entanto, é de ser destacado o importantíssimo papel de necessário fomentador atribuído ao poder público, cabendo-lhe o papel de incentivar (através da adoção de modalidades positivas e negativas de incentivo), orientar, direcionar, supervisionar, financiar, intermediar financiamentos. Em suma, cumpre ao poder público criar ambiente propício para que sejam efetivamente levados a efeito programas e projetos de educação ambiental não formal.

Trata-se, pois, a educação ambiental, de um dever estatal, com vistas à efetiva proteção do meio ambiente e garantia de qualidade e dignidade de vida aos habitantes do país. Dever este que deve ser cumprido, sob pena de responsabilização do poder público e dos agentes envolvidos nas decisões (responsabilidade administrativa, penal e civil).

Bom lembrar, a educação ambiental finca profundas raízes não só no artigo 225 da Constituição, que garante a todos o "direito ao meio ambiente ecologicamente equilibrado", sendo bem de uso comum do povo e essencial à sadia qualidade de vida, impondo-se ao poder público e à coletividade "o dever de defendê-lo e preservá-lo para as presentes e futuras gerações", mas também nos preceitos constitucionais dos artigos 1º, que erige à condição de fundamentos da República a cidadania e a dignidade da vida humana (incisos II e III); 3º, que arrola como objetivo fundamental da República a construção de uma sociedade livre, justa e solidária (inciso I), a erradicação da pobreza, da marginalização e das desigualdades sociais e regionais (inciso III) e a promoção do bem geral (inciso IV); 5º, que garante aos brasileiros e estrangeiros residentes no país a inviolabilidade do direito à vida e à igualdade (*caput*); e 182, que fixa como objetivo da República a garantia do bem-estar dos habitantes da cidade.

Percebe-se, nitidamente, a partir daí, forte identidade ideológica com os objetivos da Lei nº 10.257, de 10 de julho de 2001 (Estatuto da Cidade), cujas normas "regulam o uso da propriedade urbana em prol do bem coletivo, da segurança e do bem-estar dos cidadãos, bem como do equilíbrio ambiental" (parágrafo único do artigo 1º).

6 A educação ambiental como instrumento urbanístico

O Direito Urbanístico brasileiro tem seu fundamento constitucional nos artigos 182 e 183 da Carta. Ali é determinado que a política de desenvolvimento urbano visa "ordenar o pleno desenvolvimento das funções sociais da cidade e garantir o bem-estar de seus habitantes" (*caput*).

Esse conceito de "bem-estar" somente poderá ser atingido mediante o atendimento dos mesmos preceitos constitucionais que embasam a Política Nacional de Educação Ambiental, quais sejam, o artigo 1º, ao erigir à condição de fundamento da República a cidadania e a dignidade da vida humana (incisos II e III); o artigo 3º, ao listar como objetivo fundamental da República a construção de uma sociedade livre, justa e solidária (inciso I), a erradicação da pobreza, da marginalização e das desigualdades sociais e regionais (inciso III) e a promoção do bem geral (inciso IV); artigo 5º, ao assegurar aos brasileiros e estrangeiros residentes no país a inviolabilidade do direito à vida e à igualdade (*caput*) e o artigo 225 da Constituição, ao garantir a todos o direito ao meio ambiente ecologicamente equilibrado, bem de uso comum do povo e essencial à sadia qualidade de vida, impondo-se ao poder público e à coletividade o dever de defendê-lo e preservá-lo para as presentes e futuras gerações.

A Lei nº 10.257, de 10 de julho de 2001, Estatuto da Cidade, veio a delinear como deve ser executada a política de desenvolvimento urbano, em atendimento aos objetivos traçados na Constituição Federal. Para isso traçou diretrizes, como a garantia do direito às cidades sustentáveis, a adoção de padrões de produção e consumo de bens e serviços e de expansão urbana compatíveis com os limites da sustentabilidade ambiental, a proteção, preservação e recuperação do meio ambiente natural e construído e do patrimônio cultural, histórico, artístico, paisagístico e arqueológico.

O Estatuto da Cidade cuidou também de arrolar instrumentos, a fim de dar pleno atendimento aos objetivos urbanísticos.

Ao tratar dos instrumentos, a lei não esgotou, deixando expressamente aberta a possibilidade de novos instrumentos, já existentes ou a serem criados, se incorporarem ao Direito Urbanístico.

O consagrado Professor Adilson Abreu Dallari,[15] ao comentar os instrumentos de política urbana, assim os define:

> Em resumo, quando a lei se refere a instrumentos de política urbana ela pretende identificar meios e instrumentos, de diferentes espécies, por meio dos quais o governo municipal deve implementar suas decisões de mérito, suas opções quanto a objetivos que devem ser atingidos para assegurar a melhor qualidade de vida de sua população e as prioridades que, em seu entender, devam ser observadas.

O conceito "melhor qualidade de vida" está diretamente ligado aos conceitos de desenvolvimento sustentável e qualidade ambiental.

De todos os instrumentos arrolados no artigo 4º do Estatuto da Cidade, merece destaque, para efeito do presente estudo, o que consta da primeira parte da alínea "r" do inciso V: "assistência técnica gratuita para as comunidades e grupos sociais menos favorecidos".

Essa "assistência técnica" quase que passa despercebida no texto legal, ante o fato de se encontrar na mesma alínea que o já consagrado e conhecido instrumento da assistência jurídica gratuita. No entanto, trata-se de dois instrumentos distintos, que não se confundem.

---

[15] *Estatuto da Cidade*, p. 76.

Com efeito, a expressão "assistência jurídica gratuita", ao contrário de "assistência judiciária gratuita", que abrange tão somente o fornecimento de meios para litigar no processo judicial, engloba todo o processo de aconselhamento e orientação jurídicos preventivos, o acesso aos processos administrativo e judicial, a busca de soluções negociadas de litígios através da arbitragem e da conciliação, etc. Ou seja, abrange toda e qualquer ação voltada para a prevenção e solução *jurídica* de questões de natureza *jurídica*. Nada sobra, nesse espectro, para o instrumento "assistência técnica", dada a plenitude já consolidada do outro instrumento, a "assistência jurídica".

O que seria, então, essa assistência técnica gratuita?

No humilde entender do autor do presente trabalho, a expressão "assistência técnica" significa o oferecimento às comunidades e grupos sociais hipossuficientes (entendendo a expressão tanto em seu aspecto econômico, quanto em seu aspecto técnico, ou seja, relativo ao acesso à informação e ao conhecimento) de informações a respeito de técnicas, comportamentos e atitudes que possam influenciar na qualidade de vida. No que diz respeito ao urbanismo, essa assistência técnica pode (e deve) incluir noções básicas de construção civil, segurança, saúde, higiene, saneamento, disposição de resíduos, organização social, necessidade de preservação de espaços públicos e de interesse especial, e tudo mais quanto possa aproximar a realidade dessas comunidades e grupos dos ideais constitucionais de vida digna.

Ora, nesse contexto, a educação ambiental, especialmente a não formal, ganha contornos de efetivo instrumento de política urbana, como parte de um processo mais amplo que tende a atingir os objetivos de política urbana estabelecidos na Carta e na Lei.

Por isso é que a educação ambiental deve ser considerada como um dos instrumentos urbanísticos à disposição do poder público, regendo-se pela legislação que lhe é própria (conforme o parágrafo 1º do artigo 4º do Estatuto da Cidade), no caso, as Leis nºs 9.795/99 e 6.938/81 e seus respectivos decretos regulamentadores, observado o disposto no Estatuto (como, por exemplo, a gratuidade para as comunidades e grupos sociais menos favorecidos).

É importante mais uma vez destacar que, na específica situação tratada no presente estudo, a educação ambiental formal pouco poderá contribuir para a redução e mesmo supressão das condutas poluidoras praticadas pelas populações que habitam assentamentos urbanos irregulares.

Trata-se de situação em que somente a educação ambiental não formal tem vocação atingir adequadamente e plenamente os objetivos almejados.

Não basta colocar à disposição da pequena parcela de crianças que frequentam por algum tempo os bancos escolares (às vezes por conta da merenda ou algum projeto social que vincule o comparecimento às aulas à entrega de gêneros alimentícios ou mesmo quantias em dinheiro às suas famílias), lições teóricas ou simulações práticas relativas à proteção, recuperação e preservação do meio ambiente urbano. Tampouco basta ocasionalmente engajar essas crianças em campanhas de recolhimento e destinação de resíduos. É preciso sensibilizar, educar e engajar não só as crianças, como também os adolescentes e os adultos.

Campanhas permanentes de esclarecimento à população, se bem estruturadas e elaboradas, propiciam um melhor gerenciamento dos resíduos sólidos, no âmbito individual, familiar e comunitário, bem como uma fonte considerável de recursos, resultantes de técnicas de separação, coleta e reciclagem. Como efeito colateral (porém desejado), tendem a formar uma consciência ambiental maior, sendo possível prever um aumento da pressão popular em face de governos, empresas e da própria sociedade, no sentido de exigir a adoção de políticas e condutas efetivas de produção e consumo ecologicamente sustentáveis.

Assim, a respeito da educação ambiental não formal, o autor do presente estudo ousa imaginar que o ideal seja a existência de grupos de trabalho nessas comunidades, formados por técnicos, juristas, líderes comunitários e os demais membros da comunidade interessados, utilizando o espaço de igrejas, entidades comunitárias, instituições de ensino ou quaisquer outros, públicos ou privados, a fim de promover, em caráter permanente e rotativo, ciclos de cursos e palestras,[16] com o objetivo de não só informar diretamente a população, como também formar agentes multiplicadores dessas informações.

Assim, passam a existir condições de se estabelecer um círculo virtuoso, que resulte em evidente melhoria das condições ambientais urbanas,[17] mediante a adoção de novos padrões culturais, visando a padrões mais razoáveis de consumo e disposição de resíduos, bem como fomentando a reciclagem como fator de saneamento e de geração de recursos financeiros, a reutilização de materiais e produtos, o aproveitamento de cascas de certos alimentos (geralmente descartadas, a despeito de serem dotadas de alto valor nutritivo)[18] e a utilização de tecnologias não poluentes.[19]

A consequência disto é um real ganho de qualidade nas condições de vida e do meio ambiente urbano e em geral, mediante custo muito baixo, dando cumprimento ao critério da economicidade estabelecido no inciso III, do artigo 17 da Lei 9795/99.[20]

7 Conclusão

O poder público deve buscar cumprir adequadamente as tarefas que lhe foram impostas para a garantia das funções sociais da cidade, assegurando aos habitantes qualidade de vida, inclusive através da proteção do meio ambiente urbano, sob pena de incorrer em conduta omissiva, que poderá caracterizar improbidade administrativa ou mesmo crime ambiental em face do administrador público (já que a pessoa jurídica de direito público não pode ser objeto de responsabilização penal, conforme

[16] "Decodificando" a informação ambiental para que possa ser perfeitamente assimilada pelos destinatários, conforme o dizer de Isabella Guerra (A efetividade do direito ambiental. *Advocacia Pública e Sociedade*, p. 149).

[17] A respeito, é de ser destacada a bem-sucedida iniciativa do Instituto Brasileiro de Advocacia Pública (IBAP), que realiza, em conjunto com outras entidades e com lideranças comunitárias, cursos de formação de "promotoras legais populares" em todo o país, buscando incutir em agentes multiplicadoras, noções técnicas e jurídicas básicas sobre diversos assuntos, inclusive a conscientização ambiental (informações disponíveis no sítio: <http://www.ibap.org>).

[18] Um outro exemplo interessante de reaproveitamento de resíduos resultantes da elaboração doméstica de alimentos é o caso da "borra" de café, comprovadamente eficaz no combate à proliferação do mosquito da dengue.

[19] Ainda conforme Isabella Guerra (*op. cit.*, p. 149).

[20] Economicidade é a relação entre a magnitude dos recursos a alocar e o retorno social propiciado pelo plano ou programa proposto.

Guilherme José Purvin de Figueiredo e Solange Teles da Silva)[21] ou ainda a eventual responsabilização civil do poder público para a reparação do dano que venha a ser causado ao meio ambiente artificial e natural em decorrência dessa conduta omissiva.

Dentre essas tarefas está a promoção da educação ambiental formal, em todos os níveis do ensino, e não formal, mediante ações efetivas, incentivos, financiamentos e parcerias, de forma a proporcionar e adequar as informações aos seus destinatários, de modo que se verifiquem plenamente os objetivos delineados na Constituição Federal e explicitados na legislação infraconstitucional.

De suma importância é a promoção da educação ambiental não formal, por sua clara vocação de instrumento eficaz em relação às comunidades e grupos menos favorecidos, que são justamente os que habitam em assentamentos irregulares, lugares onde tem vez parcela considerável do problema ambiental urbano.

A educação ambiental pode ser, pois, efetivamente, considerada como valioso e indispensável instrumento de política urbana, que pode e deve ser sabiamente utilizado pelo poder público, na busca dos ideais constitucionais de vida plena e digna.

Referências

COSTA, Regina Helena. Urbanismo e meio ambiente. *Revista da Procuradoria Geral do Estado de São Paulo*, São Paulo, n. 42, p. 265-272, 1994.

DALLARI, Adilson Abreu; FERRAZ, Sergio (Coord.). *Estatuto da Cidade*. São Paulo: Malheiros, 2002.

DANTAS, Marcelo Buzaglo; SEGUIN, Élida; AHMED, Flávio (Coord.). *O direito ambiental na atualidade*. Rio de Janeiro: Lumen Juris, 2010.

ERENBERG, Jean Jacques. *Função social da propriedade urbana*. São Paulo: Letras Jurídicas, 2008.

ERENBERG, Jean Jacques. Padrões de produção e consumo e geração de resíduos sólidos. *Advocacia Pública*, São Paulo, n. 13, p. 19-25, 2001.

ERENBERG, Jean Jacques. Padrões de produção e consumo e geração de resíduos sólidos no início do novo milênio. *Revista de Direitos Difusos*, São Paulo, ano 2, v. 13, p. 1733-1744, 2002.

FERREIRA, Aurélio Buarque de Holanda. *Mini dicionário de língua portuguesa*. Rio de Janeiro: Nova Fronteira, 1993.

FIGUEIREDO, Guilherme José Purvin de (Org.). *Temas de direito ambiental e urbanístico*. São Paulo: Max Limonad, 1998.

FIGUEIREDO, Guilherme José Purvin de. *A propriedade no direito ambiental*. 4. ed. São Paulo: Revista dos Tribunais, 2010.

FIGUEIREDO, Guilherme José Purvin de. *Curso de direito ambiental*. 3. ed. Curitiba: Letra da Lei, 2009.

FIGUEIREDO, Guilherme José Purvin de; SILVA, Solange Teles da. Responsabilidade penal das pessoas jurídicas de direito público na Lei n. 9.605/98. *Revista de Informação Legislativa*, Brasília, ano 35, n. 139, jul./set. 1998.

[21] Responsabilidade penal das pessoas jurídicas de direito público na Lei nº 9.605/98 *Revista de Informação Legislativa, passim*.

FIGUEIREDO, Paulo Jorge Moraes. *A sociedade do lixo*: os resíduos, a questão energética e a crise ambiental. Piracicaba: UNIMEP, 1994.

GRANZIERA, Maria Luiza Machado. Aspectos jurídicos do saneamento. *In*: FIGUEIREDO, Guilherme José Purvin de (Org.). *Temas de direito ambiental e urbanístico*. São Paulo: Limonad, 1998.

GUERRA, Isabella Franco. A efetividade do direito ambiental. *Advocacia Pública & Sociedade*, São Paulo, ano 2, n. 2, p. 143-153, 1998.

JUCOVSKY, Vera Lúcia R. S. *Responsabilidade civil do Estado por danos ambientais*: Brasil-Portugal. São Paulo: Juarez de Oliveira, 2000.

LEUZINGER, Márcia Dieguez; CUREAU, Sandra. *Direito ambiental*. Rio de Janeiro: Elsevier, 2008.

MEDAUAR, Odete. Caracteres do direito urbanístico. *Revista de Direitos Difusos*, São Paulo, ano 1, v. 2, p. 133-139, 2000.

MELO, Mônica de. Meio ambiente, desenvolvimento e Constituição. *In*: FIGUEIREDO, Guilherme José Purvin de (Org.). *Temas de direito ambiental e urbanístico*. São Paulo: Max Limonad, 1998.

PEDRO, Antônio Fernando Pinheiro; BENNATI, Paula. Comentários sobre a resolução CONAMA n. 257, de 30 de junho de 1999. *Revista de Direitos Difusos*, São Paulo, ano 1, v. 1, p. 19-23, 2000.

SÁ, Elida. A reciclagem como forma de educação ambiental. *Revista de Direito Ambiental*, São Paulo, ano 1, n. 4, 1996.

SILVA, José Afonso da. *Direito urbanístico brasileiro*. São Paulo: Malheiros, 2000.

SOUTO, Marcos Juruena Villela. Aspectos jurídicos da limpeza pública. *Revista da Procuradoria-Geral do Estado de São Paulo*, São Paulo, n. 37, p. 87-94, 1992.

YOSHIDA, Consuelo Yatsuda Moromizato. *Tutela dos interesses difusos e coletivos*. São Paulo: Juarez de Oliveira, 2006.

Informação bibliográfica deste texto, conforme a NBR 6023:2002 da Associação Brasileira de Normas Técnicas (ABNT):

ERENBERG, Jean Jacques. A educação ambiental como instrumento de política urbana. *In*: DALLARI, Adilson Abreu; DI SARNO, Daniela Campos Libório (Coord.). *Direito urbanístico e ambiental*. 2. ed. rev. Belo Horizonte: Fórum, 2011. p. 205-221. ISBN 978-85-7700-449-2.

Favelas e Meio Ambiente Urbano

José Carlos Alves da Silva

1 Favelas – Introdução

A história do planejamento urbano no Brasil mostra a existência de um pântano entre sua retórica e sua prática, já que estava imerso na base fundante marcada por contradições: direitos universais, normatividade cidadã — no texto e no discurso — *versus* cooptação, favor, discriminação e desigualdade — na prática da gestão urbana. A importação de modelos tecnológicos e culturais é intrínseca desse quadro marcado por reinserções históricas subordinadas. Não é por outro motivo que grande parte das análises, até mesmo abordagens históricas, do urbanismo brasileiro se restringem à pesquisa das ideias, como se o objeto se restringisse a elas e não incluísse a evolução do espaço e da práxis social (Leme, 1999). Possivelmente, esse é o ponto de vista que está na base das teses que afirmam a importância da atividade de planejamento urbano na história das cidades brasileiras, desde o período colonial (Ermínia Maricato. *As idéias fora do lugar e o lugar fora das idéias*, p. 135).

No Brasil-Colônia, a concessão da autonomia municipal era acompanhada da concessão de terra para o uso coletivo e expansão da vila ou cidade que era sede do Município. O rossio, como era chamado esse patrimônio municipal composto por uma porção de terra contígua à vila ou cidade, destinava-se a fornecer lenha para o fogo, madeira para as construções, pasto para os animais que pertencessem aos moradores locais. A Câmara Municipal e os administradores locais tinham a competência de doar terras — as datas — a quem as solicitasse, a fim de morar ou produzir. Essas datas eram gratuitas, com a condição de ocupação, produção e pagamento de dízimo. Tal prática se prestou ao exercício arbitrário do poder dos burocratas e grandes proprietários. Novamente aqui se constata a falta de fronteiras entre o público e o privado, relação que marca toda a nossa história (MARICATO. *Habitações e cidade*, p. 21).

De 1822 a 1850, com a indefinição do Estado em relação à ocupação da terra, esta se dá de forma ampla e indiscriminada. É nesse período que se consolida de fato o latifúndio brasileiro — com a expulsão de pequenos posseiros, que antes tinham o hábito de ocupar terras virgens — e sua substituição por poderosos proprietários rurais. A demorada tramitação do projeto de lei que iria definir regras para a comercialização e propriedade da terra se devia ao medo dos latifundiários em não ver "suas" terras confirmadas. Rejeitaram também o imposto territorial que constava na primeira redação do anteprojeto de lei Divisão de Terras e Colonização, de 1843. Na verdade, do projeto liberal que pretendia utilizar as terras devolutas (terras do Estado) para com sua venda financiar uma colonização branca (imigração de europeus), baseada na pequena propriedade, pouco sobrou, senão uma pomposa e avançada exposição de motivos fundamentada nas virtudes do progresso das relações capitalistas (MARICATO. *Habitações e cidade*, p. 22-23).

Tanto as autoridades governamentais ligadas à política de habitação quanto aos representantes do capital imobiliário referem-se frequentemente à questão da habitação em termos numéricos de déficits ou projeções de unidades isoladas a serem construídas. Essa forma simplista de tratar o tema ignora que a habitação urbana vai além dos números e das unidades. Ela deve estar conectada às redes de infraestrutura (água, esgoto, energia elétrica, drenagem pluvial, pavimentação) e ter o apoio dos serviços urbanos (transporte coletivo, coleta de lixo, educação, saúde, abastecimento, etc.). Se na zona rural algumas dessas necessidades podem ser resolvidas individualmente, na cidade sua inexistência pode inviabilizar a função da moradia ou acarretar danos sociais e ambientais, além de exigir sacrifícios por parte dos moradores. É o que acontece na periferia ilegal e sem urbanização. As distâncias a serem percorridas pelos transportes públicos são imensas, absorvendo para isso uma parte fundamental de cada dia do trabalhador, morador da periferia (MARICATO. *Habitações e cidade*, p. 44).

O acesso à moradia está ligado ao seu preço, que, por sua vez, depende da sua localização na cidade. Quando alguém compra uma casa, está comprando também as oportunidades de acesso aos serviços coletivos, equipamentos e infraestrutura. Está comprando a localização da moradia, além do imóvel propriamente dito. Edifícios residenciais de mesma área, mesmos materiais de construção, mesmos acabamentos têm preços diferentes, dependendo de onde se situam: num bairro com transporte abundante, praças, escolas, arborização, iluminação, etc., ou na periferia, que reúne carências múltiplas e onde o número de homicídios é mais alto, pois o serviço da polícia se faz de forma distinta na cidade, priorizando a defesa dos patrimônios pessoais. Até mesmo o tipo de vizinhança interfere na valorização de imóveis e terrenos.

A reconstituição histórica das diferentes formas de habitar tem sido objeto de estudo entre pesquisadores brasileiros. Mas, no caso específico de São Paulo, uma lacuna permanece aberta — a que diz respeito ao aparecimento e difusão pelo espaço da cidade de uma forma de morar presente em todo o País e cuja denominação passou a integrar até mesmo o vocabulário acadêmico internacional: a favela.

Em São Paulo julga-se que as primeiras favelas apareceram na década de 1940. O *Diário de São Paulo* (1º out. 1950) relata uma pesquisa feita pela Divisão de Estatística e Documentação da Prefeitura de São Paulo (hoje extinta) sobre a favela do Oratório, na Mooca, zona leste de São Paulo, onde naquela época moravam 245 pessoas, em moradias de tábuas, com apenas 6 vasos sanitários para uso de todos. Também no mesmo ano encontrou-se referência à favela da rua Guaicurus, na Lapa (zona central), com 230 domicílios e 926 pessoas. No *Diário de São Paulo* de 06 ago. 1950 um artigo sobre a favela do Ibirapuera (27 domicílios, 144 pessoas) já comentava que os moradores desse assentamento eram moradores pobres e não vadios e malfeitores, fortalecendo uma evidência empírica retomada na década de 1970. Datam também da década de 1940 a favela Ordem e Progresso, na Barra Funda, zona central do Município (hoje erradicada), a favela do Vergueiro, na zona sul (também erradicada) e a de Vila Prudente, na zona leste, ainda existente. "Em 1957 apurava-se na capital de São Paulo um total de 141 núcleos com 8.488 barracos e cerca de 50.000 favelados" (FINEP/GAP, 1985, p. 66, relatando o convênio CASMU com a Confederação das Famílias Cristãs para a solução das favelas).

Embora presente, o fenômeno favela em São Paulo só vai se desenvolver em larga escala nos anos 70. A montagem de um cadastro de favelas na Secretaria do Bem-Estar Social, em 1973, permitiu uma mensuração bastante exata do número de favelas e domicílios. Nas moradias, aplicou-se um formulário abrangente, numa amostra ampla, sobre caracterização domiciliar e populacional. Através dos dados das pessoas por unidade domiciliar, foi estimado o número da população favelada total. Em 1973/74 a população favelada paulistana não alcançava 72 mil pessoas (71.840), cerca de 1,1% da população municipal.

A atualização do Cadastro de 1973/74 foi feita em 1975, com nova contagem de favelas e domicílios favelados, possibilitada por voo de helicóptero. Não se fez nova pesquisa de campo amostral, considerando que o número de pessoas por unidade domiciliar se mantinha. A população favelada crescera para 117.237 pessoas, representando 1,6% da população do Município.

Em 1980, registros da Eletropaulo (dezembro de 1985), com taxa de subenumeração estimada em 5%, segundo seus técnicos, e dados da pesquisa de campo IPT – FUPAM (TASCHNER, 1982), mostraram que a população favelada do Município já alcançara 439.721 pessoas, 5,2% da população total do Município. Em 1980, pela primeira vez para São Paulo, o IBGE, através do Censo Demográfico, contou a população favelada. O número publicado na Sinopse Preliminar não confere com a estimativa da ELETROPAULO – IPT. Pelo Censo de 1980, a região metropolitana de São Paulo tinha 476.221 favelados, dos quais 335.344 no Município. A diferença entre os dados censitários e os utilizados pela Prefeitura e pela academia já era visível, de mais de 100 mil pessoas. Introduzindo-se uma correção para os dados censitários e lembrando que cerca de 22% da população favelada vivia em aglomerados de menos de 51 unidades, a população favelada IBGE corrigida alcançaria 409.120 pessoas, bastante próxima da estimativa de 439.721 da pesquisa de 1980 (diferença de 30.601, cerca de 7%).

Embora os dados revelassem que, durante a década de 70, a população favelada crescia mais rapidamente do que o total da população urbana, embora a abertura de loteamentos irregulares fosse indiscriminada, não emergiu nesse período, no plano da opinião pública, a ideia de crise habitacional. Em 1983, entretanto, ela começa a ocupar espaço na imprensa e, em meados da década, quando a dificuldade de acesso à moradia atinge a classe média, há uma clara consciência social sobre ela.

Segundo a Embraesp (Empresa Brasileira de Estudos do Patrimônio), em 1986 os aluguéis subiram 500% em relação ao ano de 1981. A classe média começou inclusive a disputar locações que antes estavam destinadas à população de renda menor ou equivalente a cinco salários mínimos. As dificuldades que atingem a classe média têm origem na crise econômica do início dos anos 80. Com o colapso que atinge o SFH e a indisponibilidade de financiamento, de 1982 a 1986 a construção atravessa uma fase recessiva.

Além do agravamento do quadro geral, os trabalhadores de rendas mais baixas enfrentam fatores localizados que contribuem para dificultar o acesso à habitação. Enquanto existiram (e continuam existindo em muitas cidades) as alternativas da favela, do cortiço ou do loteamento irregular, a noção de crise habitacional não emergiu. Durante várias décadas, a população favelada do Rio cresceu a ponto de constituir aproximadamente 1/3 do total da população urbana. Em Belo Horizonte, 1/4. Em Salvador e Fortaleza, 1/2. A ideia da crise não surge apenas porque as alternativas *informais* também diminuem.

Novo censo de favelas em 1987, realizado pela Prefeitura Municipal de São Paulo, usando metodologia semelhante à do Cadastro de 1973/74, encontrou o total de 812.764 moradores em favela no Município, 8,9% da população municipal, em mais de 150 mil domicílios. Tanto os formulários utilizados na pesquisa de campo amostral como a metodologia e as definições utilizadas em 1987 foram compatíveis com as utilizadas em 1973, 1975 e 1980. Os resultados, dessa forma, são comparáveis.

Em 1991, dados do Censo Demográfico fornecem 629 favelas, com 146.892 domicílios e 711.032 pessoas. Pela Prefeitura Municipal de São Paulo, em 1992, a cidade teria 1,071 milhões de habitantes, 11,3% da população municipal, em 1805 assentamentos. Entre 1987 e 1992 teriam se formado 236 novos aglomerados e 36 foram removidos.

Em 1993, nova pesquisa abrangente sobre as favelas e favelados do Município é feita pela FIPE, por encomenda, pela Prefeitura Municipal de São Paulo. Como resultado, computaram-se 1,9 milhões de favelados, 19,8% da população municipal. A pesquisa FIPE utilizou metodologia distinta das anteriores, embora seus formulários de pesquisa contenham questões comparáveis com as dos Censos de 1973/4 e 1987. Como ponto de partida, utilizou o cadastro da pesquisa de 1987. E o conceito de favela foi o mesmo utilizado desde 1973. Foi desenhada uma amostra em dois estágios, com as favelas estratificadas por tamanho e Administração Regional. Os resultados, posteriormente, foram agregados para obtenção do total para a cidade de São Paulo. A pesquisa amostral foi efetuada em 3704 domicílios, distribuídos em 163 favelas, com 18.599 pessoas.

A pesquisa FIPE-SEHAB, ao basear-se na relação de favelas de 1987, mediu apenas o adensamento, deixando de lado as novas favelas. O erro total não deveria ser grande, pois novas favelas costumam ser pequenas — estimou-se seu tamanho médio em 15 domicílios, com 76 pessoas. Entretanto, é justamente nas novas favelas onde se encontram as situações de maior precariedade e de maior risco ambiental.

2 Favelas – conceito

2.1 Conceito histórico

"Na vizinhança do Cabeça de Porco, surgia a 'Favela', apelido que seria dado ao morro da Providência pelas tropas vindas de Canudos em 1897, as quais estacionaram ali e acabaram denominando o local desse nome por associação a plantas com favas, comuns tanto no morro carioca quanto nas cercanias do arraial de Antônio Conselheiro, o Belo Monte" (MARINS. *História da vida privada no Brasil 3*, p. 136). Segundo o autor, é este o surgimento da palavra favela no contexto histórico nacional. Quanto ao conceito jurídico, são várias as acepções.

2.2 Conceito jurídico

Na definição de Edésio Fernandes em *Direito à cidade*: trilhas legais para o direito às cidades sustentáveis, favelas são assentamentos humanos precários que resultam originalmente da invasão de áreas urbanas privadas e públicas. O que as distingue juridicamente das outras formas de ocupação precária da terra urbana, comuns no Brasil, como, por exemplo, os chamados loteamentos "clandestinos" ou "irregulares", é basicamente o fato de que os favelados — pelo menos no momento da ocupação original da terra — não têm qualquer título de posse ou propriedade.

2.3 O conceito de favelas pelo IBGE

Em 1950 o IBGE decidiu pela primeira vez incluir a favela na contagem de população (GUIMARÃES, 1953, *apud* PRETECEILLE; VALLADARES, 2000). Nas publicações para São Paulo, entretanto, apenas em 1980 dados específicos apareceram. Segundo Guimarães,

> a conceituação oficial considerou como favelas os aglomerados que possuíssem, total ou parcialmente, as seguintes características:
>
> - *Proporções mínimas* – agrupamentos prediais ou residenciais formados com número geralmente superior a cinqüenta;
>
> - *Tipo de habitação* – predominância de casebres ou barracões de aspecto rústico, construídos principalmente com folha de flandes, chapas zincadas ou materiais similares;
>
> - *Condição jurídica da ocupação* – construções sem licenciamento e sem fiscalização, em terrenos de terceiros ou de propriedade desconhecida;
>
> - *Melhoramentos públicos* – ausência, no todo ou em parte, de rede sanitária, luz, telefone e água encanada;
>
> - *Urbanização* – área não urbanizada, com falta de arruamento, numeração ou emplacamento.

Entre os critérios utilizados, quatro referem-se aos aspectos físicos: tipo de habitação, tamanho do assentamento, melhoramentos públicos e urbanização. Um aspecto — o critério em comum com as definições de outros trabalhos paulistanos

— refere-se ao estatuto jurídico: ocupação ilegal da terra. O IBGE, desde então, continua basicamente utilizando a mesma definição para o que denomina aglomerado subnormal, ou seja, a favela.

A habitação das camadas populares no Brasil pode ser categorizada em algumas alternativas fundamentais, conforme o estatuto jurídico da terra (invadida ou comercializada) e a densidade do habitat (individual ou coletivo).

Todos os outros critérios frequentemente utilizados para distinguir as favelas dos outros tipos de moradia se aplicam apenas parcialmente. Em São Paulo e no Rio de Janeiro, geralmente as invasões se dão gradualmente, sem traçado planejado. As invasões coletivas de terras existem, mas são a minoria (ressalte-se, entretanto, a enxurrada de recentes invasões coletivas, ocasionada pelo atual momento político-econômico por que passa o País).

Entretanto, a variável mais adequada à definição de favela é o estatuto jurídico da terra. Tanto as definições das pesquisas da Prefeitura Municipal de São Paulo (1973, 1975, 1987 e 1993), como a de 1980 do IPT-FUPAM, consideram favela "todo o conjunto de unidades domiciliares construídas em madeira, zinco, lata, papelão ou alvenaria, em geral distribuídas desorganizadamente em terrenos cuja propriedade individual do lote não é legalizada para aqueles que os ocupam" (SÃO PAULO. Secretaria Municipal da Habitação e Desenvolvimento Urbano, 1988. p. 5). O IBGE também enfatiza os mesmos aspectos, apenas agrega à variável terreno invadido o tamanho do aglomerado. Para o IBGE, desde 1950, e isso foi enfatizado nos Censos de 1980 e 1991 e na Contagem de População de 1996, favela *é um setor especial do aglomerado urbano formado por pelo menos 50 domicílios, na sua maioria carentes de infraestrutura e localizados em terrenos não pertencentes aos moradores*. Para as pesquisas de 1973, 1975, 1980, 1987 e 1993, definiu-se como favela quando havia no mínimo 2 unidades habitacionais com as características acima mencionadas. Ficaram excluídas domicílios isolados e acampamentos.

O critério de computar apenas aglomerados com 50 unidades e mais explica parcialmente a subestimativa da população favelada pelos Censos. Em 1987, em São Paulo, 21,93% da população favelada moravam em assentamentos de menos de 51 unidades domiciliares. A pesquisa de 93 mostra que as favelas pequenas, de 2 a 50 domicílios, agrupavam 21,2% das casas. As grandes favelas, com mais de 1000 unidades habitacionais, serviam de local para apenas 12,9% dos domicílios favelados.

3 Cidade formal x cidade informal

Dentro dos limites da cidade podemos distinguir dois tipos de terrenos: os que estão legalizados, pagam impostos e taxas e são reconhecidos oficialmente, a denominada "cidade formal", e os terrenos ilegais que são frutos de invasão ou posse, a "cidade informal".

Apesar das normas vigentes que asseguram, no plano ideal, a tutela ao meio ambiente natural e construído, verifica-se, no plano dos fatos, que a cidade legal constitui exceção, como se pode constatar na Região Metropolitana de São Paulo, o que, aliás, se reproduz nos grandes centros urbanos.

Tudo se resume à falta de comando, de fiscalização, de exercício do poder de polícia pelas autoridades municipais sobre o processo de urbanização predatória e irracional que marca nossas grandes cidades. Às vezes essa (ir)responsabilidade é compartilhada com órgãos do Estado, nos casos de áreas de interesse metropolitano e/ou ambiental (como nas áreas de proteção aos mananciais).

O deficiente funcionamento desse serviço público, que irradia efeitos danosos aos administrados difusamente considerados, ora decorre de fatores estruturais (de pessoal ou financeiro), ora da compleição moral das autoridades e servidores públicos (corrupção, prevaricação), ora da falta de vontade política de prefeitos em planejar ou prover a máquina administrativa de recursos humanos e materiais, ora de sua omissão ou descaso com o meio ambiente natural e urbano.

Nesse contexto, a população sofre os efeitos da *cidade ilegal*, arcando com os custos das inevitáveis intervenções do poder público para a sua regularização.

Conflitos típicos das cidades desordenadas são travados diariamente por detentores de propriedades, entre si, assim como entre os que exercem atividades do mercado formal. Proprietários de imóveis desrespeitam as limitações de recuo e altura das construções, com edificações excessivamente altas que projetam sombras nas residências vizinhas, privando-as de insolação, aeração e iluminação.

Merece destaque, na espécie, a construção de prédios de apartamentos em localidades onde as limitações outrora impunham um padrão de edificações unifamiliares. Isso ocorre, em regra, graças à habilidade de um poderoso *lobby* das empresas do mercado imobiliário, que logram *convencer* vereadores e prefeitos a modificarem, pontualmente e sem planejamento, o zoneamento das cidades.

O comércio toma irregularmente o espaço das residências nas zonas em que as últimas deveriam predominar, tudo sob os olhos complacentes da Administração.

Formam-se corredores de lojas e escritórios em locais projetados para habitação, trazendo consigo tráfego, emissão de gases, barulho e agitação em detrimento do zoneamento, do sossego e do conforto de um bairro residencial.

As áreas públicas são tratadas como coisa de ninguém. Muitos são os exemplos das usurpações de bens públicos de uso comum do povo (ruas, avenidas, praças, áreas verdes e institucionais, áreas de lazer, jardins, passeios, praias, etc.), quase sempre toleradas ou consentidas pela Administração Pública.

Invasões de inúmeras áreas públicas, para fins de moradia por famílias de baixa renda, contribuem com o aumento das favelas. Algumas são estabelecidas sob pontes e viadutos, oferecendo risco difuso quando causam incêndios, abalando suas estruturas, trazendo transtornos à circulação da população.

Outras modalidades de ocupação de áreas públicas têm proliferado com o beneplácito das prefeituras. Delas são exemplos os bolsões residenciais, os loteamentos em condomínio e o fechamento de ruas de antigos bairros.

Assistimos ao aumento de uma modalidade de privatização do espaço público para fins de moradia, ora protagonizada pela camada social mais abastada ou politicamente influente, que se apodera de áreas verdes, praças, espaços livres, jardins, áreas de lazer, ruas, além de outros espaços que deveriam estar sendo utilizados para abrigar edificações e usos coletivos como creches, escolas, postos de saúde, bibliotecas, quadras poliesportivas, dentre outros equipamentos comunitários.

Haverá, por certo, vozes que defenderão essas (de)formações segregacionistas, inclusive com os argumentos da insegurança e da criminalidade que consomem nossa sociedade em preocupação.

No entanto, uma análise comprometida com o interesse público (e não com o interesse que se publica...), com os princípios da Constituição Federal, que prega a erradicação da pobreza e das desigualdades sociais, e que objetiva a construção de uma sociedade justa, livre, solidária, com a promoção do bem de todos, sem preconceitos de origem, raça, cor, sexo, idade e qualquer outra forma de discriminação (art. 3º, CF), certamente tenderá a concluir que o isolamento de poucos privilegiados não resolverá o problema difuso da violência nem da insegurança, que atinge todos, indistintamente, ricos e pobres.

Este é o panorama do meio ambiente urbano, que, para ser equilibrado, depende em muito da consciência de legisladores e governantes com perfil de estadistas, planejadores com visão de futuro, como também de uma população mais participativa, atuante e cônscia de seus direitos.

Porém, a tensão existente entre a cidade formal e a cidade ilegal é dissimulada. Além dos investimentos públicos no sistema viário, a legislação urbanística se aplica à cidade "oficial" ("flexibilizada" pela pequena corrupção). Os serviços de manutenção das áreas públicas, da pavimentação, da iluminação e do paisagismo, aí são eficazes. Embora os equipamentos sociais se concentrem nos bairros de baixa renda, sua manutenção é sofrível. A gestão urbana e os investimentos públicos aprofundam a concentração de renda e a desigualdade.

Os números não são precisos, porém, podemos afirmar que mais da metade de nossas cidades é constituída por assentamentos irregulares, ilegais ou clandestinos, que contrariam de alguma forma as formas legais de urbanização. Uma parte significativa destes assentamentos é composta por posses de propriedades públicas ou privadas abandonadas ou não utilizadas. Desde os anos 70, alguns Municípios vêm tentando investir nas favelas, reconhecendo sua existência como parte da cidade.

Entretanto, embora a urbanização das favelas vem sendo defendida e praticada há décadas, a titularidade definitiva destas áreas para seus verdadeiros moradores somente vem encontrando solução após o advento do Estatuto da Cidade e Medida Provisória nº 2.220, de 04.09.2001, através dos institutos da Usucapião Coletiva e da Concessão de Uso Especial para Fins de Moradia outorgada de forma coletiva.

Um enfoque realístico e atual dessa dicotomia (cidade formal x cidade informal) foi dado pela articulista Marici Capitelli do jornal *O Estado de S.Paulo*, em matéria publicada em 13.10.2002, cujo teor transcrevo abaixo.

> MORUMBI RICO, MORUMBI POBRE
>
> Os contrastes do bairro, que tem as maiores concentrações de renda da cidade e cuja população favelada representa 47,7% do total de moradores, vão influenciar o plano diretor da região, que está sendo elaborado com um enfoque nas questões sociais.
>
> Um dos bairros mais luxuosos e tradicionais da cidade, o Morumbi, zona sul, convive com uma realidade cruel: a população favelada representa 47,7% do total de moradores. As ruas que dividem os dois mundos são tênues e, cada vez mais, os imóveis de alto padrão se aproximam dos barracos.
>
> Três favelas circundam o Morumbi. A maior é a do Real Parque, onde moram cerca de 16 mil pessoas — três mil em apartamentos do Cingapura. Na comunidade do Panorama, são cerca de 2 mil habitantes. A menor é a de Porto Seguro, com 1,5 mil moradores. A região, porém, se localiza numa das áreas mais valorizadas do bairro — o Jardim Morumbi.

A população carente do Morumbi corresponde a 1,83% do total de moradores das favelas da capital. O porcentual se baseia na estimativa dos líderes comunitários das favelas, segundo o censo do IBGE.

A renda dessas famílias gira principalmente em torno dos vizinhos ricos, já que a grande maioria trabalha nas mansões como empregadas domésticas, babás e seguranças. Nessas áreas privilegiadas vivem cerca de 34,5 mil pessoas, o que corresponde a 0,33% do total de habitantes da capital, também de acordo com o IBGE.

Essa realidade conflitante — que convive junta numa área de 1.140 hectares — vai influenciar diretamente o Plano de Bairro do Morumbi e o Plano Regional do Butantã, previsto no Plano Diretor. Com isso, o Plano do Morumbi está sendo elaborado com um enfoque muito claro: as questões sociais.

"Não podemos ignorar o grande número de favelados do Morumbi. Por isso, estamos defendendo que o plano diretor do bairro seja voltado para os aspectos sociais", afirma o engenheiro Aloysio Camargo Filho, de 58 anos, conselheiro da Sociedade dos Moradores do Morumbi e diretor da Associação de Segurança e Cidadania.

O enfoque social do plano diretor do Morumbi pode deixar perplexo quem não conhece a realidade da região. Afinal, num bairro arborizado, com total infra-estrutura e que tem uma das maiores concentrações de renda da cidade serão apontadas necessidades como urbanização, transporte, saúde e educação.

A proposta inicial da Prefeitura tratava da discussão do zoneamento e das vias públicas. "Mas estamos com outro foco porque é uma obrigação social reinserir essa população de forma adequada na cidade", pondera Aloysio, que mora no bairro há 24 anos e levou um susto no final do ano passado ao cruzar os dados dos moradores das áreas nobres do Morumbi com os de seus vizinhos favelados.

Representantes dos dois lados estão se entendendo.

No que se refere ao transporte, por exemplo, o Plano Diretor Regional (que será feito a partir dos planos de bairro) vai priorizar a extensão do Metrô até o Taboão e a utilização de microônibus ou lotações que circulam pelo bairro e têm acesso a estações de Metrô e trens.

Para discutir as questões sociais, Aloysio tem reunido toda a semana cerca de 30 entidades de toda a região do Morumbi. Nas reuniões participam representantes de comunidades ricas e pobres.

Os encontros vão permitir a criação do Plano Diretor dos Bairros e, depois, o Plano Diretor Regional, que envolve o Morumbi e bairros como Vila Sônia, Raposo Tavares, Rio Pequeno e Butantã.

"Temos que conseguir um plano regional que promova a integração dos projetos de todas as comunidades para beneficiar a região como um todo", aposta Aloysio.

A arquiteta Regina Monteiro, do Movimento Defenda São Paulo, acredita que a experiência do Morumbi é única no mundo. "É um bairro que concentra o mais alto poder aquisitivo da cidade e o mais baixo também. E os representantes dos dois lados estão conseguindo discutir juntos".

Os preços dos imóveis no Morumbi podem variar de R$3 mil, num barraco, a mansões de mais de R$1 milhão.

Na opinião de Regina, a discussão em sociedade é o caminho para a solução dos problemas. "É quando as pessoas percebem que o problema do vizinho é também o seu, e não se limitam a exigir que as favelas sejam retiradas", diz. Ela ressalta que, se a comunidade elaborar projetos bem embasados, poderá obter recursos no exterior para a realização das obras sem precisar do governo.

Jailton Ribeiro da Silva, de 30 anos, é presidente da Associação dos Moradores do Real Parque. "A população favelada é sempre esquecida. Com a força dos moradores do lado rico, as chances de obtermos melhorias são muito maiores", avalia.

O líder comunitário da Favela Panorama, José Arnaldo Barbosa, de 31 anos, ainda está desconfiado da situação. "É sempre tão difícil conseguir qualquer melhoria para a favela que ainda não dá para acreditar", diz o líder, que tenta em vão montar uma fábrica de blocos na região.

O subprefeito do Butantã, Carlos Alberto da Silva Vieira, define o Morumbi como o 'Brasil real' — com suas realidades contrastantes tão próximas. Ele também enfatiza a prioridade social, mas vai além da simples urbanização das favelas. "A questão passa por moradia digna para essa população e não apenas asfaltar ruas e colocar luz".

4 Direito à moradia

A moradia, compondo o chamado piso vital mínimo, é o direito fundamental mais recentemente introduzido no rol do artigo 6º da CF (conforme EC nº 26/2000). Antes disto, já era previsto em vários tratados, convenções, pactos e agendas internacionais. É um direito qualificado: *direito à moradia adequada*.

Sob este prisma, é importante destacar a interface do direito à moradia digna e adequada com o Direito Ambiental. Segundo a Profª. Consuelo Yatsuda Moromizato Yoshida, em sua excepcional tese de Doutorado pela PUC-SP, essa interface "se dá sob dois aspectos: em primeiro lugar porque este direito fundamental concorre para que seja atingido o objetivo maior da proteção ambiental, que é assegurar a todos *sadia qualidade de vida*; em segundo lugar, ligado ao tema das cidades e de sua degradação ambiental, porque a moradia constitui *função primordial da cidade*, e a *falta de acesso* a ela, quer por falta de moradia, que por falta de recursos financeiros para se ter acesso a ela, quer pela falta de condições adequadas de habitabilidade, constitui fator de degradação ambiental"

Para os trabalhadores em geral, a cidade é um local de moradia, trabalho, lazer etc. Ela é, num primeiro momento, principalmente valor de uso. Para o capital em geral (industrial e comercial) a cidade também responde a interesses genéricos: necessidade de energia, matéria-prima, circulação de mercadorias, insumos. Dependendo do estágio da luta de classes, ganham importância ainda os aspectos relativos à reprodução da força de trabalho. Mas para o capital imobiliário, especificamente, a cidade não é apenas um local para obtenção do lucro; ela é o próprio objeto da extração dos lucros, rendas e juros. Harvey distingue duas formas de capital imobiliário: o que explora a cidade para se apropriar da renda (proprietários de terras ou de imóveis, e incorporadores) e o que obtêm lucro com a produção do próprio espaço urbano (construtoras e financeiras).

Há uma profunda oposição de interesses nas cidades. De um lado, estão os usuários, que veem a *cidade como um local para viver* e desejam de um modo geral uma moradia de melhor qualidade possível (o que inclui localização, além de dimensões, durabilidade etc.) ao preço mais baixo possível. De outro lado, o capital imobiliário, para o qual a *cidade é um negócio* de cuja exploração busca a máxima extração do lucro. Se dizemos que no local de trabalho o trabalhador é explorado, podemos dizer que no local de moradia ele é espoliado, sendo que há profundas imbricações entre os dois processos.

O avanço da luta popular pode acarretar o surgimento de conflitos no interior dos capitais. De um lado, o capital em geral pode se opor a ações do capital imobiliário, quando se coloca a exigência do barateamento da força de trabalho. Barateamento este que se refere, em geral, aos custos de saúde, habitação e transporte. De outro lado, em determinados momentos históricos podem surgir contradições no interior mesmo do capital imobiliário, entre os setores chamados improdutivos (proprietários de terra, incorporadores) e os setores produtivos (financiamento, construção, materiais e equipamentos de construção). A retenção especulativa da terra urbana pode ferir os interesses do capital de construção e financiamento, a menos que este se beneficie também da renda fundiária. Fazemos aqui uma abordagem esquemática, para melhor compreensão dos interesses de cada um. Nas situações concretas podemos constatar que os bancos (financiamento) ou construtoras podem ser grandes proprietários de terra ou incorporadores, ou podem estar em alianças com esses setores.

O Estado atua intermediando esses conflitos, através do direcionamento dos investimentos públicos, da fixação das regras para financiamento imobiliário, criação ou mudança de legislação etc.; políticas públicas que ora favorecem certos setores do capital, ora atendem às reivindicações dos trabalhadores, quando o seu nível de organização assim o obriga.

O Estado vem reconhecendo a sua limitada autossuficiência em matéria urbanística, incentivando a ação privada nesse campo. Tanto é que acenou em duas das diretrizes do art. 2º do Estatuto da Cidade sobre essa sua limitação, buscando a cooperação da iniciativa privada. Por uma parte, previu-se que no processo de urbanização vigorará o princípio da *cooperação entre os governos, a iniciativa privada e os demais setores da sociedade* (inciso III). Por outra, estabeleceu-se que *na promoção de empreendimentos e atividades relativos ao processo de urbanização* incidirá o princípio de *isonomia de condições para os agentes públicos e privados* (inciso XVI). Tais dispositivos legais demonstram a preocupação em ressalvar-se a necessidade de atendimento ao *interesse social*.

A produção e a distribuição da moradia relacionam-se com os investimentos públicos feitos na cidade. A orientação desses investimentos, através das políticas públicas, orienta também, em parte, a valorização imobiliária e, particularmente, a valorização fundiária. Os interesses políticos envolvidos na produção da moradia e do espaço urbano, como se pode perceber, são muitos e poderosos. O crescimento urbano, aparentemente natural, tem por trás de si uma lógica que é dada pelos interesses em jogo e pelo conflito entre eles.

Com relação ao binômio ônus x benefícios, o Estatuto da Cidade fixou importante diretriz quanto ao aspecto econômico do processo de urbanização: seus ônus e benefícios devem ser distribuídos segundo um critério de justiça (*justa distribuição dos benefícios e ônus decorrentes do processo de urbanização* – art. 2º, IX), o que, dentre outros aspectos, impõe a *recuperação dos investimentos do poder público de que tenha resultado a valorização de imóveis urbanos* (inciso XI).

Além do agravamento do quadro geral, os trabalhadores de rendas mais baixas enfrentam fatores localizados que contribuem para dificultar o acesso à habitação. Enquanto existiram (e continuam existindo em muitas cidades) as alternativas da favela, do cortiço ou do loteamento irregular, a noção de crise habitacional não emergiu. Durante várias décadas, a população favelada do Rio cresceu a ponto de constituir aproximadamente 1/3 do total da população urbana. Em Belo Horizonte, 1/4. Em Salvador e Fortaleza, 1/2. A ideia da crise não surge apenas porque as alternativas *informais* também diminuem.

A Lei Federal 6.766/79, que trata dos loteamentos irregulares ou clandestinos, se não eliminou pelo menos foi fator de diminuição sensível da abertura de novos loteamentos. Estes constituíram, durante muitos anos (acentuadamente a partir de 1940), uma alternativa importante de acesso à precária casa própria por parte dos trabalhadores de rendas mais baixas. Os efeitos retardados da Lei Federal nº 6.766/79 só vieram agravar uma crise dada pela recessão econômica geral. Uma saída fundamental para os setores populares, o pequeno lote na periferia desurbanizada, foi fechada e nenhuma outra foi aberta.

5 A pobreza e a degradação ambiental

Dentre as principais consequências da extrema pobreza, que redunda na falta de alternativas de moradias legais (ou seja, reguladas pela legislação urbanística e inseridas na cidade oficial), está a *agressão ambiental*.

A ocupação de áreas ambientalmente frágeis — beira dos córregos, encostas deslizantes, várzeas inundáveis, áreas de proteção dos mananciais — é a alternativa que sobra para os excluídos do mercado e dos insignificantes programas públicos.

Em algumas cidades, como em São Paulo e Curitiba, as regiões onde a ocupação mais cresce são as Áreas de Proteção dos Mananciais, ou seja, áreas produtoras de água potável onde a ocupação é proibida na lei, mas não o é na prática da ocupação do território.

Nas grandes e médias cidades, os rios, riachos, lagos, mangues e praias tornaram-se canais ou destino dos esgotos domésticos. O esgotamento sanitário atinge 54% dos domicílios em todo o Brasil, mas apenas 10% do esgoto coletado é tratado. O restante permanece na rede hídrica. Quanto ao lixo, apenas 29% do montante coletado é tratado.

Como bem lembrado pela Profª. Consuelo Yatsuda Moromizato Yoshida em sua brilhante tese de Doutorado pela PUC-SP, "A pobreza e a degradação ambiental têm as mesmas causas originárias relacionadas. De uma perspectiva ecológica e econômica, tanto uma como a outra são sintomas de sistema econômico funcionando precariamente. A pobreza, vista como condição social de insegurança crônica, resultante do colapso dos sistemas econômicos, demográfico, ecológico, cultural e social, que leva as pessoas a perderem a capacidade de se adaptar e de sobreviver, é uma situação análoga à degradação ambiental, vista como a perda da capacidade de autorrecuperação dos ecossistemas, dos quais os seres humanos fazem parte".

Os atos de degradação ambiental (desmatamentos, assoreamentos de cursos d'água, etc.) poderiam ser evitados em grande parte se o *poder de polícia* fosse eficaz, concreto e menos burocrático. Da mesma forma, o uso, a ocupação e o parcelamento do solo urbano seriam ordenados se houvesse fiscalização atuante da Administração, de modo a inibir a clandestinidade.

A correta adoção de uma política habitacional e de obras evitaria os problemas com as inundações periódicas nas grandes cidades, que tantas vidas ceifaram e inúmeros danos materiais provocaram. Aliás, no campo das *políticas públicas*, quando as autoridades investidas de implementá-las falham na sua missão, é possível manejar a ação civil pública para suprir a falta ou corrigir distorções.

Vale dizer que, ao lado das transgressões praticadas pelos particulares (pessoas físicas e jurídicas) nas atividades que comprometem o meio ambiente, em geral a conduta comissiva desses agentes vem acompanhada da inércia do Município em combater as infrações, que não exerce as atribuições constitucionais de ordenação dos espaços habitáveis e de planejamento da urbe, para proporcionar o desenvolvimento das funções sociais da cidade e o bem-estar de seus habitantes (CF, arts. 30, VIII, e 182).

A desordenada ocupação do solo protagonizada, por exemplo, pelos loteamentos clandestinos ou irregulares e pelas favelas, gerou a proliferação de habitações edificadas sem critérios técnicos de solidez e estabilidade (insegurança) e em condições subumanas (insalubridade); o surgimento de focos de degradação do meio ambiente e da saúde (loteamentos em área de proteção ambiental); o adensamento populacional incompatível com o meio físico (má localização) e desprovido de equipamentos urbanos e comunitários, gerando o crescimento caótico das cidades; a marginalização dos seus habitantes com o incremento das desigualdades sociais e reflexos na segurança da população local e circunvizinha (violência, comércio de drogas).

6 O tema no contexto do estatuto da cidade

A Constituição de 1988, pela primeira vez na história constitucional do País, dedicou um capítulo específico à política urbana. Na essência, o texto constitucional elegia o plano diretor como paradigma do cumprimento da função social da propriedade, mas represava sua eficácia quando remetia a fixação das diretrizes da política e a aplicação de penalidades à regulamentação em lei federal. É o que faz o Estatuto da Cidade. Espécie de "caixa de ferramentas", a nova lei dotará o poder público de base legal para as ações dos governos locais.

Dentre as diretrizes estabelecidas no art. 2º do Estatuto, relativas à política urbana, cujo objetivo visa à ordenação do pleno desenvolvimento das funções sociais da cidade e da propriedade urbana, destacamos os incisos que preceituam:

a) o direito às cidades sustentáveis, em cujo conceito se dá ênfase ao saneamento ambiental para as presentes e futuras gerações ("I");
b) o planejamento como forma de desenvolvimento das cidades, de modo que a distribuição espacial da população e das atividades econômicas seja feita de maneira racional, evitando e corrigindo distorções do crescimento urbano, notadamente quanto aos efeitos negativos sobre o meio ambiente ("IV");
c) o maior controle sobre o uso do solo, evitando-se: proximidades entre usos incompatíveis ou inconciliáveis (racional distribuição entre os usos residencial, comercial, industrial e institucional); construções ou parcelamentos excessivos em relação à infraestrutura (equilíbrio entre densidade de ocupação e infraestrutura); a deterioração de áreas urbanizadas; a poluição e degradação ambiental ("VI");
d) a proteção, preservação e recuperação do meio ambiente natural, construído e cultural ("XII");

e) a audiência da população para a implantação de empreendimentos e atividades com efeitos potencialmente negativos sobre o meio ambiente natural ou construído ("XIII").

Outros destaques inovadores das diretrizes gerais estão nos itens XIV, XV e XVI do artigo 2º do Estatuto da Cidade:

> - Regularização fundiária e urbanização de áreas ocupadas por população de baixa renda mediante o estabelecimento de normas especiais de urbanização, uso e ocupação do solo e edificação, consideradas a situação socioeconômica da população e as normas ambientais;
>
> - Simplificação da legislação de parcelamento, uso e ocupação do solo e das normas edilícias, com vistas a permitir a redução dos custos e o aumento da oferta de lotes e unidades habitacionais;
>
> - Isonomia de condições para os agentes públicos e privados na promoção de empreendimentos e atividades relativos ao processo de urbanização, atendido o interesse social.

Além das diretrizes, o Estatuto da Cidade relaciona instrumentos da política urbana em seu art. 4º, classificados em instrumentos de planejamento (incisos I a III), institutos tributários e financeiros (IV), e institutos jurídicos e políticos (V e VI).

Para a efetivação das diretrizes gerais da política urbana (a garantia do direito a cidades sustentáveis, o planejamento do desenvolvimento das cidades, a proteção do meio ambiente natural e do patrimônio cultural, a produção de bens e serviços nos limites da sustentabilidade ambiental e a recuperação pelo poder público de investimentos que tenham resultado na valorização de imóveis urbanos, entre outras), o Estatuto da Cidade utiliza os seguintes instrumentos:

1. Gestão democrática (arts. 43 a 45), que deverá ocorrer por meio da ação de órgãos colegiados de política urbana, da realização de debates, audiências e consultas públicas, da iniciativa popular de leis, planos e projetos, do referendo e do plebiscito;
2. *Plano Diretor (arts. 39 a 42)* obrigatório para cidades com mais vinte mil habitantes e referência para o cumprimento da função social da propriedade (art. 182, §§1º e 2º, da CF), o Plano Diretor passa a ser exigido também para cidades integrantes de áreas de especial interesse turístico e para aquelas influenciadas por empreendimentos ou atividades com significativo impacto ambiental;
3. *Parcelamento, edificação ou utilização compulsórios (arts. 5º a 6º)*: a ociosidade de vastas extensões de terrenos urbanos já dotados de infraestrutura é responsável por crises economias como a elevação dos custos de prestação dos serviços públicos e a sobrevalorização fundiária. Previsto no art. 182, §4º, da Constituição Federal, como primeira penalidade pela retenção ociosa de terrenos, esse dispositivo, de acordo com a lei municipal específica, imporá o parcelamento, edificação ou utilização compulsórios. Caso isso não ocorra, o imóvel estará sujeito ao IPTU progressivo no tempo e a seguir, quando não seguir as determinações acima, à desapropriação com títulos da dívida pública, sucessivamente.

4. *IPTU progressivo no tempo (arts. 7º e parágrafos)*: segunda sanção prevista na sequência do §4º do art. 182 da CF para combater a ociosidade de terrenos urbanos;
5. *Desapropriação com pagamento em títulos da dívida pública (art. 9º e parágrafos)*: trata-se da última das penalidades constitucionais previstas no capítulo da política urbana. Torna a desapropriação de imóveis urbanos ociosos semelhante à que ocorre para fins de reforma agrária;
6. *Usucapião especial (arts. 9º a 14)*: a usucapião especial de imóvel urbano constitui dispositivo autoaplicável da Constituição. O Estatuto da Cidade, contudo, amplia a possibilidade de iniciativa para a usucapião coletiva, o que pode facilitar a regularização fundiária de áreas urbanas de difícil individualização, como as favelas;
7. *Concessão de uso especial para fins de moradia (prevista originalmente nos arts. 15 a 20, mas vetados)*: instrumento inovador, permite que imóveis públicos ocupados há mais de cinco sem oposição tenham a posse regularizada. Observe-se que tal instrumento foi objeto de veto presidencial no Estatuto da Cidade, mas foi restabelecido pela MP 2.220, de 04/09/2001;
8. *Direito de superfície (arts. 21 a 24)*: permite a transferência, gratuita ou onerosa, do direito de construir sem que este alcance o direito de propriedade do terreno. Torna mais flexível a utilização de terrenos urbanos;
9. *Direito de preempção (arts. 25 a 27)*: assegura preferência ao poder público na aquisição de imóveis urbanos desde que, devidamente notificado pelo proprietário, manifeste o interesse pela compra, no prazo de trinta dias, findo o qual o direito deixa de prevalecer. Objetiva permitir a formação de estoque de terras públicas sem a necessidade de procedimentos de desapropriação;
10. *Outorga onerosa do direito de construir e alteração de uso (arts. 28 a 31)*: consiste na possibilidade de o Município estabelecer determinado coeficiente de aproveitamento dos terrenos a partir do qual o direito de construir excedente deve ser adquirido do poder público. O mesmo deverá ocorrer quando o uso for alterado e resultar na valorização do imóvel;
11. *Operações urbanas consorciadas (arts. 32 a 34)*: permitem um conjunto de intervenções e medidas, consorciadas entre poder público e iniciativa privada, com vistas a alcançar transformações urbanísticas de maior monta;
12. *Transferência do direito de construir (art. 35 e parágrafos)*: faculta o exercício desse direito em imóvel distinto do que originalmente o detinha. Mecanismo útil para a implantação de equipamentos urbanos (reduz os custos de desapropriação), para a preservação do patrimônio histórico e cultural e para a regularização de áreas ocupadas por população de baixa renda;
13. *Estudo de impacto de vizinhança (arts. 36 a 38)*: documento técnico a ser exigido com base em lei municipal para a concessão de licenças e autorizações de construção, ampliação ou funcionamento.

Por encerrarem uma proposta de sustentabilidade ambiental e de justiça social, alguns dos instrumentos apresentados merecem uma referência mais aprofundada:

Direito de preempção

Pelo *direito de preempção*, o Município terá prioridade na compra de imóveis situados em áreas da cidade previamente delimitadas pelo plano diretor, bastando que os proprietários notifiquem sua intenção de venda ao poder público, para que este possa exercer o direito de preferência.

Sua destinação é vinculada a regularizações fundiárias, projetos habitacionais de interesse social, controle da expansão urbana, instalação de equipamentos urbanos (obras de escoamento de águas pluviais, redes de água e esgoto, iluminação, pavimentação, etc.) e criação dos comunitários (áreas verdes e institucionais, de lazer, praças, etc.), para a formação de unidades de conservação e proteção de áreas de interesse ambiental, histórico, cultural ou paisagístico (art. 26 e incisos I a VIII). O desvio de finalidade constitui ato de improbidade administrativa do prefeito (art. 52, III).

Outorga onerosa do direito de construir

Pela *outorga onerosa do direito de construir* (art. 28), o potencial construtivo de um imóvel, definido no plano diretor e na legislação específica, poderá ser exercido acima do coeficiente de aproveitamento (relação entre área edificável e a área do terreno, ou o tamanho da edificação), como também poderá haver a *alteração do uso* do imóvel, mas em ambos os casos mediante contrapartida a ser prestada pelo beneficiário ao Município, que deverá destinar os recursos para as mesmas finalidades acima previstas para o instituto da preempção (art. 31).

Se estiver previsto em lei municipal, baseada no plano diretor, o proprietário de imóvel urbano, privado ou público, poderá também exercer o *direito de construir* em outro local ou aliená-lo (art. 35), quando o bem de raiz for considerado necessário para fins de preservação, encerrar interesse histórico, ambiental, paisagístico, social ou cultural ou *servir a programas de regularização fundiária, urbanização de áreas ocupadas por população de baixa renda e habitação de interesse socia*l (inc. III).

Agora, segundo a Lei nº 10.257/01, proprietários de terrenos insertos em áreas de proteção ambiental, assim como os titulares do domínio de bens tombados, ao invés de se desinteressarem pela sorte desse precioso patrimônio natural ou cultural, ou promoverem desmatamentos, qualquer outro tipo de degradação ou destruição, poderão tirar proveito econômico do seu bem se o mantiverem com as características ambientais originárias, pois a preservação de áreas ou imóveis dessa natureza é uma das razões de ser do instituto da transferência do direito de construir.

O Estatuto da Cidade, a nosso ver, pretendeu premiar o proprietário que respeitar a função social e ambiental da propriedade, não podendo ser beneficiado, por evidente contrassenso, aquele que negligenciou sua guarda, que permitiu, por omissão, a ação predatória de terceiros, ou aquele que agiu conscientemente com espírito destruidor, para, ao depois, ainda usufruir os benefícios da Lei nº 10.257/01.

É razoável admitir, todavia, a utilização desse instituto para a hipótese de imóvel já degradado, que não atendeu à função sócio-ambiental, quando o proprietário efetivamente restaurar a área, promovendo a reparação integral (nos casos em que isso for possível), desde que a recomposição do patrimônio natural, cultural ou artificial seja concretizada, e não só quando consignada, por exemplo, em termo de compromisso de ajustamento firmado com o Ministério Público, que poderá servir, naturalmente, como instrumento condicionante para o futuro exercício da transferência do direito de construir, desde que o bem esteja totalmente recomposto.

Acresça-se que se o proprietário doar seu imóvel ou parte dele ao Município, para os fins previstos no art. 35, incisos I a III, poderá também se beneficiar do direito de construir noutro local, consoante preceitua seu §1º.

Operações urbanas consorciadas

Já as *operações urbanas consorciadas* (art. 32) constituem mecanismo de intervenção em determinadas áreas, destinadas a operar transformações urbanísticas estruturais, melhorias sociais e valorização ambiental, podendo ser utilizadas por proprietários, moradores, usuários permanentes e investidores privados, mas sempre sob a coordenação do poder público municipal, a justificar, assim, a figura do consórcio.

Para essas operações exige-se uma lei municipal, também baseada no plano diretor, que poderá prever a modificação de índices e características de parcelamento, uso e ocupação do solo e subsolo, assim como alterações de normas edilícias, sempre considerando o impacto ambiental decorrente (art. 32, §1º, I).

Tais operações podem contemplar, outrossim, uma *anistia*, pois facultam a regularização de construções, reformas ou ampliações executadas em desacordo com a legislação vigente (art. 32, §2º, II). Mas essa anistia não pode, à evidência, ser extensiva a ponto de perdoar infrações a normas que tutelam o meio ambiente cultural ou natural, como edificações feitas em bens tombados ou em áreas de preservação permanente, por exemplo, posto que o instituto das operações urbanas consorciadas visa, nesse ponto, a valorização ambiental (art. 32, §1º), não o inverso.

Exige-se a elaboração de um *plano* que contenha, no mínimo, a delimitação da área a ser atingida, com um programa básico de sua ocupação e outro para o atendimento socioeconômico da população diretamente afetada pela operação urbana consorciada (por exemplo, a população favelada afetada pela operação). Além disso, esse plano deve conter as finalidades da operação e a contrapartida a ser prestada ao Município, cujos recursos devem ser aplicados exclusivamente na própria área.

Podem ser emitidos *certificados de potencial adicional de construção*, que admitem livre negociação em leilão ou utilização para o custeio das obras necessárias à própria operação, mas a sua conversão em *direito de construir* só será permitida unicamente na área do plano.

Estudo de impacto de vizinhança (EIV)

Como um de seus elementos indispensáveis, a Lei nº 10.257/01 exige também a elaboração do *estudo de impacto de vizinhança* (EIV – arts. 36 a 38). Importante instrumento de controle social e democrático, o EIV deve ser utilizado também para referendar empreendimentos e atividades públicos ou privados em área urbana, como condicionante para a expedição de licenças e autorizações de construção, ampliação ou funcionamento a cargo do Município.

Criado por lei municipal que definirá as hipóteses em que será necessário, na elaboração do EIV — a que se deverá dar ampla publicidade e garantia de acesso aos seus documentos a qualquer interessado —, será obrigatório considerar os efeitos positivos e negativos sobre a qualidade de vida da população residente na área e proximidades.

Além disso, o estudo deverá aferir o impacto sobre o adensamento populacional e os equipamentos urbanos e comunitários, o uso e a ocupação do solo, aquilatar a valorização imobiliária, a geração de tráfego e demanda de transporte público, aspectos de ventilação e aeração, assim como as influências sobre a paisagem urbana e os patrimônios natural e cultural (art. 37). A lei ressalva que o EIV não substitui a elaboração nem a aprovação do estudo de impacto ambiental (EIA) previsto na legislação respectiva (art. 38).

Usucapião especial coletiva

Prevista no art. 10 e §§ do Estatuto da Cidade, a Usucapião Especial Coletiva inova toda a doutrina assentada sobre o tema, porquanto prevê a possibilidade de uma dada coletividade usucapir em conjunto um imóvel, constituindo um condomínio. Essa norma não tem previsão em qualquer outro dispositivo, Constitucional ou Civil, no entanto, vem de encontro às finalidades da função social da cidade, e dirige-se especificamente à regulamentação da posse nas favelas urbanas e aglomerados de baixa renda, atribuindo aos habitantes a propriedade sobre o imóvel no qual exercem a posse, de sorte que os mesmos passem a ser titulares de direitos e deveres na manutenção e conservação do bem.

> Dá-se o usucapião coletivo, na forma do preceito em tela, quando uma coletividade de baixa renda ocupa para moradia, por cinco anos ininterruptos e sem oposição, uma área urbana com mais de duzentos e cinqüenta metros quadrados, sendo, de um lado impossível (ou difícil) identificar juridicamente os terrenos individualmente ocupados e, doutro lado, não sendo o possuidor proprietário de qualquer outro imóvel. (DALLARI, Adilson Abreu; FERRAZ, Sergio (Coord.). *Estatuto da cidade*: comentários a Lei Federal 10.257/2001. São Paulo: Malheiros, 2002. p. 143)

Concessão de uso especial para fins de moradia

A seção do Estatuto da Cidade que propunha a regulamentação de um importante instrumento de regularização fundiária mencionado na Constituição de 1988, qual seja, a concessão de uso especial para fins de moradia, foi totalmente vetada pelo presidente da República por razões jurídicas, ambientais e políticas. No entanto, dada, sobretudo a mobilização do Fórum Nacional da Reforma Urbana, em 4 de setembro de 2001, foi assinada pelo presidente a Medida Provisória nº 2.220, que reconheceu, em determinadas condições, o direito subjetivo (e não apenas como prerrogativa da administração pública) dos ocupantes de imóveis de propriedade pública, inclusive municipal, à concessão de uso especial para fins de moradia.

A medida provisória também estabelece em que condições o poder público municipal pode promover a remoção dos ocupantes de áreas públicas para outras áreas mais adequadas. Trata-se de medida de extrema importância social e política, mas que certamente vai exigir um esforço jurídico, político e administrativo articulado dos Municípios, de forma a responder às situações existentes de maneira juridicamente adequada e também de forma condizente com os outros interesses sociais e ambientais da cidade como um todo.

O art. 2º da medida provisória contempla uma hipótese de concessão de uso especial, para fins de moradia, em que a outorga é feita coletivamente. Isto ocorre desde que estejam presentes os seguintes requisitos: que não seja possível identificar os terrenos ocupados por possuidor; que os ocupantes comprovem estar na posse do imóvel público por cinco anos, ininterruptamente e sem oposição, na data de 30 de junho de 2001, com a possibilidade, para esse fim, de acrescentar sua posse à de seu antecessor, desde que ambas sejam contínuas (§1º); que se trate de população de baixa renda; que a posse se dê para fins de moradia; que os possuidores não sejam proprietários ou concessionários, a qualquer título, de outro imóvel urbano ou rural.

Comparado com a hipótese do art. 1º, verifica-se que o art. 2º somente beneficia a população de baixa renda desde que não seja possível identificar os terrenos ocupados. O objetivo de regularizar a posse dos moradores de favelas é evidente.

7 Conclusões

1 Para garantir o exercício do direito à cidade sustentável, entendemos que uma política de desenvolvimento urbano deve levar em conta os seguintes princípios:
a) assegurar o respeito e tornar efetivos os direito humanos;
b) promover medidas para proteger o meio ambiente natural e construído, de modo a garantir a função social e ambiental da propriedade na cidade;
c) incentivar atividades econômicas que resultem na melhoria da qualidade de vida, mediante um sistema produtivo gerador de trabalho e de distribuição justa da renda e riqueza;
d) combater as causas da pobreza, priorizando os investimentos e recursos para as políticas sociais (saúde, educação, habitação);
e) democratizar o Estado, de modo a assegurar o direito à informação e à participação popular no processo de tomada de decisões.

2 Reputamos que o planejamento urbano deva assumir uma nova postura frente ao impositivo fenômeno da globalização e por decorrência da discussão mundial que imprimiu novos princípios a serem seguidos pelos Estados-Nações, sobretudo, o desenvolvimento sustentável e a participação popular, consolidados na Agenda 21 e na Agenda HABITAT.

3 A própria definição de favela do IBGE, que considera e computa apenas os aglomerados com "no mínimo 51 domicílios, ocupando ou tendo ocupado até período recente terreno de propriedade alheia (pública ou particular), dispostos, em geral, de forma desordenada e densa e carentes, na sua maioria, de serviços públicos essenciais" (IBGE – Base Operacional. *Manual de delimitação de setores e zonas de trabalho GR-7.01*) trouxe indeterminação à estimativa do fenômeno. Mas, mesmo quando se tenta corrigir um dos prováveis erros, resulta inexplicável o diferencial em 1991, de quase 40% entre as estimativas IBGE corrigida e SEHAB/FIPE, quando comparada com a de 7% em 1980.

4 Uma pergunta que era recorrente: como estão e como ficariam as favelas com posse regularizada? A definição do IBGE incluía na categoria favelas regularizadas em "período recente". 10 anos? Pela definição, favelas em terras legalizadas deixam de ser favelas, mesmo que fisicamente carreguem as marcas da irregularidade: ruas mais estreitas, coeficientes de aproveitamento dos lotes mais altos, lotes menores, etc.

5 Uma das primeiras coisas que os números do IBGE indicam é a existência de um processo de crescimento das favelas — a população favelada tem

crescido, desde 1980, a taxas maiores que a população municipal. No período entre 1980 e 1996, a população favelada cresceu a uma taxa anual de 5,14% e a população municipal a 0,92%.

6 As favelas alocam-se preferencialmente na periferia, e sua taxa de crescimento é também maior na periferia. Segundo dados do IBGE, entre 1991 e 1996, quando o incremento favelado era de 1% anual, o do anel periférico foi de 3,06%; no aumento de 30 mil domicílios favelados no período, 93% deram-se na periferia. A proporção de favelados na população municipal alcançou 6,37% em 1996, mas no anel periférico chegou a quase 10% (9,73%). Em alguns distritos é elevada, como em Vila Andrade – SP, Capital, onde ultrapassa 40%.

7 Embora os favelados sejam não naturais, oriundos, sobretudo, do nordeste, não são migrantes recentes. Apenas 81 mil chegaram na capital paulista após 86 (11,38% do total dos migrantes) e 8,56% dos favelados não residiam em São Paulo em setembro de 1991. A relação direta favela-migração não se sustenta.

8 Não parece existir grande especificidade populacional entre as distintas áreas faveladas. As favelas se diferem quanto ao grau de estruturação, aos melhoramentos, condições sanitárias, etc. Mas há indicações de grande semelhança entre sua população. De outro lado, a população favelada é mais pobre, menos escolarizada, com maior proporção de subproletários, de não brancos e de jovens que a população como um todo.

9 Os riscos ambientais e sociais são desigualmente distribuídos (ou os primeiros são distribuídos sobre os segundos), criando um círculo perverso de pobreza e péssimas condições de vida em locais específicos (mas nem por isso numericamente desprezíveis). A isso se somam condições praticamente nulas de mobilidade social ascendente. Essas condições são cercadas por condições médias relativamente elevadas para os padrões periféricos tradicionais, indicando um padrão de segregação mais complexo, mais difícil de conceituar e medir, mas nem por isso menos injusto. São inúmeros os mecanismos que levam a tal situação, desde o mercado de terras que torna as áreas de risco ambiental (próximas a lixões, sujeitas a inundações e desmoronamentos etc.) as únicas acessíveis a grupos de baixíssima renda, até as ações do poder público e de produtores privados do urbano, passando pelos padrões mais gerais de transformação dos mercados de trabalho.

10 Nesses bolsões de miséria, as populações de menor renda normalmente têm menor acesso a vagas em séries mais elevadas e frequentem escolas com classes mais cheias, no caso da educação. No caso da saúde, esses grupos sociais se deslocam por maiores distâncias para ter acesso, não apenas a unidades mais especializadas, o que seria justificável considerando o caráter hierarquizado do sistema de saúde, mas também a unidades básicas. A diferença de acesso nesses dois casos, entretanto, é bem inferior à verificada no atendimento por infraestrutura (e na sua qualidade) e no acesso à cidade como um todo, indicando que nas políticas propriamente urbanas, as prefeituras e os governos estaduais ainda têm muito a realizar.

11 A raiz da degradação urbana e ambiental pode estar na injusta distribuição de renda, que redunda na segregação social e na pobreza, com seus efeitos degradadores. Há que se considerar, no entanto, que a pobreza é causa e efeito ao mesmo tempo, pois a degradação tem maior efeito nefasto sobre o próprio degradador (e somente indiretamente sobre a sociedade como um todo). Por isso, as políticas públicas têm que priorizar a inclusão social e abolir qualquer forma de segregação ou exclusão social.

Referências

ABREU, Haroldo; RIBEIRO, L. C. de Queiroz. *Debatendo a reforma urbana*. Rio de Janeiro: Fase, 1986.

DALLARI, Adilson Abreu; FERRAZ, Sergio (Coord.). *Estatuto da Cidade*: comentários a Lei Federal 10.257/2001. São Paulo: Malheiros, 2002.

FERRARI, Celso. *Direito e legislação urbanística no Brasil*. São Paulo: Saraiva, 1988.

FINEP – GAP. *Inventário da ação governamental*. Rio de Janeiro: FINEP, 1985.

GUIMARÃES, A. P. As favelas do Distrito Federal. *Revista Brasileira de Estatística*, v. 14, n. 51, p. 250-278, jul./set. 1953.

GUIMARÃES, B. M. As vilas favelas em Belo Horizonte: o desafio dos números. *In*: RIBEIRO, L. C. Queiroz (Org.). *O futuro das metrópoles*. Rio de Janeiro: Revam, 2000.

LEEDS, A.; LEEDS, E. *A sociologia do Brasil urbano*. Rio de Janeiro: Zahar, 1978.

MARICATO, Ermínia. *Brasil, cidades*: alternativas para a crise urbana. Petrópolis: Vozes, 2001.

MARICATO, Ermínia. *Habitações e cidade*. São Paulo: Atual, 1997.

MARICATO, Ermínia. *Indústria da construção e política habitacional*. São Paulo: FAUUSP, 1984.

MARINS, Paulo César G. *História da vida privada no Brasil 3*. São Paulo: Cia das Letras, 1998.

MEIRELLES, Hely Lopes. *Direito municipal brasileiro*. 3. ed. São Paulo: Revista dos Tribunais, 1977.

OLIVEIRA, Francisco. Acumulação monopolista, Estado e urbanização: a nova qualidade do conflito de classes. *In*: MOISÉS, José Álvaro *et al*. *Contradições urbanas e movimentos sociais*. São Paulo: Paz e Terra, 1977.

PARISSE, L. Favelas do Rio de Janeiro: evolução, sentido Centro Nacional de Pesquisas Habitacionais. *Cadernos do CENPHA 5*, Rio de Janeiro, 1969.

PINASSI, Ayrton. *Direito municipalista constitucional*. São Paulo: Conan, 1995.

PRESSBURGER. M. *A propriedade da terra na Constituição*. Rio de Janeiro: Fase, 1986.

PRETECEILLE, E.; VALLADARES, L. Favela, favelas: unidade ou diversidade na favela carioca. *In*: RIBEIRO, L. C. de Queiroz (Org.). *O futuro das metrópoles*. Rio de Janeiro: Revam, 2000.

RIBEIRO, L. C. de Queiroz (Org.). *O futuro das metrópoles*. Rio de Janeiro: Revam, 2000.

RODRIGUES, Sílvio. *Direito civil*. 25. ed. rev. São Paulo: Saraiva, 1999.

ROLNIK, Raquel. *O que é cidade*. São Paulo: Brasiliense, 1995.

SAULE JÚNIOR, Nelson. *Direito à cidade*: trilhas legais para o direito às cidades sustentáveis. São Paulo: Max Limonad, 1999.

SILVA, José Afonso da. *Curso de direito constitucional positivo*. 16. ed. São Paulo: Malheiros, 1999.

SUTTLES, G. *The Social Order of the Slum Chicago*. Chicago: University of Chicago Press, 1971.

TASCHNER, S. P.; BOGÚS, L. M. M. A cidade dos anéis. *In*: RIBEIRO, L. C. Queiroz. *O futuro das metrópoles*. Rio de Janeiro: Revam, 2000.

VELHO, G. *A utopia urbana*. Rio de Janeiro: Zahar, 1975.

YOSHIDA, Consuelo Yatsuda Moromizato. *Poluição em face das cidades no direito ambiental brasileiro*: a relação entre degradação social e degradação ambiental. Tese (Doutorado) – Pontifícia Universidade Católica, São Paulo, 2001.

Informação bibliográfica deste texto, conforme a NBR 6023:2002 da Associação Brasileira de Normas Técnicas (ABNT):

SILVA, José Carlos Alves da. Favelas e meio ambiente urbano. *In*: DALLARI, Adilson Abreu; DI SARNO, Daniela Campos Libório (Coord.). *Direito urbanístico e ambiental*. 2. ed. rev. Belo Horizonte: Fórum, 2011. p. 223-244. ISBN 978-85-7700-449-2.

A Impossibilidade Jurídica da Instituição do Loteamento Fechado

William de Souza Freitas

Sumário: Introdução – **1** Breve histórico e considerações da situação atual – **2** O erro do emprego do instituto do condomínio para justificar os loteamentos fechados – **3** A impossibilidade de compatibilização do instituto jurídico do condomínio em edificações e as incorporações imobiliárias da Lei Federal nº 4.591, de 16 de dezembro de 1964, posteriormente alterada pela Lei Federal nº 4.864, de 29 de novembro de 1965, com os loteamentos fechados – **4** Da aplicação da Lei nº 6.766, de 19 de dezembro de 1979 (Lei Lehmann), alterada pela Lei nº 9.785, de 29 de janeiro de 1999, ao loteamento fechado – **5** A possibilidade jurídica de regularização da situação consolidada – **6** Conclusão – Referências

Introdução

Há cerca de 50 anos têm surgido em várias cidades brasileiras os denominados loteamentos fechados, também chamados de loteamentos em condomínio, loteamentos *privé*, loteamentos integrados, loteamentos especiais, condomínios fechados, loteamento condominial, condomínio de lotes ou condomínio especial, como uma forma diferenciada de morar largamente recepcionada no seio da sociedade, principalmente pela classe média.

Essa opção pelo loteamento fechado acontece principalmente nas grandes regiões metropolitanas, nas capitais e grandes cidades, e um pouco mais recentemente tem sido adotada em cidades turísticas, tanto litorâneas como situadas no interior, estas últimas principalmente em regiões serranas.

Existem várias posições jurídicas sobre a possibilidade ou não da existência legal de tais loteamentos. O que se pretende ao longo desse trabalho é efetuar uma análise das posições hoje existentes na doutrina e na jurisprudência pátrias, tentando intuir a natureza jurídica das normas que hipoteticamente seriam aplicáveis ao caso e por fim deixar consignada como conclusão do trabalho, a situação jurídica que entendemos aplicável ao loteamento fechado.

Nunca esquecendo a lição de Bobbio de que a lei deve servir ao Direito e não este à lei, ao interpretar as normas aplicáveis aos loteamentos fechados sempre será considerada a lei como instrumento de realização do Direito.

Isto porque, conforme já afirmou Montesquieu:

> A lei, em geral, é a razão humana, tanto que ela governa todos os povos da Terra; e as leis políticas e civis de cada nação não devem constituir senão casos particulares em que se aplica a razão humana. Elas, as leis, devem ser de tal forma apropriadas para o povo para o qual são feitas, que será grande coincidência se as leis de uma Nação servirem a outra (...). Elas devem ter relação com o elemento físico do País; (...) com o gênero de vida dos povos (...).[1]

Desta forma, não há como considerar a lei solucionando um problema surgido no modo de vida adotado pelos homens, sem considerar a hipótese que melhor realiza a Justiça. Justiça esta que dá sentido ao Direito, na sempre atualizada lição de Tercio Sampaio Ferraz Jr.

1 Breve histórico e considerações da situação atual

O direito de propriedade é garantido constitucionalmente no Brasil, desde que esta atenda a sua função social, ou seja, o direito de propriedade constitucionalmente é garantido apenas enquanto esta atenda a sua função social, não prejudicando nem interferindo no interesse maior da comunidade (povo) ou no interesse público.

Esse preceito constitucional não se aplica apenas à propriedade privada, mas também à propriedade pública. E como afirma Edésio Fernandes:

> Para a propriedade urbana atender sua função social é preciso que exista um grau e razoabilidade entre a intensidade de seu uso com o potencial de desenvolvimento das atividades de interesse urbano.[2]

Assim, a propriedade hoje não é um direito individual absoluto e ilimitado, o direito de propriedade, igualmente, deve atender sempre uma função social. O problema que remanesce é determinar exatamente quando uma propriedade atende ou não sua função social, principalmente diante de novas situações de fato que surgem e nem sempre estão expressamente normatizadas pelo ordenamento jurídico vigente. Qual a intensidade de uso razoável?

O problema é conseguir detectar, no caso em estudo, se esses novos tipos de empreendimentos realizam uma função social da propriedade e em que intensidade, e nesse caso, elucidar se os mesmos devem receber uma legislação específica.

O cerne da situação vigente não é tão novo, embora não subsista a tempo suficiente para que possamos afirmar que esteja maturada na comunidade jurídica e na leiga.

A origem do problema posto tem como ponto de partida o começo da industrialização do país.

Com a industrialização e a concentração de renda nas grandes cidades e a contínua impossibilidade de se viver dignamente no campo por falta de uma política agropecuária séria e de aplicação constante, a população brasileira foi levada a se

---

[1] MONTESQUIEU. *O espírito das leis*, p. 83.

[2] FERNANDES (Org.). *Direito urbanístico*, p. 53.

concentrar formando grandes centros urbanos. É o fenômeno da urbanização, que na lição deixada pelo saudoso mestre de todos que amam e militam no Direito Administrativo, Hely Lopes Meirelles:

> ...invade os bairros e degrada seus arredores com habitações clandestinas e carentes dos serviços públicos essenciais ao bem-estar dessas populações. O gigantismo das cidades modernas e os problemas do campo destruíram as relações de vizinhança e o espírito comunitário que caracterizavam os Municípios da antiguidade. Essa nova realidade é universal e transformadora da administração convencional das municipalidades, como acentuam os mais autorizados municipalistas contemporâneos.[3]

Colocado de uma outra forma por Roberto J. Pugliese, ao demonstrar que se o Direito por vezes é conservador, demorando a se adaptar, e isso ocorre até por questão de preservação da segurança das instituições, a comunidade é dinâmica no seu inter-relacionamento e cria soluções alternativas perante a inexistência da norma legal:

> O Brasil, integrando o mesmo território sociocultural com a economia produtiva comprometida diante da política imposta, teve suas cidades médias e grandes repentinamente inchadas e sem condições de receber a leva migratória exagerada, propiciando concomitantemente a proliferação de habitações precárias, com a qualidade de vida urbana bastante prejudicada e o exagerado aumento de preço dos serviços e dos espaços privilegiados e demais condições *sui generis* advindas da influência cultural importada do primeiro mundo, a par das que decorreram da concentração urbana da população... *Com tamanha mudança nos costumes culturais, (...) e com a mudança do conceito prático da propriedade, advindo principalmente da pressão social exercida, determinante no comportamento dos legisladores, surgiram nos últimos anos formas e expressões de propriedade distintas e desconhecidas do direito brasileiro, importadas do hemisfério norte e adaptadas as condições jurídicas nacionais. Repentinamente, surgiram os condomínios e loteamentos fechados* primeiro mundo , a par das que decorreram da concentração urbana da população (...).[4]

O grande jurista José Afonso da Silva também já se posicionou sobre o tema nos seguintes termos:

> A disseminação no território nacional vem criando sérios problemas jurídico-urbanísticos, por falta de regulamentação adequada que dê atenção a seu aspecto urbanístico, mormente quando se desenvolve dentro do perímetro urbano.[5]
>
> (...) Os chamados loteamentos ou condomínios fechados também se tratam de moderna expressão de domínio civil de natureza privada. Só recentemente, há amenos de quarenta anos, o brasileiro passou a se interessar por essa nova modalidade de propriedade.
>
> As motivações que induzem o público a demonstrar tanto interesse em determinadas propriedades imobiliárias situadas nesses empreendimentos revelam os mais variados motivos. Sem exauri-los, saliente-se a segurança que demonstram os imóveis ali situados,

---

[3] MEIRELLES. *Direito municipal brasileiro*, p. 32.

[4] PUGLIESE, Roberto J. Time Sharing, Flat Service, Apart Hotel, Shopping Center, condomínios e loteamentos fechados: expressões modernas do direito de propriedade. *Revista dos Tribunais*, São Paulo, v. 85, n. 733, p. 735-736, nov. 1996.

[5] SILVA. *Direito urbanístico brasileiro*, p. 313.

> comodidade, luxo, conforto e assim igualmente as razões anteriores enumeradas, motivos que permitem desfrutar melhor de lugar aprazível com a partilha condominial de despesas decorrentes de requintes e suportes que possam ser compartilhados, como áreas comuns para esporte, lazer e serviços como ambulâncias, guarda, policiamento, etc...[6]

Um dos principais fatores que levam a população a aderir a esse tipo de empreendimento é a segurança, obrigação constitucional do Estado que não é cumprida, ao contrário, as condições de segurança têm piorado continuamente, sendo apontado pela comunidade como um dos principais problemas do país. Mas saliente-se que se trata de um fenômeno mundial e não apenas nacional.

Neste ponto cabe uma lição de Biasi Ruggiero, que bem elucida a situação posta:

> A insegurança, o pânico em que vivem as pessoas está criando o que, se fosse infundado, poderia ser designado como neurose de insegurança. Infelizmente, porém, essa preocupação prioritária é motivada. O desgoverno, a corrupção, o privilégio, aliados a teorias em experimentação na nossa polícia, cujo dualismo civil e militar, ao invés de conduzir ao equilíbrio da harmonia, leva-nos ao desequilíbrio, representam importantes segmentos da violência que grassa nas nossas cidades.
>
> As requintadas propagandas das anormalidades e das violências do exterior são importadas pelas nossas emissoras de TV e pelas distribuidoras de filmes para os cinemas.[7]

Por esse motivo, urge que se edite norma federal regulamentando os chamados loteamentos fechados, acabando de vez com a insegurança jurídica a que estão submetidos todos os adquirentes desses empreendimentos.

Afinal, a lei deve realizar o direito e não fazê-lo seu escravo. O Direito é o frágil liame que separa a Ordem do Caos. Onde não existe a norma realizando o Direito, enquanto o anseio da comunidade não é atendido, cedo ou tarde instaura-se o Caos.

Conforme nos ensina José Carlos de Freitas:

> O processo de urbanização desordenada das cidades traz algumas conseqüências negativas de ordem estrutural e social, como a deficiência do sistema de transportes, o congestionamento do trânsito de veículos automotores, a proliferação de habitações subnormais, a ocorrência de inundações (causadas, por exemplo, pela impermeabilização do solo e ocupação de áreas de várzea), a precariedade do saneamento básico, a favelização das áreas públicas invadidas e a violência. Inspirados na má qualidade de vida urbana, gerada pela desenfreada e caótica ocupação do solo nos grandes centros, empresários do ramo imobiliário têm optado por moradias dotadas de comodidade, luxo e segurança, além do *status* de se morar bem.
>
> Essas são algumas das razões da proliferação de uma modalidade de parcelamento do solo urbano, os loteamentos fechados, com características especiais que os diferem dos convencionais.[8]

À luz do assunto, cabe esclarecer que mesmo sem legislação federal específica que o regulamente, alguns tribunais pátrios em eventuais decisões têm reconhecido pelo menos a existência de fato de tais loteamentos e a obrigação do pagamento do rateio das despesas para o seu custeio como se pode observar das decisões abaixo:

---

[6] *Idem*, p. 755.

[7] RUGGIERO, Biasi. Condomínio fechado: loteamento burlado. *Revista do Advogado*.

[8] *Revista dos Tribunais*, São Paulo, v. 87, n. 750, p. 148-149, abr. 1998.

> Alguns Municípios têm tolerado o sistema de loteamento fechado concebido à luz de uma idéia de segurança ofertada aos seus moradores, que para ser efetivo propõe a proibição de pessoas estranhas ao loteamento. Em contrapartida, o Poder Público Municipal, nada tem que se preocupar com os serviços de manutenção de tais logradouros públicos e nem com outros, organizados e mantidos pelos proprietários dos loteamentos.[9]

> Restando confirmado pela instrução da demanda, em especial a juntada da Convenção Condominial devidamente registrada em Cartório competente, que o apelante é beneficiário de serviços realizados pela autora, no que tange à limpeza, manutenção de vias, arborização e urbanização, zeladoria, portaria, fiscalização e segurança, que indiscutivelmente vem a beneficiar a coletividade, basta a condição de proprietário do lote para vinculá-lo a tal obrigação.[10]

> Condomínio – loteamento – Despesas com segurança e conservação. É legítima a cobrança judicial de proprietário de imóvel inserido em loteamento, de despesas com segurança e conservação das vias de acesso, aprovadas em assembléia de associação de proprietários, constituída para esse fim, pela existência de comunhão de interesses e evitar o enriquecimento sem causa.[11]

Diante de todo o exposto, não ficam dúvidas de que o loteamento fechado é uma nova instituição recepcionada pela comunidade e, conforme demonstraremos mais à frente, ainda não recepcionada expressamente pelo direito positivo vigente, o que tem feito com que a sociedade acabe por adaptar suas pretensões aos institutos jurídicos existentes que não são adequados à realidade fática.

Por isso, urge que o Estado e os cidadãos se unam para melhorar as condições de assentamento do homem ao solo urbano e melhorar também as condições de habitabilidade, pois, atingida uma melhor distribuição do solo e da riqueza, a questão da segurança acabará por minimizar; diminuindo a instabilidade social. Colocado de outra forma por Ricardo Pereira Lira, em livro de sua autoria:

> (...) o fato geral de que o assentamento humano realizado iníqua e desordenadamente gera a deficiência do equipamento urbano, a subabitação, a poluição, a criminalidade, o vício. A debilitação da família (...) gera enfim, a instabilidade social, a violência institucionalizada , com todo o seu séquito de problemas, que seguramente encontrariam parcela de solução se adotada uma política de controle do uso do solo urbano e a implementação de uma política de assentamento racional e justo do homem na cidade.[12]

2 O erro do emprego do instituto do condomínio para justificar os loteamentos fechados

O condomínio tradicional vem retratado nos artigos 1.314 e seguintes do Código Civil e tem como pedra de toque a indivisão ou a compropriedade, onde os condôminos possuem partes ideais do todo, partes estas que não são individualizadas, não têm natureza individual, o possuidor não possui parte certa, senão uma parte não identificada do todo.

---

[9] Apelação Cível nº 256.210-2. São Paulo.

[10] Apelação nº 521.450-00/7, 10ª Câmara, JTACSP – LEX 176/429.

[11] Apelação nº 511.290 – 2ª Câmara – JTACSP – LEX 176/432.

[12] LIRA. *Elementos de direito urbanístico*, p. 177.

Conforme lição do saudoso civilista Washington de Barros Monteiro, no condomínio civil:

> O direito de cada um é autolimitado pelo do outro, na medida de suas quotas, para que possível se torne sua coexistência. A parte ideal não representa uma entidade objetiva.[13]

Assim, tratando-se o loteamento fechado da divisão de uma gleba em lotes, com a individualização de unidades autônomas, a ele não se pode aplicar o instituto civil do condomínio.

Segundo lição saída da lavra da pena de Caio Pereira, temos condomínio quando:

> A mesma coisa pertence a mais de uma pessoa, cabendo a cada uma delas igual direito, idealmente, sobre o todo e cada uma de suas partes.[14]

Desta forma está correto Diogenes Gasparini ao afirmar que:

> No condomínio do Código Civil o comunheiro não detém uma porção certa e determinada do imóvel mas, tão só, uma parte ideal. Não há um misto de áreas exclusivas e comuns, não lhe se atribuindo, por isso, o domínio e o uso privativos de áreas destacadas e o condomínio de áreas comuns. Assim, não se pode fundar, como querem alguns, tais loteamentos no condomínio romano ou tradicional, previsto e regulado pelo Código Civil..., dado ser essencial a essas urbanizações a individualização das áreas autônomas ou lotes e a indicação de áreas comuns.[15]

Em trabalho anterior, o mesmo autor já afirmara:

> A locução loteamento em condomínio encerra uma *contradictio in terminis*. Enquanto o loteamento significa processo de divisão de uma gleba com o aparecimento de unidades autônomas, ditas lotes, de propriedade certa e determinada, o condomínio expressa a indivisão ou a compropriedade. No condomínio não há o aparecimento de unidades bastantes em si, ou seja, portadoras de um conjunto próprio de qualidades que lhes dá total autonomia. No loteamento, dada a divisão, a gleba perde sua originalidade objetiva; deixa de ser gleba. No condomínio isso não ocorre. A gleba assim afetada não se desgarra de sua individualidade objetiva e a mantém enquanto durar a indivisão.[16]

No mesmo sentido já se posicionou Álvaro Pessoa, explicitando que no loteamento:

> O terreno loteado perde sua individualidade objetiva transformando-se em lotes que se individualizam com unidades autarquicamente bastantes em si mesmas; inexiste o estado e a pluralidade de comunhão; cria-se um bairro, cujo equipamento urbano (...) passa a participar do sistema viário local e da *orbe* municipal.[17]

---

[13] MONTEIRO. *Curso de direito civil*, p. 195-196.

[14] PEREIRA. *Condomínio e incorporações*, p. 160.

[15] GASPARINI, Diogenes. Loteamentos em condomínio, *RDP*, São Paulo, n. 68, p. 317, ago. 1983.

[16] GASPARINI, Diogenes. *RDP*, São Paulo, n. 63, p. 68, jul./set. 1982.

[17] PESSOA, Álvaro. O loteamento e o condomínio no desenvolvimento urbano brasileiro. *Boletim Informativo do Departamento de Assistência Jurídica e Consultiva aos Municípios, da Secretaria de Justiça do Estado do Rio de Janeiro*, n. 40, dez. 1978.

Assim, pode-se concluir que os ditos loteamentos fechados não podem ser enquadrados no instituto do condomínio do Código Civil, como querem alguns, pois tem natureza jurídica distinta daquele, que inclusive contrapõe a necessária divisão em lotes com a compropriedade indivisível daquele.

Destarte, o condomínio é uma forma anômala de propriedade, pois esta se caracteriza pelo traço da exclusividade, *duorum vel plurium dominium in solidum non potest*.

No condomínio, o direito de cada detentor do domínio estende-se sobre toda a propriedade, tendo seu exercício limitado por igual direito dos outros comproprietários.

Conforme lição de Elvino Silva Filho:

> O objeto do direito de cada condômino, portanto, não é a parte ideal, mas a coisa inteira em sua totalidade, sobre a qual se projeta e se exerce todo o seu direito. Mas, como não é o único titular do direito sobre esse objeto, seu exercício é delimitado na proporção de sua parte ideal, pelos direitos dos demais titulares.[18]

Finalizando, não há como adaptar o instituto do condomínio civil para justificar a concepção de qualquer parcelamento do solo, principalmente a criação de um loteamento, pois como visto, os dois têm naturezas jurídicas incompatíveis entre si.

O parcelamento do solo, principalmente na forma de loteamento, traz como traço distintivo à criação de unidades autônomas, independentes, enquanto o condomínio civil tem como traço distintivo a indivisibilidade, as naturezas jurídicas dos dois institutos são opostas e inconciliáveis.

3 A impossibilidade de compatibilização do instituto jurídico do condomínio em edificações e as incorporações imobiliárias da Lei Federal nº 4.591, de 16 de dezembro de 1964, posteriormente alterada pela Lei Federal nº 4.864, de 29 de novembro de 1965, com os loteamentos fechados

Por vezes os empreendedores dos loteamentos fechados tentam caracterizá-los através da aplicação da Lei nº 4.591/64. Ocorre que esse regramento jurídico não se aplica aos loteamentos.

Destarte, a própria ementa da Lei nº 4.591/64 fixa expressamente o seu alcance ao estabelecer que a mesma "dispõe sobre o condomínio em edificações e as incorporações imobiliárias".

Não fosse por isso, o artigo 48 e §1º da referida lei, a seguir transcritos *ipsis litteris*, também auxilia na fixação de seu campo de incidência:

> Art. 48. A construção de imóveis, objeto de incorporação nos moldes previstos nesta lei, poderá ser contatada sob o regime da empreitada ou de administração, conforme adiante definidas, e poderá estar incluída no contrato com o incorporador (vetado), ou ser contratada diretamente entre os adquirentes e o construtor.

[18] SILVA FILHO. *Questões de condomínio no registro de imóveis*, p. 15.

§1º. O projeto e o memorial descritivo das edificações farão parte integrante e complementar do contrato.

Como visto, a referida lei se destina a regulamentar as edificações, a construção de imóveis, e não o parcelamento de glebas, principalmente a constituição de loteamentos.

Mais que isso, a lei em estudo refere-se a empreendimentos que apresentam a propriedade exclusiva sobre a unidade autônoma a ser adquirida, somada ao condomínio do terreno e partes comuns do empreendimento, como se pode observar numa rápida leitura dos seus primeiros artigos.

As unidades habitacionais a serem construídas tanto podem ser em planos horizontais sobrepostos, como podem ser unidades térreas ou assobradadas.

Mas o importante aqui é que nestes empreendimentos não é realizado o parcelamento do solo e, além disso, a terra nua não é comercializada e sim a construção de um prédio, seja ele residencial ou comercial (conforme se infere da leitura dos artigos 1º, 2º, 3º e 8º da lei em comento).

O que se observa é que os chamados loteamentos fechados não podem utilizar a Lei nº 4.591/64 como fundamento, porque na realidade não passam de um parcelamento de solo comum ao qual os empreendedores tentam dar uma roupagem diferente para escaparem aos ditames da Lei de Parcelamento do Solo Urbano (Lei nº 6.766, de 19 de fevereiro de 1979, alterada pela Lei nº 9785, de 29 de janeiro de 1999), para se eximir das obrigações legais que ela lhes impõe.

E essa exoneração não pode ser permitida, porque se existir a subdivisão do solo incidirá a Lei Lehmann, pois:

> Toda subdivisão de imóvel é parcelamento. Assim, se um imóvel com 600m² é dividido ao meio, dando origem a dois imóveis com 300m², há parcelamento. Se outro imóvel com 500.000m² é retalhado e, após a abertura de ruas e formação de quadras, surgem inúmeros lotes, há, igualmente, parcelamento do solo.[19]

Isto porque a Lei nº 6.766/79, que é de ordem pública, traz uma série de exigências para o loteador, como a obrigação de abertura de vias públicas, implantação de infraestrutura, implantação de áreas verdes e criação de áreas para implantação de equipamentos públicos.

Assim, o que o empreendedor normalmente busca é burlar a legislação iludindo os compradores e o poder público, o qual por vezes é extremamente omisso em seu dever de fiscalizar os empreendimentos e esclarecer a população.

Como já afirmou com brilhantismo o jurista Diogenes Gasparini, em parecer que permanece sempre atual:

> A Lei de Condomínio só se impõe se a hipótese considerada consubstanciar uma edificação. Não se presta, portanto, para fundamentar a formação dos chamados loteamentos em condomínio ou seja lá o nome que tenham, onde não se tem qualquer edificação. Nessas urbanizações, o condomínio incidiria sobre gleba nua, daí a insubmissão desses loteamentos à lei federal que regula a compropriedade em edifícios.

[19] ORLANDO NETO. Loteamentos irregulares e sua regularização. *Revista do Advogado*.

Tanto é assim que a sua ementa, como a fixar os limites de sua aplicabilidade, enuncia que dispõe sobre o condomínio em edificações e (...).[20]

Um pouco mais adiante no mesmo parecer o grande administrativista deixa consignado que:

Além do mais, pode-se dizer que até por motivos teleológicos a Lei Federal 4.591/64 não serve de fundamento para tais "loteamentos". De fato, o condomínio, conforme regulado por essa lei surgiu após a I Guerra Mundial, para baratear o custo das edificações e melhor aproveitar terrenos urbanos. E o que informa, entre outros, Maria Helena Diniz (*Curso de Direito Civil Brasileiro – Direito das Coisas*, São Paulo, Saraiva, 1881, 4º vol., p. 148), ao comentar que esse tipo de "condomínio surgiu após a I Guerra Mundial, ante a crise de habitação, quando, com o desenvolvimento das cidades e conseqüente valorização dos terrenos urbanos, houve a necessidade de melhor aproveitar o solo". Nada disso é objeto dessas urbanizações. O que se pretende, na maior parte dos casos, é o parcelamento sem qualquer ônus, dado que, para alguns, insubmissos à Lei federal nº 6.766/79, que regula o parcelamento do solo urbano, não tem o lotador que reservar áreas públicas de uso comum a realizar obras por ela exigidas. Assim, livre de qualquer peia, acaba por fazer o que bem entende, (...)

O regime condominial previsto no artigo 8º da Lei nº 4.591/64, não poderá substituir o processo de loteamentos (arruamento e divisão subseqüente das quadras em lotes) ou o desmembramento (divisão de lotes com o aproveitamento do sistema viário existente).

Nesses "loteamentos" não se tem qualquer edificação e o artigo 8º, que lhe serviria de supedâneo, refere-se a casas térreas ou assobradadas, não a lotes de terrenos.[21]

E de forma conclusiva fixa a abrangência da Lei de Condomínio:

A Lei de Condomínio só se impõe se a hipótese considerada consubstanciar uma edificação.[22]

É importante colacionar as palavras de José Carlos de Freitas, com as quais concordamos em princípio, mas não em sua totalidade, conforme se demonstrará mais à frente:

Na verdade, os loteamentos fechados, atropelando a legislação civil e urbanística, são assim considerados para favorecer, na prática, a privatização do uso das áreas públicas dos loteamentos (áreas verdes e institucionais, sistemas de lazer, ruas e praças, etc...), outrora vocacionadas, em sua origem, ao uso coletivo.

O Desembargador Bruno Affonso de André, assim se pronunciou na Apelação Cível nº 2.553-0, ao referir-se à Lei nº 4.591/64:

Trata-se de disposição que atine a construção de habitações isoladas, não se aplicando, a toda evidência, aos casos onde houver apenas a venda de terrenos.[23]

---

[20] GASPARINI, Diogenes. *RDP*, São Paulo, n. 68, p. 317.
[21] *Ibidem*, p. 318.
[22] GASPARINI, Diogenes. *RDP*, São Paulo, n. 63, p. 68, jul./set. 1982.
[23] *RT*, 750, p. 149, abr. 1998.

Com a finalidade de demonstrar o posicionamento dominante no Judiciário paulista, transcrevemos algumas decisões recentemente prolatadas:

> A conclusão inafastavel é, portanto, no sentido de que a Lei 4.591 não permite o condomínio de lotes, sem vinculação à edificação (Ap. Cív. 2.0002-0, da Comarca de Taubaté – Órgão de Cúpula da Magistratura Paulista. *DJE*, p. 8, 13 jul. 1983).[24]
>
> A instituição pretendida pela recorrida não trata da construção de casas. Não há vinculação entre as frações ideais do terreno e as edificações. Ausentes os pressupostos contidos nos artigos 7º e 8º da Lei nº 4.591/64, é evidente que o condomínio a que se refere o título não tem a ver com o regulado neste diploma legal (Apelação Cível nº 2.349-0 da Comarca de Patrocínio Paulista, *DJE*, p. 23, 24 nov. 1983).[25]
>
> A Lei 4.591, de 16.12.64, tem em seus dispositivos, como pressuposto básico a existência de condomínio com o registro da incorporação ou especificação (Apelação Cível nº 2533-0, da Comarca de Sorocaba (RT 580/115)).[26]
>
> Um ponto é pacífico. Trata-se de disposição que atine à construção de habitações isoladas, não se aplicando, a toda evidência, aos casos onde houver apenas a venda de terrenos.[27]

Embora existam posições divergentes entre os juristas pátrios, em face de tudo o que foi analisado e apresentado, a conclusão só pode ser no sentido de considerar que os dispositivos da Lei nº 4.591/64 são atinentes à construção de habitações edificadas, sendo inaplicáveis aos empreendimentos onde irá ocorrer apenas a venda de terrenos não edificados.

4 Da aplicação da Lei nº 6.766, de 19 de dezembro de 1979 (Lei Lehmann), alterada pela Lei nº 9.785, de 29 de janeiro de 1999, ao loteamento fechado

Todo e qualquer parcelamento de solo urbano, seja loteamento ou desmembramento, deve obedecer aos termos da Lei Lehmann, que sendo de ordem pública é sempre obrigatória.

É o que se conclui pela leitura de seus artigos 1º e 2º, transcritos *ipsis litteris*:

> Art. 1º O parcelamento do solo para fins urbanos será regido por esta lei.
>
> Art. 2º O parcelamento do solo urbano poderá ser feito mediante loteamento ou desmembramento, observadas as disposições desta lei e as das legislações estaduais pertinentes.

Desta forma, tratando-se o loteamento fechado de um empreendimento onde são alienados lotes individualizados nascidos a partir da abertura de novas vias de circulação, portanto, tratando-se de parcelamento de solo urbano, não há como não concluir que deve surgir sob a égide da Lei nº 6.766/79 com a redação que lhe deu a Lei nº 9.785/99.

---

[24] *Apud* SILVA FILHO. *Questões de condomínio no registro de imóveis*, p. 101.

[25] *Ibidem*, p. 101-102.

[26] *Ibidem*, p. 103.

[27] *Ibidem*, p. 104.

A lição do saudoso mestre Hely Lopes Meirelles ao discorrer sobre esse assunto é bastante precisa:

> Como procedimento ou atividade de repartição do solo urbano ou urbanizável, o loteamento sujeita-se a cláusulas convencionais e a normas legais de duas ordens: civis e urbanísticas.[28]

Assim, o loteador que pretender lotear uma gleba de terra tanto para realizar um loteamento convencional como um loteamento fechado (embora este não possua normatização própria) deverá subordinar esse empreendimento às normas civis e às normas urbanísticas existentes. Colocado de outro modo, o loteador deverá adequar seu empreendimento tanto à Lei nº 6.766/79 como às demais normas urbanísticas editadas pelo Município, Estado-membro e União referentes ao empreendimento que pretende realizar.

Isto porque as diretrizes da Lei nº 6.766 são de caráter geral e trazem em seu corpo exigências para urbanização e habitação saudável das unidades a serem comercializadas, ficando a cargo dos Municípios, no exercício de sua competência constitucional, a faculdade de legislar nesse assunto de interesse local, segundo suas peculiaridades, estabelecendo maiores exigências que se façam necessárias (artigo 30, I, CF).

Nesse sentido já se pronunciou José Afonso da Silva ao afirmar que:

> O parcelamento urbanístico do solo, em todas as suas formas, sujeita-se às normas urbanísticas estabelecidas na legislação municipal.[29]

Segundo o mesmo autor:

> O loteamento é meio de urbanização e só se efetiva por procedimento voluntário e formal do proprietário da gleba, que planeja a sua divisão e a submete à aprovação da Prefeitura, para subseqüente inscrição no registro imobiliário, transferência gratuita das áreas das vias públicas e espaços livres ao Município e a alienação dos lotes aos interessados.[30]

Esses loteamentos fechados na maioria das vezes pretendem driblar a legislação e principalmente a Administração municipal no que se refere à aprovação de loteamentos.

Esse ato de má-fé não pode ser tolerado pelo Poder Público, pois flagrantemente ilegal, conforme se infere da lição de Roberto J. Pugliese:

> Implantar um empreendimento imobiliário que venha culminar com o parcelamento do solo urbano, e não cumprir a legislação que regula tais empreendimentos, sob argumento que se trata de loteamento ou condomínio fechado, é, sem qualquer dúvida, burlar a legislação e o espírito que influenciou o legislador na sua elaboração (...)

---

[28] MEIRELLES. *Direito municipal brasileiro*, p. 400.
[29] SILVA. *Direito municipal brasileiro*, p. 294.
[30] *Ibidem*, p. 296.

A legislação que regula a implantação de loteamentos é de ordem pública e dita, sem exceção, o parcelamento territorial para fins urbanos, independentemente da destinação fática e jurídica do imóvel desmembrado ou loteado.[31]

Como já bem colocado por Diogenes Gasparini, alguns empreendedores procuram, na prática, se insurgir contra o ônus da Lei Lehmann:

> O que se pretende, na maior parte dos casos, é o parcelamento sem qualquer ônus, dado que, para alguns, insubmisso à Lei Federal 6.766/79, que regula o parcelamento do solo urbano, não tem o loteador que reservar áreas públicas de uso comum e realizar obras por ela exigidas.[32]

O mesmo autor em parecer anterior já afirmara:

> Essas divisões, conclui-se, nada mais são que os loteamentos previstos e disciplinados na lei do parcelamento do solo urbano (Lei Federal nº 6.766/79), denominados diferentemente. Com efeito, apresentam os mesmos elementos componentes dos loteamentos tradicionais, embora designados diversamente. Os lotes são unidades autônomas, a ruas são vias de acesso e as praças e áreas de uso comum do povo são as de uso, administração e propriedade dos condôminos. Desse modo, nada têm de especial. São loteamentos comuns e, como tal, estão sob a égide dessa lei e das legislações estadual e municipal complementares.[33]

Embora sejam de naturezas diferentes, dois tipos de limitações ao parcelamento do solo devem ser obedecidas, as limitações civis e as urbanísticas, com bem explicado por Hely Lopes Meirelles:

> As limitações urbanísticas incidem sobre a utilização da propriedade, enquanto que as imposições civis incidem sobre o direito de propriedade em si mesmo.[34]

Conforme lição de Sergio Frazão, a destinação de áreas públicas pelo loteador é imposição legal para atender às necessidades da comunidade:

> Assim como se exige do empresário o destaque de parte de sua gleba para a implantação de equipamentos urbanos, impõe a Lei, no mesmo dispositivo, a separação de áreas destinadas a equipamentos comunitários, entendidas essas como áreas reservadas a estabelecimentos educacionais, culturais, de saúde, de lazer e similares, cujas considerações mais detalhadas faremos adiante, esclarecendo desde já, no entanto, que mencionados equipamentos desempenharão papel de grande importância para o equilíbrio sócio-político-cultural-psicológico da população e como fator de escape das tensões geradas pela vida em comunidade (...) Esses equipamentos, como a própria expressão dá a entender, servirão à comunidade que habitará os lotes criados pelo parcelamento urbano e, por isso mesmo, deverão ser proporcionais à densidade de ocupação previstas para a gleba, tendo por fim satisfazer às necessidades assistenciais e hedonísticas da coletividade (...)

[31] *RT*, 733, p. 757, nov. 1996.
[32] *RDP*, São Paulo, n. 68, p. 318, out./dez. 1983.
[33] *RDP*, São Paulo, n. 63, p. 63, jul./set. 1982.
[34] MEIRELLES, Hely Lopes. Loteamento fechado. *RDI*, 9, p. 9, jan./jun. 1982.

Equipamentos comunitários vêm a ser, portanto, os aprestos do sistema social da comunidade previstos para atender as suas necessidades de educação, cultura, saúde e lazer.[35]

Deverão, ainda, ser separadas áreas destinadas às vias de circulação interna e as vias necessárias à integração das vias internas com a malha viária já existente no Município, vias estas cuja implantação é encargo do loteador.

Assim como acabou de ficar demonstrado, todo e qualquer parcelamento do solo que culmine na geração de lotes autônomos e identificáveis deve se enquadrar aos ditames da Lei nº 6.766/79, que trata de loteamentos abertos. Portanto, o loteamento originalmente não pode nascer fechado, por expressa falta de legislação que regule a matéria.

Saliente-se que essa normatização terá que nascer no âmbito federal, pois a competência legislativa nessa matéria é da União por atribuição constitucional.

5 A possibilidade jurídica de regularização da situação consolidada

Como vimos, não existe a menor possibilidade jurídica de um loteamento nascer fechado. Em consonância com a legislação em vigor, o único tipo de loteamento que pode se realizado é aquele de que trata a Lei nº 6.766/79.

Ocorre que sempre que o legislador não acompanha a dinâmica social, editando normas que venham a dar estabilidade às novas relações sociais emanadas do modo e do estilo de vida vigente à época, a comunidade procura suas próprias soluções, adaptando a seu modo os institutos jurídicos existentes.

Nessa direção apontam os ensinamentos de Renato Luiz Ambiel:

> Sempre que a legislação não atende aos anseios da sociedade, tende ela a procurar soluções, adaptando conceitos e institutos disponíveis, a fim de tornar exequível sua pretensão, surgindo aí figuras anômalas, algumas até irregulares, por carecer de base legal, tais como loteamentos constituídos sob a égide da Lei 6.766/79, cujas ruas e praças são de uso comum do povo, e que, com o registro do loteamento no serviço registral, passaram ao domínio público, os quais são "fechados", com ou sem autorização municipal.[36]

Por isso, o presente estudo pretende mostrar que embora seja indiscutível que o loteamento legalmente sempre terá que ser constituído sob a égide da Lei nº 6.766/79 e, portanto, de forma convencional, aberta, por falta de legislação federal específica sobre os loteamentos fechados, legislação esta que a sociedade há muito clama, seja-lhe outorgada pelo Congresso Nacional, a situação já consolidada de fato é passível de regularização pelo Município de forma "efêmera" (transitória), até que esta nova legislação federal venha à baila.

Isso é possível porque o Município é um ente federado que goza de autonomia e possui competências administrativas e legislativas outorgadas pela Constituição Federal de 1988.

---

[35] FRAZÃO. *Manual teórico e prático do parcelamento urbano*, p. 64-72.

[36] AMBIEL. *Boletim de Direito Imobiliário*, p. 25.

Nesse sentido, a Constituinte consignou no artigo 18 da Carta Magna:

> Art. 18. A organização político-administrativa da República Federativa do Brasil compreende a União, os Estados, o Distrito Federal e os Municípios, todos autônomos, nos termos desta Constituição.

Como ente autônomo, deve-se entender que o Município pode e deve procurar a melhor forma de se autogovernar, respeitando e observando as restrições impostas pela União e pelo Estado-membro, apenas quando estas estiverem nos estritos limites definidos pela Lei Maior.

Na mesma Constituição Federal existem outras imposições sobre o modo como o Município deve se autogovernar:

> Art. 30. Compete ao Municípios:
>
> I – legislar sobre assuntos de interesse local.
>
> VIII – promover, no que couber, adequado ordenamento territorial, mediante planejamento e controle do uso, do parcelamento e da ocupação do solo urbano.

Como se pode observar, cabe ao Município legislar sobre matéria de interesse local, ordenamento territorial, mediante planejamento e controle do uso do solo, do parcelamento e da ocupação do solo urbano, ou seja, cabe ao Município regular como e onde serão os loteamentos no âmbito do seu território, pois não existe matéria de maior interesse no âmbito municipal do que ordenar como o Município irá se desenvolver e como a sua população irá habitar, como os bens públicos serão usufruídos pela comunidade.

Seguindo mais à frente, a Constituição Federal nos informa que:

> Art. 170. A ordem econômica, fundada na valorização do trabalho humano e na livre iniciativa, tem por fim assegurar a todos existência digna, conforme os ditames da justiça social, observados os seguintes princípios:
>
> II – propriedade privada;
>
> III – função social da propriedade.

Aqui a pedra de toque sobre a propriedade. Seja ela pública ou privada, deverá ser destinada a atender uma função social. Assim, cabe ao Poder Público municipal verificar de que forma a propriedade pública deverá ser utilizada para atender essa função social. Poderá concluir que ela atenderá essa função social se for desafetada do uso comum do povo ou de um uso especial, para ser trespassada a uma parcela da comunidade para um uso pré-fixado, através da concessão de direito real de uso, para garantir-lhe acesso a uma segurança que o Estado, embora tenha obrigação, não consegue atender.

Ainda na mesma Constituição encontramos a seguinte imposição:

> Art. 182. A política de desenvolvimento urbano, executada pelo Poder Público municipal, conforme diretrizes gerais fixadas em lei, tem por objetivo ordenar o pleno desenvolvimento das funções sociais da cidade e garantir o bem estar de seus habitantes.

Sendo um ente federado *sui generis* autônomo, o Município deve se auto-organizar em conformidade com a Constituição Federal e com a Lei Orgânica que lhe foi outorgada pelo Legislativo municipal, sempre em conformidade com as demais normas nacionais e estaduais recepcionadas pela Constituição Federal ou posteriormente editadas, em consonância com os seus mandamentos.

Desta forma, apenas o Município na sua interação diária com a comunidade poderá determinar qual a política de desenvolvimento das funções sociais da cidade. No mesmo sentido, apenas ele saberá como a propriedade pública poderá e deverá ser melhor utilizada para garantir sua função social e assim também as funções sociais da cidade.

Esse o motivo de ser do Direito Urbanístico:

> (...) uma disciplina jurídica que a cada dia ganha foros de desenvolvimento, justamente porque a cidade, essência do urbanismo, e onde tal Direito incide, exige diuturnamente a sua participação, quer seja buscando compor litígios, quer seja oferecendo os instrumentos necessários para que o Poder Público e o particular possam encontrar formas de convivência no âmbito dos seus interesses.[37]

Nesse sentido José Afonso da Silva já se manifestou:

> Isto porque o Município tem administração própria, independentemente da vontade da União e do Estado-membro, sendo certo que "as funções administrativas do Prefeito absorvem grande parte de sua atividade. Dentre elas sobrelevam a execução das leis, pondo em movimento a máquina administrativa, a nomeação e exoneração de seus auxiliares, o provimento de cargos públicos municipais, a expedição de atos referentes à vida funcional dos servidores locais, a arrecadação e guarda das rendas municipais, tomando providências sobre sua aplicação, autorizando pagamentos; a gestão do patrimônio e bens municipais, enfim, supervisionando todos serviços locais, executando obras públicas reclamadas pelo desenvolvimento da comunidade local".[38]

A Constituição Federal determina em seu artigo 1º que:

> Art. 1º. A República Federativa do Brasil, formada pela união indissolúvel dos Estados e Município e do Distrito Federal, constitui-se em Estado Democrático de Direito e tem como fundamentos:
> III – a dignidade da pessoa humana;

Ora, só o Município que está diretamente interagindo com a população/comunidade local tem como definir qual o uso da propriedade pública que pode garantir uma vida mais digna para todas as pessoas do Município, ou pelo menos para uma parcela expressiva delas.

E logo à frente, no Título II, ao tratar dos direitos e garantias fundamentais, afirma:

---

[37] CARNEIRO. *Organização da cidade*: planejamento municipal, plano diretor, urbanificação, p. 80.

[38] SILVA. *Curso de direito constitucional positivo*, p. 626.

> Art. 5º. Todos são iguais perante a lei, sem distinção de qualquer natureza, garantindo-se aos brasileiros e aos estrangeiros residentes no país a inviolabilidade do direito à vida, à liberdade, à segurança e à propriedade, nos termos seguintes:
>
> XI – a casa é asilo inviolável do indivíduo, ninguém nela podendo penetrar sem o consentimento do morador, salvo em caso de flagrante delito ou desastre, ou para socorro, ou durante o dia, por determinação judicial;
>
> XXII – é garantido o direito de propriedade;
>
> XXIII – a propriedade atenderá a sua função social;

Assim, segundo algumas posições doutrinárias existentes, se dentro de sua competência constitucional o Município desafetar as áreas contidas dentro do loteamento aberto (áreas destinadas a sistema de circulação, a implantação de equipamentos urbanos e comunitários, áreas verdes, bem como a espaços livres de uso público — art. 4º da Lei nº 6.766/79) e outorgar a concessão de direito real de uso para uma associação de moradores que se proponha a cuidar desses bens públicos, o loteamento poderá ser fechado com muros e receber portarias, bem como solicitar identificação de quem pretende acesso a estas áreas, desde que exista legislação específica no Município e os interessados firmem o termo de concessão de direito real de uso com o Executivo municipal, sendo tudo devidamente anotado em livro próprio para este fim destinado, no setor de formalização de atos oficiais da Prefeitura Municipal.

E quando isso ocorrer não há que se reconhecer desigualdade ou discriminação ilegal no uso da propriedade pública. Isso porque a Constituição Federal veda a discriminação injustificada e não qualquer tipo de discriminação.

Conforme lição de Celso Antônio Bandeira de Mello, adaptada ao presente estudo, a ofensa ao preceito constitucional da isonomia ocorre apenas quando:

> A norma singulariza atual e definitivamente um destinatário determinado ao invés de abranger uma categoria de pessoas, ou uma pessoa futura e indeterminada.[39]

Assim, se um Município que já possui várias escolas técnicas particulares cria uma escola técnica municipal e, como critério para ingresso, estabelece uma contagem de pontos onde é levado em conta o critério social (quem tem menos ganha mais pontos), está ocorrendo uma discriminação, mas esta é justificada, pois é um meio de garantir o acesso a uma formação profissional para a população mais carente. O mesmo pode-se dizer da venda de unidades habitacionais ou simplesmente sua doação à população carente e não para a mais abastada. Assim, outorgar a concessão de direito real de uso para uma determinada associação que representa parte da comunidade local é promover uma discriminação no uso da propriedade pública em função de valores maiores, como a segurança, à desoneração dos cofres públicos no que tange à manutenção total ou parcial dessas áreas públicas, etc. Observe-se que nada obriga que essa concessão seja remunerada. Aliás, faz parte da autonomia municipal administrar os bens públicos e os serviços públicos.

---

[39] *Conteúdo jurídico do princípio da igualdade*, p. 47.

Isso porque, os bens de uso comum do povo estão afetados a este uso apenas enquanto guardarem esta destinação.

Como afirma Diogenes Gasparini, ao se manifestar exatamente nesse vetor:

> Para esse uso e gozo nada se exige em termos de autorização ou permissão, nem, pelo menos em princípio, se cobra. Embora não seja comumente cobrada a utilização dos bens de uso comum do povo, essa cobrança é permitida pelo artigo 68 do Código Civil. O uso e gozo, por certo, há de ser conforme a destinação do bem. Assim, uma praça não pode ser utilizada para se estender um varal e secar roupas, nem uma rua utilizada como cancha de bocha ou malhas. Os bens de uso comum, enquanto guardarem essa consagração, são inalienáveis, ou seja, não podem ser vendidos, trocados ou doados. Perdida essa destinação por um fato (abandono do álveo pelas águas) ou por um ato (lei), a alienação torna-se possível, conforme dispõe o artigo 67 do Código Civil: "Os bens de que trata o artigo antecedente só perderão a inalienabilidade, que lhes é peculiar, nos casos e forma que a lei prescrever. Destarte, se desafetado por lei, do uso comum e nos termos e condições da lei autorizadora, qualquer bem dessa espécie pode ser alienado ou ter seu uso trespassado a quem por ele se interesse".
>
> (...) Esses bens e os de uso especial, em função da destinação que exercem, podem ser retomados pela Administração Pública, sua proprietária, por seus próprios meios e recursos, isto é, autoexecutoriedade, segundo vêm decidindo nosso Tribunais, a exemplo do Tribunal de Justiça de Brasília (*DJU*, 09 mar. 1983).[40]

Note-se que não apenas este tipo de bem de uso comum do povo, mas também aqueles de uso especial podem ser trespassados para o particular a partir do momento de sua desafetação. Esta é a posição que colamos da obra do já citado Diogenes Gasparini:

> O mesmo ocorre com os bens de uso especial que "enquanto guardarem essa destinação, são inalienáveis, isto é, não se permite a venda, a permuta, a dação em pagamento. Perdida, a qualquer título (ato ou fato), essa consagração, podem ser alienados ou terem seu uso transferido a quem por eles se interessar".[41]

Esse o entendimento de Maria Sylvia Zanella Di Pietro:

> Isto quer dizer que os bens de uso especial, enquanto mantiverem essa natureza, podem ser objeto de alienação de uma entidade pública para outra, segundo as normas de direito público. Essa transferência se dá normalmente por lei. Se perderem essa natureza, pela desafetação, tornam-se disponíveis pelos métodos do direito privado.[42]

Nesse sentido também já se manifestou Toshio Mukai ao afirmar que:

> Tais comportamentos do Poder Público Municipal não são ilegais nem menos ainda, inconstitucionais. Pretender que o Município não possa, mediante lei municipal, desafetar bens públicos destinados ao uso comum do povo, seja para aliená-lo, seja para

---

[40] *Direito administrativo*, p. 483-484.

[41] *Ibidem*, p. 484.

[42] *Direito administrativo*, p. 446.

conceder a particulares o seu uso atendendo ao interesse ao interesse público, significa infringir a autonomia municipal e, portanto, o disposto no artigo 18 da Constituição Federal.[43]

Agir de outra forma é negar ao Poder Público municipal a discricionariedade de editar lei para desafetar bem público e autorizar a outorga de concessão de direito real de uso, ou aliená-los, diante da existência de relevante interesse público local (e só o Município em cada caso específico estará em condições de verificar a existência desse interesse público, por ser matéria afeta ao interesse, única e exclusivamente local; e, ressalte-se ainda, o Prefeito e os Vereadores representam o povo e por ele foram eleitos por comunhão de ideias, para realizar um plano de governo com o qual os eleitores acordaram por intermédio do exercício do voto), consideradas as suas particularidades, os seus problemas locais e o anseio de seus munícipes. Para isso o Poder Executivo municipal goza de um certo grau de discricionariedade, para dentro dos estritos limites da Constituição e da lei poder escolher o melhor caminho para a gestão da coisa pública. Por isso o Município foi elevado pelo Constituinte a ente federal autônomo.

O mesmo Toshio Mukai ajuda a delimitar esse interesse local:

> O limite constitucional para a determinação do interesse local surge quando o impacto de uma matéria de interesse local passam a afetar a população de outros Municípios.[44]

Nos trechos transcritos a seguir, José Afonso da Silva e José Carlos de Freitas posicionam-se de maneira diversa, mas razão não lhes assiste:

> ...a desafetação de uma rua, ainda que precedida de autorização legislativa, deve conter um elemento fundamental: Ter perdido, de fato, sua utilização pública, seu sentido de via de circulação, ter se tornado desabitada. Não basta a lei para desafetá-la. É preciso atender ao interesse público, como qualquer ato administrativo, sem o qual haverá fundamento para contestar a transmudação operada pela lei ordinária que promove a desafetação.
>
> Alem disso, algumas características que informam essa modalidade de uso são prejudiciais aos interesses da Administração, favorecendo o particular, haja vista que a concessão de direito real de uso não está impregnada da totalidade dos princípios publicísticos, derrogatórios e exorbitantes do direito comum que deveriam compor a relação entre Poder Público e os particulares, em prol do interesse coletivo (precariedade e unilateralidade) (...)
>
> Na concessão de direito real de uso de ruas, praças, espaços livres, áreas verdes e institucionais para a formação dos "loteamentos fechados", impera o desejo dos moradores na sua utilização privativa, de cunho individual (sossego, segurança e conforto pessoais), contrapondo o interesse privativo e coletivo, porque essas áreas públicas estão vocacionadas ao uso comum do povo.
>
> Logo, essa modalidade de concessão não se presta a ser utilizada para os bens de uso comum, que pressupõem a universalidade, a impessoalidade e a gratuidade de uso, sem contraprestação pecuniária ou indenização ao particular... (*RT*, 750, p. 162, abr. 1998).[45]

---

[43] *Boletim de Direito Municipal*, p. 461, ago. 1998.

[44] *Ibidem*, p. 462.

[45] SILVA. *Direito urbanístico brasileiro*, p. 184.

Não é necessário que uma via de circulação torne-se absolutamente desabitada, perca seu sentido de via de circulação, para que seja desafetada por autorização legislativa. Como já foi anteriormente afirmado, a desafetação pode ocorrer tanto por ato como por um fato. Tornando-se a via desabitada, a desafetação ocorreria devido a um fato. Pela lei, a desafetação ocorre em virtude de um ato.

Até porque se o loteamento está fechado, sem atrapalhar a circulação do restante da comunidade, é porque ele já foi concebido de forma a não prejudicar a malha viária existente. A título de exemplo, no Município de São José dos Campos, Estado de São Paulo, vários loteamentos foram instituídos como abertos e vendidos como fechados (os compradores foram lesados), ocorre que em sua concepção as vias de acesso a cada "loteamento fechado", avenidas amplas encontram-se abertas à circulação pública, apenas são fechadas as vias internas que terminam em *cull de sac* e não levam a lugar nenhum, a não ser ao acesso das residências integrantes do loteamento, sendo que os muros dos mesmos dividem a área privada da pública. Assim, mesmo que não fossem fechados, a circulação de pessoas e veículos estranhos ao loteamento seria mínima, limitando-se a uns poucos curiosos que pretendessem conhecer o local.

Da mesma forma o interesse público é relevante, afinal a segurança é um dos princípios constitucionais que se destinam a guardar o único valor jurídico absoluto e indiscutível, *a vida*.

O favorecimento ao particular alegado por José Carlos de Freitas é improcedente, pois não se está favorecendo um particular e sim uma parte genérica da coletividade que optou por morar nesses loteamentos que, diga-se de passagem, em alguns municípios como São José dos Campos, abrigam uma parte razoável da população, não se podendo falar em favorecimento do particular (Em São José dos Campos existem loteamentos fechados tanto para a classe média alta como para os integrantes de classes sociais menos favorecidas). Na hipótese de tratar-se favorecimento, e não o é, seria para uma parte respeitável da comunidade, por certo, de uma parte da comunidade que mais contribuiu com impostos e contribuições para os cofres públicos e que menos recebe do Poder Público.

De fato, uma parte das afirmações dos citados autores é correta: o anseio dos moradores desses loteamentos por sossego, segurança e conforto. Anseios constitucionalmente válidos e assegurados, que não são desfrutados por toda a população por deficiência administrativa do Estado, que leva a população a procurar soluções paliativas e juridicamente aceitáveis, como os loteamentos fechados.

Acreditamos que o Município não pode permanecer inerte aos anseios de seus munícipes e não pode ficar à mercê da inação da União, pois é na cidade que tudo acontece. Nas palavras de Nelson Saule Júnior: "O que não é possível é a inexistência da política urbana nos Municípios face à omissão da União".[46]

Existe em nossa realidade diária outra situação onde os bens de uso comum do povo e de uso especial são desafetados e utilizados para realizar a justiça social e a função social da propriedade pública, como, por exemplo, a construção de habitações para desfavelização. Neste caso, o que se está sendo atendida em primeiro lugar também é a vontade do favelado, que procura por sossego, segurança e conforto

[46] *Novas perspectivas do direito urbanístico brasileiro*, p. 104.

pessoal; apenas indiretamente se realiza o interesse público da integração social. Nem por isso se fala em ilegalidade desses empreendimentos, ou na prevalência do interesse privado sobre o público.

Lembre-se ainda que normalmente esses loteamentos fechados (caso de São José dos Campos), na maioria das vezes, não impedem a entrada de qualquer pessoa, ao contrário, tão somente identificam todos aqueles que pretendem acesso ao local, inclusive os próprios moradores.

Assim não há de se falar na restrição da liberdade de locomoção, na violação do direito de ir e vir, que certamente abrange no Brasil o direito de permanecer, até porque determinadas formas de permanecer em áreas públicas são consideradas como contravenção penal, como a vadiagem, por exemplo; saliente-se, ainda, que nenhum direito é absoluto, nem mesmo o direito à vida (o próprio direito pátrio admite a pena de morte em caso de guerra).

Na interpretação e na aplicação do direito, principalmente ao se procurar princípios e valores constitucionalmente consagrados, é preciso atentar para a densidade de cada um perante determinada circunstância. Essas densidades, entre princípios e valores que se contrapõem, é que vai realizar, no caso concreto, a vontade do constituinte e da comunidade, acabando por realizar o interesse público e social.

Embora alguns autores ainda insistam em afirmar que a concessão de direito real de uso só poderia ser outorgada mediante licitação, é muito claro o despropósito dessa afirmação, afinal que outro interessado existiria em manter áreas públicas de uso comum do povo e especiais existentes dentro do loteamento fechado. A hipótese é de absoluta impossibilidade de realização do processo licitatório, que culmina na inexigibilidade de licitação.

Nesse sentido, a maior parte das Leis Orgânicas dos Municípios a que tivemos acesso estabelece que, sendo certo o destinatário da concessão de direito real de uso ou a permissão de uso sobre bem público, se presente o relevante interesse público (é o caso, como já ficou demonstrado), não será exigida a licitação.

6 Conclusão

Diante de todo o exposto, embora devam ser respeitadas as posições contrárias, não existe qualquer óbice de natureza legal, constitucional ou de qualquer outra espécie na desafetação de bens públicos de uso comum do povo ou de uso especial por parte do Poder Público competente, mediante lei específica e a sua posterior outorga a particulares, mediante permissão ou concessão de direito real de uso, para que um loteamento aprovado e implantado nos termos da Lei Lehmann seja transformado em um loteamento fechado.

Estão presentes no caso a razoabilidade e a moralidade na interpretação das normas jurídicas existentes, sendo que nas palavras de Weida Zancaner:

> (...) a razoabilidade e a moralidade são, segundo entendemos, essenciais à concreção e persistência do Estado de Direito ou do Estado Social e Democrático de Direito, entendido este como aprimoramento daquele e não como categoria distinta.[47]

[47] Razoabilidade e moralidade: princípios concretizadores do perfil do estado social e democrático de direito. *In*: BANDEIRA MELLO (Coord.). *Estudos em homenagem a Geraldo Ataliba*, p. 621.

Isto é de importância fundamental, porque na aplicação e na interpretação das normas jurídicas a razoabilidade e a moralidade devem imperar, e assim procedendo não há como afirmar ser vedada juridicamente a legalização precária dos loteamentos fechados através da outorga da permissão de uso ou direito real de uso dos bens públicos acima referidos.

Saliente-se, ainda, que o ideal seria a emissão de norma federal versando sobre a implantação dos loteamentos fechados e estabelecendo os requisitos para tanto, o que colocaria fim à insegurança jurídica em que se encontram os proprietários de lotes de terreno em tais loteamentos.

Também parece oportuno observar que algumas entidades e órgãos públicos, como o próprio Ministério Público, têm adotado uma conduta de certa forma parcial (por isso mesmo imoral/ilegal) contra os adquirentes (casos de São José dos Campos, Ubatuba, Mairiporã), pois os lotes em loteamentos fechados foram anunciados em jornais, revistas, emissoras de rádio e televisão por todo o período em que duraram as vendas, entretanto, apenas depois de encerradas as vendas, as referidas entidades e órgãos resolveram criticar a existência dos citados loteamentos fechados, cobrando a derrubada de muros e retirada de portarias. Dessa forma, agindo de forma desarrazoada e juridicamente discutível quanto à moralidade procedimental, na realização do Estado Democrático de Direito, e na busca da Justiça Social.

Por fim, preferimos o modelo adotado no Município de São José dos Campos, onde os chamados loteamentos fechados somente podem ser implantados com a concordância da maioria dos proprietários de lotes e a criação de uma associação deles, a qual em contrapartida deverá cuidar das áreas verdes e da limpeza das vias públicas existentes no loteamento. Neste modelo, o acesso das pessoas às vias públicas, áreas verdes e demais bens públicos não pode ser sequer impedida, mas todos que desejarem acesso ao local deverão se identificar na portaria de entrada. Com isso, o exercício de ir e vir fica garantido, a segurança local melhora e o valor economizado pela Administração Pública com a limpeza das vias internas e manutenção da área verde pode ser destinado a realização de outros interesses públicos.

Referências

AMBIEL, Luiz Renato. *Boletim de Direito Imobiliário,* Boletim Cartorário, São Paulo, n. 26, set. 1999.

BANDEIRA DE MELO, Celso Antônio. *Conteúdo jurídico do princípio da igualdade.* 3. ed., 4. tiragem. São Paulo: Malheiros, 1997.

BANDEIRA MELLO, Celso Antônio (Coord.). *Estudos em homenagem a Geraldo Ataliba*: direito administrativo e constitucional. São Paulo: Malheiros, 1997.

BANDEIRA MELLO, Celso Antônio. *Curso de direito administrativo.* 11. ed. rev. atual. e ampl. São Paulo: Malheiros, 1998.

BUCCI, Mário César. *Parcelamento do solo*: loteamento. Campinas: Mizuno, 1998.

CARNEIRO, Ruy de Jesus Marçal. *Organização da cidade*: planejamento municipal, plano diretor, urbanificação. São Paulo: Max Limonad, 1998.

DI PIETRO, Maria Sylvia Zanella. *Direito administrativo*. 10. ed. São Paulo: Atlas, 1999.

FERNANDES, Edésio (Org.). *Direito urbanístico*. Belo Horizonte: Del Rey, 1998.

FRAZÃO, Sergio. *Manual teórico e prático do parcelamento urbano*. Rio de Janeiro: Forense, 1981.

GARCIA, Maria. *Desobediência civil, direito fundamental*. São Paulo: Revista dos Tribunais, 1994.

GASPARINI, Diogenes. *Direito administrativo*. 2. ed. rev. e aum. São Paulo: Malheiros, 1992.

LIRA, Ricardo Pereira. *Elementos de direito urbanístico*. Rio de Janeiro: Renovar, 1997.

MEIRELLES, Hely Lopes. *Direito municipal brasileiro*. 9. ed. atual. por Izabel Camargo Lopes Monteiro, Célia Marisa Prendes. São Paulo: Malheiros, 1997.

MONTEIRO, Washington de Barros. *Curso de direito civil*. 34. ed. rev. e atual. São Paulo: Saraiva, 1998. 3 v.

MONTESQUIEU, Charles de Secondat, Baron de. *O espírito das leis*: as formas de governo, a federação, a divisão dos poderes, presidencialismo "versus" parlamentarismo. Tradução de Pedro Vieira Mota. 5. ed. São Paulo: Saraiva, 1998.

MUKAI, Toshio. Bens de uso comum do povo: arruamento privado, construção de cancela e portaria de identificação: lei autorizadora: constitucionalidade. *Boletim de Direito Municipal*, São Paulo, ago. 1998.

NALINI, José Renato. *Ética geral e profissional*. 2. ed. rev. e ampl. São Paulo: Revista dos Tribunais, 1999.

NUNES, Luiz Antonio Rizzato. *Manual da monografia jurídica*. São Paulo: Saraiva, 1997.

ORLANDO NETO, Narciso. Loteamentos irregulares e sua regularização. *Revista do Advogado*, São Paulo, n. 18, jul. 1985.

PEREIRA, Caio Mário da Silva. *Condomínio e incorporações*. 3. ed. Rio de Janeiro: Forense, 1978.

PESSOA, Álvaro. O loteamento e o condomínio no desenvolvimento urbano brasileiro. *Boletim Informativo do Departamento de Assistência Jurídica e Consultiva aos Municípios, da Secretaria de Justiça do Estado do Rio de Janeiro*, ano IV, n. 40, dez. 1978.

REVISTA DE DIREITO IMOBILIÁRIO – RDI. Rio de Janeiro, 1948-.

REVISTA DE DIREITO IMOBILIÁRIO – RDP. São Paulo: Revista dos Tribunais, 1967-1991.

REVISTA DOS TRIBUNAIS – RT. São Paulo: Revista dos Tribunais, 1912-.

SAULE JÚNIOR, Nelson. *Novas perspectivas do direito urbanístico brasileiro*: ordenamento constitucional da política urbana, aplicação e eficácia do plano diretor. Porto Alegre: Sergio Antonio Fabris, 1997.

SILVA FILHO, Elvino. *Questões de condomínio no registro de imóveis*. São Paulo: Malheiros, 1999.

SILVA, José Afonso da. *Direito constitucional positivo*. 16. ed. rev. e atual. São Paulo: Malheiros, 1999.

SILVA, José Afonso da. *Direito urbanístico brasileiro*. 2. ed. rev. e atual., 2. tiragem. São Paulo: Malheiros, 1997.

ZANCANER, Weida. Razoabilidade e moralidade: princípios concretizadores do perfil do estado social e democrático de direito. *In*: BANDEIRA MELLO, Celso Antônio (Coord.). *Estudos em homenagem a Geraldo Ataliba*. São Paulo: Malheiros, 1997. v. 1.

Informação bibliográfica deste texto, conforme a NBR 6023:2002 da Associação Brasileira de Normas Técnicas (ABNT):

FREITAS, William de Souza. A impossibilidade jurídica da instituição do loteamento fechado. *In*: DALLARI, Adilson Abreu; DI SARNO, Daniela Campos Libório (Coord.). *Direito urbanístico e ambiental*. 2. ed. rev. Belo Horizonte: Fórum, 2011. p. 245-267. ISBN 978-85-7700-449-2.

Operações Urbanas Consorciadas

Marcos Batistela

1 A obrigatoriedade do plano

A Constituição de 1988 instituiu o planejamento como uma função obrigatória do Estado brasileiro, dispondo em seu artigo 174 que será *determinante* para o setor público e *indicativo* para o setor privado; pode parecer que o preceito se refere apenas à atividade econômica, denominação do capítulo no qual está contido, mas a única interpretação compatível com o conjunto do texto constitucional é aquela que o entende voltado para o conjunto das atividades estatais, em especial se forem também consideradas as disposições constitucionais relativas às finanças públicas (arts. 165 e seguintes), com destaque para o instituto do plano plurianual, as disposições sobre política urbana e seu *instrumento básico*, que é o plano diretor, e finalmente a competência atribuída à União para "elaborar e executar planos nacionais e regionais de ordenação do território e de desenvolvimento econômico e social" (art. 21, IX), aos Estados federados para planejamento, organização e execução de funções públicas comuns instituindo agrupamentos de municípios limítrofes em microrregiões, aglomerações urbanas ou regiões metropolitanas (art. 25, §3º) e aos municípios para promover o "adequado ordenamento territorial, mediante planejamento e controle do uso, do parcelamento e da ocupação do solo urbano" (art. 30, VIII).

Ainda que o planejamento seja em certa medida uma atividade inerente a qualquer ação racional voltada para o futuro, como na descrição mitológica da fundação de Roma, cidade cujos limites foram fixados por Rômulo, o que a Constituição Federal vigente determina não é uma atividade de mera prospecção das possibilidades futuras, mas uma atuação ativa e efetiva do Estado brasileiro na realização de um futuro desejado por meio da elaboração e da execução de planos, sejam de administração das disponibilidades financeiras do tesouro público, ou de desenvolvimento econômico e social, ou ainda de ordenação do território, que são os que diretamente interessam ao direito urbanístico.

O texto constitucional, por outro lado, reflete a confusão corrente entre plano e planejamento ao determinar em seu artigo 174 que este é vinculante para o setor público e indicativo para o setor privado da economia. Deve ser estabelecido, entretanto, que planejamento e plano expressam ideias distintas. Para José Afonso da Silva, planejamento "é um processo técnico instrumentado para transformar a realidade existente no sentido de objetivos previamente estabelecidos" e o plano "é o meio pelo qual se instrumentaliza o processo de planejamento".[1] Fernando Alves Correia, que constatou igual confusão de termos na linguagem jurídico-administrativa em Portugal, destaca que "*planificação* ou *planeamento* é uma *actividade* que tem como fim a emanação de um *plano*, ao passo que este é o *produto* de referida atividade. O vocábulo *planificação* expressa, assim, uma idéia de *ação*, de *processo*, enquanto o *plano* é algo que concretiza, que espelha o resultado do *processo* de planificação ou planeamento".[2] Planejamento (planificação, planeamento) e plano, portanto, apesar da estreita ligação, não se confundem e expressam ideias distintas, porque um plano é o resultado formalizado de uma atividade de planejamento. O que pode ocorrer é o planejamento sem a elaboração de um plano, ou a continuidade do planejamento após a aprovação do plano.[3]

No que diz respeito propriamente ao direito urbanístico, a obrigatoriedade do plano está prevista expressamente no artigo 182, §1º, da Constituição para todas as cidades com mais de vinte mil habitantes e ainda como "diretriz geral" fixada pelo artigo 2º, inciso IV, do Estatuto da Cidade. A exigência de plano urbanístico, então, decorre de normas de caráter constitucional e legal, e sem ele não é possível impor validamente aos particulares determinadas condutas tidas por necessárias ao ordenamento adequado dos espaços habitáveis. Esta obrigatoriedade do plano, ainda que nem sempre se manifeste na forma extrema do plano diretor, existe em forma mais branda para todos os municípios, posto que não é possível sequer conceber qualquer atuação estatal em matéria de urbanismo sem um plano preestabelecido, ainda que singelo.

2 Planejamento e operações urbanas consorciadas

A promulgação do Estatuto da Cidade (Lei Federal nº 10.257, de 10 de julho de 2001) alterou profundamente o panorama do direito urbanístico no Brasil, até então carente de unidade nacional, seja normativa (direito positivo) ou conceitual, não obstante os relevantes esforços doutrinários desenvolvidos especialmente a partir da década de 1960. Com o Estatuto da Cidade, não apenas foram estabelecidas

---

[1] SILVA. *Direito urbanístico brasileiro*, p. 89.

[2] CORREIA. *O plano urbanístico e o princípio da igualdade*, p. 168.

[3] CORREIA. *Manual de direito do urbanismo*. v. 1, p. 233.

positivamente regras e princípios nacionalmente válidos para o direito urbanístico, que devem ser cumpridos inclusive pelos Estados e municípios, mas fundamentalmente foi desenvolvida a regra constitucional que estabelece o planejamento e a elaboração do plano como funções públicas obrigatórias, que caracterizam um dever de planejar atribuído ao Estado.

No que tange à propriedade urbana, o assunto adquire importância crucial, uma vez que é o plano diretor que vai fixar o conteúdo do direito de propriedade e, assim, o seu valor econômico; por outro lado, é também o plano diretor que estabelece os parâmetros para aferir o cumprimento da função social da propriedade, obrigação constitucional que condiciona a garantia do direito de propriedade e cujo descumprimento pode levar a sua perda pela desapropriação com pagamento mediante títulos da dívida pública.

Além disso, durante muito tempo a elaboração dos planos diretores municipais foi assunto reservado integralmente aos municípios, que podiam tê-los ou não conforme os interesses locais determinassem, o que foi alterado pela Constituição de 1988, que extinguiu tal liberdade para as cidades com mais de vinte mil habitantes, para cujos municípios impôs a obrigatoriedade do plano diretor. Com o Estatuto da Cidade, que estabeleceu normas gerais de direito urbanístico (art. 24, I, da Constituição), mesmo que algumas de suas disposições possam ser acusadas de inconstitucionalidade, o espaço em que os municípios podiam decidir livremente sobre o teor do seu plano diretor foi substancialmente reduzido. Atualmente, pode-se afirmar, o plano diretor municipal é um instituto jurídico típico, dotado de certos requisitos mínimos por força de lei nacional, sem os quais não pode validamente existir enquanto tal.

O Estatuto da Cidade, por outro lado, em nada substancial progrediu com relação aos planos nacionais e regionais de ordenação do território, ou mesmo com relação aos planos estaduais, ainda que os mencione em seu artigo 4º, I. Talvez por força da tradição nacional e do empedernido localismo que nos caracteriza, o direito urbanístico, como tratado no Estatuto da Cidade, permanece basicamente um assunto a ser resolvido nos limites dos municípios, ainda que sejam feitas algumas concessões aos traços mais modernos de caráter nacional trazidos pela intensa urbanização do século XX. Assim é que o Estatuto da Cidade avançou mais na definição dos instrumentos de planejamento e nos planos urbanísticos de competência dos municípios, um dos mais característicos dos quais é a operação urbana consorciada.

O instituto da operação urbana consorciada é uma novidade trazida pelo Estatuto da Cidade, ainda que o termo "operação urbana" já fosse corrente no direito brasileiro, tendo sido utilizado anteriormente, por exemplo, no Município de São Paulo, posto que os institutos disciplinados pela legislação dos municípios, mesmo que com a mesma denominação, não tinham necessariamente identificação com o instituto criado pelo Estatuto da Cidade, que passou a ter prevalência sobre as leis municipais que contenham disposições conflitantes, dado o seu caráter de norma geral de direito urbanístico quanto a este aspecto.

Conforme disciplinada pelo Estatuto da Cidade, *uma operação urbana consorciada é um dos instrumentos de política urbana* constante da extensa lista do artigo 4º, a qual, entretanto, não é exaustiva. A própria noção de instrumento de política urbana não é muito precisa, porque, como constatou Diogenes Gasparini, "instrumentos para essa lei são todos os meios capazes, conjunta ou individualmente, de propiciar a execução da *política urbana"*.[4] E isto sem considerar a indefinição conceitual que domina o tema das políticas públicas, no qual se insere a chamada política urbana, que ainda não logrou consolidação doutrinária, não obstante seja de uso corrente.[5]

Além disso, na classificação realizada pelo artigo 4º do Estatuto da Cidade, a operação urbana consorciada foi incluída no inciso dedicado aos "institutos jurídicos e políticos" (inc. V, alínea "p"), e não naquele dedicado especialmente ao planejamento municipal (inc. II), no qual a toda evidência se inclui, uma vez que, como dispõe o próprio Estatuto em outra parte (art. 33), *uma operação urbana consorciada é fundamentalmente um plano urbanístico*, embora seja exíguo o seu âmbito territorial, que alcança apenas uma pequena fração do espaço municipal em que sejam desejadas transformações urbanas estruturais, melhorias sociais e valorização ambiental.[6]

3 Definição legal de operação urbana consorciada e classificação entre os planos urbanísticos

Não obstante a imprecisão característica com que os temas relacionados ao planejamento e aos planos são tratados no Estatuto da Cidade, devida provavelmente à escassa experiência nacional na elaboração e execução de planos que qualquer espécie, a lei trouxe uma definição bastante exata do instituto da operação urbana consorciada em seu artigo 32, §1º: "Considera-se operação urbana consorciada o conjunto de intervenções e medidas coordenadas pelo Poder Público Municipal, com a participação dos proprietários, moradores, usuários permanentes e investidores privados, com o objetivo de alcançar em uma área transformações urbanísticas estruturais, melhorias sociais e a valorização ambiental". O conceito é ainda integrado pelo *caput* do artigo 32, que dispõe que a operação urbana consorciada deve ser aprovada por lei específica, que inclusive deve conter o *plano de operação urbana consorciada*, e pelos incisos do seu §2º, que prevê as medidas passíveis de adoção.

Uma operação urbana consorciada, portanto, é um plano urbanístico municipal por meio do qual se pretende realizar uma transformação urbana estrutural, melhoria social e valorização ambiental em uma área pequena e delimitada da zona urbana mediante a aprovação de uma legislação excepcional, sendo de se afastar, desde o início, a ideia de realização de operação urbana consorciada para urbanização (transformação do solo rural em solo urbano). No Estatuto da Cidade, a operação urbana consorciada destina-se à *revitalização* ou à *reabilitação* — e não à expansão — urbana.

A aprovação do plano de operação urbana consorciada (art. 33 do Estatuto) estabelece um novo regime jurídico urbanístico para a sua área de aplicação e este novo regramento, não obstante seja integral para o seu âmbito espacial, não é um plano geral porque não atinge todo o território do município que o instituiu. Por outro lado, a operação urbana consorciada não é um zoneamento ou lei edilícia especial,

---

[4] GASPARINI. *O Estatuto da Cidade*, p. 16.

[5] Sobre o tema das políticas públicas no direito administrativo contemporâneo, cf. BUCCI, Maria Paula Dallari. *Direito administrativo e políticas públicas*. São Paulo: Saraiva, 2002.

[6] No Município de São Paulo, a Operação Urbana Centro (Lei nº 12.349/97) atinge área de 660 hectares, a Operação Urbana Faria Lima (Lei nº 11.732/95) 450 hectares e a Operação Urbana Água Branca (Lei nº 11.774/95) 500 hectares (DI GIUSEPPE. *Operações urbanas consorciadas*, p. 386 *et seq.*).

porque suas disposições especiais em relação à legislação de parcelamento, uso e ocupação do solo geral apenas se legitimam juridicamente quando indispensáveis à execução do plano aprovado.

4 Características formais da operação urbana consorciada

4.1 Competência municipal

O Estatuto da Cidade estabelece que a realização de operações urbanas consorciadas é de competência dos municípios (ainda que sob a inusitada denominação de "Poder Público Municipal"). O Estatuto, porém, não poderia nem mesmo dispor em sentido diverso, uma vez que promover o "adequado ordenamento territorial, mediante planejamento e controle do uso, do parcelamento e da ocupação do solo urbano" constitui competência enumerada dos municípios (art. 30, VIII, da Constituição) e a legislação edilícia sempre foi tida por assunto de interesse local.

O conteúdo da operação urbana consorciada é matéria de competência dos municípios, que podem decidir inclusive que não realizarão operações urbanas consorciadas. Se decidirem realizá-las, contudo, haverão de seguir as disposições do Estatuto da Cidade, que os obrigam por sua condição de normas gerais de direito urbanístico voltadas, neste ponto, especialmente aos realizadores da política urbana. É que, após a promulgação e vigência do Estatuto da Cidade, a operação urbana consorciada é um instituto jurídico típico, no mesmo sentido que o direito civil se refere aos contratos típicos ou nominados, isto é, um instituto jurídico que tem estrutura definida e é regulamentado em seus elementos essenciais pela lei.

Uma outra consequência importante desta exclusividade da competência municipal na matéria é que não poderão ser aprovadas operações urbanas consorciadas pela União ou pelos Estados federados, ainda que em regiões metropolitanas ou aglomerações urbanas.

4.2 Previsão no plano diretor

A realização de operações urbanas consorciadas tem de estar expressamente prevista e autorizada no plano diretor municipal, de acordo com o *caput* do artigo 32 do Estatuto da Cidade.

A razão de ser desta vinculação está no fato de o plano de operação urbana consorciada ser um desdobramento do plano diretor municipal, um plano com disposições mais específicas e concretas voltadas à realização das exigências e diretrizes fundamentais de ordenação do território do município expressas em seu plano diretor. Não é por outro motivo que as disposições requeridas pelo artigo 32 do Estatuto da Cidade são declaradas conteúdo mínimo obrigatório do plano diretor pelo seu artigo 42, II.[7]

---

[7] Neste ponto, seria possível indagar sobre a validade de um plano diretor que não trouxesse qualquer disposição relativa a operação urbana consorciada, "descumprindo", assim, o disposto no artigo 42, II, do Estatuto da Cidade. Esta não parece ser a melhor interpretação do texto legal. De fato, a realização ou não de

4.3 Conformidade com o plano diretor

Não basta que a realização de operações urbanas consorciadas — uma ou mais delas — esteja prevista no plano diretor municipal. O Estatuto da Cidade exige que a lei que as aprovar seja "baseada no plano diretor" (art. 32). À primeira vista pode parecer que a "base" fornecida pelo plano diretor é apenas a previsão ou autorização genérica da realização de operações urbanas consorciadas, o que já foi exposto no item anterior.

O que a racionalidade interna do Estatuto da Cidade exige, entretanto, é que o plano de operação urbana consorciada seja um desenvolvimento do plano diretor municipal, e desta forma as disposições de ambos devem ser conjugadas e harmônicas. Não sendo assim, não apenas estaria descumprida a obrigatoriedade do planejamento e do plano estabelecida no Estatuto (art. 2º, IV) e na própria Constituição (art. 182, §1º), como o plano diretor seria uma peça sem efetividade, uma vez que poderia ser contrariado por qualquer outra lei dispondo sobre direito urbanístico.[8] E não se poderia, jamais, falar em lei baseada no plano diretor, como exige o Estatuto da Cidade para a aprovação de operação urbana consorciada, se esta lei para ser válida tivesse de derrogar disposições do plano diretor: está implícita uma exigência de anterioridade e superioridade hierárquica do plano diretor.

A coerência entre as disposições do plano diretor e do plano de operação urbana consorciada pode ser apurada com base em dois critérios: o de *compatibilidade*, que "impõe uma obrigação negativa de não contradição", e o de *conformidade*, que expressa "uma obrigação positiva de desenvolvimento de determinado tipo".[9]

Dada condição constitucional de "instrumento básico da política de desenvolvimento e de expansão urbana" (art. 182, §1º) que ostenta o plano diretor municipal, o que lhe confere também posição de plano hierarquicamente superior, a conclusão que se impõe é a exigência de *conformidade* do plano de operação urbana consorciada com o plano diretor (ou de *compatibilidade* quando não houver previsão de um certo desenvolvimento, ainda que implícita).

4.4 Aprovação por lei específica

A previsão da realização de operações urbanas consorciadas é conteúdo mínimo obrigatório do plano diretor municipal (isto é, nos casos em que há interesse em realização de operação urbana), mas não esgota o rol de exigências legais para a

operações urbanas consorciadas é assunto de interesse local e cabe exclusivamente ao município deliberar a este respeito na condição de executor da política de desenvolvimento urbano (art. 182 da Constituição), sobre a formulação da qual, inclusive, tem ampla margem de discricionariedade, posto que apenas está adstrito ao cumprimento das normas constitucionais e gerais editadas pelos outros entes federados. A ausência de disposições sobre operações urbanas consorciadas no plano diretor, então, tem como única consequência jurídica a impossibilidade de sua realização.

[8] Em sentido diverso, admitindo alterações pontuais tácitas do plano diretor, ainda que por lei específica de operação urbana consorciada (CÂMARA. *Plano diretor*, p. 321).

[9] MIRANDA. *A dinâmica jurídica do planeamento territorial*, p. 152-153; sobre o assunto, cf. CORREIA. *O plano urbanístico e o princípio da igualdade*, p. 194 *et seq.*, e EISENMANN. *O direito administrativo e o princípio da legalidade*, p. 54 *et seq.*

validade da utilização do instituto. É que, nos termos do *caput* do artigo 32 do Estatuto da Cidade, a aprovação de operação urbana consorciada exige a promulgação de "lei específica".

Lei específica, como ensina Diogenes Gasparini, "é a que dispõe exclusivamente sobre a instituição e disciplina das operações urbanas consorciadas. Nenhuma outra matéria, ainda que relacionada com a política urbana, pode ser tratada por essa lei".[10] Ainda que o autor use a expressão no plural, o sentido geral do texto parece ser o de que a exigência de uma lei específica é para a aprovação de cada operação urbana consorciada, inclusive em virtude da exigência legal de aprovação de um plano para a operação urbana consorciada.

Além de extremamente salutar, pois exige disciplina do legislador numa área do Direito especialmente atingida pela "*overdose* legislativa" a que se refere Colaço Antunes,[11] promovendo não apenas a efetividade do planejamento, mas principalmente a segurança das relações jurídicas, que muito se ressente do emaranhado de normas urbanísticas de interpretação controversa a que (infelizmente) já nos acostumamos.

Ao assim determinar, ademais, o Estatuto da Cidade nada mais fez que dispor no mesmo sentido do que já consta no artigo 7º, I e IV, da Lei Complementar Federal nº 95, de 26 de fevereiro de 1998, que determina que as leis, excetuadas apenas as codificações, tratarão de um único objeto e que um mesmo assunto não será disciplinado por mais de uma lei, salvo quando a segunda complementar a primeira e lhe fizer remissão expressa.

4.5 Alteração da legislação urbanística ordinária

A alteração da legislação urbanística ordinária é uma das características formais mais importantes das operações urbanas consorciadas, apresentando-se como o meio para a consecução dos objetivos estabelecidos.

Com efeito, nos termos do artigo 32, §2º, do Estatuto da Cidade, a operação urbana consorciada poderá, entre outras medidas, prever "a modificação de índices e características de parcelamento, uso e ocupação do solo e subsolo, bem como alterações das normas edilícias, considerando o impacto ambiental delas decorrente" (inc. I) e ainda "a regularização de construções, reformas ou ampliações executadas em desacordo com a legislação vigente" (inc. II).

A aprovação de uma operação urbana consorciada com o respectivo plano, como demonstra a amplitude dos termos do Estatuto da Cidade, que não apenas autoriza a modificação dos índices urbanísticos ordinários, das características de uso e ocupação do solo e a regularização de construções,[12] além de permitir outras medidas, faz *tabula rasa* de toda a legislação urbanística e edilícia ordinária, que são substituídas pelas suas disposições especiais. Por esta razão, a compreensão de suas disposições,

---

[10] GASPARINI. *O Estatuto da Cidade*, p. 182.

[11] ANTUNES. *Direito urbanístico*, p. 225.

[12] Cabe, neste ponto, destacar a restrição de Paulo José Villela Lomar: "Quanto à regularização de construções, reformas ou ampliações executadas em desacordo com a lei, convém ressaltar que não se trata de simples anistia. São regularizáveis apenas as construções que estejam de acordo com o respectivo plano" (*Operação urbana consorciada*, p. 270).

quando diferentes das leis gerais do município, deve ser sempre restritiva, limitante, para que não ocorram favorecimentos ou excessiva intervenção pública na esfera de direitos dos particulares na execução do plano. Em outras palavras, os direitos ou obrigações decorrentes do plano de operação urbana consorciada não podem ser matéria de interpretação, mas devem ser expressos, perfeitamente definidos, porque de outra forma não se pode afirmar razoavelmente a existência de um plano, como exige a lei nacional.

4.6 Participação de particulares

A atuação urbanística do Estado e o próprio Direito Urbanístico permanecem marcados pela sua origem no poder de polícia, cuja característica é a posição de supremacia do Estado em relação ao particular. Ainda hoje, nos países capitalistas, os planos urbanísticos são os que mais diretamente vinculam os particulares, impondo-lhes condutas obrigatórias.

Para as operações urbanas consorciadas, entretanto, apesar do objetivo de interesse público a que se destinam, existe previsão expressa do Estatuto da Cidade de participação dos proprietários de imóveis, moradores, usuários permanentes e investidores privados interessados nas áreas atingidas. E esta participação não deve ocorrer apenas na definição dos objetivos e dos seus meios de realização, mas também na execução das intervenções e medidas previstas, ainda que a coordenação seja reservada ao município.

A especificação dos meios de participação deverá constar da lei específica que aprovar o plano da operação urbana consorciada, um dos quais é o compartilhamento obrigatório do controle da operação, previsto no artigo 33, VII, do Estatuto.

5 Conteúdo do plano de operação urbana consorciada

Atendidas as exigências formais próprias, a operação urbana consorciada é caracterizada pela aprovação de um plano especial para determinada área urbana, cujo conteúdo mínimo é fixado pelos sete incisos do artigo 33 do Estatuto da Cidade.

A primeira exigência material do plano da operação urbana consorciada é a definição da área a ser atingida, o que significa simplesmente que a operação urbana ocorre dentro de limites espaciais preestabelecidos e inalteráveis pelas autoridades administrativas. A redação do Estatuto da Cidade não é muito clara quanto à necessidade de previsão no plano diretor municipal das áreas passíveis de realização de operações urbanas consorciadas ou se a localização das áreas pode ser estabelecida pela lei específica que aprovar a operação. É certo que o plano diretor, dotado que é da condição de instrumento básico da política de desenvolvimento urbano, pode indicar ou delimitar áreas para a realização de operações urbanas consorciadas e inclusive estabelecer prioridades para a sua realização. Mas, uma vez prevista a realização de operações urbanas consorciadas no plano diretor sem demarcação das áreas em que se devem realizar, não parece possível cogitar da invalidade jurídica da delimitação da área pela lei específica, ainda que seja visível uma falha no sistema de planejamento adotado, porque um plano hierarquicamente inferior (plano de operação urbana consorciada) pode ser estabelecido sem uma vinculação mais estrita ao plano hierarquicamente superior (plano diretor), com o qual deve ser conforme, como já exposto. Ainda neste caso, as disposições do plano de operação urbana consorciada devem ser plenamente compatíveis com o estabelecido no plano diretor.

O plano de operação urbana consorciada deve conter um programa básico de ocupação da área. Como já foi exposto, a aplicação de uma operação urbana consorciada permite fazer *tabula rasa* de toda a legislação urbanística e edilícia ordinária e estabelecer novas características de parcelamento, uso e ocupação do solo e do subsolo, modificações dos índices urbanísticos de ocupação e aproveitamento dos terrenos, alteração da legislação de obras e edificações, regularização de edificações, ampliações ou reformas realizadas em desacordo com a legislação anterior, etc. A única restrição existente são os limites dados pelo impacto ambiental de tais medidas, que não poderão implicar uma deterioração das condições vigentes quando de sua aprovação. Assim, para permitir a realização da operação urbana consorciada deve existir o programa básico de ocupação da área, que integra seu plano, no qual devem ser estabelecidas as novas características urbanas a serem adquiridas pelo território atingido, permitindo o controle de seu desenvolvimento. Neste ponto, se manifesta de forma recorrente a importância do planejamento e do plano que perpassa todas as disposições do Estatuto da Cidade e que legitima, num certo sentido, a ampla capacidade de intervenção no domínio privado concedida às autoridades urbanísticas municipais: a alteração profunda das leis urbanísticas e edilícias é permitida apenas e se vinculada a *um novo plano* de utilização da área de aplicação da operação urbana consorciada e, portanto, se for afastado qualquer arbítrio na sua execução.[13]

Não basta, porém, um plano de ocupação da área. O Estatuto da Cidade exige também um "programa de atendimento econômico e social para a população diretamente afetada pela operação" (art. 33, III). A população diretamente afetada é aquela que será prejudicada ou privada de sua moradia, atividades econômicas ou condições de subsistência; este dispositivo legal diz respeito à justa distribuição dos ônus e benefícios do processo de urbanização e traz implícita a ideia de que a "melhoria social" proporcionada pela operação urbana consorciada não pode significar apenas a expulsão da população pobre e marginalizada para os limites extremos da cidade, abandonada à própria sorte, como tem sido a tradição nacional e do qual o exemplo mais célebre foi a renovação urbana do centro do Rio de Janeiro no início do século passado. O que a lei faz é vedar esta solução costumeira, deixando a definição das medidas adequadas em cada caso concreto aos respectivos planos de operação urbana consorciada.

O plano de operação urbana consorciada deve indicar expressamente as finalidades da operação. Em linhas gerais, as finalidades de toda e qualquer operação urbana consorciada são aquelas estabelecidas no artigo 32, §1º, do Estatuto da Cidade, que são as transformações urbanas estruturais, as melhorias sociais e a valorização ambiental. Quanto a este aspecto, poderia ser questionado se uma operação urbana consorciada poderia estabelecer como objetivo apenas um ou dois

---

[13] Josaphat Marinho destaca que a "função de controle do plano é patente, porque nele se encerra procedimento excludente da livre deliberação do indivíduo e do poder político, nos domínios regulados" (Planejamento como controle do poder. *Revista de Direito Público*, p. 24).

dos fins mencionados na lei. A resposta parece ser negativa, porque as três vertentes de atuação (transformações urbanas estruturais, melhorias sociais, valorização ambiental) são indissociáveis se levadas em consideração em diretrizes gerais e a racionalidade interna não apenas do Estatuto da Cidade como do próprio instituto da operação urbana consociada. É neste sentido o entendimento de Paulo José Villela Lomar, que, após ressaltar que os três objetivos legais da operação urbana consorciada devem ser concretizados cumulativamente, acrescenta: "Intervenções urbanas de menor envergadura podem visar a melhorias sociais ou à valorização ambiental sem a realização de transformações estruturais, mas a operação urbana consorciada não estará completa se faltar a realização de um destes objetivos".[14]

Uma vez que todas as operações urbanas consorciadas têm os mesmos objetivos de atingir transformações urbanas estruturais, melhorias sociais e valorização ambiental, como compreender, então, a disposição específica do artigo 33, IV, do Estatuto da Cidade, que exige a definição das finalidades da operação urbana consorciada em seu plano? A conclusão possível parece ser que o Estatuto não permite a indicação genérica das finalidades da operação urbana consorciada, o que seria uma redundância, mas exige a indicação específica de suas finalidades em cada uma das três linhas de atuação em que se agrupam os objetivos a serem alcançados por uma operação urbana consorciada. Mais uma vez, resta prestigiado o planejamento do desenvolvimento urbano em detrimento de medidas de ocasião.

O plano de operação urbana consorciada deve também conter um Estudo Prévio de Impacto de Vizinhança, cuja regulamentação básica foi estabelecida pelo Estatuto da Cidade em seus artigos 36, 37 e 38. A interpretação desta exigência legal é bastante complexa, inclusive porque um estudo de impacto de vizinhança não tem caráter normativo. O sentido do texto legal é o de determinar medidas mitigadoras dos impactos negativos da implementação da operação urbana consorciada nas regiões vizinhas e na própria área de aplicação e de permitir um controle mais efetivo da operação, com alteração do plano se a sua execução provocar consequências indesejadas imprevistas.

A utilização dos benefícios referentes às modificações dos índices urbanísticos, à legislação de parcelamento, uso e ocupação do solo e às exceções à legislação edilícia que constituem um dos elementos característicos da operação urbana consorciada não deve ser gratuita, mas em regra onerosa. Por isto o plano de operação urbana consorciada deve prever uma prestação em contrapartida a ser exigida dos proprietários, usuários permanentes e investidores privados para a obtenção de um benefício, que pode ser paga em dinheiro, obras, serviços ou outros meios cujo valor econômico seja possível apurar objetivamente.

A ideia subjacente a esta previsão de pagamento é que a obtenção de critérios especiais de aproveitamento dos imóveis permite sua sobrevalorização sem qualquer investimento correspondente do proprietário e, portanto, deve reverter para o tesouro público ao menos uma parte desta valorização que foi obtida apenas com a alteração da legislação urbanística ou edilícia. É uma manifestação concreta da diretriz geral de "justa distribuição dos benefícios e ônus decorrentes do processo de urbanização" (art. 2º, IX, do Estatuto).

[14] LOMAR. Operação urbana consorciada, p. 249.

Finalmente, o plano de operação urbana consorciada deve conter ainda previsão quanto à forma de controle da execução da operação, que deverá ser obrigatoriamente compartilhada com representação da sociedade civil, especialmente com os particulares envolvidos (proprietários, moradores, usuários permanentes e investidores).

Este é o conteúdo mínimo para que o plano de operação urbana consorciada seja adequado às disposições do Estatuto da Cidade e, portanto, válido do ponto de vista jurídico. Como os sete incisos do artigo 33 do Estatuto estabelecem com grande amplitude o conteúdo do plano de operação urbana consorciada, a lei que a instituir poderá acrescentar outros elementos, desde que compatíveis com aqueles mínimos determinados pelo Estatuto da Cidade e com as disposições do plano diretor municipal.

6 Destinação dos recursos

A destinação dos recursos obtidos pelo município com a realização de operações urbanas consorciadas em razão da prestação da contrapartida pela utilização de benefícios referentes à legislação urbanística ou edilícia deve ser feita exclusivamente na área da operação.

Diogenes Gasparini observa que, não obstante o texto legal mencione apenas recursos financeiros, a melhor interpretação do dispositivo legal é a que entende como obrigatória a aplicação na área da operação urbana consorciada de qualquer tipo de bem recebido pelo município a título de contrapartida pela utilização dos benefícios previstos.[15]

A explicação para esta disposição restritiva do Estatuto da Cidade é a busca de autofinanciamento das operações urbanas consorciadas, de forma que a prestação de contrapartidas pelos beneficiários da valorização imobiliária proporcionada seja suficiente para satisfazer os custos das obras públicas necessárias. Entretanto, uma das justificativas historicamente presentes para a criação de institutos jurídicos que permitem a concessão de benefícios urbanísticos ou edilícios aos particulares mediante contrapartida era a necessidade de redistribuição dos benefícios da urbanização, permitindo a aplicação de recursos obtidos em regiões valorizadas em melhorias a serem promovidas em regiões carentes ou degradadas. Com a determinação expressa do Estatuto da Cidade, esta segunda possibilidade ficou obstada, devendo o teste da experiência com o novo instituto demonstrar as vantagens e desvantagens da opção legalmente adotada.

7 Certificados de potencial adicional de construção

O Estatuto da Cidade regulamentou a emissão de certificados de potencial adicional de construção, o que constitui inovação de grande importância vinculada ao tema da separação do direito de propriedade imobiliária do direito de construir, que não foi realizada no direito nacional e é assunto cuja pacificação parece ainda distante.

[15] GASPARINI. *O Estatuto da Cidade*, p. 184-185.

Assim, se o Código Civil de 2002 manteve o direito do proprietário de levantar em seu terreno as construções que lhe aprouver, ressalvados os direitos dos vizinhos e os "regulamentos administrativos" (art. 1.299), o Estatuto da Cidade, por outro lado, permite ao plano diretor municipal fixar um coeficiente de aproveitamento básico para todos os imóveis urbanos e áreas em que seja permitida a superação deste coeficiente mediante pagamento em contrapartida, instituindo a outorga onerosa do direito de construir (art. 28 e seguintes).

No caso das operações urbanas consorciadas, ao prever a emissão dos certificados de potencial adicional de construção, o Estatuto da Cidade permitiu implicitamente o estabelecimento de áreas em que seja permitida a construção acima dos padrões ordinários da legislação de uso e ocupação do solo até um limite especial fixado pela lei específica que aprovar a operação urbana consorciada e, portanto, constante do seu respectivo plano, cuja contrapartida será paga com a entrega dos mencionados certificados quando do requerimento da licença para construir (art. 34, §2º).

Esta é a semelhança e a relação dos certificados de potencial adicional de construção com o instituto correlato da outorga onerosa do direito de construir, todos eles vinculados à ideia de solo criado.

Os certificados de potencial adicional de construção são emitidos pelo município mediante autorização expressa da lei específica que aprovar a realização de operação urbana consorciada e que representam quantidade determinada de área adicional de construção na área da operação urbana consorciada; podem ser alienados em leilão ou utilizados diretamente para o pagamento das obras (e serviços, ainda que a lei não o diga expressamente) necessárias à execução do plano de operação urbana consorciada (art. 34, *caput*), representando uma antecipação dos recursos a serem obtidos por meio da prestação de contrapartidas.

Uma vez alienados ou utilizados como meio de pagamento, os certificados podem ser livremente negociados, mas são conversíveis em direito de construir somente na área da respectiva operação urbana consorciada (art. 34, §1º), ao qual são vinculados, e até o limite máximo de construção permitido em seu plano.

Esta é a essência do disposto no Estatuto da Cidade acerca dos certificados de potencial adicional de construção que, não obstante a singeleza das disposições legais, suscitaram questionamentos complexos quanto à sua natureza jurídica que inviabilizaram, por exemplo, a negociação dos previstos, antes da promulgação do Estatuto da Cidade, pela Operação Urbana Faria Lima, instituída pela Lei nº 11.732/95 do Município de São Paulo.

Sobre esta questão, por ocasião da aprovação da Operação Urbana Água Espraiada,[16] a Empresa Municipal de Urbanização de São Paulo (EMURB) solicitou o parecer de Arnoldo Wald, que concluiu, em síntese, que os certificados de potencial adicional de construção não têm natureza tributária em razão de sua aquisição voluntária, não implicam endividamento do município nem alteram seu passivo financeiro porque não representam qualquer direito de crédito, não se caracterizam como valores mobiliários porque, mesmo que não se enquadrem na categoria de títulos da dívida pública, não são emitidos por uma sociedade privada. Concluiu,

[16] Lei Municipal nº 13.260, de 28 de dezembro de 2001.

ainda que não explicitamente, que os certificados possuem uma natureza jurídica própria, vinculada à legislação urbanística, que não pode ser assimilada à de outros títulos emitidos por pessoas jurídicas públicas ou privadas.[17]

Parte das indefinições relativas aos certificados foi superada posteriormente com a aprovação da Instrução nº 401, de 29 de dezembro de 2003, da Comissão de Valores Mobiliários (CVM), que disciplinou os registros de negociação e de distribuição pública dos certificados de potencial adicional de construção, dispondo que "constituem valores mobiliários, sujeitos ao regime da Lei nº 6.385, de 7 de dezembro de 1976, os Certificados de Potencial Adicional de Construção – CEPAC, emitidos por Municípios, no âmbito de Operações Urbanas Consorciadas, na forma autorizada pelo art. 34 da Lei nº 10.257, de 10 de janeiro de 2001, quando ofertados publicamente" (art. 2º).

Assim, quando ofertados publicamente de acordo com as instruções da Comissão de Valores Mobiliários, os certificados de potencial construtivo adicional seguem o regime dos valores mobiliários. Para aqueles que não forem ofertados publicamente, uma vez que não existe esta exigência no Estatuto da Cidade, permanecem muitas questões em aberto, como sua natureza jurídica e a forma de sua negociação posterior, o que parece exigir o exame das circunstâncias concretas de cada caso.

8 Efeitos da aprovação de operação urbana consorciada

O Estatuto da Cidade dispõe que a partir da aprovação da lei específica de operação urbana consorciada são nulas todas as licenças e autorizações expedidas pela administração municipal em desacordo com o respectivo plano (art. 33, §2º). E efetivamente não poderia estar determinado de outra forma, inclusive porque a conformidade dos atos da administração com as previsões legais é princípio constitucional.

O que deve ser observado é que o disposto no Estatuto quanto à nulidade das licenças e autorizações expedidas em desacordo com o plano de operação urbana consorciada deve ser tomado em seu sentido mais amplo, que é o de preservar o plano especial de ocupação da área contra quaisquer medidas que venham a descaracterizar, dificultar ou que apenas não sejam conformes com o programa básico adotado. Neste sentido, a vedação legal abrange não apenas as licenças e autorizações relativas à legislação urbanística e edilícia, mas também quaisquer outros atos de competência municipal,[18] como as licenças ambientais ou as autorizações para utilização privativa de bem público, que serão inválidas sempre que for constatada qualquer desconformidade com o plano aprovado.

Ao comentar o dispositivo legal em questão, Diogenes Gasparini entende que, não obstante conste do texto legal o termo "aprovação", a nulidade das licenças e autorizações ocorre na realidade a partir do início da vigência da lei específica da

[17] WALD. *Análise jurídica da operação urbana consorciada água espraiada e da emissão de certificados de potencial adicional de construção*. Parecer, 2002.

[18] Apesar de aparentemente restrita aos atos municipais, a vedação do Estatuto da Cidade atinge também a instalação de estabelecimentos públicos de outros entes federados, que são obrigados ao cumprimento da legislação urbanística municipal por força da separação de competências estabelecida na Constituição.

operação urbana consorciada, atingindo somente as novas licenças e autorizações, o que o leva a concluir que a previsão legal era desnecessária.[19] Esta parece ser uma interpretação compatível com a regra geral vigente no direito brasileiro de que as leis não produzem efeitos senão depois de sua publicação.

Não parece, contudo, a melhor interpretação para o direito urbanístico, em que o tema das licenças de uso ou de construção assume importância central, mormente com a extensão da garantia prestada pelo nosso direito constitucional aos atos jurídicos perfeitos e aos direitos adquiridos.

Com efeito, ao dispor sobre o futuro, um plano cria novas possibilidades ao mesmo tempo em que frustra expectativas anteriormente admitidas como legítimas, as quais eventualmente já haviam alcançado diferentes graus de realização. E é neste ponto de inflexão que os conflitos de interesses têm mais chances de se verificar, algumas vezes se apresentando os interesses legítimos já sob a forma de verdadeiros direitos subjetivos.

Ao dispor sobre a nulidade das licenças e autorizações posteriores à aprovação do plano de operação urbana consorciada, o Estatuto da Cidade não resolveu de forma definitiva a polêmica persistente quanto à validade das licenças e autorizações concedidas anteriormente à nova lei urbanística e que com ele se tornaram incompatíveis. Este debate continuará, e não é objeto deste estudo.

O direito comparado, entretanto, conhece medidas de garantia da efetividade do plano em preparação, que podem chegar à suspensão da concessão de licenças enquanto se discute o teor das medidas do novo plano, de forma que não sejam possíveis alterações "das circunstâncias e das condições de facto existentes no momento em que foi decidida a elaboração dos planos que venham a limitar a liberdade de planeamento ou comprometer ou tornar mais difícil ou onerosa a sua execução".[20]

O direito brasileiro, não obstante o dever de planejar estabelecido em vários graus, ainda não desenvolveu mecanismos significativos de garantia da efetividade dos planos em elaboração, mesmo que a disposição constante no artigo 33, §2º, do Estatuto da Cidade aponte nesta direção. Com efeito, apesar de não estar de acordo com a tradição do direito nacional, segundo o qual os atos normativos apenas produzem efeitos após sua publicação oficial, não existe qualquer restrição de cunho jurídico para que a lei nacional de direito urbanístico estabeleça como termo final do prazo para a concessão de licenças e autorizações válidas a data de aprovação de uma lei específica pelo órgão legislativo, como foi feito. E esta disposição, além de estar em perfeita consonância com a técnica consagrada do direito urbanístico, que é a adoção de medidas acautelatórias da execução do plano futuro, parece de bom senso extremo ao não admitir a eventual aquisição de direitos em face de um plano já aprovado e que depende apenas de um aperfeiçoamento formal para adquirir validade jurídica e exequibilidade.

Em suma, a melhor interpretação do texto legal parece ser a mais literal, que não admite a validade de licenças e autorizações concedidas em desconformidade com o plano de operação urbana consorciada já aprovado, ainda que não tenha sido promulgada a respectiva lei, apesar dos entendimentos em sentido diverso.

---

[19] GASPARINI. *O Estatuto da Cidade*, p. 185.

[20] CORREIA. *Manual de direito do urbanismo*, v. 1, p. 322.

Outra consequência importante do texto do artigo 33, §2º, do Estatuto da Cidade é proibir, nas operações urbanas consorciadas, o reconhecimento de "direito de protocolo", isto é, o costume de a lei posterior atribuir aos particulares o direito de terem seus requerimentos de licenças urbanísticas pendentes de aprovação decididos em conformidade com a legislação anterior revogada. Em qualquer circunstância, prevalecerá o plano de operação urbana consorciada, não se admitindo que a lei municipal transforme em direito subjetivo a expectativa de direito de quem possui requerimento de licença urbanística pendente de decisão no tempo de sua aprovação.

9 Conclusão

A operação urbana consorciada é um instituto jurídico recente cuja interpretação e utilização suscitam muitas dificuldades.

Parte destas dificuldades são decorrentes da novidade do instituto, que ainda não pôde ser testado e aperfeiçoado pela prática. Outra parte tem origem nas questões conceituais envolvidas, como no caso dos certificados de potencial adicional de construção.

Por outro lado, a complexa definição legal do instituto, que conta com diversos requisitos formais e materiais mínimos, impõe a análise detalhada de cada caso concreto para que seja possível afirmar que estamos diante de uma operação urbana consorciada, o que não deixa de ser positivo para um instituto jurídico cuja inspiração foi também a de possibilitar um planejamento menos marcado pela rigidez e mais adequado às exigências locais específicas.

Este quadro de incertezas hermenêuticas é agravado pela precariedade da formulação jurídica sobre o direito aplicável ao planejamento e ao instituto do plano, pela redação claramente assistemática do Estatuto da Cidade e também pelo próprio estágio de evolução do direito urbanístico, que ainda é embrionário.

A regulamentação do instituto da operação urbana consorciada pela lei nacional de direito urbanístico, contudo, tem a virtude de possibilitar uma compreensão uniforme do tema, que até então era tratado com enfoque predominantemente doutrinário e apresentava manifestações esparsas na legislação local, contribuindo para a sistematização não apenas do próprio instituto, mas dos princípios e regras aplicáveis ao planejamento e aos planos urbanísticos e, mais amplamente, para a sistematização de um direito urbanístico nacional.

Referências

ANTUNES, Luís Filipe Colaço. *Direito urbanístico*: um outro paradigma: a planificação modesto-situacional. Coimbra: Almedina, 2002.

BUCCI, Maria Paula Dallari. *Direito administrativo e políticas públicas*. São Paulo: Saraiva, 2002.

CÂMARA, Jacintho Arruda. Plano diretor. *In*: DALLARI, Adilson Abreu; FERRAZ, Sergio. *Estatuto da Cidade*: comentários à Lei Federal 10.257/2001. São Paulo: Malheiros, 2002.

CORREIA, Fernando Alves. *Manual de direito do urbanismo*. Coimbra: Almedina, 2001. v. 1.

CORREIA, Fernando Alves. *O plano urbanístico e o princípio da igualdade*. 2. reimp. Coimbra: Almedina, 2001.

DI GIUSEPPE, Diana. Operações urbanas consorciadas. *In*: FUNDAÇÃO PREFEITO FARIA LIMA – CEPAM. *Estatuto da Cidade*. São Paulo, 2001.

EISENMANN, Charles. O direito administrativo e o princípio da legalidade. *Revista de Direito Administrativo*, n. 56, p. 47-70, abr./jun. 1959.

GASPARINI, Diogenes. *O Estatuto da Cidade*. São Paulo: NDJ, 2002.

LOMAR, Paulo José Villela. Operação urbana consorciada. *In*: DALLARI, Adilson Abreu; FERRAZ, Sergio. *Estatuto da Cidade*: Comentários à Lei Federal nº 10.257/2001. São Paulo: Malheiros, 2002.

MARINHO, Josaphat. Planejamento como controle do poder. *Revista de Direito Público*, n. 95, p. 22-27, jul./set. 1990.

MIRANDA, João. *A dinâmica jurídica do planeamento territorial*: a alteração, a revisão e a suspensão dos planos. Coimbra: Coimbra Ed., 2002.

SILVA, José Afonso da. *Direito urbanístico brasileiro*. 4. ed. São Paulo: Malheiros, 2006.

WALD, Arnold. *Análise jurídica da operação urbana consorciada água espraiada e da emissão de certificados de potencial adicional de construção*. Parecer, 2002.

Informação bibliográfica deste texto, conforme a NBR 6023:2002 da Associação Brasileira de Normas Técnicas (ABNT):

BATISTELA, Marcos. Operações urbanas consorciadas. *In*: DALLARI, Adilson Abreu; DI SARNO, Daniela Campos Libório (Coord.). *Direito urbanístico e ambiental*. 2. ed. rev. Belo Horizonte: Fórum, 2011. p. 269-284. ISBN 978-85-7700-449-2.

Elementos Fundamentais do Tombamento

Ana Teresa Ribeiro da Silveira

Introdução

O tombamento é um instituto jurídico utilizado na preservação do patrimônio cultural brasileiro, e decerto, ainda hoje, o instrumento mais importante e eficiente na conservação de nossos valores culturais. Além da manutenção dos aspectos estéticos e estruturais de um bem de valor histórico, artístico ou paisagístico, o tombamento almeja primordialmente a perpetuação de valores relevantes para nossa sociedade, a proteção da nossa memória histórica, a construção de uma identidade cultural para o povo brasileiro.

Como elemento de um sistema de preservação previsto constitucionalmente, o tombamento não se resume à simples declaração da intenção de preservar um bem, há consequências maiores. O bem é submetido a um regime jurídico especial, a propriedade privada passa a atender ao interesse público na conservação de valores culturais.

Ante a expressividade do instituto para o enriquecimento de nossa cultura e considerando a incipiente doutrina especializada, resolvemos abordar neste trabalho os elementos fundamentais que circundam o tombamento, sob o ponto de vista crítico-jurídico, a fim de darmos uma humilde contribuição para o desenvolvimento deste importante instrumento de preservação.

Nossa intenção é apresentar objetivamente os aspectos principais do tombamento, os questionamentos que envolvem sua aplicação prática, bem como os fundamentos teóricos do instituto, encontrados em nosso sistema jurídico. Para esta tarefa, utilizamos as lições de nossos eminentes doutrinadores, a legislação pátria e as contribuições dadas pela jurisprudência.

O estudo foi dividido em sete seções. A primeira aborda a evolução da proteção ao patrimônio cultural em nosso ordenamento jurídico, o conceito e o fundamento do tombamento. A segunda seção trata da controvertida questão da natureza jurídica do instituto, com a exposição das principais correntes doutrinárias. A terceira analisa a existência do dever de indenizar, apresentando os argumentos favoráveis e desfavoráveis. A quarta seção examina a competência legislativa e material em matéria de tombamento, consoante os dispositivos constitucionais. A quinta seção é dedicada à análise da instituição do tombamento e ainda à discussão sobre a discricionariedade do ato de tombar e a apreciação judicial do tombamento. A sexta seção aponta as espécies de tombamento e o procedimento. A última seção foi reservada aos efeitos mais relevantes do tombamento.

1 Definição do instituto

Analisando a história constitucional brasileira, observamos uma clara evolução no delineamento do direito de propriedade. Ao traçar os contornos deste direito, o legislador constituinte vem caminhando no sentido de abordar a propriedade como instrumento de desenvolvimento e transformação social, que por esta razão precisa ser utilizado em benefício da coletividade. Constatamos uma relativização do direito de propriedade, destacando-se neste quadro a proteção do patrimônio cultural nacional.

As Constituições de 1824 e 1891 concebiam a propriedade de forma plena, sem qualquer restrição ou limitação. A Constituição de 1934 foi a primeira a proteger "as belezas naturais e os monumentos de valor histórico ou artístico", inserindo em nosso ordenamento uma nova concepção de propriedade. Antes senhor absoluto de sua propriedade, cuja ação se limitava apenas pela proteção conferida às demais propriedades, o *dominus* viu sua atuação restringida na medida do interesse coletivo. O detentor da propriedade, além de não prejudicar a propriedade de outrem, deveria dela usufruir em benefício da coletividade.

Neste primeiro momento, a efetivação da proteção do patrimônio cultural era atribuída à União e aos Estados. A Carta Magna de 1937, mantendo o interesse na preservação, incluiu também os municípios como agentes de conservação dos valores culturais. E a Constituição de 1946 ampliou ainda mais esse dever de proteção, ao utilizar a expressão genérica "poder público", sendo seguida pelas demais até os dias atuais.[1]

Editado sob a vigência da Constituição de 1937, o Decreto-Lei nº 25 de 30 de novembro de 1937, recepcionado pela atual Constituição, que organiza a proteção do patrimônio histórico e artístico nacional, dispõe em seu artigo 1º:

> Constitui o patrimônio histórico e artístico nacional o conjunto de bens móveis e imóveis existentes no país e cuja conservação seja de interesse público, quer por sua vinculação a fatos memoráveis da história do Brasil, quer por seu excepcional valor arqueológico ou etnográfico, bibliográfico ou artístico.

[1] José Cretella Júnior (Regime jurídico do tombamento. *Revista de Direito Administrativo*, n. 112, p. 57-61, 1973) e Antonio A. Queiroz Telles (*Tombamento e seu regime jurídico*. São Paulo: Revista dos Tribunais, 1992. p. 22-30) desenvolvem com precisão o perfil histórico da proteção constitucional de nosso patrimônio cultural.

A Carta Magna vigente também prevê em seu artigo 216 o conceito de patrimônio cultural brasileiro:

> Constituem patrimônio cultural brasileiro os bens de natureza material e imaterial, tomados individualmente ou em conjunto, portadores de referência à identidade, à ação, à memória dos diferentes grupos formadores da sociedade brasileira, nos quais se incluem: I- as formas de expressão; II- os modos de criar, fazer e viver; III- as criações científicas, artísticas e tecnológicas; IV- as obras, objetos, documentos, edificações e demais espaços destinados às manifestações artístico-culturais; V- os conjuntos urbanos e sítios de valor histórico, paisagístico, artístico, arqueológico, paleontológico, ecológico e científico.

Este amplo conceito, que alcança bens materiais e imateriais, segundo Paulo Affonso Leme Machado "permite uma proteção dinâmica e adaptável às contingências e transformações da sociedade". Interpretando o dispositivo constitucional, o doutrinador diferencia o *caput* dos incisos:

> O caput se refere à identidade, à ação e à memória dos grupos formadores da sociedade brasileira. Os quatro incisos do mesmo artigo apresentam a relação de bens de natureza material e imaterial que podem ou não se relacionar com os grupos formadores da sociedade brasileira.[2]

Helita Barreira Custódio define o patrimônio cultural como um complexo de bens juridicamente protegidos, "de reconhecidos valores vinculados aos diversos e progressivos estágios dos processos civilizatórios e culturais de grupos e povos", e acrescenta que a enumeração constitucional de bens e valores culturais é apenas exemplificativa e nunca taxativa.[3]

De fato, extraímos claramente da previsão constitucional que a intenção do legislador não foi outra senão tutelar de forma plena e abrangente o patrimônio cultural, sem exaurir, portanto, os bens merecedores de proteção em sua enumeração.

A proteção constitucional ao patrimônio cultural veio se aperfeiçoando e adquirindo grande relevância em nosso ordenamento jurídico, podendo-se falar atualmente na existência de um sistema de proteção fundado em mandamento constitucional e reforçado por uma legislação infraconstitucional específica em evolução.

Sem a preservação do patrimônio cultural, a sociedade perde parte de sua história, e sem conhecer a própria história, não há como sensibilizar a população sobre a importância do patrimônio cultural que possui. Forma-se um ciclo vicioso: não se preserva porque não se conhece, enquanto é impossível conhecer sem preservar.

Ciente desta realidade, o legislador constituinte de 1988 deu um grande passo no sentido de assegurar a proteção do patrimônio cultural brasileiro, apontando como

---

[2] MACHADO, Paulo Affonso Leme. *Direito ambiental brasileiro*. 7. ed. São Paulo: Malheiros, 1998. p. 726-727.

[3] CUSTÓDIO, Helita Barreira. Normas de proteção ao patrimônio cultural brasileiro em face da Constituição Federal e das normas ambientais. *Revista de Direito Ambiental*, n. 6, p. 18-19, 1997. Neste mesmo sentido, Marco Antônio Borges. O tombamento como instrumento jurídico para a proteção do patrimônio cultural. *Revista de Direito Ambiental*, n. 22, p. 259, 2001: "Vale dizer que este enunciado constitucional não é taxativo, podendo abranger outros bens não relacionados, sendo que o conteúdo das expressões citadas haverá de ser definido pelo Poder Público, através de critérios técnicos".

instrumentos eficazes: inventários, registro, vigilância, tombamento e desapropriação, sem excluir outras formas de acautelamento e preservação. Neste contexto, o instituto jurídico do tombamento surge como uma garantia de preservação de valores sociais relevantes, da memória e da identidade de um povo, e não apenas como meio de conservação material de determinado bem.

1.1 Conceito

Na definição de Hely Lopes Meireles:

> Tombamento é a declaração pelo Poder Público do valor histórico, artístico, paisagístico, turístico, cultural ou científico de coisas ou locais que, por essa razão, devam ser preservados, de acordo com a inscrição em livro próprio.[4]

Para Lúcia Valle Figueiredo, "tombamento, de maneira singela, é o ato administrativo por meio do qual a Administração Pública manifesta sua vontade de preservar determinado bem".[5]

Em síntese, o tombamento pode ser considerado o ato administrativo mediante o qual o Poder Público, reconhecendo o valor cultural de determinado bem e a necessidade de preservá-lo, inscreve-o no Livro do Tombo respectivo, nos termos do já referido Decreto-Lei nº 25/37.

Como instituto de direito administrativo, o tombamento é modalidade de intervenção do Estado na propriedade, pois o bem tombado é submetido a um regime especial e sofre algumas restrições em razão do interesse público, como se verá mais adiante. O bem tombado é submetido a um regime especial em razão de seu reconhecido valor cultural, indispensável para a construção de uma memória nacional.

Consoante os ensinamentos de José Cretella Júnior, como ato administrativo, o tombamento é a determinação da inscrição do bem no Livro do Tombo; e como fato administrativo, o tombamento é o ato material da inscrição. Segundo o autor "conseqüência do ato administrativo, o fato administrativo ocorre quando a administração, objetivando determinado fim, executa o ato administrativo; é o ato em ação ou na sua expressão concreta, na sua fase dinâmica". Assim, o tombamento pode ser encarado como fato ou ato administrativo.[6]

1.2 Fundamento

Como dissemos, o tombamento é forma de intervenção administrativa na propriedade, impulsionada obviamente pelo interesse público. Mas até que ponto é legítima esta interferência em direito consagrado constitucionalmente? Sob que fundamento o tombamento impõe limitações e restrições à propriedade?

Primeiramente, como toda forma de intervenção na propriedade, o tombamento se justifica pela necessidade de compatibilizar o exercício do domínio privado com as

[4] MEIRELLES, Hely Lopes. *Direito administrativo brasileiro*. 32. ed. São Paulo: Malheiros, 2006. p. 574.
[5] FIGUEIREDO, Lúcia Valle. *Curso de direito administrativo*. 3. ed. São Paulo: Malheiros, 1998. p. 261.
[6] CRETELLA JÚNIOR, 1973, p. 52.

exigências do interesse público, refletida no princípio administrativo da supremacia do interesse público sobre o interesse privado. No caso, o interesse público reside na conservação do patrimônio cultural brasileiro.

Trata-se de interferência legítima, pois, na medida em que a Constituição garante o direito de propriedade (art. 5º, XII) e aponta a propriedade privada como princípio geral da atividade econômica (art. 170, II), determina o atendimento da função social da propriedade (art. 5º, XXIII), prevê a ação popular para anulação de ato lesivo ao patrimônio histórico e cultural (art. 5º, LXXIII) e estabelece como dever do Estado a promoção e proteção ao patrimônio cultural brasileiro (art. 216, §1º). Assim como o direito à propriedade, o direito à cultura também é assegurado constitucionalmente a todos os cidadãos.

Não estamos diante de interesses inconciliáveis, pois os dispositivos constitucionais são harmônicos entre si, não há contradição no texto constitucional. Cabe ao Estado atuar para equilibrar os direitos tutelados, em prol do bem-estar da sociedade.

Na lição de Celso Antônio Bandeira de Mello:

> Por vezes, os direitos individuais encontram-se já plena e rigorosamente delineados na lei; outras vezes, dentro dos limites legais, incumbe à Administração Pública reconhecer, averiguar, no caso concreto, a efetiva extensão que possuam em face do genérico e impreciso contorno legal que lhes tenha sido dado.[7]

Na hipótese da proteção ao patrimônio cultural, o tombamento pode ser utilizado pela Administração a fim de definir no caso concreto limites a determinado direito de propriedade, protegendo em contrapartida o direito à cultura.

Ainda seguindo os ensinamentos do professor, em sentido amplo, a expressão *poder de polícia* "refere-se, pois, ao complexo de medidas do Estado que delineia a esfera juridicamente tutelada da liberdade e da propriedade dos cidadãos".[8] É fundamentada neste poder que a Administração Pública impõe a submissão de um bem ao regime especial do tombamento, sempre dentro de limites legais. A Constituição assegura de maneira geral o direito de propriedade e a Administração, com base em seu poder de polícia, atua para que este direito não crie óbices à consecução dos objetivos públicos.[9]

Perfilhando o mesmo entendimento, José Cretella Júnior sustenta: "O fundamento jurídico do tombamento está no poder de polícia do Estado. Somente a necessidade da proteção dos bens históricos e artísticos justifica tais limitações". Citando Alessio, segue explicando que nem sempre a norma regula de forma completa a limitação que institui, outorgando à Administração Pública poder discricionário para fazê-lo à luz do caso concreto.[10]

---

[7] MELLO, Celso Antônio Bandeira de. *Curso de direito administrativo*. 25. ed. São Paulo: Malheiros, 2008. p. 806.

[8] *Idem*, p. 809.

[9] SUPERIOR TRIBUNAL DE JUSTIÇA. Resp. nº 30.519/RJ. Relator: Antônio Torreão Braz. 2ª Turma. Data do julgamento: 25.05.94. Ementa: (...) II – As restrições ou limitações ao direito de propriedade, tendo em conta a sua feição social, entre as quais se insere o tombamento, decorre do poder de polícia inerente ao Estado, que há de ser exercitado com estrita observância ao princípio da legalidade e sujeição ao controle do poder judiciário. Cabe a este dizer, à vista do caso concreto, se se trata de simples limitação administrativa ou de interdição ou supressão do direito de propriedade, hipótese esta que só pode ser alcançada por meio de desapropriação (...).

[10] CRETELLA JÚNIOR, 1973, p. 54.

Observado o princípio da legalidade, a Administração atua de forma legítima, fundada em seu poder de polícia, tombando bens ao vislumbrar relevante valor cultural e sua necessidade de preservação.

Segundo Paulo Affonso Leme Machado, a Constituição Federal, ao apontar como dever do Estado o amparo à cultura e prever proteção especial aos bens culturais, lançou as "bases do poder de polícia do patrimônio cultural". Ante um bem de reconhecido valor cultural, a intervenção estatal é obrigatória, surgindo o tombamento como um dos instrumentos de preservação.[11]

Em preciosa monografia, Antonio A. Queiroz Telles conclui:

> Acha-se, pois, o direito de propriedade previsto na Carta Maior mas, a sua consecução, ali também se encontra condicionada, uma vez que submetido ao poder, que a doutrina convencionou chamar de poder de polícia.[12]

2 Natureza jurídica

Definir o regime jurídico de um instituto significa buscar suas notas características, seus atributos essenciais, os contornos que o identificam dentro de um determinado sistema jurídico e permitem diferenciá-lo de institutos afins. Trata-se de definir o conjunto de regras e princípios jurídicos sobre ele incidentes.

A princípio, é possível afirmar que o tombamento estabelece restrições à determinada propriedade, em razão da prioridade na conservação do valor cultural de que se reveste, sem, contudo, retirá-la de seu titular. Para Celso Antônio Bandeira de Mello:

> O tombamento é uma forma de intervenção administrativa na propriedade pela qual os poderes inerentes ao seu titular ficam parcialmente elididos, se o Poder Público não entender conveniente despojar, de vez, o *dominus* da senhoria sobre a coisa, adquirindo-a para si.[13]

Entretanto, a determinação da natureza jurídica do tombamento é doutrinariamente matéria tormentosa. Encontramos várias teorias, perfilhadas por ilustres doutrinadores e devidamente fundamentadas. Serão sucintamente destacadas as seguintes: domínio eminente do Estado, bem de interesse público, limitação administrativa, servidão administrativa e restrição administrativa à propriedade determinada.

2.1 Domínio eminente do Estado

Segundo Hely Lopes Meirelles, o bem tombado passa a integrar o patrimônio cultural nacional em decorrência do domínio eminente que o Estado exerce sobre

---

[11] MACHADO, 1998, p. 738.

[12] TELLES, 1992, p. 36.

[13] MELLO, Celso Antônio Bandeira de. Tombamento e dever de indenizar. *Revista de Direito Público*, n. 81, p. 69, 1987.

todos os bens localizados em seu território. O autor define domínio eminente como "o poder político pelo qual o Estado submete à sua vontade todas as coisas de seu território" e em nome deste domínio é que seriam estabelecidas "as limitações ao uso da propriedade privada, as servidões administrativas, a desapropriação, as medidas de polícia e o regime jurídico especial de certos bens particulares de interesse público".[14] O tombamento, portanto, seria uma expressão do domínio eminente do Estado.

São as palavras do doutrinador:

> O poder regulatório do Estado exerce-se não só sobre os bens de seu domínio patrimonial como, também, sobre as coisas e locais particulares, de interesse público. Nessa última categoria encontram-se as obras, monumentos, documentos e recantos naturais que, embora propriedade privada, passam a integrar o patrimônio histórico e artístico da Nação, como bens de interesse da coletividade, sujeitos ao domínio eminente do Estado, através do tombamento.[15]

Data venia a opinião do consagrado autor, identificar o tombamento como expressão do domínio eminente do Estado não permite diferenciá-lo de institutos afins, a exemplo: a limitação, a servidão e a desapropriação. O domínio eminente serve de fundamento para a realização do tombamento, mas não pode ser associado à sua natureza jurídica. Diogenes Gasparini, situando-se em corrente doutrinária diversa, aponta o domínio eminente do Estado como fundamento político da atribuição de tombar exercida pela Administração Pública.[16]

2.2 Bem de interesse público

Consoante o entendimento de Paulo Affonso Leme Machado, o bem tombado de propriedade privada adquire a finalidade de interesse público, sujeita-se a um "regime particular com relação à disponibilidade" e a um "particular regime de polícia de intervenção e de tutela pública". O bem privado passa à categoria de bem de interesse público, mediante o tombamento.[17]

Não obstante a posição do doutrinador, a classificação do bem tombado como bem de interesse público não é suficiente para destacar o regime jurídico a que está submetido. Trata-se de característica do bem tombado e não da natureza jurídica do instituto em análise. José dos Santos Carvalho Filho, adepto de diferente teoria, critica o entendimento de Paulo Affonso Leme Machado: "classificar o bem tombado como bem de interesse público nos parece uma idéia vaga, que não chega a caracterizar esse tipo de intervenção".[18]

---

[14] MEIRELLES, 2006, p. 515-516.

[15] MEIRELLES, 2006, p. 573.

[16] GASPARINI, Diogenes. *Direito administrativo*. 11. ed. São Paulo: Saraiva, 2006. p. 745.

[17] MACHADO, 1998, p. 745.

[18] CARVALHO FILHO, José dos Santos. *Manual de direito administrativo*. 15. ed. Rio de Janeiro: Lumen Juris, 2006. p. 652.

2.3 Limitação administrativa

Na lição de José Cretella Júnior, o bem tombado é objeto de uma série de restrições, limitativas do direito de propriedade. "Tais limitações impõem aos proprietários uma série de deveres negativos de não fazer ou de fazer apenas com permissão da autoridade, em determinadas hipóteses e condições por ela prescritas". Segundo o autor, o tombamento é matéria de direito administrativo, pois institui limitações administrativas à propriedade. Trata-se de restrições cujo objetivo é a "compatibilidade do direito do proprietário com os direitos subjetivos públicos, do Estado", que "atingem o direito de propriedade de um particular diante do interesse público, diante do Estado".[19]

Neste mesmo sentido, Ana Maria Moreira Marchesan, em artigo sobre a proteção constitucional ao patrimônio cultural, defende que o tombamento de bens privados decorre do princípio constitucional da função social da propriedade:

> Partindo da premissa de que não cabe falar em direito de propriedade sem o respeito à sua função social, dessume-se estar o titular de um bem de interesse sócio-cultural jungido a observar as limitações derivadas do necessário respeito ao direito coletivo na respectiva preservação.[20]

É necessário neste momento definir limitação administrativa. Para Hely Lopes Meirelles "é toda imposição geral, gratuita, unilateral e de ordem pública condicionadora do exercício de direitos ou de atividades particulares às exigências do bem-estar social".[21] Segundo Lúcia Valle Figueiredo: "As limitações correspondem ao perfil do direito. São a própria conformação do direito. Daí porque são gerais (como necessariamente a lei é), abstratas (como a lei é) e atingem ou podem atingir a todos, ou a determinadas categorias".[22]

A partir destes conceitos, é possível argumentar em desfavor da corrente doutrinária apresentada; pois, enquanto a limitação administrativa é geral, atingindo uma categoria abstrata de bens, o tombamento é específico, alcança bem ou bens determinados. Assim manifesta-se Maria Sylvia Zanella Di Pietro: "O tombamento tem em comum com a limitação administrativa o fato de ser imposto em benefício de interesse público; porém dela difere por individualizar o imóvel".[23] Limitação administrativa, portanto, não nos parece ser a natureza adequada ao instituto do tombamento.

2.4 Servidão administrativa

Esta corrente é prestigiada por Celso Antônio Bandeira de Mello, Adilson Abreu Dallari, Lúcia Valle Figueiredo e Diogenes Gasparini.[24] Primeiramente, é preciso

---

[19] CRETELLA JÚNIOR, 1973, p. 55-56.

[20] MARCHESAN, Ana Maria Moreira. A proteção constitucional ao patrimônio cultural. *Revista de Direito Ambiental*, n. 20, p. 119, 2000.

[21] MEIRELLES, 2006, p. 630.

[22] FIGUEIREDO, 1998, p. 251.

[23] DI PIETRO, Maria Sylvia Zanella. *Direito administrativo*. 21. ed. São Paulo: Atlas, 2008. p. 137.

[24] GASPARINI, 2006, p. 744.

observar a concepção de servidão administrativa utilizada por estes doutrinadores. Na lição de Lúcia Valle Figueiredo, servidão administrativa é "ônus real imposto à propriedade, consistente no dever de suportar pelo proprietário, tendo em vista interesse público a ser implementado".[25]

Celso Antônio Bandeira de Mello aponta as seguintes características da servidão administrativa: atinge bens especificamente, é ônus real, gera uma obrigação de suportar, decorre de ato concreto da Administração, impõe gravame atingindo o próprio direito. Na servidão administrativa, o gravame imposto implica sujeição especial do bem ao interesse coletivo, em razão da utilidade social que pode proporcionar.[26]

Aplicando tal concepção ao tombamento, esta corrente defende que o bem é tombado de forma determinada, por ato específico e concreto da autoridade, não decorre abstratamente de lei. O proprietário suporta a fruição do valor cultural do bem pela sociedade, o seu uso público, ainda que em caráter meramente contemplativo. O bem tombado é submetido a um regime especial de uso, gozo e disposição, em decorrência do interesse público na sua preservação. Há uma compressão do direito de propriedade, pois o titular não pode de forma alguma demolir, mutilar ou destruir o bem tombado; nem modificá-lo ou repará-lo sem prévia autorização da Administração Pública.

Adilson Abreu Dallari afirma que "o tombamento configura verdadeira servidão administrativa, na medida em que o Poder Público absorve uma qualidade ou um valor já existente no bem tombado, para desfrute ou proveito da coletividade".[27]

Segundo Celso Antônio Bandeira de Mello:

> O tombamento de bens valiosos para o patrimônio histórico, artístico ou cultural, representa o assujeitamento daquele bem a objetivos de valia social, com o que demite-se o proprietário da disponibilidade que normalmente teria sobre eles.[28]

Os seguidores desta teoria entendem que em razão de seu específico valor, são impostos gravames excepcionais ao bem tombado, comprimindo o direito de propriedade em nome do interesse público. O proprietário passa a suportar uma interferência em seu direito, para que a coletividade possa usufruir suas qualidades históricas ou artísticas.

Não há perda da propriedade, ou estar-se-ia diante do instituto da desapropriação, não obstante, seu titular não poderá mais exercer normalmente o feixe de poderes de que se constitui o domínio. Se a restrição imposta à propriedade pelo tombamento impedir a utilização do bem tombado ou esvaziar seu conteúdo econômico, será hipótese de desapropriação indireta, e não de tombamento, pois este não suprime o direito de propriedade. A desapropriação, assim como o tombamento, é instrumento de proteção ao patrimônio cultural previsto pela Constituição Federal, logo, são institutos que não se confundem.[29]

---

[25] FIGUEIREDO, 1998, p. 268.

[26] MELLO, 2008, p. 894-895.

[27] DALLARI, Adilson Abreu. Tombamento. *In*: *Temas de direito urbanístico II*. São Paulo: Revista dos Tribunais, 1987. p. 13.

[28] MELLO, 1987, p. 69.

[29] No caso de proteção ao patrimônio cultural, tratar-se-ia de desapropriação por utilidade pública, prevista pelo Decreto-Lei nº 3.365/41, artigo 5º, mais especificamente as alíneas "k" e "l".

Ante os fundamentos desta teoria, concluímos pela adequação do instituto do tombamento ao regime jurídico das servidões administrativas. Pois, diferentemente das doutrinas antes expostas, não há incompatibilidade entre o tombamento e a disciplina das servidões administrativas, sendo ainda possível identificar o tombamento no âmbito do direito administrativo e diferenciá-lo dos institutos assemelhados.

2.5 Restrição administrativa à propriedade determinada

Maria Sylvia Zanella Di Pietro e José dos Santos Carvalho Filho consideram o tombamento categoria própria de intervenção do Estado na propriedade, diversa da limitação ou servidão administrativas. Afastam a ideia de limitação, em razão do caráter específico do tombamento, em contraposição ao caráter genérico das limitações; e também a associação do tombamento à servidão, pois não haveria no tombamento relação entre bem serviente e bem dominante, presente na concepção de servidão administrativa adotada pelos doutrinadores.[30]

A professora discorre nos seguintes termos:

> A restrição não é imposta em benefício de coisa afetada a fim público ou de serviço público, mas, ao contrário, tem por objetivo satisfazer a interesse público genérico e abstrato, a saber, o patrimônio histórico e artístico nacional.[31]

O tombamento seria mais uma forma de restrição à propriedade, ao lado da servidão, da limitação e da desapropriação; dotado de um regime jurídico próprio. Este posicionamento diverge da teoria que adotamos, em razão dos diversos conceitos de servidão administrativa utilizados.

Conforme o conceito de servidão apresentado anteriormente, o bem atingido sujeita-se ao interesse público em razão da sua utilidade social à coletividade, ou à própria Administração Pública. A corrente em comento só admite a instituição de servidão em favor de serviço ou bem de interesse público. Surge então a seguinte indagação: O tombamento não é instituído também em benefício do próprio bem tombado, que é bem de interesse público, a fim de conservar seu peculiar valor histórico ou artístico?

3 Dever de indenizar

A análise das diversas teorias acerca da natureza jurídica do tombamento facilita, em parte, a discussão sobre a existência do dever de indenizar o proprietário do bem tombado. Observamos na doutrina a formação de duas vertentes: uma composta pelos mesmos defensores da teoria do tombamento como limitação administrativa, e a segunda formada pelos adeptos das demais teorias sobre a natureza jurídica do tombamento. Adotamos esta última corrente, coerentemente com a posição que defendemos na seção anterior.

---

[30] CARVALHO FILHO, 2006, p. 652.

[31] DI PIETRO, 2008, p. 137.

3.1 Tombamento não indenizável

Desde logo, é possível afirmar que os seguidores da teoria do tombamento como limitação administrativa entendem pela não indenização do tombamento. Outro posicionamento não poderiam ter, pois, conceitualmente, as limitações administrativas definem o próprio direito de propriedade, não o atingem. Portanto, se o núcleo do direito permanece intacto, não há que se falar em indenização. O fundamento da gratuidade das limitações encontra-se na sua generalidade, não há compressão de determinado direito de propriedade, mas o delineamento abstrato deste direito.

Neste sentido manifesta-se Ana Maria Moreira Marchesan:

> É por essa razão que entendemos não ser indenizável o tombamento de um bem de valor cultural. O ato de tombamento não afeta o núcleo do direito de propriedade, preservando o direito de alienação e mantendo os direitos de uso e gozo sobre a *res*, direitos esses últimos que ficam apenas restringidos pela impossibilidade de alteração do bem como um todo ou de parte dele. Entretanto, o proprietário pode continuar tirando proveito econômico da coisa, sendo-lhe acrescido o ônus de preservá-la.[32]

José Cretella Júnior também conclui pela não indenização das limitações estabelecidas pelo tombamento ao direito de propriedade.[33]

3.2 Tombamento indenizável

Os adeptos das demais teorias admitem a indenização do tombamento e apresentam argumentos semelhantes, envolvendo o prejuízo econômico suportado pelo titular do bem tombado, a intensidade e especificidade do gravame imposto à propriedade. Expomos a seguir os fundamentos de representantes de cada teoria analisada.

Hely Lopes Meirelles defende o dever de indenizar o tombamento apenas quando há depreciação do valor econômico do bem ou prejuízo à utilização do bem segundo sua destinação natural; pois, não podem somente alguns ser sacrificados, enquanto toda a coletividade usufrui os benefícios oriundos da restrição imposta.[34]

Paulo Affonso Leme Machado utiliza como critério para configuração do dever de indenizar a imposição da restrição de maneira desigual entre propriedades em igual situação. Isto é, se o gravame for imposto especificamente, se recair de forma singular sobre propriedade determinada, surge o dever de indenizar. Este dever decorre da especialização, prejuízo indenizável é o prejuízo especial, independentemente da sua intensidade.[35]

Maria Sylvia Zanella Di Pietro estabelece como condição para o pagamento de indenização a efetiva comprovação pelo titular do prejuízo econômico oriundo do tombamento.[36]

---

[32] MARCHESAN, 2000, p. 119-120.

[33] CRETELLA JÚNIOR, 1973, p. 67.

[34] MEIRELLES, *op. cit.*, p. 578. Sobre o tema, conferir obra do mesmo autor: Tombamento e indenização. *In*: *Estudos e pareceres de direito público IX*. São Paulo: Revista dos Tribunais, 1986. p. 20.

[35] MACHADO, 1998, p. 764-765.

[36] DI PIETRO, 2008, p. 129.

Segundo os ensinamentos de Celso Antônio Bandeira de Mello, "para caber indenização é preciso que haja sucedido (a) um sacrifício de direito e (b) que tal sacrifício implique agravo econômico". Ou seja, se o gravame não é particularmente imposto, ou se não acarreta perda econômica, não haverá dever de indenizar.[37]

Sacrifício de direito é a restrição imposta que comprime o próprio direito de propriedade, mediante ato concreto da Administração, incidente sobre propriedade particularizada. São casos típicos de sacrifício de direito a desapropriação e a servidão, na qual se inclui o tombamento.

Da lição de Celso Antônio Bandeira de Mello, extraímos que nem sempre o tombamento é indenizável, como pretendem alguns. Haverá direito à indenização quando, diante do caso concreto, estiverem presentes dois elementos: o atingimento do direito de propriedade de forma concreta, particularizada e específica, aliado ao comprovado prejuízo econômico suportado pelo proprietário do bem tombado.

No caso do tombamento de toda uma cidade, por exemplo, não há a imposição de gravame a um ou a alguns imóveis particularizados, contrariamente, é conferido tratamento uniforme a todos os administrados proprietários de imóveis em determinada localidade, portanto, não há sacrifício de direito a justificar a indenização. Também não há direito à indenização quando, por exemplo, tomba-se apenas a porta de entrada de um imóvel utilizado com fins de moradia, pois não há desvalorização econômica do imóvel ou agravamento manifesto na esfera patrimonial do proprietário.

Quando devida, a indenização fundamenta-se nos princípios constitucionais da igualdade, da responsabilidade do Estado, da proteção à propriedade e da repartição dos ônus públicos.

4 Competência

Apresentadas noções essenciais sobre o instituto do tombamento, passamos a discorrer sobre quem possui competência para tombar e para legislar sobre o tombamento. Tanto a competência legislativa quanto a competência material estão claramente definidas no texto constitucional.

4.1 Competência legislativa

Em relação à atividade legiferante, o artigo 24 estabelece: "Compete à União, aos Estados e ao Distrito Federal legislar concorrentemente sobre: VII – proteção ao patrimônio histórico, cultural, artístico, turístico e paisagístico". Assim, União, Estados e Distrito Federal podem legislar sobre o tombamento, utilizado como instrumento de proteção ao patrimônio nacional. Mas esta competência concorrente se perfaz nos termos dos parágrafos do referido artigo, isto é, a União legisla plenamente dirigindo-se à sua própria esfera administrativa e estabelece apenas normas gerais para os Estados e Distrito Federal, os quais legislam para seus campos específicos de atuação.

---

[37] MELLO, 1987, p. 73.

Aos municípios também cabe legislar sobre tombamento, em razão do artigo 30 que prevê: "Compete aos Municípios: I – legislar sobre assuntos de interesse local; II – suplementar a legislação federal e a estadual no que couber". Desta forma, os municípios legislam sobre tombamento, seja em razão da presença de interesse local, ou em caráter suplementar às legislações federal e estadual.

Paulo Affonso Leme Machado define como normas gerais sobre tombamento as que "dão as características desse instituto jurídico, indicando o modo como se instaura o procedimento, a maneira como é gerido o bem tombado, a abrangência da proteção, o sistema de sanções".[38]

4.2 Competência material

Assim como possuem competência constitucional para legislar sobre tombamento, a todos os entes federativos foi atribuída a competência material para realizar o tombamento. É o que se depreende da leitura do artigo 23:

> É competência comum da União, dos Estados, do Distrito Federal e dos Municípios: III – proteger os documentos, as obras e outros bens de valor histórico, artístico e cultural, os monumentos, as paisagens naturais notáveis e os sítios arqueológicos.

Esta competência ampla é reafirmada pelo artigo 216, §1º, ao estatuir como dever do "poder público" a promoção e proteção do patrimônio cultural brasileiro.

Sendo comum a competência material, nada impede que um mesmo bem seja tombado por mais de uma pessoa política, não há hierarquia ou exclusão. Para Carlos Augusto A. Machado, "funciona como uma espécie de reforço, visando, todas elas, à preservação do patrimônio reconhecido como histórico ou artístico". Segundo o autor, o duplo tombo traz a vantagem de evitar omissões na fiscalização ou permissões danosas ao patrimônio protegido.[39]

Também admitimos a possibilidade de um mesmo bem ser tombado por mais de um ente federativo, uma vez presente relevância histórica ou artística em cada instância política. É louvável a previsão constitucional da competência material concorrente para a proteção do patrimônio cultural; pois um bem de referência histórica municipal, por exemplo, pode não ter a mesma importância na esfera estadual, assim, ficaria desprotegido na ausência do dispositivo constitucional.

Entretanto, mesmo com o objetivo de reunir maiores garantias de proteção, a possibilidade do duplo tombo pode se revelar um elemento complicador no processo de tombamento. Isto porque, podem ocorrer divergências entre as instituições de proteção, a respeito de responsabilidades, critérios de preservação, autorizações de projetos e obras, e outras questões práticas. Mostra-se, portanto, necessária a realização de um ajuste prévio entre as administrações envolvidas, com a clara definição das respectivas atribuições e de diretrizes para a conservação do bem tombado.

---

[38] MACHADO, 1998, p. 741.

[39] MACHADO, Carlos Augusto A. Tombamento: um instituto jurídico. *In*: *Temas de direito urbanístico I*. São Paulo: Revista dos Tribunais, 1987. p. 30-31.

5 Instituição

No início de nosso trabalho, conceituamos tombamento como o ato administrativo que reconhece o valor cultural de um bem com o intuito de preservá-lo. Trata-se de ato administrativo de natureza constitutiva, pois, apesar de declarar um valor cultural preexistente, o faz com o objetivo de sobre o bem constituir restrições, instituir um regime jurídico especial.

O tombamento não é ato meramente declaratório e neste sentido manifestam-se Adilson Abreu Dallari, José Cretella Júnior e Marco Antônio Borges, para o qual o tombamento:

> Constitui limitações especiais ao uso e à propriedade do bem, sendo ato de natureza constitutiva, pois muda a situação do bem, com efeito *ex nunc*, instituindo-se uma servidão administrativa, traduzida na incidência de um regime especial de proteção ao bem, com a finalidade de atender o interesse público de preservação da cultura, sendo que sua materialização se dá de forma declaratória, o que faz com que haja divergência por parte de alguns doutrinadores, quanto à natureza constitutiva.[40]

A instrumentalização do tombamento suscita alguns questionamentos, como veremos a seguir. Grande parte da doutrina conceitua o tombamento como ato administrativo, mas ocorre ainda a sua instituição mediante ato legislativo. Outra discussão relevante diz respeito à natureza discricionária do ato que institui o tombamento, levando inevitavelmente à indagação sobre sua apreciação judicial.

5.1 Ato administrativo

Segundo o Decreto-Lei nº 25/37, o tombamento decorre de processo administrativo, que culmina no ato administrativo de inscrição do bem no respectivo Livro do Tombo. Nestes termos, o tombamento é instituído mediante atividade administrativa, fundamentada no referido diploma legal, inserindo-se no exercício da função administrativa.

Hely Lopes Meirelles, Adilson Abreu Dallari e José dos Santos Carvalho Filho entendem ser o tombamento ato administrativo típico, obrigatoriamente precedido por processo administrativo, em que se assegure o contraditório e a ampla defesa ao titular do bem tombado. À lei caberia apenas estabelecer as regras gerais para a atuação da Administração Pública, na lição de Hely Lopes Meirelles, "o tombamento em si é ato administrativo da autoridade competente, e não função abstrata da lei, que estabelece apenas as regras para sua efetivação".[41]

Adilson Abreu Dallari fundamenta sua posição:

> O tombamento de um determinado bem é uma atividade jurídica que se caracteriza por ser infralegal, concreta, imediata, ativa e parcial (no sentido de parte em uma relação jurídica) enquadrando-se, pois, perfeitamente na função administrativa e, portanto na área de competência própria do Executivo.[42]

---

[40] BORGES, 2001, p. 260.
[41] MEIRELLES, 2006, p. 575.
[42] DALLARI, 1987, p. 15.

Para José dos Santos Carvalho Filho, o tombamento é atividade administrativa e não legislativa, ao legislativo compete apenas estabelecer regras gerais para a proteção do bem. Segundo o autor, enquanto o tombamento é formalizado por ato administrativo, após conclusão de processo administrativo, a lei que decreta o tombamento não pressupõe qualquer procedimento prévio, de modo que fica trancada ao proprietário qualquer possibilidade de controle e não ficam claramente determinados os motivos da restrição imposta.[43]

5.2 Ato legislativo

Paulo Affonso Leme Machado e Antônio A. Queiroz Telles admitem a materialização do tombamento através de processo administrativo, mas defendem a verificação do instituto também mediante ato legislativo. Para ambos, não há vedação constitucional à legislação casuística sobre o tombamento.

Paulo Affonso Leme Machado argumenta:

> A vantagem do tombamento originar-se de lei é que o desfazimento da medida somente pode vir através de ato do Poder Legislativo. Maior o consenso de vontades tanto no iniciar-se a conservação de um bem, como no cancelamento da proteção, em sendo necessário.[44]

Segundo o doutrinador, a consulta ao órgão técnico administrativo pode ser substituída pelo assessoramento prestado ao Poder Legislativo por especialistas de notória sabedoria e idoneidade.

Antônio A. Queiroz Telles acrescenta:

> Entendemos, realmente, que o tombamento compulsório deveria revestir-se da forma de ato legislativo, de lei. Só ela pode criar direitos e obrigações. Sob o nosso discernimento, uma restrição a um direito constitucionalmente previsto — de propriedade, igual e necessariamente, deveria decorrer de lei.[45]

O autor defende a instauração de processo administrativo apenas nos casos de tombamento voluntário, em que o proprietário aquiesce com a instituição da restrição.

Não concordamos com a posição do autor. Entendemos que, realmente, só a lei pode criar originariamente direitos e obrigações. A lei que prevê o instituto jurídico do tombamento estabelece direitos e obrigações, entretanto, resta à Administração Pública a tarefa de aplicar os comandos legais à realidade, o que implica, por vezes, a imposição concreta de restrições à propriedade, diante das circunstâncias de fato presentes. Isto não significa que a Administração Pública está criando obrigações novas através de ato administrativo, na verdade, ela apenas dá execução ao que está previamente autorizado pela lei.

Alterando posicionamento anterior, acreditamos que a instituição do tombamento deve se concretizar pela via administrativa, através da qual é possível, de

---

[43] CARVALHO FILHO, 2006, p. 654-655.
[44] MACHADO, 1998, p. 749.
[45] TELLES, 1992, p. 83.

forma mais efetiva, a participação e o controle do proprietário na realização do tombamento. O respeito ao devido processo legal, garantia constitucionalmente assegurada ao proprietário do bem tombado, só é plenamente possível através do processo administrativo.

A possibilidade de manifestação do particular não se equipara quando ocorrido o tombamento pela via legislativa. Por mais que se trate de lei de efeitos concretos, ato administrativo em sentido material, para fins de cabimento de mandado se segurança, inclusive preventivo, no processo legislativo, é diminuta a possibilidade de argumentação do proprietário do bem.

Em recente decisão, o Supremo Tribunal Federal asseverou que o tombamento é constituído mediante ato do Poder Executivo, sendo incompetente o Poder Legislativo quanto a essa restrição, sob pena de violação ao artigo 2º da Constituição Federal.[46]

5.3 Discricionariedade

O processo administrativo, precedente ao ato de tombamento, inicia-se com manifestação de órgão especializado, reconhecendo o valor cultural do bem e a necessidade de sua preservação. Neste contexto, surgem duas indagações: A referida manifestação é ato vinculado ou discricionário? O ato do tombamento é vinculado ou discricionário?

Antes de respondermos, vejamos a lição de José Cretella Júnior:

> Não se confunda, pois, a qualificação do bem com o tombamento em si. Qualificar é tipificar, é atribuir ao bem valor histórico, artístico, paisagístico, enquadrando-o de modo preciso em uma das hipóteses legais. Tombar é o momento jurídico concretizado pela edição do ato. Qualificação é a operação de natureza técnica: o tombamento em si, é ato administrativo discricionário que pode ser editado ou não, porque envolve oportunidade, conveniência, razoabilidade.[47]

Em resposta à primeira indagação, entendemos tratar-se de ato vinculado, no seguinte sentido: se a autoridade competente vislumbra a presença de valor cultural em determinado bem, nos moldes do artigo 216 da Carta vigente, tem a obrigação de manifestar-se e exigir a devida proteção, pois é dever constitucional do Estado a proteção e promoção de nosso patrimônio cultural.

Quanto ao segundo questionamento, compreendemos o ato de tombar como ato praticado no exercício de competência discricionária. Uma vez qualificado o bem pelo órgão técnico especializado, a Administração fica obrigada a protegê-lo, mas não necessariamente utilizando-se do instituto do tombamento, pois vários são os instrumentos de proteção previstos pela Constituição Federal.

Adotando a mesma posição, Marcelo de Oliveira Fausto Figueiredo Santos sustenta que, em relação à manifestação da Administração, "não há discricionariedade, isto é, a autoridade fica obrigada a dar àquele bem a proteção e o amparo

---

[46] Supremo Tribunal Federal. ADI nº 1.706/DF. Rel. Min. Eros Grau. Órgão Julgador: Tribunal Pleno. Data do Julgamento: 09.04.08.

[47] CRETELLA JÚNIOR, 1973, p. 54.

mínimos suficientes à preservação do valor cultural". Ocorre que esse mínimo não é obrigatoriamente o tombamento.[48]

No mesmo sentido, preleciona Antônio A. Queiroz Telles:

> De todo o exposto, no entanto, não resultaria qualquer perplexidade, se considerarmos que o tombamento se revela como procedimento, do qual o parecer é ato vestibular, vinculado quanto à obrigatoriedade de sua edição e, a homologação que, embora vinculada ao parecer é, verdadeiramente, discricionária quanto à sua efetiva concretização.[49]

5.4 Apreciação judicial

Considerando o ato de tombar como ato administrativo praticado no exercício de competência discricionária, é preciso analisar em que medida esta decisão da Administração Pública é submetida à apreciação do Poder Judiciário. Dúvida não há quanto à possibilidade dessa interferência, em razão do preceito constitucional contido no artigo 5º, inciso XXXV: "A lei não excluirá da apreciação do Poder Judiciário lesão ou ameaça de lesão a direito".

Tratando-se de ato administrativo praticado no exercício de competência discricionária, é pacífico o entendimento de que não cabe ao Poder Judiciário apreciar a oportunidade e a conveniência da edição do ato, pois são elementos do mérito administrativo. Entretanto, pertence à seara do Judiciário a invalidação do tombamento por ilegalidade de alguns de seus componentes, pela sua desconformidade com a lei.

Nas palavras de Hely Lopes Meirelles:

> O ato administrativo do tombamento fica sujeito à apreciação do Poder judiciário, que não se limita a verificar apenas se foram observadas as formalidades legais, mas examina também a existência do motivo, ou seja, se o imóvel tombado tem ou não valor histórico, artístico ou paisagístico.[50]

O motivo é um dos elementos do ato administrativo de tombamento, é componente vinculado ao texto legal, assim como a finalidade pública. O tombamento só se justifica com a presença do valor cultural, sem este motivo, sua instituição é ilegal, ilegítima.

Mais uma vez, recorremos às lições de José Cretella Júnior:

> Ao qualificar o bem como histórico, artístico, arqueológico ou paisagístico, o administrador pode errar. De boa-fé ou de má-fé. É erro sobre o motivo, sobre a materialidade de fato, sobre o suporte da lei. E o ato de tombamento, embora discricionário quanto à oportunidade ou à conveniência, é vinculado quanto ao motivo e ao fim. O fim deve ser público, *in genere*, especificando-se naqueles casos enunciados em lei.
>
> Nesse caso, configura-se a ilegalidade, quando a incidência normativa converge para um motivo falso ou inexistente. Se o tombamento é decretado por motivo histórico,

---

[48] SANTOS, Marcelo de Oliveira Fausto Figueiredo. Tombamento: uma análise constitucional. *In*: *Temas de direito urbanístico I*. São Paulo: Revista dos Tribunais, 1987. p. 68.

[49] TELLES, 1992, p. 75.

[50] MEIRELLES, Hely Lopes. Parque florestal: desapropriação e tombamento. *In*: *Estudos e pareceres de direito público VIII*. São Paulo: Revista dos Tribunais, 1984. p. 283.

permanece o ato se a história, realmente, justifica a medida, mas o procedimento se anula, se se prova que o bem nada tem de histórico. No caso, o critério histórico limita o arbítrio do administrador, impedindo o desvio de poder, a arbitrariedade, a ilegalidade.[51]

Assim como a aferição dos motivos, a verificação do atendimento ao interesse público evita a utilização do tombamento como instrumento de abuso de poder, dificultando a desvirtuação do instituto, em razão de interesses políticos e mesquinhos, alheios à satisfação das necessidades sociais. Some-se a isto o controle exercido quanto à competência para o ato de tombar e em relação ao atendimento do procedimento legalmente previsto para o tombamento.

6 Procedimento

Consoante previsão constitucional, todas as pessoas políticas podem legislar acerca do tombamento, assim, cada uma pode adotar procedimento próprio de tombamento, respeitadas as normas gerais editadas pela União. Abordaremos, sucintamente, o rito para o tombamento previsto no âmbito federal, regido primordialmente pelos Decretos-Leis nº 25/37 e nº 3.866/41 e pela Lei nº 6.292/75.

O tombamento federal é de competência do Instituto do Patrimônio Histórico e Artístico Nacional (IPHAN), cuja natureza jurídica é de autarquia, vinculada ao Ministério da Cultura.[52]

6.1 Espécies de tombamento

O artigo 2º do Decreto-Lei nº 25/37 prevê que tanto bens particulares quanto bens públicos podem ser objeto de tombamento. Incidindo sobre bens públicos, o denominado tombamento de ofício consiste em simples ordem expedida pelo IPHAN à pessoa jurídica de direito público que detiver a guarda do bem (art. 5º). Entretanto, a Lei nº 6.292/75 acrescentou ao procedimento original do tombamento a necessidade de homologação da decisão final do IPHAN pelo Ministro da Cultura:

> Art. 1º. O tombamento de bens no Instituto do Patrimônio Artístico e Histórico Nacional, previsto no Decreto-Lei nº 25, de 30 de novembro de 1937, dependerá de homologação do Ministro de Estado da Educação e Cultura, após parecer do respectivo Conselho Consultivo.

---

[51] CRETELLA JÚNIOR, 1973, p. 66.

[52] Analisando a legislação federal específica, observamos uma sucessão de órgãos e entidades na atribuição de realizar o tombamento. Em geral, as competências foram sendo mantidas, alterando-se apenas a denominação. À época da edição do Decreto-Lei nº 25/37, o Serviço do Patrimônio Histórico e Artístico Nacional (SPHAN) era o órgão responsável pelo tombamento, criado pela Lei nº 378/37. Sucedeu-o a Diretoria do Patrimônio Histórico e Artístico Nacional (Decreto nº 20.303/46). Mais tarde, criou-se o Instituto do Patrimônio Histórico e Artístico Nacional (IPHAN – Decreto nº 66.967/70), substituído pela Secretaria do Patrimônio Histórico e Artístico Nacional (SPHAN – Decreto nº 84.198/79). Até então, tratava-se de órgãos administrativos, pertencentes à estrutura do Ministério da Cultura. Entretanto, no início da década de 90, a antiga secretaria foi sucedida pelo Instituto Brasileiro do Patrimônio Cultural, constituído como autarquia federal, dotada de personalidade jurídica própria e vinculada ao Ministério da Cultura (IBPC – Lei nº 8.029/90). Mais recentemente, com a edição da Medida Provisória nº 610/94, a entidade responsável pelo tombamento na esfera federal voltou a denominar-se IPHAN.

O tombamento de bens particulares é voluntário quando o proprietário do bem requer ao IPHAN sua inscrição no Livro do Tombo, ou concorda por escrito com o tombamento de iniciativa da autarquia, no prazo de 15 dias, contados da devida notificação (art. 7º). Nestas hipóteses, o IPHAN determinará a inscrição do bem no Livro apropriado (art. 9º), homologada sua decisão pelo Ministro da Cultura.[53]

O tombamento é compulsório, se o proprietário não anuir expressamente à inscrição do bem (art. 8º), ou não a impugnar no prazo de 15 dias a contar de sua notificação, ou impugná-la tempestivamente (art. 9º). Nestes casos, o rito estabelecido pelo Decreto-Lei nº 25/37 é mais complexo e será abordado separadamente.

Ante o exposto, temos três espécies de tombamento: de ofício, voluntário e compulsório, cada qual com um procedimento distinto. Entretanto, o tombamento pode ainda ser classificado como provisório ou definitivo, conforme esteja o respectivo processo iniciado pela notificação do proprietário, ou concluído pela inscrição no respectivo Livro do Tombo (art. 10).

6.2 Rito do tombamento compulsório

Em linhas gerais, o processo do tombamento compulsório de bens particulares está previsto no artigo 9º do Decreto-Lei nº 25/37. O rito se inicia com a manifestação do IPHAN, acerca da qualificação cultural do bem e da necessidade do tombamento.

Instaurado o processo, o segundo ato é a notificação do proprietário, para anuir à inscrição ou oferecer impugnação no prazo de 15 dias. Além de permitir a defesa do proprietário, a notificação autoriza o tombamento provisório, que funciona como medida preventiva, possibilitando, desde logo, a proteção e conservação do bem.[54]

O tombamento provisório equipara-se ao definitivo por determinação legal (art. 10, parágrafo único). Para Antônio A. Queiroz Telles, a notificação "deve conter as razões técnicas da sua qualificação e ser feita, pessoalmente, para permitir-lhe adequada defesa, no prazo de quinze dias".[55]

Se o proprietário deixa transcorrer o prazo aludido *in albis*, a inscrição do bem é determinada pelo IPHAN à sua revelia, após a homologação do Ministro da Cultura.

Apresentada tempestivamente, a impugnação pode versar sobre a qualificação do bem e a necessidade da medida. A contestação do proprietário é encaminhada ao órgão do IPHAN, responsável pela manifestação inicial, a fim de que responda os argumentos levantados na impugnação e sustente a manutenção do tombamento, no mesmo prazo de 15 dias.

O processo é então remetido ao conselho consultivo do IPHAN, para que, em 60 dias, decida sobre a efetivação do tombamento. Proferido juízo favorável ao tombamento, resta a homologação da decisão pelo Ministro da Cultura. O tombamento só

---

[53] Consoante o artigo 2º da Portaria nº 11/86-SPHAN, que consolida as normas de procedimento para os processos de tombamento no âmbito federal, "toda pessoa física ou jurídica será parte legítima para provocar, mediante proposta, a instauração do processo de tombamento".

[54] Portaria nº 11/86-SPHAN, artigo 15, parágrafo único: "A notificação ao proprietário será feita por edital ou individualmente, a critério da coordenadoria jurídica, conforme recomende a natureza do bem objeto do tombamento e/ou a documentação de propriedade constante do processo".

[55] TELLES, 1992, p. 77.

se torna definitivo com a homologação, só produz todos os seus efeitos com a edição deste ato. Exige-se também a homologação quando o juízo for desfavorável ao tombo.

No entendimento de Carlos Augusto A. Machado, a homologação é ato vinculado, a atividade do Ministro da Cultura é apenas convalidadora de ato legítimo anterior. Isto é, a referida autoridade não poderia ir contra manifestação de órgão colegiado, isenta de qualquer vício de legalidade, baseada apenas em seu julgamento pessoal. Verificada qualquer ilegalidade, deverá ser rejeitada a decisão do IPHAN.[56]

Antônio A. Queiroz Telles vai além, para o autor, a homologação é ato fiscalizatório não só da legalidade, mas também da oportunidade e da conveniência do ato controlado. Se o Ministro entender que um destes requisitos não foi preenchido, deverá recusar a decisão do IPHAN.[57]

Consoante Paulo Affonso Leme Machado, se o órgão colegiado decide pelo tombamento, o Ministro poderá aceitar ou rejeitar; entretanto, se a decisão for desfavorável ao tombamento, a autoridade em questão não poderá determinar sua efetivação.[58] Odete Medauar afirma que "a autoridade competente, em vez de homologá-lo, poderá determinar a revisão, alteração ou desfazimento".[59]

Modificando posicionamento anterior, sustentamos: o dispositivo legal em comento não estabelece qualquer critério para a homologação, não a restringe expressamente a mero exame de legalidade, nem a estende claramente à valoração de oportunidade ou conveniência. Todavia, na teoria do Direito Administrativo, o ato de homologação, diversamente do ato de aprovação, é manifestação através da qual a autoridade competente afere a legalidade do ato controlado e não o seu mérito. Tal é a definição tradicionalmente encontrada na doutrina administrativa e que entendemos deva ser aqui adotada, tendo em vista a ausência de dispositivo legal estabelecendo regra em contrário.

Assim, cabe ao Ministro da Cultura chancelar ou não a decisão adotada pelo IPHAN com base em juízo de legalidade acerca do procedimento conduzido pelo órgão técnico. Se a decisão do IPHAN foi favorável ao tombamento, aperfeiçoa-se o ato com a homologação ou arquiva-se o procedimento ante a não homologação. Se a decisão do IPHAN foi desfavorável ao tombamento, conclui-se o procedimento com a homologação ou arquiva-se o procedimento com a não homologação.[60]

Compreendemos que nada impede, ante a não homologação de decisão favorável ao tombo, a instauração de novo procedimento pelo IPHAN, com a correção da falha identificada pelo Ministério da Cultura, considerando que sua manifestação deve ser suficientemente motivada.

Não concordamos, portanto, com a possibilidade do Ministro da Cultura determinar ao IPHAN a inscrição de bem no Livro do Tombo, diante de decisão negativa do órgão técnico.

---

[56] MACHADO, 1987, p. 34-35.

[57] TELLES, 1992, p. 79.

[58] MACHADO, 1998, p. 750.

[59] MEDAUAR, Odete. *Direito administrativo moderno*. 9. ed. São Paulo: Revista dos Tribunais, 2005. p. 404.

[60] Portaria nº 11/86-SPHAN, artigo 22: "Negada a homologação à decisão do conselho consultivo, o secretário da SPHAN ordenará o arquivamento do processo, expedindo comunicação ao conselho consultivo, ao proprietário, ao proponente e à diretoria regional correspondente".

É preciso lembrar que o IPHAN é autarquia, pessoa administrativa resultante de processo de descentralização administrativa, cuja criação decorre da intenção estatal de atribuir competências a ente dotado de autonomia, sem sujeição à subordinação hierárquica exercida pela Administração centralizada. De que adiantaria a condução de todo o processo de tombamento pela autarquia, no exercício de atividade técnica e especializada, se, ao final, seu trabalho pudesse ser suplantado, a um só ato, por autoridade integrante da Administração Direta, submetida hierarquicamente ao Presidente da República?

Homologada a decisão do IPHAN favorável ao tombamento, o proprietário pode recorrer ao Presidente da República e requerer o cancelamento da inscrição do bem. Esta possibilidade foi introduzida no rito original do tombamento pelo Decreto-Lei nº 3.866/41:

> Artigo único. O Presidente da República, atendendo a motivos de interesse público, poderá determinar, de ofício ou em grau de recurso, interposto por qualquer legítimo interessado, seja cancelado o tombamento de bens pertencentes à União, aos Estados, aos municípios ou a pessoas naturais ou jurídicas de direito privado, feito no Serviço do Patrimônio Histórico e Artístico Nacional, de acordo com o Decreto-Lei nº 25, de 30 de novembro de 1937.

Grande parte da doutrina critica, com razão, a outorga deste poder ao Presidente da República, que pode desfazer um ato fundamentado em conhecimentos técnicos especializados, mediante juízo subjetivo, "atendendo a motivos de interesse público".

Hely Lopes Meirelles repreende, com veemência, a previsão do referido recurso:

> Não é de ser louvar o poder discricionário que se concedeu ao Presidente da República em matéria histórica e artística, sobrepondo-se seu juízo individual ao do colegiado do IBPC, a quem incumbe decidir originariamente o assunto. A autoridade desse órgão, especializado na matéria, não deveria ficar sumariamente anulada pelo julgamento subjetivo ou político do Chefe da Nação. A instituição desse recurso deve-se, naturalmente, à origem ditatorial do diploma que o estabeleceu, em cujo regime o Presidente da República absorvia todos os poderes e funções, ainda que estranhos à sua missão governamental.[61]

Carlos Augusto A. Machado defende a inconstitucionalidade do Decreto-Lei nº 3.886/41, pois o mesmo autoriza o Presidente da República a sobrepor-se à defesa do patrimônio cultural, determinada pela Constituição Federal.[62]

O Decreto-Lei nº 3.866/41 estabeleceu uma hipótese de recurso hierárquico impróprio, tendo em vista a ausência de subordinação hierárquica entre o IPHAN, autarquia federal, e a Administração Direta, cuja autoridade máxima é o Presidente da República.

---

[61] MEIRELLES, 2006, p. 576-577.

[62] MACHADO, 1987, p. 36.

Não é demais lembrar que a decisão proferida deve ser motivada, conforme previsão expressa da Lei nº 9.784/99, que dispõe sobre o processo administrativo na esfera federal: "Art. 50. Os atos administrativos deverão ser motivados, com indicação dos fatos e fundamentos jurídicos quando: V – decidam recursos administrativos". A motivação é necessária para evitar o desvio no uso dessa competência e permitir o controle *a posteriori* da decisão, especialmente através da via judicial.

Paulo Affonso Leme Machado aponta ainda o fato de o indigitado Decreto-Lei não fazer expressa previsão ao prazo para a interposição do recurso. O autor sugere a adoção do prazo de quinze dias, equivalente ao utilizado para a impugnação da inscrição do bem.[63]

Esta omissão legislativa pode levar ao entendimento equivocado de que o recurso pode ser interposto a qualquer tempo. Tal interpretação é inadmissível, pois gera situações de insegurança jurídica. Propomos a observância do artigo 59 da Lei nº 9.784/99: "Salvo disposição legal específica, é de 10 dias o prazo para interposição de recurso administrativo, contado a partir da ciência ou divulgação oficial da decisão recorrida".

Encerramos a análise do processo do tombamento compulsório destacando a necessidade de modernização da legislação existente sobre a matéria, remanescente de uma época ditatorial, e, em muitos pontos, não mais condizente com os anseios da sociedade, tampouco com a atual acepção acerca do processo administrativo.

Como dissemos no início deste trabalho, o patrimônio cultural vem sendo cada vez mais prestigiado, e carece de uma disciplina que garanta sua efetiva proteção, nos termos da atual Constituição Federal. Ao mesmo tempo, a legislação precisa estar pautada pelo princípio constitucional da proteção à propriedade, assegurando ao proprietário do bem cultural o devido processo legal, através de fases processuais bem definidas e de ampla possibilidade de manifestação.

7 Efeitos

Efetuado o tombamento definitivo, com a inscrição do bem em um dos Livros do Tombo, instaura-se plenamente o regime jurídico a que se submete o bem tombado. Isto porque, o tombamento provisório, iniciado com a notificação do proprietário, apesar de comparado ao definitivo, não produz exatamente todos os efeitos previstos em lei.

As consequências práticas estabelecidas para o tombamento têm o objetivo de assegurar a efetiva preservação do bem tombado, impondo restrições ao proprietário, aos seus vizinhos e, por vezes, à própria Administração Pública. Salientamos, desde logo, a necessidade de considerarmos os efeitos levando em conta a natureza pública ou privada do bem tombado. O Decreto-Lei nº 25/37 prevê os vários efeitos do tombamento, analisaremos aqui os que reputamos mais expressivos.

---

[63] MACHADO, 1998, p. 753.

7.1 Transcrição e averbação do tombamento no registro respectivo

Por se tratar de restrição à propriedade, cabe ao IPHAN a transcrição do tombamento no cartório de registro de imóveis e a sua averbação ao lado da transcrição domínio do bem (art. 13). Tratando-se de bem móvel, a inscrição e averbação se dá no cartório de títulos e documentos.[64]

Segundo Hely Lopes Meirelles[65] e Carlos Augusto A. Machado,[66] esta determinação legal serve para a produção de efeitos perante terceiros, visa à publicidade do tombamento.[67] Para Maria Sylvia Zanella Di Pietro, "a falta de registro apenas impede as entidades públicas de exercerem o direito de preferência para a aquisição do bem tombado".[68]

Se o IPHAN for omisso, libera o proprietário da obrigação de possibilitar às entidades públicas o exercício de seu direito de preferência, em caso de alienação do bem tombado. O bem poderá ser vendido sem o conhecimento da restrição pelo terceiro adquirente, fato que ocasionará problemas à sua proteção, pois o tombamento é ônus real, ou seja, acompanha a coisa, não importando quem a detiver.

7.2 Direito de preferência

O bem tombado de propriedade privada permanece alienável. Entretanto, é assegurado à União, Estado e município, nessa ordem, e mediante igual valor, o direito de preferência em caso de alienação onerosa do bem. Notificada a entidade pública pelo proprietário, inicia-se o prazo decadencial de 30 dias para o exercício da preferência. Se o titular do bem desrespeitar a disposição legal, a alienação será considerada nula (art. 22). Como dissemos anteriormente, este efeito só se produzirá se o IPHAN levar o tombamento ao respectivo registro.

O bem público tombado é inalienável, podendo ser transferido de uma entidade pública à outra, mantida obviamente a restrição e comunicado o IPHAN (art. 11). O tombamento de bem público não interfere na sua natureza, pois o bem permanece no domínio público, mas modifica sua destinação. Há uma alteração na utilização do bem.[69] Segundo Paulo Affonso Leme Machado, o tombamento de ofício visa principalmente a fruição plena do bem pelo público, o que não é possível quando se trata de bem privado, pois o proprietário permanece utilizando-o economicamente.[70]

---

[64] DI PIETRO, 2008, p. 132-133.

[65] MEIRELLES, 2006, p. 577.

[66] MACHADO, 1987, p. 41.

[67] TRIBUNAL REGIONAL FEDERAL. 1ª Região. AC nº 90.01.12435-6/PA. Rel. Selene Maria de Almeida. 4ª Turma. Data do julgamento: 18.09.98. Ementa: (...) Com a observância dos ritos previstos no Decreto-Lei nº 25/37, para a efetivação do tombamento, principalmente a notificação do proprietário, consuma-se a limitação ao direito de propriedade. A inscrição no registro de imóveis do ato de tombamento é necessária para a eficácia com relação a terceiros. A averbação no registro imobiliário do ato de tombamento não é necessária para a eficácia da limitação administrativa ao proprietário titular do imóvel tombado, que é parte do procedimento administrativo do tombamento.

[68] DI PIETRO, 2008, p. 133.

[69] TELLES, 1992, p. 48-49.

[70] MACHADO, 1998, p. 746.

7.3 Restrições à modificabilidade

Aplicando-se tanto aos bens públicos quanto aos bens privados, temos que os bens tombados não podem em hipótese alguma ser demolidos, destruídos ou mutilados; tampouco ser reparados, pintados ou restaurados sem prévia autorização do IPHAN (art. 17). A violação do preceito legal acarreta a imposição de multa pecuniária, em razão do dano causado. Tais restrições evitam que o proprietário, ou mesmo a Administração Pública descaracterize o bem tombado, frustrando a proteção.

7.4 Proteção à visibilidade

Os vizinhos do bem tombado não podem fazer construção que lhe impeça ou reduza a visibilidade, nem colocar anúncios ou cartazes, sem prévia autorização do IPHAN, sob pena de multa e destruição da obra ou retirada do objeto (art. 18).

Este é o efeito mais polêmico do tombamento, pois afeta diretamente a propriedade de terceiros. Na lição de Hely Lopes Meirelles, a visibilidade deve ser considerada de forma ampla:

> (...) abrangendo não só a tirada da vista da coisa tombada como a modificação do ambiente ou da paisagem adjacente, a diferença de estilo arquitetônico e tudo o mais que contraste ou afronte a harmonia do conjunto, tirando o valor histórico ou a beleza original da obra ou do sítio protegido.[71]

Concordamos com a interpretação acima, pois acreditamos ser a mais condizente com a exigência de preservação do valor cultural. Mesmo que não impeça a visibilidade, uma construção vizinha ao bem tombado altera a paisagem na qual o bem estava inserido, podendo diminuir seu valor estético e cultural.

A lei é omissa quanto aos critérios para a determinação da vizinhança do bem tombado. Por esta razão, Carlos Augusto A. Machado entende que os titulares das propriedades consideradas, pela Administração Pública, vizinhas ao bem tombado, devem ser notificados e deve ainda ser averbada a restrição no cartório de imóveis, sob pena de não poder ser exigida. Trata-se, segundo o autor, de instituição de servidão administrativa não indenizável, pois compatível com o direito de propriedade.[72]

Maria Sylvia Zanella Di Pietro também considera como servidão administrativa a restrição imposta aos prédios vizinhos ao bem tombado, mas afirma decorrer automaticamente do tombamento e não de transcrição no registro de imóveis. A autora sugere a previsão de um critério objetivo para a delimitação da vizinhança e a imposição da averbação no registro de imóveis para garantir a fiscalização e o controle da restrição, mas não como condição de sua eficácia.[73]

De fato, a servidão é instituída pelo próprio Decreto-Lei nº 25/37, enquanto não houver previsão legal exigindo a averbação da restrição no registro de imóveis, cabe à Administração Pública zelar pelo seu cumprimento. Entretanto, na ausência de critérios objetivos, somos favoráveis à notificação dos proprietários, a fim de

---

71 MEIRELLES, 2006, p. 577.

72 MACHADO, 1987, p. 48-49.

73 DI PIETRO, 2008, p. 135-136.

informá-los que seus bens se encontram em área considerada vizinha a um bem tombado.[74]

7.5 Ônus da conservação

Se não dispuser de recursos suficientes para a reparação ou conservação do bem tombado, o proprietário demonstrará a necessidade da obra e requererá sua execução ao IPHAN, sob pena de multa pecuniária, em razão do dano causado (art. 19, *caput*). Se considerar a obra necessária, o IPHAN mandará executá-la às suas expensas ou determinará a desapropriação do bem (art. 19 §1º). Ante a omissão da Administração Pública, poderá o proprietário requerer o cancelamento do tombamento (art. 19, §2º). Deverá ser escolhida a via expropriatória, quando o tombamento mostrar-se inócuo para a conservação do bem.[75]

7.6 Fiscalização pela Administração Pública

O bem tombado fica sujeito à vigilância permanente do IPHAN, que poderá inspecioná-lo a qualquer tempo, sendo vedado ao proprietário criar obstáculos à atuação da Administração Pública, sob pena de multa pecuniária (art. 20). O proprietário é obrigado a suportar a fiscalização.

7.7 Sanções penais

Os artigos 165 (dano em coisa de valor artístico, arqueológico ou histórico) e 166 (alteração de local especialmente protegido) do Código Penal têm por finalidade a proteção do patrimônio nacional, são crimes que podem ser praticados por qualquer pessoa, inclusive pelo proprietário do bem, cuja ação penal é incondicionada.

Para alguns autores, tais dispositivos teriam sido revogados pelos artigos 62 e 63 da Lei nº 9.605/98 (Lei dos crimes ambientais – Seção IV – Dos crimes contra o ordenamento urbano e o patrimônio cultural).[76]

Conclusão

Tombamento é o ato administrativo mediante o qual o poder público, reconhecendo o valor cultural de determinado bem e a necessidade de preservá-lo, inscreve-o no Livro do Tombo respectivo, nos termos do Decreto-Lei nº 25/37.

---

[74] SUPERIOR TRINBUNAL DE JUSTIÇA. ROMS nº 7.581/PA. Rel. Ari Pargendler. 2ª Turma. Data do julgamento: 05.06.97. Ementa: Administrativo. Imóvel em vias de ser tombado. Atos praticados no desconhecimento desse fato. O início do processo de tombamento só pode produzir efeitos a partir da data em que o respectivo proprietário ou vizinhança dele teve ciência, pessoal ou presumida. Recurso ordinário provido.

[75] SUPERIOR TRIBUNAL DE JUSTIÇA. Resp nº 25.371/RJ. Rel. Demócrito Reinaldo. 1ª Turma. Data do julgamento: 19.04.93. Ementa: (...) Ocorrendo o tombamento, o bem a este submetido, adquire regime jurídico "sui generis". Permanecendo o respectivo proprietário na condição de administrador, incumbindo-lhe o ônus da conservação da coisa tombada. O Estado só assume esse encargo quando, o proprietário, por ausência de meios, não possa efetivar a conservação. Não arcando, a entidade de direito público, com a execução das obras necessárias à conservação do bem, e não ocorrendo a desapropriação, cabe, ao proprietário, requerer que seja cancelado o tombamento da coisa. Recurso improvido. Decisão unânime.

[76] ANDREUCCI, Ricardo Antonio. *Código Penal anotado*. São Paulo: Saraiva, 2007. p. 398-399.

É fundamentada no poder de polícia que a Administração Pública impõe a submissão de um bem ao regime especial do tombamento, observado o princípio da legalidade e respeitados os direitos fundamentais. A Constituição Federal assegura de maneira geral o direito de propriedade e a Administração Pública atua para que este direito não crie óbices à consecução dos objetivos públicos, com base em seu poder de polícia.

O tombamento tem natureza de servidão administrativa, pois o bem é tombado de forma determinada, por ato específico e concreto da autoridade, o proprietário suporta a fruição do valor cultural do bem pela sociedade. O bem tombado é submetido a um regime especial em decorrência do interesse público na sua preservação, há uma compressão do direito de propriedade e não mero delineamento.

Em razão dos princípios constitucionais da igualdade, da responsabilidade do Estado, da proteção à propriedade e em atenção ao princípio da repartição dos ônus públicos, quando estiver presente a imposição concreta de gravame específico e individualizado, bem como o manifesto prejuízo econômico, o tombamento é indenizável. Nesta situação, o titular do bem tombado não pode arcar sozinho com a compressão de seu direito e com prejuízo econômico decorrente do tombamento, enquanto os demais irão apenas desfrutar das qualidades culturais do bem.

Todas as pessoas políticas possuem competência para legislar sobre o tombamento. A União legisla plenamente dirigindo-se à sua própria esfera administrativa e estabelece apenas normas gerais para os Estados, Distrito Federal e municípios, que legislam para suas regiões específicas de atuação. A todos os entes federativos também foi atribuída a competência material para realizar o tombamento.

Nada impede que um mesmo bem seja tombado por mais de uma pessoa política, entretanto, esta possibilidade pode interferir negativamente no processo de tombamento, caso não haja um ajuste prévio entre os entes políticos. É preciso evitar divergências quanto às questões práticas que envolvem a preservação do bem.

Quanto à instituição compulsória do tombamento, deve ser realizada mediante ato administrativo, precedido de processo administrativo, em que se assegure o contraditório e a ampla defesa ao titular do bem tombado, em obediência ao princípio constitucional da proteção à propriedade. A sua realização através de ato legislativo, lei de efeitos concretos, apesar de passível de mandado de segurança, não assegura a mesma possibilidade de manifestação e controle do proprietário, tendo em vistas as feições do processo legislativo.

O ato de tombar é constitutivo e praticado no exercício de competência discricionária, pois institui um regime especial para o bem tombado e uma vez reconhecida a necessidade de preservação do bem, o tombamento não é o único instrumento previsto, cabe ao administrador fazer uma escolha, segundo juízo de conveniência e oportunidade.

Ao Poder Judiciário cabe apreciar a conformidade do processo de tombamento com as disposições legais, a legalidade dos componentes do ato administrativo, como a efetiva existência do motivo alegado e a presença do interesse público, sem as quais o ato é ilegítimo.

Existem várias espécies legais de tombamento: de ofício, voluntário, compulsório, provisório e definitivo. O rito para o tombamento previsto no âmbito federal é regido primordialmente pelos Decretos-Leis nº 25/37 e nº 3.866/41 e pela Lei nº 6.292/75 e se resume em cinco fases principais: instauração do procedimento, notificação do proprietário, impugnação, manifestação do conselho consultivo e homologação pelo Ministro da Cultura. Cabe ainda recurso ao Presidente da República contra a inscrição do bem no Livro do Tombo.

Entre os efeitos do tombamento apresentados, destacamos o direito de preferência das pessoas políticas quanto à venda do bem tombado, a proteção à visibilidade do bem tombando, que gera servidão administrativa sobre os bens vizinhos, as restrições à modificabilidade do bem tombado e o ônus da conservação atribuído inicialmente ao proprietário.

O tombamento é instituto jurídico inserido em um sistema de proteção previsto constitucionalmente. Dada a sua relevância para a conservação de nosso patrimônio cultural, o tombamento deve ser utilizado de maneira responsável pela Administração Pública. Não se trata de mero reconhecimento de valor cultural, mas de um compromisso com a preservação deste valor.

Em muitas situações, vemos bens tombados em ruínas, deixados à mercê do tempo e da ação das pessoas, revelando o descaso, a falta de planejamento da Administração Pública. Se utilizado de forma séria e compromissada, o tombamento favorece o resgate de nossa história e a consolidação do desenvolvimento de uma identidade nacional. Infelizmente, o que se observa é a ausência de fiscalização efetiva, capaz de garantir a proteção real do bem tombado, a sua fruição pela sociedade.

Referências

ANDREUCCI, Ricardo Antonio. *Código Penal anotado*. São Paulo: Saraiva, 2007.

BORGES, Marco Antônio. O tombamento como instrumento jurídico para a proteção do patrimônio cultural. *Revista de Direito Ambiental*, n. 22, p. 257-263, 2001.

CARVALHO FILHO, José dos Santos. *Manual de direito administrativo*. 15. ed. Rio de Janeiro: Lumem Juris, 2006.

CRETELLA JÚNIOR, José. Regime jurídico do tombamento. *Revista de Direito Administrativo*, n. 112, p. 50-68, 1973.

CUSTÓDIO, Helita Barreira. Normas de proteção ao patrimônio cultural brasileiro em face da Constituição Federal e das normas ambientais. *Revista de Direito Ambiental*, n. 6, p. 17-39, 1997.

DALLARI, Adilson Abreu. Tombamento. *In*: *Temas de direito urbanístico II*. São Paulo: Revista dos Tribunais, 1987.

DI PIETRO, Maria Sylvia Zanella. *Direito administrativo*. 21. ed. São Paulo: Atlas, 2008.

FIGUEIREDO, Lúcia Valle. *Curso de direito administrativo*. 3. ed. São Paulo: Malheiros, 1998.

GASPARINI, Diogenes. *Direito administrativo*. 11. ed. São Paulo: Saraiva, 2006.

MACHADO, Carlos Augusto A. Tombamento: um instituto jurídico. *In*: *Temas de direito urbanístico I*. São Paulo: Revista dos Tribunais, 1987.

MACHADO, Paulo Affonso Leme. *Direito ambiental brasileiro*. 7. ed. São Paulo: Malheiros, 1998.

MARCHESAN, Ana Maria Moreira. A proteção constitucional ao patrimônio cultural. *Revista de Direito Ambiental*, n. 20, p. 111-120, 2000.

MEDAUAR, Odete. *Direito administrativo moderno*. 9. ed. São Paulo: Revista dos Tribunais, 2005.

MEIRELLES, Hely Lopes. *Direito administrativo brasileiro*. 32. ed. São Paulo: Malheiros, 2006.

MEIRELLES, Hely Lopes. Tombamento e indenização. *In*: *Estudos e pareceres de direito público IX*. São Paulo: Revista dos Tribunais, 1986.

MEIRELLES, Hely Lopes. Parque florestal: desapropriação e tombamento. *In*: *Estudos e pareceres de direito público VIII*. São Paulo: Revista dos Tribunais, 1984.

MELLO, Celso Antônio Bandeira de. *Curso de direito administrativo*. 25. ed. São Paulo: Malheiros, 2008.

MELLO, Celso Antônio Bandeira de. Tombamento e dever de indenizar. *Revista de Direito Público*, n. 81, p. 65-73, 1987.

SANTOS, Marcelo de Oliveira Fausto Figueiredo. Tombamento: uma análise constitucional. *In*: *Temas de direito urbanístico I*. São Paulo: Revista dos Tribunais, 1987.

TELLES, Antônio A. Queiroz. *Tombamento e seu regime jurídico*. São Paulo: Revista dos Tribunais, 1992.

Informação bibliográfica deste texto, conforme a NBR 6023:2002 da Associação Brasileira de Normas Técnicas (ABNT):

SILVEIRA, Ana Teresa Ribeiro da. Elementos fundamentais do tombamento. *In*: DALLARI, Adilson Abreu; DI SARNO, Daniela Campos Libório (Coord.). *Direito urbanístico e ambiental*. 2. ed. rev. Belo Horizonte: Fórum, 2011. p. 285-312. ISBN 978-85-7700-449-2.

O IPTU Utilizado como Ferramenta de Direito Urbanístico – A Progressividade no Tempo

Raul Mariano Júnior

Sumário: Introdução – A Constituição Federal – Colocação do tema no Direito Urbanístico – Função social da propriedade – Da competência tributária dos municípios, art. 156, §1º, inc. I – Da progressividade no tempo – Art. 182, §4º, II, da Constituição Federal – Natureza jurídica da obrigação – Sanção ou tributo extrafiscal? – Disciplina legal do IPTU no Estatuto da Cidade – Conclusão – Referências

Introdução

Desde a promulgação da nova Constituição em 1988, muitos esforços foram feitos na busca de uma regulamentação legislativa federal das políticas urbanas, aplicáveis a toda a nação. Conforme previsto nos arts. 182 e 183 da Constituição Federal, coube à União editar uma lei de normas gerais a fim de guiar e limitar as políticas urbanas municipais de ocupação do solo, adensamento populacional e ordenação das cidades.

Somente no ano de 2001, treze anos mais tarde, é que veio à luz o Estatuto das Cidades, Lei nº 10.257 de 10 de julho de 2001. Essa lei inovou o ordenamento jurídico, trazendo uma visão moderna da propriedade imóvel urbana, criando novos institutos e dando nova roupagem aos já existentes. Antes mesmo da edição do Código Civil de 2003, colocou o Direito de Propriedade no seu novo patamar constitucionalmente previsto, relacionando-o de forma essencial, à função social.

Também o conceito de *cidades* foi inovado, abdicando-se daquela pobre descrição antes utilizada, trazida pelo Código Tributário Nacional.

O assunto, de fato, é polêmico não só por tratar da relação de poder entre municípios e a União — competências concorrentes tanto materiais quanto legislativas, na forma dos arts 23 e 24 da Constituição Federal. Outro ponto de polêmico que possivelmente criará conflitos é o tratamento de interesses, muitas vezes contrapostos, entre o estado e o município ou ainda, entre municípios vizinhos ou participantes da mesma microrregião ou região metropolitana. Dessa forma, andou bem o legislador quando editou a Lei nº 10.257.

Se nas competências materiais o município tende a sempre esperar e aguardar a iniciativa ou o financiamento das providências pelas esferas estaduais e federal, nas legislativas há sempre um embate e certa "urgência" para definir os limites do *interesse local*, em face dos interesses e da competência residual dos estados — *regional* —, do *geral*, conforme arts. 24 e parágrafos, e 25, §1º, da Constituição Federal:

> Art. 24. Compete à União, aos Estados e ao Distrito Federal legislar concorrentemente sobre:
>
> I – direito tributário, financeiro, penitenciário, econômico e *urbanístico*;
>
> (...)
>
> §1º – No âmbito da legislação concorrente, a competência da União limitar-se-á a estabelecer normas gerais.
>
> §2º – A competência da União para legislar sobre normas gerais não exclui a competência suplementar dos Estados.
>
> §3º – Inexistindo lei federal sobre normas gerais, os Estados exercerão a competência legislativa plena, para atender a suas peculiaridades.
>
> §4º – A superveniência de lei federal sobre normas gerais suspende a eficácia da lei estadual, no que lhe for contrário.

> Art. 25. Os Estados organizam-se e regem-se pelas Constituições e leis que adotarem, observados os princípios desta Constituição.
>
> §1º São reservadas aos Estados as competências que não lhes sejam vedadas por esta Constituição.

Esse ponto de tensão é algo aceitável e natural em face das peculiaridades de nosso Estado Federal que guindou o município à condição de "ente federado" autônomo:

> Art. 18. A organização político-administrativa da República Federativa do Brasil compreende a União, os Estados, o Distrito Federal e os Municípios, todos autônomos, nos termos desta Constituição.

Dessa forma, a simples tentativa de submissão de um ente federado ao outro só se tornaria possível nos exatos limites e contornos previstos na própria Constituição. Isto é, não se pode falar propriamente em sujeição, mas em coordenação, tendo em vista tratar-se apenas de uma questão de limitação de competências e de sua distribuição entre as diversas pessoas políticas. Tais competências nascem simultaneamente e com o mesmo fundamento de validade — a Constituição Federal — e, portanto, com igual importância e hierarquia.

Entretanto em várias passagens a Constituição Federal reservou à União a competência para editar as normas gerais (matéria tributária, orçamentária e consumo, ambiental, urbanístico etc.), cabendo a cada ente federado o exercício das suas competências específicas, aí sim, conforme sua discricionariedade, já limitada pelas normas gerais (se houver) e pelas Constituições Federal e Estadual.

À falta dessas normas gerais, o outro legitimado para aquela matéria está livre para legislar plenamente e com total liberdade, até que a lei de normas gerais seja editada. Daí, se esta última for contrária às primeiras, elas simplesmente perdem sua eficácia, cedendo lugar à lei federal, até que sejam revistas e corrigidas pelo legislativo municipal ou estadual, conforme o caso.

Colocadas essas ideias, é de se concluir a grande dificuldade política de se aprovar a norma geral que conformará as competências dos demais. Depois disso, chaga-se a outro ponto de tensão, tão controvertido ou até mais que o primeiro: *o regime do direito de propriedade de imóveis urbanos*.

Parece-nos que um dos objetos nucleares do direito urbanístico situa-se exatamente na conformação do próprio direito de propriedade desses bens.

Conforme veremos no curso deste trabalho, a Constituição Federal criou um novo conceito do direito de propriedade, afirmando que este deve sempre atender à função social:

> Art. 5º Todos são iguais perante a lei, sem distinção de qualquer natureza, garantindo-se aos brasileiros e aos estrangeiros residentes no País a inviolabilidade do direito à vida, à liberdade, à igualdade, à segurança e à propriedade, nos termos seguintes: (...)
>
> XXII – é garantido o direito de propriedade;
>
> XXIII – a propriedade atenderá a sua função social;

Assim, conjugadas essas normas com as previstas nos arts. 170 e seguintes, artigos 182 e 183, todos da Constituição Federal, acreditamos que o conceito civilista de propriedade (absoluto no uso, gozo e fruição) e que chegou a ser entendido até como uma relação entre o sujeito e a própria coisa, cede passo a um novo direito de propriedade, *orientado a uma finalidade específica*, a *social* e com elementos destacáveis ou dissociáveis, tais como o direito de construir, o direito real de habitação e outros, gerando para seu titular novos desdobramentos de seus direitos e obrigações, antes desconhecidas. No entanto essa realidade passou a ser necessária à própria existência do direito ou, em alguns momentos, *v.g.*, tratando o direito de superfície, o de uso ou o de edificar, separadamente da titularidade do domínio.

Com esse conteúdo, mais uma vez verificamos a necessidade da regulação federal essencial à *uniformidade do direito* em todo o território nacional, como corolário do princípio federativo. Foi sábia a Constituição Federal ao delegar à União a competência material sobre política urbana (art. 21, inc XX) e concorrente legislativa sobre Direito Urbanístico à União, estados e municípios (art. 24, I). No regime federalista adotado, tanto a propriedade quanto a ocupação do solo pela expansão urbana devem ser tratadas uniformemente, atentando-se, entretanto, às peculiaridades locais e regionais. Assim não fosse, possivelmente teríamos ainda maior incidência da modulação do direito local, pelo interesse econômico decorrente da exploração desmedida de não planejada das cidades.

É certo, ainda, que esse crescimento levado a cabo atento apenas aos interesses econômicos é pernicioso e põe em risco outros bens constitucionalmente tutelados, tais como a proteção ao meio ambiente, ao patrimônio histórico e, principalmente, colocando a própria população em risco direto. Exemplo disso é a recente catástrofe na serra carioca onde se viu dezenas de casas serem levadas por desabamentos em decorrência das chuvas excessivas de 2011, conjugadas com a ocupação irresponsável das encostas.

A Constituição Federal

A Constituição Federal tomada como um todo normativo contém o conjunto das competências estatais, os mecanismos de financiamento do Estado, bem como os limites das relações entre as pessoas e o Estado e as próprias pessoas políticas entre si.

Tentaremos esboçar aqui os fundamentos da atuação do Estado para a regulação das convivências nas cidades, bem como o contorno do novo direito de propriedade urbana.

Dentre os Princípios Fundamentais da República Federativa do Brasil, um Estado Democrático de Direito, encontram-se os da *cidadania*, o da *dignidade humana*, logo no 1º artigo, bem como uma determinação[1] sobre os objetivos fundamentais da Nação, elencados no art. 3º:

> Art. 3º Constituem objetivos fundamentais da República Federativa do Brasil:
>
> I – construir uma sociedade livre, justa e solidária;
>
> II – garantir o desenvolvimento nacional;
>
> III – erradicar a pobreza e a marginalização e reduzir as desigualdades sociais e regionais;
>
> IV – promover o bem de todos, sem preconceitos de origem, raça, sexo, cor, idade e quaisquer outras formas de discriminação.

Esses objetivos somente podem ser efetivamente alcançados na vivência diária, especialmente nos centros urbanos onde se concentram um maior número de pessoas, através da aplicação dos mecanismos econômicos, políticos e sociais previstos nesta Constituição. Assim, norteando nosso raciocínio, são esses os objetivos que devem nortear o Poder Legislativo na criação de planos e programas nas mais diversas áreas. Para atingi-los devem ser manejados os instrumentos jurídicos existentes. No intuito de propiciar uma justa transferência e a redistribuição equitativa das rendas e patrimônio, na busca de um maior equilíbrio social, a Constituição colocou, lado a lado com os preceitos da Ordem Econômica, também os mecanismos e as competências tributárias dos diversos Entes da Federação.

Criou, para isso, mecanismos ou formas de incentivar a produção, estimular ou desestimular mercados ou atividades econômicas ou condutas, e o que mais nos interessa neste estudo: uma ferramenta para estimular o melhor aproveitamento do solo urbano, desestimulando a especulação imobiliária, controlando o adensamento populacional, conforme e na razão dos equipamentos urbanos disponíveis, ou, ainda, das políticas fixadas no plano diretor. Tudo isso são reflexos da função social da propriedade, que trataremos abaixo: o direito de propriedade só existe nos contornos constitucionalmente traçados, e, no caso das cidades, está ligado à adequada ocupação do solo urbano.

---

[1] Entendemos que a Constituição Federal não traz senão normas e, ainda que essas normas não tenham a estrutura lógica clássica, de A→B, são comandos inarredáveis aos Poderes Políticos — Legislativo, Executivo e Judiciário, servindo não apenas de vetores de interpretação, mas como imposições a serem observadas especialmente quando esses Poderes agem em "atividade típica". Assim, o Legislativo só pode legislar e o Judiciário só pode julgar no sentido dessas normas.

No entroncamento dessas obrigações, decorrentes da titularidade do direito de propriedade, é que se insere a questão que pretendemos aprofundar. A progressão no tempo, da alíquota do IPTU, quando, de forma contumaz, deixa o proprietário de cumprir com os ônus decorrentes do seu direito de propriedade sobre imóveis urbanos.

Colocação do tema no Direito Urbanístico

Com o advento da Lei nº 10.257 de 2001, autointitulada "Estatuto da Cidade", das muitas cidades que já tinham seu plano diretor aprovado por lei ou outra legislação qualquer de planejamento urbanístico além daquelas que não o possuíam, passaram a ter necessidade de aprová-lo ou revisá-lo no prazo da lei, de cinco anos, nos termos do art. 50, combinado com art. 41, I e II.[2]

O art. 41 traz em seu bojo condições que, uma vez existentes, obrigam o município à elaboração e aprovação do plano diretor, por lei no prazo assinalado, sob pena inclusive de responsabilidade do prefeito. Há, portanto, em alguns casos, obrigatoriedade da existência do plano diretor como, por exemplo, na hipótese de ter a cidade mais de vinte mil habitantes, ou de integrar uma região metropolitana ou uma aglomeração urbana.

---

[2] Art. 41. O plano diretor é obrigatório para cidades:
I – com mais de vinte mil habitantes;
II – integrantes de regiões metropolitanas e aglomerações urbanas;
III – onde o Poder Público municipal pretenda utilizar os instrumentos previstos no §4º do art. 182 da Constituição Federal;
IV – integrantes de áreas de especial interesse turístico;
V – inseridas na área de influência de empreendimentos ou atividades com significativo impacto ambiental de âmbito regional ou nacional.
§1º No caso da realização de empreendimentos ou atividades enquadrados no inciso V do *caput*, os recursos técnicos e financeiros para a elaboração do plano diretor estarão inseridos entre as medidas de compensação adotadas.
§2º No caso de cidades com mais de quinhentos mil habitantes, deverá ser elaborado um plano de transporte urbano integrado, compatível com o plano diretor ou nele inserido.
(...)
Art. 50. Os Municípios que estejam enquadrados na obrigação prevista nos incisos I e II do art. 41 desta Lei que não tenham plano diretor aprovado na data de entrada em vigor desta Lei, deverão aprová-lo no prazo de cinco anos.
Art. 51. Para os efeitos desta Lei, aplicam-se ao Distrito Federal e ao Governador do Distrito Federal as disposições relativas, respectivamente, a Município e a Prefeito.
Art. 52. Sem prejuízo da punição de outros agentes públicos envolvidos e da aplicação de outras sanções cabíveis, o Prefeito incorre em improbidade administrativa, nos termos da Lei nº 8.429, de 2 de junho de 1992, quando:
I – (VETADO)
II – deixar de proceder, no prazo de cinco anos, o adequado aproveitamento do imóvel incorporado ao patrimônio público, conforme o disposto no §4º do art. 8º desta Lei;
III – utilizar áreas obtidas por meio do direito de preempção em desacordo com o disposto no art. 26 desta Lei;
IV – aplicar os recursos auferidos com a outorga onerosa do direito de construir e de alteração de uso em desacordo com o previsto no art. 31 desta Lei;
V – aplicar os recursos auferidos com operações consorciadas em desacordo com o previsto no §1º do art. 33 desta Lei;
VI – impedir ou deixar de garantir os requisitos contidos nos incisos I a III do §4º do art. 40 desta Lei;
VII – deixar de tomar as providências necessárias para garantir a observância do disposto no §3º do art. 40 e no art. 50 desta Lei;
VIII – adquirir imóvel objeto de direito de preempção, nos termos dos arts. 25 a 27 desta Lei, pelo valor da proposta apresentada, se este for, comprovadamente, superior ao de mercado.

Contudo, casos há em que a lei obriga apenas indiretamente, ou seja, incentiva ou estimula a municipalidade a editá-lo, para que assim desfrute de vários institutos inovadores de Direito Urbanístico, mesmo que não se enquadre naquelas hipóteses de obrigatoriedade. Para poder utilizar os instrumentos urbanísticos criados pelo Estatuto, tais como as operações urbanas consorciadas ou a transferência do direito de construir, tornou-se imperativa a existência prévia do plano diretor, além da edição de lei específica para cada operação urbana.

Com a finalidade de dotar a municipalidade de meios eficientes à implementação das políticas urbanísticas, o Estatuto traz em seu *art. 4º* um rol exemplificativo (como esclarece o próprio *caput* do artigo) de instrumentos, dentre os quais, tomaremos o do inc. IV, al. "a":

> Art. 4º Para os fins desta Lei, serão utilizados, entre outros instrumentos:
>
> (...) IV – institutos tributários e financeiros:
>
> a) *imposto sobre a propriedade predial e territorial urbana – IPTU;*

A utilização de um tributo como uma espécie de ferramenta a levar o contribuinte a realizar ou a deixar de realizar algumas condutas necessárias à coletividade ou ao estado, tem se mostrado uma solução eficiente.

Para o IPTU, a Constituição e o Estatuto reservaram um regramento especial, permitindo, ou melhor, determinando sua progressividade em dois vetores: *um em relação ao valor do imóvel*, base de cálculo do imposto; outro *em razão do tempo decorrido sem o cumprimento pelo contribuinte, das suas obrigações urbanísticas decorrentes da função social do seu direito de propriedade.*

É inegável que utilizado dessa forma o tributo colore-se o IPTU de características extrafiscais, o que lhe dá uma abertura de possibilidades jurídicas.

Tomaremos essa hipótese genérica do art. 4º e a combinaremos com a explicitação feita pelo art. 7º, também do Estatuto:

> Art. 7º Em caso de descumprimento das condições e dos prazos previstos na forma do caput do art. 5º desta Lei, ou não sendo cumpridas as etapas previstas no §5º do art. 5º desta Lei, *o Município procederá à aplicação do imposto sobre a propriedade predial e territorial urbana (IPTU) progressivo no tempo, mediante a majoração da alíquota pelo prazo de cinco anos consecutivos.*
>
> §1º O valor da alíquota a ser aplicado a cada ano será fixado na lei específica a que se refere o *caput* do art. 5º desta Lei e não excederá a duas vezes o valor referente ao ano anterior, respeitada a alíquota máxima de quinze por cento.
>
> §2º Caso a obrigação de parcelar, edificar ou utilizar não esteja atendida em cinco anos, o Município manterá a cobrança pela alíquota máxima, até que se cumpra a referida obrigação, garantida a prerrogativa prevista no art. 8º
>
> §3º É vedada a concessão de isenções ou de anistia relativas à tributação progressiva de que trata este artigo.

Uma conclusão que podemos desde logo tirar, com a simples leitura, é a de que, neste ponto, tangenciam-se dois universos: o do Direito Tributário e o do Direito Urbanístico. É exatamente aqui que faremos *nosso corte metodológico*, buscando colocar no núcleo da discussão esse *instrumento de política urbanística* que inaugura, ao nosso ver, uma nova categoria jurídica, um novo conceito de tributo e do qual trataremos com a finalidade de garantir-lhe a aplicabilidade pretendida.

Função social da propriedade

Já há algum tempo nossas constituições vêm se dedicando a tratar do regime da propriedade, contudo, foi a partir da Constituição de 1988 que esse regime tomou contornos mais claros. Também não era novidade a "Função Social da Propriedade", a qual, entretanto também se ressentia de certa vagueza (aqui como falta de densidade) e da falta de normas que lhe garantissem maior aplicabilidade.

Na Constituição atual, o assunto vem tratado em vários dispositivos, demonstrando que o direito de propriedade não é um, mas são vários em decorrência de seu tratamento e regimes distintos.[3] Iniciou a Constituição, em seu art. 5º, nos incisos XXIII e XXIV, a garanti-la como princípio fundamental:

> Art. 5º Todos são iguais perante a lei, sem distinção de qualquer natureza, garantindo-se aos brasileiros e aos estrangeiros residentes no País a inviolabilidade do direito à vida, à liberdade, à igualdade, à segurança e à propriedade, nos termos seguintes:
>
> (...)
>
> XXII – é garantido o direito de *propriedade*;
>
> XXIII – a propriedade atenderá a sua *função social*;
>
> XXIV – a lei estabelecerá o procedimento para desapropriação por necessidade ou utilidade pública, ou por interesse social, mediante justa e prévia indenização em dinheiro, ressalvados os casos previstos nesta Constituição; (...)

Assim, na mesma medida em que garantiu o direito de propriedade,[4] desde logo, condicionou-o ao atendimento de sua função social. Até este ponto, não há diferença qualquer entre os diversos regimes de propriedade, sendo a determinação geral e genérica de que deverá atender à função social.

---

[3] Conforme José Afonso da Silva (*Direito urbanístico brasileiro*, p. 64, 65): "A Constituição, aliás, consagra a tese que se desenvolveu especialmente na doutrina italiana, segundo a qual a propriedade não constitui uma instituição única, mas várias instituições diferenciadas, em correlação com os diversos tipos de bens e de titulares, de onde ser cabível falar não em propriedade, mas em *propriedades*. Agora ela foi explícita e precisa. Garante o direito de propriedade em geral (art. 5º, XXIII; garantia de um conteúdo mínimo essencial, irredutível sem indenização), mas distingue claramente a propriedade urbana (182, §2º.) e a propriedade rural (arts. 184, 185 e 186), com seus regimes jurídicos próprios.
Em verdade, uma coisa é a propriedade pública, outra a propriedade social e outra a privada; uma outra coisa é a propriedade agrícola, outra a industrial; uma, a propriedade rural, outra a urbana; uma, a propriedade de bens de consumo, outra, a de bens de produção; uma, a propriedade de uso pessoal, a outra a propriedade/capital... Cada qual desses tipos pode estar sujeito, e por regra estará, a uma disciplina particular, especialmente porque, em relação a eles, o princípio da função social atua diversamente, tendo em vista a destinação do bem objeto da propriedade" (cita Spantigatti, Pietro Perlingieri, Salvatore Pugliati, em sua nota de rodapé 11, p. 64).

[4] Conforme Celso Antônio Bandeira de Mello (*RDP* 84/39), O Direito de Propriedade — ou seja, o reconhecimento de que a organização jurídica da Sociedade (Estado) dispensa aos poderes de alguém sobre coisas — encarta-se, ao nosso ver, no Direito Público e não no Direito Privado (p. 39).

Segundo José Afonso da Silva "a concepção de que o princípio da função social (Constituição Federal, art. 5º, XXIII) é um elemento do regime jurídico da propriedade, é, pois, princípio ordenador da propriedade privada, incide no conteúdo do direito de propriedade, impõe-lhe um novo conceito".[5]

Prosseguindo no texto, encontrar-se-ão então, outros dispositivos a tratar desse direito, dando-lhe coloridos diversos. É o caso do art. 170, incs. II e III:

> Art. 170. A ordem econômica, fundada na valorização do trabalho humano e na livre iniciativa, tem por fim assegurar a todos existência digna, conforme os ditames da justiça social, observados os seguintes princípios: (...)
>
> II – *propriedade privada;*
>
> III – *função social da propriedade;...*

A partir daí, já se pode entender um pouco mais desse conceito: A função social da propriedade privada é um dos fundamentos da atividade econômica na exata medida em que possa assegurar a todos uma existência digna e socialmente justa, baseada na valorização do trabalho humano e na livre iniciativa.

Muitos outros dispositivos constitucionais tratam desse direito, tais como os arts. 176, 177, 178, 182, 184, 185, 186, 191, 222. Em alguns dos dispositivos, o constituinte já preencheu o conteúdo da função social para determinados bens, tais como os arts. 182, 184 e 186. Outros, por sua vez, tratam dela de forma indireta, já a partir do conteúdo da própria função, como por exemplo o art. 225. Este, ao tratar de matéria relativa ao meio ambiente, deixa, desde logo, claro que sendo o meio ambiente ecologicamente equilibrado direito de todos, impõe-se ao poder público em todas as esferas e à coletividade o dever de preservá-lo, para as presentes e futuras gerações. Nesse contexto, já se tem a visibilidade de uma das muitas facetas desse instituto. Fica claro não ser a propriedade privada um direito absoluto, colocando seu detentor ou titular, na posição de preservar o meio ambiente, de recuperá-lo quando o houver degradado.

Considerando que a constituição é um todo normativo, *i.e.*, não pode ser interpretada em pedaços isolados, há que se ir ajustando todos esses princípios e programas, configurando-se assim, paulatinamente, o regime jurídico constitucional da propriedade urbana com função social.

Esmiuçando a relação entre propriedade e ordem econômica, Eros Roberto Grau escreveu: "A *propriedade* afirmada pelo texto constitucional, reiteradamente no art. 5º, no inc. XXII do art. 5º e no art. 170, III, não constitui um instituto jurídico, porém um conjunto de institutos jurídicos relacionados a distintos bens".[6] Prossegue daí, citando seu trabalho, anteriormente publicado: "A propriedade não constitui uma instituição única, mas o conjunto de várias instituições, relacionadas a diversos tipos de bens. Não podemos manter a ilusão de que à unicidade do termo — aplicado à referência a situações diversas — corresponde a real unidade de um compacto e íntegro instituto. A propriedade, em verdade, examinada em seus distintos perfis

---

[5] *Direito urbanístico brasileiro*, p. 63 *et seq*.

[6] *A ordem econômica na Constituição de 1988*, p. 257 *et seq*.

— subjetivo, objetivo, estático e dinâmico — compreende um conjunto de vários institutos. Temo-la, assim, em inúmeras formas, subjetivas e objetivas, conteúdos normativos diversos, sendo desenhados para aplicação a cada uma delas, o que importa reconhecimento, pelo direito positivo, da *multiplicidade da propriedade*".

Nesse sentido, as normas da ordem econômica (estímulo à iniciativa privada e preservação do meio ambiente) não podem ser excludentes, mas complementares. Logo, não se trata, por exemplo, de a iniciativa privada não poder explorar o meio ambiente, mas sim, que pode explorá-lo de forma responsável, preservando-o sempre. Nesse sentido que Eros Grau,[7] falando da função social, conclui: *é que justamente a sua função justifica e legitima essa propriedade*. É muito interessante a doutrina desse eminente professor, à qual remetemos a leitura.[8]

Quanto ao conteúdo da expressão "função social da propriedade", devemos reconhecer novamente que não se está em posição de se exigir univocidade.

Isso decorre até mesmo da ambiguidade da palavra *propriedade*, ora utilizada para designar o objeto em si, ora utilizada para designar o direito (norma), ora como relação jurídica etc. Entretanto, nos parece ser mais acertado tomá-la em nosso estudo como tendo o conteúdo de um *direito*. Anotamos ser também muito comum na doutrina a discussão sobre a natureza jurídica da propriedade, se é uma relação jurídica entre pessoas (ainda que em um dos polos possam estar todas as pessoas diferentes do seu titular), ou se é uma relação que se estabelece entre o titular e a coisa,[9] o que nos parece, *data venia*, uma ideia equivocada.[10] Por outro lado, pode-se dizer que a propriedade é um poder (direito) conferido a alguém pelo Estado, sobre uma coisa e o exercício desse poder depende da função que condiciona seu nascimento. Assim, a função (social) não limita a propriedade, ela legitima-a, desde que seja exercida na forma prevista na Constituição.

O grande Mestre Celso Antônio Bandeira de Mello, em trabalho publicado antes da promulgação da Constituição de 1988, assim enfrentou o tema: *...numa primeira acepção, considerar-se-á que a "função social da propriedade" consiste em que esta deve cumprir um destino economicamente útil, produtivo, de maneira a satisfazer as necessidades sociais preenchíveis pela espécie tipológica do bem (ou pelo menos não poderá ser utilizada de modo a contraditar estes interesses), cumprindo dessarte, às completas, sua vocação natural, de molde a canalizar as potencialidades residentes no bem em proveito da coletividade (ou pelo menos, não poderá ser utilizada de modo a adversá-las). Em tal concepção do que seria*

---

[7] *Idem*, p. 260.

[8] ...Assim, cumpre distinguirmos, entre si, a propriedade de valores mobiliários, a propriedade literária e artística, a propriedade industrial, a propriedade do solo, *v.g.* Nesta última ainda, a propriedade do solo rural, do solo urbano e do subsolo.
Uma segunda distinção, ademais, há de ser procedida, entre propriedade de bens de consumo e propriedade de bens de produção. Como lembrei em outra ocasião, é de Givanni Cocoa observação de que a moderna legislação econômica considera a disciplina da propriedade como elemento que se insere no processo produtivo, ao qual converge um feixe de outros interesses que concorrem com aqueles do proprietário e, de modo diverso, o condicionam e por ele são condicionados. Esse novo tratamento normativo respeita unicamente aos bens de produção, dado que o ciclo da propriedade dos bens de consumo se esgota na sua própria fruição (p. 257, 258).

[9] DERANI, Cristiane. Função social da propriedade. *Revista de Direito Ambiental*, n. 1, p. 58.

[10] As relações sempre se estabelecem entre pessoas, sejam quem sejam, ou quantas sejam. Não vemos como um objeto possa manter relação com qualquer pessoa.

a função social da propriedade, exalça-se a exigência de que o bem seja posto em aptidão para produzir sua utilidade específica, ou, quando menos, que seu uso não se faça em desacordo com a utilidade social... ou seja *não se põem em pauta exigências de uma ordem social mais justa em relação aos economicamente hipossuficientes, não se coloca a temática de um maior equilíbrio ou nivelamento dos vários seguimentos da sociedade; em uma palavra, não há preocupações com a chamada justiça distributiva.*[11]

Seguindo com sua análise no mesmo trabalho citado acima, o Mestre passa a discorrer sobre a segunda das acepções: "À função social da propriedade pode-se também atribuir outro conteúdo, vinculado a objetivos de Justiça Social: vale dizer, comprometido com o projeto de uma sociedade mais igualitária ou menos desequilibrada — como é o caso do Brasil — no qual o acesso à propriedade e o uso dela sejam orientados no sentido de proporcionar ampliação de oportunidades a todos os cidadãos, independentemente da utilização produtiva que porventura já esteja tendo".[12]

Conclui então: "Parece fora de dúvida que a expressão *função social da propriedade* comporta não apenas o primeiro sentido, a que dantes se aludiu, mas também esta segunda acepção, a que ora estamos reportando".[13]

Dessa forma, com ele concordamos: a função social não é só o regramento da função em si, com seus contornos objetivos de que o bem deve atender ao interesse da coletividade e ser economicamente útil. Deve atender a essa vertente social de buscar a justiça social na forma da sua finalidade constitucional já anunciada pelo art. 3º e completada pelo art. 170 da Constituição.

Quanto à *função social da propriedade urbana*, encontramos tem um núcleo constitucional bem demarcado (art. 182, §2º) — *a propriedade urbana cumpre sua função social quando atende às exigências fundamentais de ordenação da cidade expressas no plano diretor*. A partir desse núcleo, tomando-se os princípios já tratados, há que se entender que essa função a ser definida pelo plano diretor municipal é imprescindível ao reconhecimento e proteção do direito de propriedade privada pelo poder público. Só essa propriedade é que é legítima e protegida. Daí a legitimidade e a constitucionalidade da hipótese de desapropriação (das duas modalidades previstas), bem como da taxação progressiva do IPTU. Dessa forma, é o plano diretor, *i.e.*, a legislação local deverá completar o conteúdo e contornos desse direito (propriedade) e a partir desse ponto é que se discutirá sua proteção pelo Estado.

Da competência tributária dos municípios, art. 156, §1º, inc. I

Quis o constituinte que a competência tributária do imposto incidente sobre a propriedade imóvel urbana, edificada ou não, fosse exercida pelo município, como aliás tradicionalmente vem ocorrendo no Brasil. A redação do artigo 156, modificada pela EC nº 29, de 13 de setembro de 2000, está assim disposta:

[11] *RDP*, 84/40.
[12] *Idem*, p. 44.
[13] *Idem, ibidem.*

Art. 156. Compete aos Municípios instituir impostos sobre:

I – propriedade predial e territorial urbana;

(...)

§1º Sem prejuízo da progressividade no tempo a que se refere o art. 182, §4º, inciso II, o imposto previsto no inciso I poderá:

I – ser progressivo em razão do valor do imóvel; e

II – ter alíquotas diferentes de acordo com a localização e o uso do imóvel.

Dizia a redação anterior desse parágrafo 1º:

§1º O imposto previsto no inciso I poderá ser progressivo, nos termos de lei municipal, de forma a assegurar o cumprimento da função social da propriedade.

Nessa redação, ainda sem os incisos que foram acrescentados pela EC nº 29/2000, a interpretação era controvertida, especialmente em face da lei paulistana, que instituiu a progressividade do IPTU, em razão do valor do imóvel. Essa progressividade intentada antes mesmo da edição do Estatuto da Cidade acabou por ser afastada pelo E. Supremo Tribunal Federal, em decisão de Recurso Extraordinário, ao nosso ver, com todo respeito, equivocada.

Assentou a corte que seria inviável aquela progressividade em razão do caráter *real*[14] do tributo, e que, portanto, não se harmonizava com a progressividade tributária, decorrência da adequação da espécie ao princípio da capacidade contributiva, verificável através do aspecto pessoal da relação jurídico-tributária.

Estamos com parte da doutrina que sempre entendeu possível a gradação do IPTU conforme a capacidade contributiva do contribuinte, em respeito à determinação constitucional do art. 145, inc. I.[15]

Nesse sentido, o próprio valor real do imóvel, por si só, é um índice confiável da capacidade contributiva do seu proprietário. Não se argumente que poderia o desafortunado contribuinte ter herdado ou recebido o imóvel em dação ou doação. Suas despesas de manutenção, inclusive com a tributação, são de responsabilidade irrefutável do proprietário. Como ensina Roque Antônio Carrazza, "Enfatizamos que a capacidade contributiva para fins de tributação por via do IPTU, é auferida em função do próprio imóvel (sua localização, dimensões, luxo, características etc.) e não da fortuna em dinheiro de seu proprietário. Não fosse assim, além da incerteza e

[14] Nos parece equivocada essa classificação, além de inútil e responsável por anos de confusões. A relação jurídica tributária somente pode se estabelecer entre pessoas — fisco e contribuinte — e jamais entre uma pessoa e uma coisa. Destarte, todos os tributos são sempre pessoais. Sendo pessoais, as bases de cálculo são sempre índices seguros do volume de riqueza envolvida no fato imponível realizado pelo contribuinte, como também o é, no caso em comento, o valor do imóvel.

[15] Art. 145. A União, os Estados, o Distrito Federal e os Municípios poderão instituir os seguintes tributos:
I – impostos;
II – taxas, em razão do exercício do poder de polícia ou pela utilização, efetiva ou potencial, de serviços públicos específicos e divisíveis, prestados ao contribuinte ou postos a sua disposição;
III – contribuição de melhoria, decorrente de obras públicas.
§1º – Sempre que possível, os impostos terão caráter pessoal e serão graduados segundo a capacidade econômica do contribuinte, facultado à administração tributária, especialmente para conferir efetividade a esses objetivos, identificar, respeitados os direitos individuais e nos termos da lei, o patrimônio, os rendimentos e as atividades econômicas do contribuinte.

insegurança, proliferariam situações desse tipo: pessoa hoje pobre, mas que adquiriu caríssimo imóvel em período economicamente faustoso de sua vida profissional, estaria a salvo do IPTU. Ou deste: um prédio de alto luxo, com um apartamento por andar, cada proprietário pagaria um IPTU diferente (assim *v.g.* o banqueiro bem sucedido pagaria o imposto em seu grau máximo e o aposentado, que recebe pensão previdenciária do INSS, nada pagaria). Não nos parece seja este o espírito do dispositivo constitucional. A nosso ver, a só propriedade do imóvel luxuoso constitui-se numa presunção 'iuris et de iure' de existência de capacidade contributiva (pelo menos para os fins de tributação por via do IPTU). Estaria inaugurado o império da incerteza se a situação econômica individual do contribuinte tivesse de ser considerada na hora do lançamento deste imposto".[16]

O mesmo se daria caso o infortunado proprietário tivesse sido agraciado com um veículo importado, digamos uma Ferrari; não teria de custear seu IPVA e suas demais despesas caso pretendesse manter o veículo? O caso é o mesmo. Se não pode responder pela tributação incidente sobre o imóvel, então quer a Constituição que o proprietário dele se desfaça e se de sua vontade, adquira outro em diferentes condições, conforme sua capacidade econômica e financeira.

Não nos ocuparemos mais dessa questão por ser demasiado extensa e controvertida, o que, por si só, comportaria outro trabalho monográfico e, portanto, não se coaduna com o presente trabalho, além de já estar devidamente tratada pela EC nº 29/2000 e pelo E. STF.

Havido portanto o julgamento da progressividade do IPTU[17] pelo Supremo Tribunal Federal, quis o legislador constitucional reformador por às claras a determinação do cabimento da progressividade do IPTU, bem como reforçar a ideia da existência de vários tipos de progressividade dessa espécie tributária,[18] tornando-a uma importante e eficiente ferramenta para as políticas urbanísticas, ao lado da básica função arrecadatória.

Aliás, no julgamento de *leading case* RE nº 153771-MG, o Supremo Tribunal Federal afirmou ser a progressividade prevista no inciso II do §4º do artigo 182 da Constituição Federal a única constitucionalmente possível, antes da EC nº 29.

Nesse contexto verifica-se a possibilidade de três modalidades de progressividade na cobrança do IPTU: a *primeira*, meramente *fiscal*, e atendendo aos ditames de distribuição equitativa de renda propiciada pela progressividade, na qual o valor elevado da base de cálculo autoriza a majoração da alíquota. Desnecessário falar-se aqui no atendimento ao comando constitucional de redução das desigualdades sociais, com essa progressividade. É mais um instrumento a ser utilizado na busca da tão sonhada paz social, colocado à disposição da municipalidade. Com isso, a discussão havida no Supremo Tribunal Federal sobre a possibilidade da progressão das alíquotas e a aplicação do princípio da progressividade tributária em imposto de natureza eminentemente *real*, parece-nos, ficou indiscutivelmente superada.[19]

---

[16] *Curso de direito constitucional tributário*, p. 80.

[17] *Vide* R.Ex. nº 204.827-5/SP, julgado em 25.04.1997 pelo STF.

[18] *Vide* incisos I e II do art. 156, §1º, da Constituição Federal, já transcrito.

[19] Não desconhecemos as teses lançadas da inconstitucionalidade dessa EC que estaria por violar cláusula pétrea relativa aos limites à tributação. No entanto, com ela não concordamos, *data venia* de seus doutos defensores como Aires de Brito, Hugo de Brito Machado e outros, pois ao contrário do que pregam, a nova redação desse

Com relação à *segunda* das possibilidades, nota-se que a Constituição Federal claramente autorizou o uso do IPTU ainda com vistas à capacidade contributiva do proprietário, quando autoriza a progressividade em decorrência do uso e localização do imóvel. Há que se reconhecer neste ponto já uma natureza *extrafiscal* dessa taxação. Ao nosso ver, a norma constitucional é clara ao determinar que "sempre que possível", os tributos serão graduados conforme a capacidade contributiva do contribuinte.[20] Essa progressão será em razão da relação localização e uso urbanístico do imóvel, na forma do plano diretor.

Verificamos ainda uma *terceira* modalidade de progressividade, e objeto de nosso trabalho: a progressividade das alíquotas no tempo, já autorizadas anteriormente, no capítulo da Política Urbana, no art. 182, §4º e inciso II:

> Art. 182. A política de desenvolvimento urbano, executada pelo Poder Público municipal, conforme diretrizes gerais fixadas em lei, tem por objetivo ordenar o pleno desenvolvimento das funções sociais da cidade e garantir o bem-estar de seus habitantes.
>
> §4º – É facultado ao Poder Público municipal, mediante lei específica para área incluída no plano diretor, exigir, nos termos da lei federal, do proprietário do solo urbano não edificado, subutilizado ou não utilizado, que promova seu adequado aproveitamento, sob pena, sucessivamente, de:
>
> I – parcelamento ou edificação compulsórios;
>
> II – imposto sobre a propriedade predial e territorial urbana progressivo no tempo;
>
> III – desapropriação com pagamento mediante títulos da dívida pública de emissão previamente aprovada pelo Senado Federal, com prazo de resgate de até dez anos, em parcelas anuais, iguais e sucessivas, assegurados o valor real da indenização e os juros legais.

Regina Helena Costa, em artigo publicado,[21] comenta com propriedade acerca da diferença conceitual havida entre este IPTU, progressivo em razão da localização e do uso do imóvel (no seu ver também com caráter eminentemente extrafiscal), daquela prevista no art. 182, §4º, II. Esta última que se dá em razão do tempo decorrido sem o cumprimento das obrigações ou ônus devidos pelo proprietário do imóvel,[22] em virtude da natureza de seu direito.

---

dispositivo só fez aclarar uma zona de dúvida, reafirmando os objetivos e princípios do Estado Brasileiro já mencionados no início de nosso trabalho.

[20] Art. 145. A União, os Estados, o Distrito Federal e os Municípios poderão instituir os seguintes tributos:
I – impostos;
II – taxas, em razão do exercício do poder de polícia ou pela utilização, efetiva ou potencial, de serviços públicos específicos e divisíveis, prestados ao contribuinte ou postos a sua disposição;
III – contribuição de melhoria, decorrente de obras públicas.
§1º – *Sempre que possível, os impostos terão caráter pessoal e serão graduados segundo a capacidade econômica do contribuinte*, facultado à administração tributária, especialmente para conferir efetividade a esses objetivos, identificar, respeitados os direitos individuais e nos termos da lei, o patrimônio, os rendimentos e as atividades econômicas do contribuinte.

[21] DALLARI, Adilson Abreu; FERRAZ, Sergio (Coord.). *Estatuto da Cidade*: comentários à Lei Federal 10.257/2001. 1. ed., 2. tiragem. São Paulo: Malheiros, 2003. p. 105.

[22] *Idem*, nota de rodapé n. 10: "Aliás, pensamos, com a devida vênia, que essa questão da progressividade do IPTU, até o momento, vem sendo mal compreendida pelo Supremo Tribunal Federal, que não tem exagerado a possibilidade de sua adoção. Em relação à progressividade com caráter extrafiscal, em razão da inexistência da lei federal a que se refere o art. 182, §4º, da Constituição Federal; quanto à progressividade fiscal, por

Roque Carrazza[23] ao tratar o tema, tendo já reconhecido de modalidades diferentes de progressividade (a fiscal e a extrafiscal) escreveu: "O que a Constituição quer é que, *além de obedecer ao princípio da capacidade contributiva*, o IPTU seja progressivo nos termos de lei municipal, de forma a assegurar o cumprimento da função social da propriedade. Em outras palavras, além de obedecer a uma progressividade fiscal (exigida pelo §1º do art. 145 da Constituição Federal), o IPTU deverá obedecer a uma progressividade extrafiscal (agora nos termos do §1º do art. 156 da Constituição Federal). Somente a progressividade extrafiscal depende da edição do plano diretor, que vai indicar qual é a função social propriedade. É o que se depreende só da leitura do art. 182, §2º, da Constituição Federal, que estabelece 'a propriedade urbana cumpre sua função social quando atende às exigências fundamentais de ordenação da cidade expressas no plano diretor'. Portanto o IPTU pode e deve ser um instrumento de extrafiscalidade".

A utilização efetiva dessa extrafiscalidade (a progressividade da alíquota no tempo) encontra *condicionantes* já no texto constitucional que a condiciona ao contumaz descumprimento da obrigação de parcelamento ou edificação compulsórios, e que preexista no município, plano diretor e lei específica da municipalidade sobre o tema.

Na sucessividade de consequências ao contribuinte pelo desatendimento aos planos municipais, caso em que a progressividade no tempo se mostre insuficiente, ter-se-á, inclusive a possibilidade de desapropriação com pagamentos em títulos da dívida municipal, remunerados com juros de 6% a.a. Esses títulos, entretanto, devem ter sua emissão previstas em lei e aprovada a emissão pelo Senado Federal, conforme art. 52, inc. VI da Constituição Federal. A essa modalidade de desapropriação a doutrina tem chamado de "desapropriação sanção".

Da progressividade no tempo – Art. 182, §4º, II, da Constituição Federal

Observa-se, desde logo, que a constituição aponta para a utilização do tributo IPTU como uma das formas de sanção ao proprietário que sistematicamente descumpre a obrigação urbanística a que está sujeito:

> Art. 182. A política de desenvolvimento urbano, executada pelo Poder Público municipal, conforme diretrizes gerais fixadas em lei, tem por objetivo ordenar o pleno desenvolvimento das funções sociais da cidade e garantir o bem-estar de seus habitantes.
>
> §4º – É facultado ao Poder Público municipal, mediante lei específica para área incluída no plano diretor, exigir, nos termos da lei federal, do proprietário do solo urbano não

---

tratar-se de imposto real, o que inviabilizaria, no entendimento da Corte, a aplicação do princípio da capacidade contributiva. O Excelso Pretório já se pronunciou reiteradas vezes nesse sentido. A título de exemplo, conforme RE 194.036-SP...etc. Sustentamos, há muito, que feição progressiva pode ser imprimida a esse imposto, com caráter fiscal, em razão da aplicação do princípio da capacidade contributiva, informador de todos os impostos, e, com caráter extrafiscal, genericamente, independentemente da progressividade no tempo a que alude o art. 182, §4º, II, da Lei Maior...Todavia, tal orientação haverá demodificar-se diante da alteração constitucional promovida pela Emenda Constitucional 29/2000."

[23] *Idem*, p. 81-82.

edificado, subutilizado ou não utilizado, que promova seu adequado aproveitamento, sob pena, sucessivamente, de:

I – parcelamento ou edificação compulsórios;

II – imposto sobre a propriedade predial e territorial urbana progressivo no tempo;

III – desapropriação com pagamento mediante títulos da dívida pública de emissão previamente aprovada pelo Senado Federal, com prazo de resgate de até dez anos, em parcelas anuais, iguais e sucessivas, assegurados o valor real da indenização e os juros legais.

Uma questão que desde logo nos salta aos olhos é a utilização de tributo como sanção.

Este inovador conceito constitucional afrontaria o conceito tradicional, para o qual, se a obrigação decorre de ato ilícito, se é sanção, então não poderia ser tributo? Entretanto o que temos aqui é um tributo, revestido de características extrafiscais, sancionando o contribuinte até que o mesmo cumpra suas obrigações legais e constitucionais, aumentando o valor de sua obrigação tributária. Cumprida a obrigação urbanística, a alíquota deverá, no exercício seguinte, retornar ao seu patamar usual.[24] Não nos parece ser o caso de se rever ou se refazer o lançamento para o exercício em curso ou mesmo restituir ao contribuinte o imposto majorado, cobrado para o período subsequente ao cumprimento da obrigação urbanística. A norma que prevê a cobrança majorada já terá incidido e não vemos como apagar esse fato, a menos que não tivesse havido o lançamento.

Não vemos maiores problemas com esse novo conceito constitucional de tributo criado para ser aplicável somente ao IPTU, em condições ainda muito restritas. Atende esse tributo àqueles princípios já comentados inicialmente, bem como aos objetivos de nosso Estado. A má ou a subutilização da propriedade imóvel urbana hoje é, sem dúvida, uma das maiores causas da degradação do meio ambiente urbano, e especialmente nas grandes cidades, onde também a especulação imobiliária é um grande entrave ao crescimento ordenado.

As alegações de inconstitucionalidade dessa progressividade especial na forma tratada pelo Estatuto da Cidade já não são poucas,[25] mas ao nosso ver essa espécie tributária atende perfeitamente à moldura constitucional e se justifica pela aplicação dos princípios e objetivos de nosso Estado. Não tinha o legislador outra opção em face do todo constitucional, e mesmo se invocado o princípio da proporcionalidade,[26] dúvida não se teria da sua pertinência ao Sistema Constitucional.

---

[24] Isso se dá em virtude da prática reiterada de se adotar o lançamento anual para o IPTU, apenas se dividindo em parcelas, o valor do tributo devido. Todavia, se por acaso, tivesse a lei facultado ao município a utilização o critério temporal de unidade menor que o anual, a alíquota reestabelecida ao patamar usual, seria utilizada no próximo lançamento, fosse ele semestral, trimestral mensal ou qualquer outro.

[25] *Vide* Artigo publicado na *Revista Dialética de Direito Tributário*, 80, p. 105 *et seq.*, maio 2002, assinado por Ives Gandra da Silva Martins e Aires F. Barreto, sob o título "IPTU: por ofensa a Cláusulas Pétreas, a Progressividade Prevista na EC 29/2000 é Inconstitucional, ou ainda Inconstitucionalidade do IPTU progressivo Instituído nos Termos da Lei Municipal 13.250/01 e da Emenda Constitucional 29/00 e Inconstitucionalidade e Ilegalidade da forma de apuração da Base de Cálculo, violadora do Art. 37 cz CF e 148 do CTN", assinado por Rogério V. G. da Silva Martins, José Ruben Marone e Soraya David Monteiro Locatelli, no mesmo periódico, v. 81, p. 80 *et seq.*

[26] *Vide* excelente trabalho sobre o tema em: BARROS, Suzana de Toledo. *O princípio da proporcionalidade e o controle de constitucionalidade das leis restritivas de direitos fundamentais*. 2. ed. Brasília: Brasília Jurídica, 2000.

A progressividade no tempo aqui aludida foi corretamente desenhada pela Lei nº 10.257 de 2001 criando ciclos de majoração e patamar máximos, observáveis, obrigatoriamente pelo poder público municipal no exercício de sua competência.

Observe-se que isto também é constitucionalmente aceito e não viola, de forma alguma, a autonomia municipal, como bem observou Fernando Menezes "(...) Nem poderia ser diferente, em face da previsão expressa do art. 156, §1º (seja na redação anterior, seja com a atual), e do art. 182, §4º, II, ambos da Constituição Federal. De todo modo, para a cobrança do IPTU progressivo no tempo tornar-se aplicável, faltava a edição de lei federal — o que atualmente não mais ocorre, em face do Estatuto da Cidade. Uma vez cumprido esse requisito, cabe agora a cada município, por meio de lei específica (Constituição Federal, art. 182, §4º, e Estatuto da Cidade, art. 5º), instituir o IPTU com alíquotas progressivas no tempo".[27]

Natureza jurídica da obrigação – Sanção ou tributo extrafiscal?

Progredindo na análise dos casos do IPTU na Constituição Federal, colocar-se-ia a dúvida de existir entre nós uma nova modalidade de imposto, vez que a doutrina sempre reconheceu como indiscutível o conceito fixado no Código Tributário Nacional, segundo o qual o tributo não terá fins sancionatórios.

Contudo, esse entendimento se nos mostra equivocado. Ocorre que não se está diante de tributo-sanção, mas sim diante de tributo com finalidade extrafiscal.

Isso vale dizer que a questão do conceito geral de tributo não se mantém, face ao disposto na Constituição, especialmente quando considerado que essa modalidade do IPTU foi ali colocada pelo constituinte originário. Fica claro também que outros tributos podem e são frequentemente utilizados como instrumento de política pública. Veja-se o exemplo do IPI ou do Imposto de Importação, cujas alíquotas já chegaram, em alguns casos, a 200% do valor do bem, como forma de inibir-lhe a importação — como o caso dos veículos de luxo, ou o IPI dos cigarros, como forma de desestimular o consumo.

Veja-se que nesses casos mencionados, não se cogita de que tenha o tributo caráter sancionatório. Reconhece-se apenas sua natureza e utilidade educativas.

Neste sentido, tomando-se a estrutura da norma tributária do IPTU e comparando-a com o arquétipo de uma norma meramente sancionatória, veremos que são diferentes. No IPTU, o antecedente continua sendo o fato de ser proprietário ou possuidor determinado imóvel urbano, sendo que apenas o critério quantitativo (alíquota) é que variará ou crescerá no tempo, em face do descumprimento contumaz de uma obrigação urbanística constitucionalmente exigida. O consequente dessa norma prescreve uma progressão da alíquota e não uma obrigação.

Melhor esclarecendo nosso entendimento: a norma que determina a progressão da alíquota prevê em seu antecedente a hipótese de o contribuinte ter deixado de

[27] ALMEIDA, Fernando Dias Menezes de. Dos instrumentos da política urbana: dos instrumentos em geral: do parcelamento, edificação ou utilização compulsórios: do IPTU progressivo no tempo: da desapropriação com pagamento em títulos. *In*: MEDAUAR, Odete *et al*. (Coord.). *Estatuto da Cidade*: Lei n. 10.257, de 10.07.2001: comentários. São Paulo: Revista dos Tribunais, 2002. p. 28 *et seq*.

cumprir suas obrigações urbanísticas, na forma e nos prazos estipulados. Como consequente, a norma prescreve apenas um incremento na alíquota; um dos elementos quantitativos do prescritor da norma tributária do IPTU.

No arquétipo da norma sancionatória, a hipótese do antecedente é sempre a do descumprimento de um dever jurídico fiscal pura e simplesmente, e o consequente prescreve o nascimento de uma nova obrigação (de uma nova relação jurídica) autônoma.

Disciplina legal do IPTU no Estatuto da Cidade

Como já dissemos anteriormente, há um longo caminho a ser percorrido até a final efetividade desse tributo conforme tratou Estatuto da Cidade, Lei nº 10.257/01.[28]

Dessa disciplina legal, editada nos termos do art. 182, §4º, inc. II, da Constituição Federal, logo se pode verificar o difícil *iter* procedimental a ser seguido pelo município para a utilização dessa ferramenta urbanística.

Um dos aspectos mais polêmicos desse arquétipo tributário trazido pelo Estatuto da Cidade é o valor da alíquota máxima. Muitas vozes já se levantaram para afirmar sua inconstitucionalidade por considerarem-na confiscatória. Consideram que a progressão e a manutenção da alíquota no seu limite por alguns anos (alguns lançamentos) seria o suficiente para subtrair do proprietário valor correspondente ao do próprio imóvel.

Como se sabe, não há limite objetivo para as alíquotas dos diversos tributos, sendo certo que o seu excesso só pode ser verificado conjuntamente com sua respectiva base de cálculo. Isto é, há tributos nos quais uma alíquota de 5% (cinco por cento) pode significar confisco ou mesmo total aniquilamento da capacidade financeira do contribuinte, como quando se toma a Contribuição Social para o PIS. Este tributo, cuja base de cálculo é o faturamento da empresa, se fosse cobrado naquele percentual, poderia significar a inviabilização da empresa ou mesmo que seu pagamento estria atingindo o próprio patrimônio da empresa.

Outros há, como o Imposto de Renda Pessoa Física, cuja alíquota máxima é hoje de 27,5% (vinte sete e meio por cento), já tendo sido ainda maior. Há possibilidade de que isso venha a acontecer novamente na nova "reforma tributária", sem que cause grandes espantos ou inconstitucionalidades.

Sendo assim, põe-se uma questão: será que o limite de 15% pode configurar uma alíquota confiscatória para o IPTU?

---

[28] Art. 7º Em caso de descumprimento das condições e dos prazos previstos na forma do *caput* do art. 5º desta Lei, ou não sendo cumpridas as etapas previstas no §5º do art. 5º desta Lei, o Município procederá à aplicação do imposto sobre a propriedade predial e territorial urbana (IPTU) *progressivo* no tempo, mediante a majoração da alíquota pelo prazo de cinco anos consecutivos.
§1º O valor da alíquota a ser aplicado a cada ano será fixado na lei específica a que se refere o *caput* do art. 5º desta Lei e não excederá a duas vezes o valor referente ao ano anterior, respeitada a alíquota máxima de quinze por cento.
§2º Caso a obrigação de parcelar, edificar ou utilizar não esteja atendida em cinco anos, o Município manterá a cobrança pela alíquota máxima, até que se cumpra a referida obrigação, garantida a prerrogativa prevista no art. 8º.
§3º É vedada a concessão de isenções ou de anistia relativas à tributação progressiva de que trata este artigo.

A primeira das considerações é que não se falaria nesse patamar (quinze por cento) para a cobrança ordinária e fiscal do IPTU. Normalmente tem-se verificado que as alíquotas variam dentro de um intervalo de 0,1 a 2% (um décimo a dois por cento) do valor do imóvel, ao ano. Assim se estivéssemos a discutir o limite para a tributação ordinária do IPTU, certamente que quinze por cento se mostraria um patamar excessivamente elevado.

Contudo, na hipótese em estudo, está-se falando em alíquota de um tributo quando empregado em função *extrafiscal* e que só pode chegar a esse limite após anos de descumprimento das obrigações decorrentes da propriedade (do direito de propriedade com função social) e com crescimento paulatino e limitado por ano. Portanto a análise deve ser outra, ou seja, deve partir de premissas outras.

Como já referido anteriormente, a alíquota de 200% imposta à importação de alguns produtos, ou o IPI de 30% para veículos de luxo, são comuns e constitucionalmente aceitáveis e se justificam pela função extrafiscal que desempenham.

Assim, tratando-se de IPTU utilizado como instrumento de política urbana, visando à ordenação das cidades e da vida nelas, conforme os ditames da Constituição Federal e do Estatuto da Cidade, não se está, efetivamente, diante de um confisco. É neste sentido, o ensinamento de Aliomar Baleeiro e Augusto Becker: "Mas não ofendem à Constituição impostos que, em função extrafiscal, são instituídos com o propósito de compelir ou afastar o indivíduo de certos atos ou atitudes. Nesse caso, o caráter destrutivo e agressivo é inerente a essa tributação admitida por tribunais americanos e argentinos e da qual há exemplos no Direito Fiscal brasileiro quando visa ao protecionismo à indústria, ao incentivo à natalidade, ao combate ao absenteísmo, ao latifúndio, etc. Destarte, o art. 153, §1º [da Constituição anterior], comporta, evidentemente, as exceções justificadas, expressas ou implícitas nos objetivos extrafiscais do legislador. Esses fins extrafiscais, em geral, resultam de cláusulas da Constituição. Se esta pretende amparar a família, tolera a tributação pessoal drástica sobre o celibato. Se promete melhor distribuição da propriedade e a condiciona ao bem-estar social, certamente autoriza o fiscalismo enérgico, capaz de reprimir o latifúndio, que impede essa distribuição e impossibilita aquele bem-estar social. Se a Constituição a todos assegura trabalho que possibilite existência digna, e o erige em dever social, é desejável e admissível a tributação violenta que repele acumulação de capitais favoráveis à ociosidade dos donos ou apenas incompatíveis, economicamente, com o pleno emprego".[29]

A proporção e a progressividade de qualquer tributo em relação à base de cálculo não lhe altera natureza jurídica, ainda que a proporção final seja superior a cem por cento. A medida da proporção e ritmo da progressividade do tributo (seja imposto ou taxa) são problemas pré-juridicos de Política Fiscal cuja solução fica entregue exclusivamente ao arbítrio do legislador. Entretanto, naqueles países cujo sistema jurídico contém regra jurídica constitucional conferindo juridicidade ao

[29] BALEEIRO, Aliomar. *Limitações constitucionais ao poder de tributar*, p. 567, citado por ALMEIDA, Fernando Dias Menezes de. Dos instrumentos da política urbana: dos instrumentos em geral: do parcelamento, edificação ou utilização compulsórios: do IPTU progressivo no tempo: da desapropriação com pagamento em títulos. *In*: MEDAUAR, Odete *et al*. (Coord.). *Estatuto da Cidade*: Lei n. 10.257, de 10.07.2001: comentários. São Paulo: Revista dos Tribunais, 2002. p. 64.

"princípio da capacidade contributiva, o legislador ordinário tem o dever jurídico de dosar a proporção e progressividade do tributo de modo a não haver violação daquela regra jurídica constitucional".[30]

Observe-se que nem sempre será possível se ter uma alíquota de quinze por cento, pois, na forma do art. 7º, a alíquota somente poderá ser aumentada até cem por cento de um exercício por outro, durante cinco anos. Dessa forma, para exemplificar, se a alíquota inicial for, por exemplo, de meio por cento, no segundo ano será de um por cento, no seguinte, dois, no terceiro, quatro por cento e no quinto e último, chegará a oito por cento, onde deverá permanecer até o cumprimento da obrigação inadimplida.

Por outro lado, pode haver imóveis que se valorizem até mais de 15% no ano em virtude da intensa especulação imobiliária que se dá nos grandes centro urbanos. Como dizer que estaria havendo aí, um impedimento à exploração de suas atividades econômicas?[31] Ainda que pagasse os quinze por cento de imposto, o proprietário estaria tendo lucro e não se poderia, jamais, falar em confisco ou em privação da propriedade.

É bom que se lembre ser esse o limite máximo a que pode chegar a alíquota, sendo muito pouco provável que venha a acontecer no caso concreto.

Parece-nos que a "forte" cobrança do IPTU com fins urbanísticos se justifica também na própria capacidade contributiva do devedor, pois este sempre terá medidas menos onerosas que a tributação para adotar e impedir seu prejuízo financeiro. Aliás esta é também uma característica peculiar dessa cobrança: só se sujeita a ela o contribuinte que com ela assentir.

Dizemos isso, pois se está o contribuinte a descumprir obrigações urbanísticas, o que se dá, em quase a totalidade das vezes, por motivo de especulação imobiliária, o faz por determinação própria, caso contrário poderia cumprir o parcelamento ou a edificação compulsória, ou mesmo exonerar-se dessas obrigações, alienando o imóvel. Portanto, a manutenção dessa alíquota só depende do próprio contribuinte. Aliás, esse tratamento é inegavelmente reflexo da função social da propriedade urbana.

Essa discussão sobre o confisco das alíquotas é estéril em matéria de extrafiscalidade onde é utilizada com caráter eminentemente educativo.

Igualmente estamos certos de que a progressividade é expressão da adequação da tributação à capacidade contributiva de cada um. Não é outro o entendimento da doutrina sobre a capacidade contributiva e confisco.

Conclusão

Pelo que pudemos verificar, é muito pouco provável que qualquer município consiga utilizar, com eficiência, esse instrumento de política urbanística. O *iter* procedimental para chegar a efetivação da cobrança desse IPTU progressivo (no

[30] BECKER, Alfredo Augusto. *Teoria geral do direito tributário*. 3. ed. São Paulo: Lejus, 1998. Item 80, p. 289 *et seq*.

[31] Concordamos, em tese com o Mestre Roque Carrazza (*Curso de direito...*, 28. ed. item 8.3.1, p. 88 *et seq*.), quando ao tratar do confisco perante o princípio republicano, mas sabemos que não se trata de confisco a tributação em análise.

tempo) é muito extenso e complexo. As vontades políticas dos poderes municipais devem estar em consonância com o cumprimento das diretrizes constitucionais e terem já assimilado o novo conteúdo jurídico do direito de propriedade e de sua função social.

Contudo, considerando que tais requisitos estejam presentes, que as leis tenham sido aprovadas, que as notificações tenham sido perfeitamente realizadas, que tenha havido, de fato o descumprimento pelo proprietário urbano das diretrizes urbanísticas, a cobrança do IPTU progressivo se torna legítima, na medida em que é uma expressão natural da função social da propriedade urbana.

Como instrumentos de políticas urbanas, todas as modalidades da progressividade do IPTU são de extrema utilidade e efetividade, na exata medida que, tendo sido relativizada a propriedade urbana, seu mau uso e suas diferentes matizes de valores financeiros passam a promover a justa distribuição das rendas e dos patrimônios, gravando aquele que mais pode pagar, com parcelas maiores e aqueles menos afortunados, com parcelas menores.

A função social da propriedade urbana, como vimos, tem seu esboço na constituição, e é integralizada em seu conteúdo pela lei municipal que vier a aprovar o plano diretor.

Não vemos como se possa, *a priori*, falar da inconstitucionalidade da Lei nº 1.257/2001, no que se refere à progressividade do IPTU, em quaisquer de suas hipóteses. Esse juízo, feito já açodadamente por alguns juristas de escol, imprescinde dos fatos concretos (legislação municipal e caso da sua aplicação propriamente ditos). Só a análise do plano diretor, conjuntamente com a legislação específica do parcelamento ou edificação compulsórios e do próprio IPTU, bem como do próprio ato do lançamento e, obviamente, de seus pressupostos fáticos, é que se poderá verificar a relação de constitucionalidade da obrigação.

Nem mesmo os limites de aumento anual das alíquotas no caso de estar implementada a política da progressividade no tempo, na proporção de cem por cento ao ano, durante cinco anos, ou ainda o limite de quinze por cento, nos parece excessivo. Muitas vezes a valorização imobiliária anual dos imóveis em zonas de alta especulação pode ultrapassar, em muito, esse percentual, não se tendo como alegar o confisco ou a tributação da propriedade em si, aprioristicamente.

É fato histórico a edição do Estatuto da Cidade, que pela primeira vez trouxe ao nosso sistema jurídico a matéria de Direito Urbanístico de forma organizada e sistemática. Esse diploma inaugurou uma nova ordem jurídica, sistematizando os princípios instrumentos e objetivos do Direito Urbanístico, que já poderia até recomendar sua autonomia.

A conquista de um meio ambiente urbano ecologicamente equilibrado passa, obrigatoriamente, pela ordenação das cidades, pela melhor ocupação dos espaços urbanos, evitando a degradação dos espaços, tanto pelo combate à especulação imobiliária quanto pela oferta de infraestrutura (equipamentos e serviços públicos), que passa desde a oferta de água e esgotos, até a adequada malha viária para atender os deslocamentos urbanos. O uso racional da propriedade urbana, propiciado pelo planejamento global da cidade, somente pode ser atingido com a participação de toda a sociedade, sendo o habitante desses centros proprietário ou não de imóvel urbano.

Deve haver, e já vemos presságio disso, uma distribuição equitativa dos custos e benefícios do atingimento da meta de uma cidade sadia e ecologicamente equilibrada.

Assim todos os esforços realizados para a criação e manutenção de um meio ambiente ecologicamente equilibrado, item essencial à sadia qualidade de vida e preservação da dignidade da pessoa humana, devem ser feitos e suportados por toda a sociedade, não só pelo Estado.

A dignidade da pessoa humana, bem constitucionalmente protegido e de tamanha relevância — especialmente por ser um dos aspectos do *direito à vida* — é valor supremo de nossa sociedade, do qual não podemos nos distanciar. Todas as ações públicas devem estar ordenadas a esse fim. Só assim serão alcançados também os objetivos do Estado, relativos à diminuição das desigualdades sociais e regionais, bem como combate e a erradicação da pobreza.

Referências

BECKER, Alfredo Augusto. *Teoria geral do direito tributário*. 3. ed. São Paulo: Lejus, 1998.

COMPARATO, Fábio Konder. *A afirmação histórica dos direitos humanos*. 2. ed. São Paulo: Saraiva, 2001.

COSTA, Regina Helena. *Princípio da capacidade contributiva*. São Paulo: Malheiros, 1993.

DALLARI, Adilson Abreu; FERRAZ, Sergio (Coord.). *Estatuto da Cidade*: comentários à Lei Federal 10.257/2001. 1. ed., 2. tiragem. São Paulo: Malheiros, 2003.

DALLARI, Adilson Abreu, FIGUEIREDO, Lúcia Valle (Coord.). *Temas de direito urbanístico 2*. São Paulo: Revista dos Tribunais, 1991.

GRAU, Eros Roberto. *A ordem econômica na Constituição de 1998*. 7. ed. São Paulo: Malheiros, 2002.

MACHADO, Hugo de Brito. *Curso de direito tributário*. 11. ed. São Paulo: Malheiros, 1996.

MEDAUAR, Odete *et al*. (Coord.). *Estatuto da Cidade*: Lei n. 10.257, de 10.07.2001: comentários. São Paulo: Revista dos Tribunais, 2002.

MELLO, Celso Antônio Bandeira de. *Curso de direito administrativo*. 15. ed. São Paulo: Malheiros, 2003.

SILVA, José Afonso da. *Direito urbanístico brasileiro*. 2. ed. São Paulo: Malheiros, 1998.

SILVA, José Afonso da. *Direito ambiental constitucional*. 2. ed. São Paulo: Malheiros, 1995.

Informação bibliográfica deste texto, conforme a NBR 6023:2002 da Associação Brasileira de Normas Técnicas (ABNT):

MARIANO JÚNIOR, Raul. O IPTU utilizado como ferramenta de direito urbanístico: a progressividade no tempo. *In*: DALLARI, Adilson Abreu; DI SARNO, Daniela Campos Libório (Coord.). *Direito urbanístico e ambiental*. 2. ed. rev. Belo Horizonte: Fórum, 2011. p. 313-333. ISBN 978-85-7700-449-2.

Licença Edilícia e Plano Urbanístico no Direito Português

Pedro Tavares Maluf

1 Introdução

Pretende-se, por intermédio do presente trabalho, analisar um diploma legal relativamente recente editado em Portugal, bem como os problemas suscitados por ele quando confrontado com o ordenamento jurídico-constitucional desse país e, na medida do possível, estabelecer uma comparação entre as implicações que tal lei acarretou no direito português e aquelas que uma lei similar poderia acarretar no direito brasileiro se iniciativa semelhante fosse adotada no Brasil.

A lei a que nos referimos é o Decreto-Lei nº 351/93, de 7 de outubro, que, menos de dois anos após sua edição, foi objeto de uma arguição de inconstitucionalidade feita pelo Provedor de Justiça perante o Tribunal Constitucional. Pelo que é de se presumir, tanto a lei quanto a iniciativa do Provedor de Justiça provocaram acalorado debate no seio da comunidade jurídica portuguesa, como bem ilustram dois pareceres e um artigo publicados em junho de 1995 no número 3 da *Revista Jurídica do Urbanismo e do Ambiente* (Livraria Almedina, Coimbra). O artigo é de autoria de João Caupers ("Estado de Direito, ordenamento do território e direito de propriedade", p. 87-115), e dos dois pareceres, um é de autoria de Mário Esteves de Oliveira (O direito de propriedade e o *jus aedificandi* no direito português, p. 161-239) e o outro é de Rui Chancerelle de Machete (Constitucionalidade do regime da caducidade previsto no Decreto-Lei nº 351/93, de 7 de outubro, p. 241-260).

As principais normas com que o Decreto-Lei nº 351/93 inovou a ordem jurídica e que se reputam possivelmente inconstitucionais prescrevem que toda e qualquer licença edilícia (convencionaremos aqui chamá-la genericamente de licença edilícia, mas que pode se referir a um projeto de loteamento, a uma obra de urbanização ou a uma construção) expedida pela Administração local (municipal) sujeita-se a uma confrontação com um determinado tipo de plano urbanístico — o Plano Regional de Ordenamento do Território (de ora em diante designado apenas como PROT), cuja disciplina, em nível nacional, está contida no Decreto-Lei nº 176-A/88, de 18 de maio —, ainda que a entrada em vigor de referido plano ocorra em momento posterior àquele em que a licença tenha sido expedida.

Importa observar que em Portugal, além dos planos urbanísticos municipais (plano diretor municipal, plano de urbanização, plano de pormenor), há previsão para planos urbanísticos supramunicipais, sendo este o caso do PROT (bem como o do Plano Nacional de Ordenamento do Território e o do Plano Especial de Ordenamento do Território), que possui alcance regional e é de competência do Ministério do Planejamento e Administração do Território. Assim, o ato administrativo municipal (a licença edilícia, norma de efeitos individuais e concretos) passa a ser confrontado com uma norma de efeitos gerais e abstratos (o PROT) emanada de uma esfera de governo supramunicipal, confrontação essa que se faz por meio de um ente administrativo de competência do poder central, e não do poder local. Este segundo ato, também uma norma de efeitos individuais e concretos, é o juízo de compatibilidade que tem por objeto a licença edilícia anterior ao PROT e por conteúdo a confirmação — ou, em sentido contrário, a negação — da compatibilidade da licença em relação ao PROT.

A despeito de qual seja o prazo de validade da licença edilícia, o próprio ato declaratório de confirmação de compatibilidade possui também um prazo após o qual os direitos dele decorrentes se extinguem se não tiverem sido oportunamente exercidos (este prazo era originalmente de um ano, passando depois a ser de dois anos por força da modificação legal introduzida pelo Decreto-Lei nº 61/95, de 7 de abril). Daí que o advento do Decreto-Lei nº 351/93, bem como de qualquer PROT posterior a ele, condiciona o exercício dos direitos constituídos pela licença edilícia a uma confirmação de sua compatibilidade com o PROT, ressalvando-se dessa exigência apenas os casos em que as obras — autorizadas pelas licenças — tenham começado a ser construídas antes da entrada em vigor do PROT ou até 90 dias após o início de sua vigência. No mesmo prazo de 90 dias deve ser requerido o juízo de compatibilidade. Em outras palavras: iniciada a obra — e executada ininterruptamente — até no máximo 90 dias após o início da vigência do PROT (caso ele seja posterior ao início da vigência do Decreto-Lei nº 351/93) ou após o início da vigência do próprio Decreto-Lei nº 351/93 (caso já houvesse um PROT em vigor, editado com base no Decreto-Lei nº 176.A/88, antes do início de sua vigência), presume-se que a respectiva licença é compatível com o PROT. Se não iniciada a obra neste prazo, presume-se que a respectiva licença seja incompatível com o PROT. Tal presunção só poderá ser elidida por meio de um juízo de compatibilidade expresso, a ser requerido pelo particular no prazo legal (salvo impedimento devidamente demonstrado) se ele quiser fazer uso da licença. O requerimento do juízo de compatibilidade é um ônus do particular, já que a eficácia de sua licença ficará suspensa enquanto presumir-se sua incompatibilidade com o PROT.[1]

[1] Para maior clareza, convém distinguir os quatro tipos de juízo de compatibilidade que, a nosso ver, resultam do regime instituído pelo Decreto-Lei nº 351/93: *a)* a incompatibilidade presumida, que é provisória, já que apenas suspende a eficácia da licença até que seja feito um juízo expresso afirmando ou negando em caráter

Como se vê, o regime instituído pelo Decreto-Lei nº 351/93 envolve profundas questões relacionadas a aspectos fundamentais do Direito Constitucional. As questões que o Decreto-Lei nº 351/93 envolve, e que poderiam sujeitá-lo com razoável probabilidade de êxito a uma declaração de inconstitucionalidade, são as seguintes:

a) possível antinomia com o princípio que proíbe o efeito retroativo da lei nova quando esta restringir direitos individuais (nos termos da Constituição portuguesa: direitos, liberdades e garantias) adquiridos ao tempo da lei velha e com fundamento nesta (princípio previsto nos arts. 17º e 18º-3 da CRP). Esta questão se desdobra em duas outras, caso se considere a lei nova, cujo efeito retroativo é vedado, como sendo:
   a.1) o próprio Decreto-Lei nº 351/93 ou
   a.2) o PROT, em face do qual far-se-á o juízo de compatibilidade;
b) possível antinomia com o princípio da segurança jurídica, princípio este que se encontra implícito no ordenamento jurídico de qualquer Estado de Direito e que, num certo sentido, abrange — sem que nele se esgote — o princípio da irretroatividade das leis cujos efeitos sejam detrimentosos aos direitos individuais.
c) possível implicação necessária entre o direito de construir e:
   c.1) o direito de propriedade (previsto no art. 62º-1 da CRP) ou
   c.2) o direito ao livre exercício de qualquer atividade econômica (nos termos da CRP: direito de iniciativa econômica, previsto em seu art. 61º-1).

A se concluir porventura que haja uma implicação necessária entre o direito de construir e qualquer um destes dois direitos de nível constitucional, e na medida em que o Decreto-Lei nº 351/93 inequivocamente comprime o direito de construir, poderia então haver uma antinomia entre o Decreto-Lei nº 351/93 e as normas constitucionais que os garantem (direito de propriedade e direito de iniciativa econômica).

d) possível antinomia com o princípio da autonomia municipal (autonomia da Administração local, nos termos da CRP, expressa pelos arts. 235º e seguintes), questão que também pode se desdobrar em duas outras, caso se considere que a autonomia do Município esteja sendo talvez violada quando se subordina a licença edilícia (ato administrativo que ele, o Município, pratica no exercício dessa sua autonomia):
   d.1) ao PROT ou
   d.2) ao ato administrativo de competência do poder central por meio do qual é formalizado o juízo de compatibilidade.

---

definitivo a compatibilidade; *b)* a incompatibilidade expressa, que é definitiva por extinguir a eficácia da licença por caducidade; *c)* a compatibilidade presumida, que é a resultante do exercício dos direitos decorrentes da licença em determinado prazo — e que melhor se faria chamá-la de compatibilidade fictícia, já que, em face do direito adquirido, a eventual prova em contrário, no sentido de que a licença é realmente incompatível com o PROT, não produz qualquer efeito — e; *d)* a compatibilidade expressa, resultante de um ato administrativo formal que a confirme e que, portanto, não poderá ter seus efeitos suspensos, exceto se, mesmo depois do juízo de compatibilidade, o particular deixar de exercer o direito constituído pela licença e, nesse meio tempo, entrar em vigor uma norma modificando o próprio PROT.

2 O princípio da autonomia

O problema referente à possível antinomia com o princípio da autonomia local é o que menos nos preocupa, uma vez que ele — ao contrário das demais questões que o regime do Decreto-Lei nº 351/93 suscita — não toca o centro da polêmica, qual seja, o direito de construir. A possível antinomia com o princípio da autonomia pode ser analisada levando-se em conta inicialmente a forma de Estado adotada por uma dada ordem jurídica. E neste ponto um grande hiato separa desde logo os sistemas brasileiro e português, na medida em que, enquanto o Brasil é um Estado federal[2] no qual a autonomia de todas as pessoas políticas — inclusive os Municípios — é questão de vital importância (cláusula pétrea insuprimível até mesmo por meio de emenda, segundo os termos do art. 60, §4º, inciso I, da CF/88), Portugal é um Estado unitário,[3] no qual, portanto, a autonomia de que são dotadas as demais pessoas jurídicas de direito público distintas do próprio Estado — e ainda que dotadas também de poder político — é bastante relativa.

A respeito, portanto, do princípio da autonomia, vale apenas registrar que ambos os pareceres citados concluíram por não haver conflito normativo entre eles e o regime instituído pelo Decreto-Lei nº 351/93. De resto, é perfeitamente razoável que a autonomia de que gozam outras pessoas jurídicas dotadas de poder político, tanto no Estado federal como no Estado unitário, seja considerada compatível com algum grau de centralização normativa, centralização essa que implica a competência, por parte do poder central (seja o do Estado unitário, seja o da União de Estados federados), de editar normas nacionais (normas gerais, portanto, vinculantes para todos os entes públicos, inclusive aqueles dotados de autonomia) mesmo em nível infraconstitucional. Assim como no Brasil possui a União competência privativa para "instituir diretrizes para o desenvolvimento urbano" (art. 21, inciso XX, da CF/88) e competência concorrente com os Estados e o Distrito Federal para legislar sobre direito urbanístico (art. 24, inciso I, da CF/88), o Estado português possui também competência para disciplinar todo o processo de planejamento urbano, ainda que o fazendo apenas relativamente a parcelas, e não à totalidade, do território nacional. Como bem observa Rui Chancerelle de Machete, o correto ordenamento como tarefa fundamental do Estado é explicitado pela CRP no art. 9º, alínea "e", no art. 65º-2, alínea "a" (segundo o qual, incumbe ao Estado "programar e executar uma política de habitação inserida em planos de ordenamento geral do território e apoiada em planos de urbanização que garantam a existência de uma rede adequada de transportes e equipamento social"), bem como no art. 66º-2, alíneas "b" (que ressalta incumbir ao Estado "promover o ordenamento do território, tendo em vista uma correcta localização de actividades, um equilibrado desenvolvimento sócio-económico e a valorização da paisagem") e "c". Constata-se

---

[2] Como se depreende do disposto na CF/88, na qual está dito expressamente que "A República Federativa do Brasil, formada pela união indissolúvel dos Estados e Municípios e do Distrito Federal, constitui-se em Estado Democrático de Direito..." (art. 1º, *caput*) e que "A organização político-administrativa da República Federativa do Brasil compreende a União, os Estados, o Distrito Federal e os Municípios, todos autônomos, nos termos desta Constituição" (art. 18, *caput*).

[3] Como se depreende do disposto no art. 6º-1 da CRP, no qual está dito que "O Estado é unitário e respeita na sua organização e funcionamento o regime autonómico insular e os princípios da subsidiariedade, da autonomia das autarquias locais e da descentralização democrática da administração pública".

o exercício dessa competência pela disciplina nacional a que estão submetidos todos os tipos de planos de ordenamento do território, sejam os regionais (cuja disciplina decorre do já citado Decreto-Lei nº 176.A/88), sejam os especiais (disciplina estatuída pelo Decreto-Lei nº 151/95, de 24 de junho), sejam os municipais (disciplina estatuída pelo Decreto-Lei nº 69/90, de 2 de março).

João Caupers faz uma vigorosa crítica a este conjunto de diplomas quando, constatando a ausência de uma hierarquia entre os planos urbanísticos disciplinados por cada um deles, questiona até mesmo a assertiva de que haja em Portugal um autêntico sistema de planejamento urbano, uma vez que todos os planos devem respeito a todos os outros e, ao mesmo tempo, todos podem desrespeitar-se mutuamente.[4] [5] Não obstante, há então de reconhecer-se que o Decreto-Lei nº 351/93 altera este estado de coisas, na medida em que, ao criar uma vinculação entre as licenças edilícias (de competência do poder local, competente também para editar os planos municipais) e os planos regionais (PROT), cria inequivocamente um tipo de hierarquia (ainda que eventualmente o faça — e esta é a grande polêmica que o Decreto-Lei nº 351/93 suscita — em detrimento dos direitos individuais).

Manuel Esteves de Oliveira posiciona-se contrariamente à tese de que haveria uma violação ao princípio da autonomia local. Salienta ele ainda que, ao firmar o juízo de compatibilidade, o órgão do poder central não exerce uma tutela de mérito e nem mesmo revogatória sobre a licença expedida previamente à edição do PROT. O autor entende, desde logo, que não se trata de uma relação de tutela já que "o Estado (através do Governo) não pode aqui negar essa confirmação com o pretexto de a licença ou aprovação dadas pelas Câmaras Municipais,[6] antes da entrada em vigor do PROT, serem ilegais ou inconvenientes face às normas ou aos interesses administrativos, que deviam ser levados em conta no momento de sua atribuição. Mesmo que tais actos padeçam desses vícios, o Governo confirmará a sua compatibilidade com o PROT, se as regras deste não forem incompatíveis com o conteúdo de tal licença e aprovação".[7] Não obstante, se de tutela se tratasse, não seria uma tutela de mérito, e sim de legalidade, em razão do que não tem a natureza de uma revogação o juízo por meio do qual seja eventualmente declarada a incompatibilidade entre a licença e o PROT. Isto porque é vedado ao órgão competente para emitir este juízo — o Ministério de Planejamento e Administração do Território — analisar os aspectos de conveniência e oportunidade da licença, assim também como — e isto já foi dito — os aspectos de sua legalidade em face do ordenamento vigente ao tempo de sua edição.

---

[4] *Revista Jurídica do Urbanismo e do Ambiente*, n. 3, p. 100-107, 1995.

[5] Em virtude do que este sistema, se adotarmos a ótica do autor, parece diferir sensivelmente do sistema espanhol, segundo o qual, da forma como o classificam Eduardo García de Enterría e Luciano Parejo Alfonso, enquanto alguns planos são necessários, outros são não necessários, e enquanto alguns são originários, outros são derivados, tudo de acordo com a circunstância de serem ou não condicionados por planos superiores ou, ao inverso, condicionarem a edição de planos inferiores e, de uma maneira geral, complementarem-se uns aos outros, de maneira a se estabelecer a maior integração possível entre eles (*Lecciones de derecho urbanístico*. Madrid: Civitas, 1981. p. 239, 242, 256, 290).

[6] Segundo disposto nos arts. 251º e 252º da CRP, as assembleias municipais são os órgãos deliberativos dos municípios constituídos por membros eleitos diretamente, enquanto as câmaras municipais são os órgãos executivos colegiais dos municípios, o que nos permite afirmar que — até onde é possível comparar os dois ordenamentos jurídicos — as Câmaras Municipais de Portugal correspondem às Prefeituras Municipais do Brasil, enquanto as Câmaras Municipais do Brasil correspondem às Assembleias Municipais de Portugal.

[7] *Revista Jurídica do Urbanismo e do Ambiente*, n. 3, p. 224, 1995.

A despeito de haver ou não violação ao princípio da autonomia por parte do Decreto-Lei nº 351/93 (e parece que não há), o que nos interesse aqui primordialmente é analisar o conteúdo da lei à luz do direito de construir (cujos limites constituem importante problema de Direito Urbanístico). Passemos a ele.

3 Direito de construir

3.1 Direito de construir e direito de propriedade

O direito de propriedade, previsto no art. 62º da CRP, é, segundo o art. 17º da mesma CRP, um direito análogo aos chamados "direitos, liberdades e garantias" (assim como é, no Brasil, segundo o art. 5º, inciso XXII, da CF/88, um dos chamados "direitos individuais", que, por força do disposto no art. 60, §4º, inciso IV, da mesma CF/88, não pode ser abolido). O direito de propriedade, no Direito português, possui um conteúdo sem o qual não se poderá mais reconhecê-lo, sem o qual não será mais possível negar a afirmação de que ele tenha deixado de existir como princípio jurídico.

Todavia, embora seja pacífico o entendimento de que haja no conceito um conteúdo mínimo essencial e, portanto, insuprimível, o mesmo não se pode dizer a respeito do que seja efetivamente este conteúdo. Para João Caupers, até por estar o direito de propriedade incluído entre os direitos econômicos (e não entre os direitos, liberdades e garantias aos quais, segundo o autor, ele é análogo),[8] dele não se pode dissociar o direito de construir, tanto que indaga: "Inutilizado o jus aedificandi, não estaremos perante uma restrição do direito de propriedade?"[9] Posição diametralmente oposta possui Mário Esteves de Oliveira, quando afirma que "*subjetivamente*, quanto à sua *titularidade*, o proprietário tem a garantia *concreta e efetiva* da Constituição. Já, quanto ao *uso objetivo* da propriedade, essa garantia é *abstrata e virtual* — pois, embora sejam seus os usos ou as utilidades que dela se podem tirar, eles são apenas aqueles que possam ser tiradas (ou que não esteja proibido serem tirados)".[10] Sem citar expressamente João Caupers, mas sim outros juristas nos quais este autor busca apoio para seu entendimento (Oliveira Ascensão, Freitas do Amaral), Mário Esteves de Oliveira observa que a tentativa de construir o conceito constitucional de propriedade a partir de uma definição que se encontra no plano infraconstitucional (qual seja, o do Código Civil) é uma autêntica inversão lógica da hierarquia que deve permear o sistema jurídico.[11]

Vincular ou não o direito de construir ao direito de propriedade envolve, pois uma tomada de posição entre admitir ou não um aspecto objetivo do direito de propriedade além daquele subjetivo que ele necessariamente tem. Afirmar o direito de propriedade implica já este aspecto subjetivo: os Estados (como o brasileiro e o português) cuja ordem jurídica garanta uma economia capitalista asseguram (ao contrário talvez daqueles cuja economia seja socialista) que os indivíduos poderão

---

[8] *Revista Jurídica do Urbanismo e do Ambiente*, n. 3, p. 93-94, 1995.

[9] *Revista Jurídica do Urbanismo e do Ambiente*, n. 3, p. 112, 1995.

[10] *Revista Jurídica do Urbanismo e do Ambiente*, n. 3, p. 197, 1995.

[11] *Revista Jurídica do Urbanismo e do Ambiente*, n. 3, p. 188-189, 1995.

ser proprietários, isto é, que o titular da propriedade poderá ser também o indivíduo e não apenas o próprio Estado. Quanto a isto não pode haver divergência, sob pena de desaparecer completamente qualquer significado possível da expressão "direito de propriedade". O mesmo não se pode dizer quanto ao aspecto objetivo acima mencionado. Aqueles que definem o direito de propriedade sob uma ótica privatista atribuem necessariamente a ele também um aspecto objetivo, isto é, o de que o direito de propriedade implica necessariamente o direito de construir (a aquisição do direito de propriedade com o registro público do respectivo título de transmissão implicaria a simultânea aquisição do direito de construir). Direito de propriedade e direito de construir seriam uma coisa só. Aqueles que o definem sob uma ótica publicista desvinculam dele o direito de construir (a aquisição deste direito não ocorreria no ato do registro do título de propriedade, mas apenas em algum momento posterior que tivesse por pressuposto um processo administrativo do qual o direito de construir emanaria como um efeito jurídico: isto é, o direito de construir poderia surgir com a obtenção de uma licença edilícia ou com o início de uma construção de fato, desde que previamente autorizada por uma licença edilícia). De acordo com este segundo ponto de vista, direito de propriedade e direito de construir seriam duas coisas distintas.

Esta tentativa de resolver a questão a partir da dicotomia entre direito público e direito privado é recusada por Mário Esteves de Oliveira, para quem, qualquer que fosse a posição adotada, o problema estaria sendo resolvido no plano normativo infraconstitucional quando só poderia sê-lo no plano constitucional, já que é a Constituição que dá fundamentação a todo o direito público e a todo direito privado.[12] Não se trata de discutir o conceito de direito de propriedade isoladamente considerado, mas sim de relacioná-lo sistematicamente com outros princípios e normas albergados pela mesma Constituição. E o Estado português é, segundo os expressos termos de sua própria Constituição, um Estado essencialmente vocacionado ao planejamento e ao ordenamento territorial.[13] Todavia, não é possível ordenar o território e planejar urbanisticamente as formas mais adequadas à sua ocupação sem condicionar o seu uso às prescrições administrativas. Ou o direito de construir é condicionado pelos planos e com isso ele se separa do direito de propriedade, ou o direito de construir se agrega ao direito de propriedade e com isso relega-se à total ineficácia os princípios constitucionais que atribuem ao Estado o dever de ordenar o território. O Estado não pode obviamente condicionar ou restringir o exercício do direito de propriedade a ponto de impedir a própria transmissão da mesma (por meio de alienação e aquisição mútuas) de acordo com a livre e espontânea vontade dos particulares.[14] Mas se não puder condicionar também o exercício do direito de construir, não terá meios de ordenar o território. Vincular ao direito de propriedade o direito de construir implica criar entre o direito de propriedade e os princípios constitucionais que tratam do ordenamento territorial uma antinomia que, de resto, inexiste. Além disso, a solução dessa ilusória antinomia em favor do direito de propriedade impediria qualquer possibilidade de aplicação das normas de

---

[12] *Revista Jurídica do Urbanismo e do Ambiente*, n. 3, p. 193, 1995.

[13] *Revista Jurídica do Urbanismo e do Ambiente*, n. 3, p. 194, 1995.

[14] Exceto se o fizer por meio de sacrifícios de direito, como a desapropriação, que são, em regra, indenizáveis.

planejamento e ordenamento,[15] o que é inaceitável se considerarmos que ambas as normas antinômicas (direito de propriedade — com o direito de construir agregado a ele — por parte dos indivíduos e dever de ordenamento territorial por parte do Estado) estão no mesmo plano hierárquico (ambas são normas constitucionais).

Na medida em que mesmo no Direito brasileiro há não somente o direito de propriedade (art. 5º, inciso XXII, da CF/88), mas também uma série de normas que prescrevem o dever de ordenamento territorial por parte do Estado (os já citados arts. 21, inciso XX, e 24, inciso I, além do art. 30, inciso VIII, e do art. 182, todos da CF/88, apenas para citar os dispositivos mais evidentes) e a necessidade de vincular o direito de propriedade ao dever de dar uma função social ao bem sobre o qual incida tal direito (art. 5º, inciso XXIII, da CF/88), percebe-se a total pertinência de fazer no Brasil idêntica discussão àquela travada nos países em que — como Portugal — existe efetivamente planejamento e ordenamento territoriais. Mesmo levando em conta a circunstância de que no Brasil, ao contrário de Portugal, o direito de propriedade é efetivamente um direito individual (isto é, uma das cláusulas pétreas que nem mesmo uma emenda constitucional pode abolir) e não apenas um direito econômico análogo àqueles definidos como direitos individuais (direitos, liberdades e garantias), a conclusão não se modifica: a questão não é saber se o direito de propriedade pode ou não deixar de existir (mesmo em Portugal ele não pode, já que a analogia que se estabelece entre ele e os chamados direitos, liberdades e garantias é no sentido de resguardá-lo contra qualquer possibilidade de supressão), mas sim a de saber se o direito de construir é inerente a ele. E, a nosso ver, a resposta a esta questão, tanto no Brasil como em Portugal, é negativa, uma vez que os condicionamentos impostos ao exercício do direito de construir, sempre em benefício da coletividade, não obstruem, de forma alguma, o uso da propriedade em si e o direito que sobre ela incide.

Sob tal ótica, as normas veiculadas pelo Decreto-Lei nº 351/93 (no sentido de condicionar a validade de uma licença edilícia à sua compatibilidade com um plano urbanístico oriundo de um órgão de governo diferente daquele responsável pela licença) seriam, a nosso ver, perfeitamente aceitáveis no Brasil e estariam em total harmonia com a CF/88. Uma lei similar ao Decreto-Lei nº 351/93 não seria (pelo menos não por este motivo) inconstitucional em nosso sistema.

3.2 Direito de construir e direito de iniciativa econômica

O mesmo raciocínio se aplica quando o direito de construir é relacionado, não com o direito de propriedade, mas com o direito de iniciativa econômica. A exemplo da CRP, que o prevê expressamente (art. 61º-1), também a CF/88 prevê um direito similar (parágrafo único do art. 170). E também aqui, coerentemente com os pontos de vista já defendidos relativamente ao direito de propriedade, parecem divergir João

[15] Norberto Bobbio, valendo-se da terminologia de Alf Ross, qualifica como sendo *total-parcial* o tipo de antinomia no qual o âmbito de validade de uma norma é, na íntegra, igual a uma parte do da outra. Em razão do que, ensina ele, "a primeira norma não pode ser em nenhum caso aplicada sem entrar em conflito com a primeira" (*Teoria do ordenamento jurídico*, p. 89). Logo, a aplicação da segunda norma (no caso que estudamos: o direito de propriedade) em detrimento da primeira (no caso que estudamos: dever de ordenamento territorial) no ponto em que ambas parecem colidir (no nosso caso: relativamente ao direito de construir), acarreta praticamente a exclusão do ordenamento jurídico desta norma (dever de ordenamento territorial).

Caupers (para quem a possibilidade mínima de aproveitamento do bem sobre o qual o direito de propriedade incide dá a ele um conteúdo necessariamente econômico)[16] e Mário Esteves de Oliveira (para quem "a Constituição não garante ao empresário que comprou um terreno no (ou para o) exercício de uma actividade económica, que nele possa construir: o facto de uma construção se destinar ao exercício de uma actividade económica não a torna urbanisticamente mais digna de proteção, do que qualquer outra". E continua ele: "Pelo contrário: é precisamente ela, por ser a mais intensa e desgastante, a que maiores construções legais e controlos urbanísticos (ambientais, etc.) pede.").[17]

Também aqui nos parece estar com a razão este segundo autor. De fato, não há sentido ver no direito de construir um acessório necessário do direito de iniciativa econômica pelo simples motivo de que nem toda construção se destina a fins econômicos (indústria, comércio, serviços), sendo exemplo disso aquela destinada a fins residenciais. Não obstante, o mínimo conteúdo econômico que o direito de propriedade sempre possui (o que torna indenizável o sacrifício imposto a ele) não desaparece quando ao imóvel é dada uma utilidade não econômica. Isto porque a propriedade é sempre passível de ser transmitida de uma pessoa a outra a título oneroso, mediante o pagamento de um preço.

3.3 Direito de construir e princípio da isonomia

Segundo o entendimento de João Caupers, o Decreto-Lei nº 351/93 fere também o princípio da isonomia, na medida em que impõe sacrifícios a certos proprietários, para benefício de toda coletividade, sem que os encargos sejam igualmente distribuídos por toda sociedade, com o que desigualam-se pessoas que em princípio se encontram em igual posição. O sacrifício desproporcional que no entender do autor caracteriza violação ao princípio da igualdade seria a circunstância de que o juízo de incompatibilidade não acarreta o pagamento de uma indenização (diz ele expressamente que o Decreto-Lei nº 351/93, "omitindo a referência a qualquer direito a ser indenizado pela revogação de actos de licenciamento de operações de loteamento perfeitamente válidos e praticados pelos órgãos competentes no respeito pelas leis em vigor, causou um significativo e iníquo prejuízo aos proprietários dos imóveis atingidos", acrescentando que referido diploma legal "*violou desta forma o princípio da justa repartição dos encargos públicos, corolário do princípio fundamental da igualdade*").[18] Parece-nos que a eventual violação ao princípio da igualdade depende da posição que se assuma em relação à natureza jurídica do juízo de compatibilidade e da licença à qual ele se refere: caso se considere que a licença apenas declara um direito preexistente a ela (ou seja, caso se considere que o direito de construir é inerente ao direito de propriedade), o juízo de compatibilidade pode ser considerado um sacrifício

---

[16] O autor faz tais observações (*Revista Jurídica do Urbanismo e do Ambiente*, n. 3, p. 112, 1995) não em consideração a uma vinculação entre o direito de construir e o direito de iniciativa econômica, mas em consideração à supressão do direito de construir que, para ele, é uma forma de sacrifício do direito de propriedade e, portanto, indenizável.

[17] *Revista Jurídica do Urbanismo e do Ambiente*, n. 3, p. 214, 1995.

[18] *Revista Jurídica do Urbanismo e do Ambiente*, n. 3, p. 113, 1995.

de direito e, portanto, indenizável. Mas, em sentido contrário — que nos parece ser o correto —, caso se considere que a licença efetivamente constitui um direito (ou seja, caso se considere que o direito de construir não é inerente ao direito de propriedade), o juízo de compatibilidade não pode ser considerado um sacrifício de direito, mas sim um ato de reconhecimento da existência de uma limitação administrativa — que não deforma, mas sim que conforma o direito de propriedade — e, portanto, não indenizável. Como se vê, a possível antinomia com o princípio da isonomia não é um elemento novo que se traz à discussão, mas sim um desdobramento da questão referente às relações existentes entre direito de construir, de um lado, e direito de propriedade e direito de iniciativa econômica, de outro.

4 O princípio da irretroatividade da lei

O problema se complica demasiadamente quando se analisa o Decreto-Lei nº 351/93 à luz, não mais do conceito de direito de propriedade, mas sim do princípio da irretroatividade da lei e do princípio da segurança jurídica. Não se trata, portanto, de analisar apenas a possibilidade de condicionar a validade da licença a um plano urbanístico emanado de autoridade diversa daquela responsável pela licença, mas sim de fazer esta análise (concernente à validade da licença) contextualizando cronologicamente estes dois atos jurídicos e situando o plano urbanístico num momento necessariamente posterior ao da licença edilícia.

A este respeito parece haver, salvo engano de nossa parte, uma diferença essencial entre os sistemas português e brasileiro. Segundo a CRP (art. 18º-3), é vedada a retroatividade de leis restritivas de direitos fundamentais do cidadão, em razão do que, segundo Mário Esteves de Oliveira, a arguição de inconstitucionalidade do Decreto-Lei nº 351/93 com este fundamento tem por pressuposto a integração do direito de construir ao conteúdo do direito de propriedade ou ao conteúdo do direito de iniciativa econômica privada. Mesmo a irretroatividade, segundo Mário Esteves de Oliveira, não é elemento do Decreto-Lei nº 351/93, pelo que diz ele em suas conclusões:

> *r)* ... os mencionados preceitos [arts. 1º-1 e 3º do Decreto-Lei nº 351/93] não são normas administrativas retroactivas, pois não se aplicam nem a *factos* (a actos) passados nem aos *efeitos produzidos* por eles. "*A lei administrativa nova aplica-se (...) aos factos ou estados de facto de trato sucessivo cuja verificação ainda decorra ao entrar em vigor ...*", sem haver aí retroactividade.
>
> *s)* A proibição constitucional da lei retroactiva em matéria de direito de propriedade é, pois, que se disponha sobre factos passados constitutivos da propriedade e sobre os efeitos deles, que já se tenham consumado ou "*produzido*"; não que se alarguem ou diminuam os podres ou os deveres que todos os proprietários tem, uns em relação aos outros e em relação ao Estado, por força da sua qualidade de proprietários ou de titulares de outros direitos (que a tenham, a ela, como objecto e) que ainda se mantenham no ordenamento jurídico.
>
> *t)* Por isso, e o que mais se invocou, as referidas normas do Decreto-Lei nº 351/93 não violam a proibição constitucional da lei retroactiva em matéria de direito de propriedade privada, constante do art. 18º, nº 3 da CRP.[19]

[19] *Revista Jurídica do Urbanismo e do Ambiente*, n. 3, p. 236-237, 1995.

Posição não muito diferente desta é a de Rui Chancerelle de Machete. Diz ele, também em suas conclusões:

> 7º A modificação do regime normativo — os PROT's são regulamentos — como modificação em abstracto, isto é, sem se considerar a sua aplicação a actos concretos já praticados, não envolve nenhuma aplicação retroactiva do Decreto-Lei nº 351/93;
>
> 8º A aplicação das disposições que tem carácter inovador e não apenas interpretativo, do Decreto-Lei nº 351/93 designadamente da exigência dos juízos de conformidade sob pena de caducidade — aos actos de urbanismo já praticados no momento da sua entrada em vigor, mas anteriores a um primeiro PROT já existente, constituem casos de retroactividade da lei nova;
>
> 9º Constituem igualmente casos de retroactividade da lei nova, a aplicação das disposições do Decreto-Lei nº 351/93 a actos de urbanismo já praticados antes da sua vigência e que passam a ter de ser confrontados com um primeiro PROT que venha a ser publicado, depois daquele Decreto-Lei;
>
> 10º A retroactividade da lei nova só é proibida pela Constituição em matéria penal, quanto à modificação da competência dos tribunais e no domínio das leis restrictivas dos direitos, liberdades e garantias, nos termos do artigo 18º, nº 3, da Constituição;
>
> 11º O direito de propriedade privada é um direito de natureza análoga — artigo 17º da Constituição — a que se estende a proteção dada pelo artigo 18º, nº 3, da Constituição;
>
> 12º O Decreto-Lei nº 351/93 seria parcialmente inconstitucional — no que tange à sua aplicação aos actos já praticados —, se o "jus aedificandi" que regula e restringe fosse considerado como fazendo parte do conteúdo do direito de propriedade.[20]

Se o limite à retroatividade das leis, em Portugal, é composto apenas dos direitos fundamentais do cidadão, a concepção do princípio da irretroatividade das leis é a nosso ver, repetimos, significativamente diversa da concepção que no Brasil temos desse mesmo princípio. No Brasil, o limite à retroatividade das leis é composto não apenas dos chamados direitos individuais ou direitos fundamentais, mas sim de todo e qualquer direito subjetivo concretamente constituído, seja por meio da incidência direta de uma norma de efeitos gerais e abstratos (direitos adquiridos), seja por meio de uma norma de efeitos individuais e concretos (ato jurídico perfeito e coisa julgada). A CF/88 (art. 5º, inciso XXXVI) veda a retroatividade da lei em detrimento do direito adquirido, do ato jurídico perfeito e da coisa julgada, e não apenas em detrimento dos direitos adquiridos cujo conteúdo seja o de um direito fundamental (nem todo direito subjetivamente adquirido tem por conteúdo um direito objetivamente fundamental, como é o caso do direito de propriedade, embora todo direito fundamental, a partir do momento em que seu titular seja perfeitamente identificável — ou seja, a partir do momento em que o direito deixa de ser objetivamente considerado para referir-se a um determinado sujeito —, seja um direito adquirido). No Brasil, a proteção contra o efeito retroativo da lei é, por si só, um direito fundamental, e não apenas um mecanismo que só funciona quando os direitos subjetivos a serem protegidos possam ser considerados direitos fundamentais (não é apenas *meio*, mas também *fim*).

De acordo com esta linha de raciocínio, pouco importa para o sistema brasileiro — e especificamente no que diz respeito à retroatividade da lei — saber se o direito de

[20] *Revista Jurídica do Urbanismo e do Ambiente*, n. 3, p. 258, 1995.

construir integra ou não o núcleo do direito de propriedade (ou o núcleo do direito de iniciativa econômica); o que importa é que, uma vez concretizado um direito, seja ele qual for (isto é, uma vez que se possa atribuir subjetivamente um direito, uma vez que se possa individualizar, identificar o titular de um direito), este direito se reputa adquirido, deixa de ser uma hipótese normativa, uma mera possibilidade, para ser um fato jurídico. Assim, o efeito principal de uma determinada norma jurídica (qual seja, o de permitir que determinada pessoa adquira determinado direito) não pode ser futuramente desconstituído pelo advento de uma nova norma jurídica. Esta impossibilidade de desconstituição não desaparece pela circunstância de que o direito não esteja elencado entre os chamados "direitos individuais" ou "direitos, liberdades e garantias".

O que realmente se discute no Brasil — e esta discussão não é exatamente a mesma que se parece fazer em Portugal a respeito do regime da caducidade instituído pelo Decreto-Lei nº 351/93 — é se a proibição de inovar a ordem jurídica com efeitos retroativos destina-se apenas ao legislador ordinário (que inova a ordem jurídica por meio de lei) ou também ao legislador constituinte (que a inova por meio de emenda constitucional). Relativamente a esta questão duas correntes se contrapõem. Para uma primeira corrente não se deve distinguir no texto constitucional, para fins de verificação dos limites à possibilidade de se dar efeitos retroativos às normas jurídicas, as normas que estão neles inseridas desde sua origem e aquelas que se lhe inserem por meio de emenda. Em outras palavras: não há distinção, para tais fins, entre poder constituinte originário (de cujo exercício resulta o texto original de uma Constituição) e poder constituinte derivado (de cujo exercício resultam as emendas constitucionais), já que as normas postas no ordenamento no exercício de ambos os poderes possuem o mesmo grau hierárquico. Seguindo esta linha de raciocínio, seria de se concluir que o art. 5º, inciso XXXVI, da CF/88 se refere apenas à lei em sentido estrito e, obviamente, a todo e qualquer ato normativo hierarquicamente inferior a ele (como, por exemplo, os decretos regulamentadores), mas não às emendas constitucionais. Estas poderiam, portanto, contrariar direitos adquiridos, atos jurídicos perfeitos e coisas julgadas sem com isto estar ferindo a própria Constituição.[21]

Para a segunda corrente não importa o fato de ambos os tipos de normas constitucionais (as oriundas do PCO e as oriundas do PCD) possuírem o mesmo grau hierárquico, mas sim o de que, enquanto uma delas (a norma oriunda do PCO) está *criando* um sistema de normas jurídicas até então inexistente (em razão do que não

[21] Esta é, por exemplo, a posição de José Eduardo Martins Cardozo. São suas as seguintes palavras: "...por força da regra inserida no art. 60, § 4º, IV, da nossa atual Constituição, a regra de que 'a lei não prejudicará o direito adquirido, o ato jurídico e a coisa julgada' não pode ser objeto de futuras alterações. Contudo, não se deve *in casu* perder a real dimensão daquilo que efetivamente, por força do preceito em apreço, não pode ser juridicamente alterado por força de uma modificação constitucional futura. O que não pode ser modificado é o direito individual que todos possuem de não ter por lei nova, isto é, por norma jurídica introduzida pelo legislador infraconstitucional, a realização de ofensas a seus direitos adquiridos, ou a outros direitos subjetivos gerados por atos jurídicos perfeitos ou por uma decisão judicial imodificável. A norma do art. 5º, XXXVI não está voltada ao legislador constitucional. Este poderá continuar por via de novos dispositivos a estabelecer exceções à regra geral" (*Da retroatividade da lei*. São Paulo: Revista dos Tribunais, 1995. p. 313). Acreditamos poder sintetizar o pensamento do autor afirmando que aquilo que não poderá ser abolido nem mesmo por meio de emenda é o direito fundamental objetivamente considerado (a regra segundo a qual a lei nova não pode ferir direitos adquiridos), e não o direito subjetivamente considerado, que, sob este ponto de vista, está protegido apenas contra o advento da lei nova, mas não contra o advento de nova norma constitucional.

haveria outra norma jurídica neste mesmo sistema que fosse logicamente anterior a ela e pudesse estabelecer limites ao seu conteúdo), a outra (a norma oriunda do PCD) está apenas *modificando* um sistema de normas que, logicamente, é preexistente a ela (sistema este que, portanto, já possuía, antes desta segunda norma, outras normas limitadoras da possibilidade de sua própria modificação). Preocupados com a precisão terminológica, muitos adeptos desta corrente preferem utilizar, em lugar dos vocábulos *poder constituinte originário* e poder constituinte derivado, respectivamente os vocábulos *poder constituinte* e *poder reformador* uma vez que, para eles, o PCD não é, no rigor da palavra, um poder *constituinte* — já que a Constituição, sendo anterior a ele, não foi constituída por ele —, mas sim um poder *constituído*, que, a exemplo dos demais poderes constituídos — Legislativo, Executivo e Judiciário —, só pode ser exercido dentro de certos limites que são previamente estabelecidos. Seguindo esta linha de raciocínio, seria de se concluir que o art. 5º, inciso XXXVI, da CF/88 está se referindo a qualquer norma que inove a ordem jurídica (inclusive as normas oriundas de emenda constitucional), em razão do que a emenda que viole direitos adquiridos estaria também ferindo o art. 60, §4º, inciso IV, da própria CF/88.[22]

A discussão que está se fazendo a respeito do regime da caducidade instituído pelo Decreto-Lei nº 351/93 não está levando em consideração a circunstância de tal regime ser resultante de uma simples lei e não de uma emenda constitucional, mas sim a circunstância de ele (o Decreto-Lei nº 351/93) poder ou não ser aplicado retroativamente a licenças edilícias expedidas anteriormente ao início de sua vigência. Mário Esteves de Oliveira, por exemplo, salienta o fato de que o Decreto-Lei nº 351/93 não tem efeito retroativo porque não se refere ao seu próprio passado, mas sim ao passado dos PROTs[23] que entrarem em vigor futuramente, ou seja, já na vigência dele, Decreto-Lei nº 351/93. Realmente neste tocante assiste razão ao autor: o Decreto-Lei nº 351/93 não terá efeitos retroativos se forem postos a salvo de sua incidência as licenças que o antecedam, mas isto não quer dizer que ele não esteja violando o princípio da irretroatividade da lei (e talvez não esteja mesmo, caso consideremos tal princípio sob a perspectiva do sistema português). Ao estipular que o PROT poderá acarretar a caducidade de uma licença que o anteceda lógica e cronologicamente, o Decreto-Lei nº 351/93 está atribuindo ao PROT (e o PROT é também, a exemplo do próprio Decreto-Lei nº 351/93, uma norma de efeitos gerais e abstratos) a capacidade de produzir efeitos retroativos, ainda que ele mesmo, o Decreto-Lei nº 351/93, se abstenha de produzir tal tipo de efeito diretamente.

---

[22] Esta parece ser a posição de Carlos Ayres Britto e Valmir Pontes Filho, para quem "...quer se trate de direito que se adquire em sede legal, quer se trate daquele que se obtém por virtude de norma constitucional, tudo é matéria tabu para as leis e as emendas à Constituição, indistintamente. Um e outro direito subjetivo são alcançados pelo princípio constitucional da segurança jurídica e, nessa medida, garantidos pela petrealidade de que trata o inciso IV do § 4º do art. 60 da Carta de Outubro" (Direito adquirido contra as emendas constitucionais. *In*: MELLO, Celso Antônio Bandeira de (Coord.). *Estudos em homenagem à Geraldo Ataliba*. São Paulo: Malheiros, 1997. v. 2, p. 157). Em complemento ao raciocínio desenvolvido pelos autores, talvez se pudesse afirmar que seria vazia de conteúdo a cláusula pétrea que se limita a proteger um direito fundamental apenas quando objetivamente considerado, pois de nada adianta protegê-lo, se se permite a agressão a direitos subjetivamente considerados, ou seja, a situações jurídicas que são expressão concreta daquele direito fundamental.

[23] *Revista Jurídica do Urbanismo e do Ambiente*, n. 3, p. 210, 1995.

Pouco importa, portanto, se a caducidade instituída pelo Decreto-Lei nº 351/93 tem a natureza jurídica de uma revogação, de uma invalidação ou de uma terceira figura que não se confunda com nenhuma destas duas. O que importa é que os efeitos por ela produzidos no futuro, restritivos de direitos individuais, serão, por sua própria essência, retroativos (e só isto importa, já que os efeitos da lei nova que se voltam para o futuro e não para o passado constituem a regra num sistema jurídico e não suscitam problemas referentes à questão da intertemporalidade da lei).

Como já se verificou anteriormente,[24] é inaceitável no Brasil, de acordo com uma corrente doutrinária, qualquer norma jurídica que tenha efeitos retroativos restritivos de direitos individuais (seja ela de nível constitucional ou infraconstitucional). Para uma outra corrente é possível uma norma retroativa desde que seja ela veiculada por emenda constitucional. Contudo, mesmo para esta corrente só se admite que a emenda constitucional restrinja, ela mesma, efeitos individuais concretamente determinados e subjetivados,[25] mas não que suprima ou reduza a aplicabilidade da norma constitucional (art. 5º, inciso XXXVI) que proíbe o legislador infraconstitucional de editar normas com efeitos retroativos. Logo, exclusivamente sob a ótica do princípio da irretroatividade da lei, uma norma como a do Decreto-Lei nº 351/93 seria provavelmente considerada inconstitucional no Brasil para os adeptos de ambas as correntes, ainda que veiculada por meio de emenda constitucional (frisemos: sob a ótica do princípio da irretroatividade da lei, mas não talvez sob a ótica do conteúdo jurídico da licença edilícia).[26] O Decreto-Lei nº 351/93 não pretende ter uma incidência imediata com efeitos retroativos — extinguindo apenas as licenças que o antecedam e que sejam com ele incompatíveis (sem dar aos particulares qualquer prazo para adaptar-se às suas normas), sem extinguir também as licenças que o sucedam (o que seria possível no Brasil, para uma corrente, se a hipotética norma equivalente à do Decreto-Lei nº 351/93 fosse veiculada por uma emenda constitucional) —; ele pretende sim ter uma incidência futura segundo a qual outras normas de efeitos gerais e abstratos que o têm por fundamento (os PROTs) incidirão retroativamente (o que não seria possível — repetimos, sob a ótica do princípio da retroatividade da lei — para qualquer das duas correntes já que, mesmo que fosse uma emenda constitucional, esta hipotética norma similar à do Decreto-Lei nº 351/93 estaria acarretando a restrição — e teria, portanto, uma tendência à abolição — de um direito individual objetivamente considerado — direito este consubstanciado pelo princípio da irretroatividade da lei —, circunstância que viola frontalmente a regra do art. 60, §4º, inciso IV, da CF/88).

Esta diferença estrutural entre os sistemas português e brasileiro fica ainda mais evidenciada quando Mário Esteves de Oliveira, para melhor embasar seu entendimento de que o Decreto-Lei nº 351/93 não fere o princípio da segurança jurídica (sobre o qual falaremos mais adiante), cita uma decisão do Tribunal Constitucional

---

[24] *Vide* notas de rodapé nº 20 e 21.

[25] Como parece ser o caso, por exemplo, da Emenda Constitucional nº 19, de 5 de junho de 1998, que assim determina em seu art. 29: "Os subsídios, vencimentos, remuneração, proventos de aposentadoria e pensões e quaisquer outras espécies remuneratórias, adequar-se-ão, a partir da promulgação desta Emenda, aos limites decorrentes da Constituição Federal, não se admitindo a percepção de excesso a qualquer título".

[26] A respeito dessa questão, ver a seguir a seção 6: "Efeitos jurídicos da licença edilícia".

(o Acórdão nº 11/83) "onde se reconheceu que uma lei de incidência fiscal retroativa tributando rendimentos anteriormente gerados e isentos a essa data — não traía intoleravelmente os valores da confiança e da proteção jurídica".[27] [28] É fato notório que nenhum país do mundo possui uma Constituição, no que tange ao sistema tributário nacional, como o Brasil. Portugal não foge à regra, em virtude do que os princípios que protegem o contribuinte da cobrança de tributos por parte do Estado parecem não estar entre "os direitos, liberdades e garantias" (muito embora o art. 103º-1 da própria CRP diga que "ninguém será obrigado a pagar impostos... que tenham natureza retroactiva..."). O citado acórdão do TC confirma isso e também a tese de que, em Portugal, não é qualquer direito concretamente constituído que está protegido dos efeitos retroativos da lei nova, mas apenas os direitos que decorrem diretamente da CRP (e não também, portanto, os que decorrem da lei).

Apenas se poderia argumentar, no Brasil, favoravelmente a este aspecto do Decreto-Lei nº 351/93 (isto é, argumentar que uma lei similar ao Decreto-Lei nº 351/93 não teria efeitos retroativos detrimentosos a direitos individuais concretamente adquiridos), caso se pudesse demonstrar que as licenças edilícias não constituem qualquer direito para o particular, em virtude do que o ato administrativo que a declarasse incompatível com um PROT posterior a ela não estaria tendo efeito retroativo restritivo de um direito individual. Em outras palavras: se a licença edilícia não é um ato jurídico perfeito, ou se, de qualquer maneira, não produz efeitos que se possam chamar de "direitos adquiridos", então sua desconstituição por uma norma futura não viola o princípio da irretroatividade da lei mesmo sob a ótica da CF/88. Todavia, esta perspectiva do problema o desloca novamente para o conteúdo do direito de construir, retirando-o do princípio da irretroatividade da lei. Antes de voltar a ele (ao direito de construir), convém fazer rápidas considerações sobre o princípio da segurança jurídica.

5 O princípio da segurança jurídica

O princípio da segurança jurídica tem por fim conferir estabilidade à vida em sociedade. Se a vida em sociedade deve ser pacífica (e a paz interna é, parece-nos, um objetivo necessário de qualquer agrupamento social que se pretenda juridicamente organizado e com algumas regras mínimas imodificáveis), ela deve também ser estável. Não que a estabilidade previna a ocorrência de conflitos ou, menos ainda do que isso, que ela resolva os conflitos que porventura ocorram. A estabilidade não

---

[27] *Revista Jurídica do Urbanismo e do Ambiente*, n. 3, p. 218, 1995.

[28] Não se pode deixar de registrar aqui que semelhante tese, no Brasil, provavelmente consistiria em verdadeira aberração jurídica, uma vez que a CF/88 não apenas prescreve o princípio da irretroatividade da lei tributária (explicitado no art. 150, inciso III, alínea "a", segundo o qual "é vedado à União, aos Estados, ao Distrito Federal e aos Municípios cobrar tributos relativamente a fatos geradores ocorridos antes do início da lei que os houver instituído ou aumentado"), mas prescreve também o princípio da anterioridade (explicitado no art. 150, inciso III, alínea "b", segundo o qual "é vedado à União, aos Estados, ao Distrito Federal e aos Municípios cobrar tributos no mesmo exercício financeiro em que haja sido publicada a lei que os instituiu ou aumentou") que, como se vê, é mais abrangente que o princípio da irretroatividade da lei tributária — no que tange à proteção do contribuinte — e até mesmo o engloba, já que não são todos os fatos posteriores à data de publicação da lei tributária que poderão sofrer sua incidência, mas apenas os fatos ocorridos em qualquer dos exercícios financeiros posteriores àquele em que tal lei tenha sido publicada.

resolve conflitos, ela os decide, ou seja, ainda que as partes envolvidas num conflito não se conformem com a decisão proferida em relação a ele pela ordem jurídica, o conflito estará decidido, não poderá, portanto, prosseguir. A decisão de um conflito é, neste sentido — na acepção de se alcançar a estabilidade —, muito mais voltada à satisfação dos interesses da sociedade do que à satisfação dos interesses dos indivíduos envolvidos diretamente num hipotético conflito.[29] Daí dizer-se que o princípio da segurança jurídica está implícito em qualquer Estado de Direito.[30]

Não obstante, apesar da clara noção que o princípio da segurança jurídica suscita, sua definição não parece ser tão rigorosa ao longo da história. Hans Kelsen, por exemplo, diz que a segurança jurídica "consiste no fato de a decisão dos tribunais ser até certo ponto previsível e calculável, em os indivíduos submetidos ao Direito se poderem orientar na sua conduta pelas previsíveis decisões dos tribunais".[31] Parece-nos, contudo, que, se ainda hoje for possível definir a segurança jurídica como sendo apenas a previsibilidade oriunda da orientação jurisprudencial, a segurança jurídica será tão somente um princípio moral, mas não jurídico, já que, sendo do Poder Judiciário a última palavra a respeito de um conflito concretamente considerado em algum processo e sendo ele autônomo e independente dos demais poderes, não é juridicamente possível impor a ele uma sanção por surpreender a sociedade com uma decisão absolutamente imprevisível. O princípio da segurança jurídica é, talvez, mais do que isso. Ele não é apenas a previsibilidade da jurisprudência quanto ao mérito das questões levadas ao conhecimento dos tribunais, mas também, e principalmente, um obstáculo processual efetivo à possibilidade de reexame do mérito dessas questões.[32] Almiro do Couto e Silva observa que, no Estado de Direito Contemporâneo, mesmo quando confrontado com o princípio da estrita legalidade da Administração Pública, deve o princípio da segurança jurídica prevalecer sobre ele.[33] Diz este autor que "o *dever* (e não o poder) de anular os atos administrativos inválidos só existe quando, no confronto entre o princípio da legalidade e o da segurança jurídica, o interesse público recomende que aquele seja aplicado e este não. Todavia, se a hipótese inversa

---

[29] Ver, a respeito, Tercio Sampaio Ferraz Junior (*Função social da dogmática jurídica*. São Paulo: Max Limonad, 1998).

[30] Segundo Hans Kelsen, a expressão "Estado de Direito" é um pleonasmo, exceto quando com ela nos referimos a "um tipo especial de Estado, a saber, aquele que satisfaz aos requisitos da democracia e da segurança jurídica" (*Teoria pura do direito*. Tradução de João Baptista Machado. São Paulo: Martins Fontes, 1995. p. 346).

[31] *Teoria pura do direito*, p. 279.

[32] Os arts. 485 e seguintes do Código de Processo Civil brasileiro, que elencam as hipóteses e o prazo de ajuizamento da ação rescisória, constituem, a nosso ver, um bom exemplo de dispositivos legais realizadores do princípio da segurança jurídica.

Não obstante, parece ganhar cada vez mais força no moderno direito processual a tese segundo a qual nem mesmo o princípio da segurança jurídica, embora implícito em qualquer Estado de Direito, pode impor-se absolutamente sobre os demais valores albergados pela ordem jurídica. Segundo esta linha de pensamento, mesmo uma sentença judicial contra a qual não coubesse mais possibilidade alguma de questionamento pelas vias expressamente previstas na legislação processual, poderia ser anulada se afrontasse abertamente princípios constitucionais como o federativo, o da dignidade da pessoa humana, o da moralidade administrativa, etc. A propósito desse tema, ver a obra coletiva *Relativização da coisa julgada* (Rio de Janeiro: América Jurídica, 2003), coordenada por Carlos Valder do Nascimento e para a qual colaboram Cândido Rangel Dinamarco, Humberto Theodoro Júnior, José Augusto Delgado e Juliana Cordeiro de Faria, além do próprio coordenador.

[33] Princípios da legalidade da Administração Pública e da segurança jurídica no estado de direito. *Revista de Direito Público*, p. 46.

verificar-se, isto é, se o interesse público maior for de que o princípio aplicável é o da segurança jurídica e não o da legalidade da Administração Pública, então a autoridade competente terá o dever (e não o poder) de não anular, porque se deu a sanatória do inválido, pela conjunção da boa-fé dos interessados com a tolerância da Administração e com razoável lapso de tempo transcorrido".[34]

Note-se que o autor, ao considerar o conflito entre os dois princípios (segurança jurídica e estrita legalidade) num caso hipotético, está tomando como pressupostos a nulidade do ato administrativo já ao tempo de sua prática, bem como a boa-fé do particular beneficiado por tal ato. Tal situação é, portanto, muito mais modesta, em termos de direitos individuais, do que aquela hipoteticamente considerada no Decreto-Lei nº 351/93, uma vez que este diploma não se refere à hipótese de nulidade do ato administrativo ao tempo de sua prática, mas sim de ilegalidade superveniente do mesmo (portanto, de validade do ato ao tempo de sua prática e, consequentemente, de boa-fé por parte do particular interessado).

Por fim, registramos que, se o princípio da segurança jurídica não se esgota no princípio da irretroatividade das leis restritivas de direitos individuais, este segundo princípio certamente destina-se também à realização daquele. O que dissemos a propósito de tal princípio aplica-se então, a nosso ver, ao da segurança jurídica. Dentro do sistema brasileiro, uma lei como o Decreto-Lei nº 351/93 estaria violando a ambos por implicar exceção, por meio de lei, a uma regra que nem mesmo por meio de emenda pode ser excepcionada (regra esta garantidora da vida em sociedade e, portanto, da segurança jurídica).

Só seria possível conclusão diversa, isto é, conclusão no sentido de que uma lei similar ao Decreto-Lei nº 351/93 não teria um efeito retroativo restritivo de um direito subjetivo, caso fosse possível demonstrar que o ato administrativo de efeitos individuais e concretos (licença edilícia) — a ser confrontado com uma norma posterior de efeitos gerais e abstratos (PROT) — não tem realmente o efeito de criar direitos. Em outras palavras: caso fosse possível demonstrar que o direito não é adquirido com a licença edilícia, mas sim posteriormente. E assim voltamos ao tema direito de construir.

6 Efeitos jurídicos da licença edilícia

Parece claro que, em Portugal, o direito de construir nasce com a licença edilícia, não antes e nem depois de tal ato. Todavia, a hipótese de ser a licença anterior ao PROT em face do qual ela pode ser declarada incompatível não contraria o princípio da irretroatividade da lei e nem o princípio da segurança jurídica por duas razões: a) o direito de construir não é um direito individual de nível constitucional já que não é inerente ao direito de propriedade e nem ao direito de iniciativa econômica (ambos de nível constitucional) e; b) só os direitos individuais de nível constitucional estão protegidos pelos dois princípios citados (irretroatividade da lei e segurança jurídica). Logo, torna-se desnecessário, partindo-se dessas duas premissas, verificar

[34] *RDP*, 84/46, p. 61.

se realmente o direito de construir nasce ou não com a licença edilícia, caso o direito português comportasse alguma dúvida a respeito disso.

No Brasil a questão é diversa. O sistema brasileiro assemelha-se, até certo ponto, ao português, por oferecer condições para a construção doutrinária da tese segundo a qual o direito de construir não é inerente ao direito de propriedade e nem ao direito de iniciativa econômica e não é, portanto, um direito de nível constitucional. Todavia, não é possível construir doutrinariamente a tese de que no sistema brasileiro apenas os direitos individuais de nível constitucional estão protegidos pelos princípios da irretroatividade da lei e da segurança jurídica. A CF/88 é bastante clara no sentido contrário, isto é, no sentido de que todo e qualquer direito subjetivo — seja qual for a matéria a que ele se refira — está protegido dos efeitos retroativos da lei nova (está protegido, em última análise, pelo princípio da segurança jurídica). Daí a necessidade de verificar se o direito de construir nasce com a licença edilícia (hipótese na qual uma lei brasileira similar ao Decreto-Lei nº 351/93 poderia ser considerada inconstitucional porque estaria permitindo que normas futuras de efeitos gerais e abstratos pudessem ferir direitos adquiridos) ou só posteriormente a tal ato, com o efetivo início da obra que tenha por fundamento imediato a licença (hipótese na qual não haveria violação a direitos adquiridos, objetivamente considerados, por parte de uma lei brasileira similar ao Decreto-Lei nº 351/93).

A respeito dessa questão, mesmo entre aqueles que analisam o direito de construir a partir de um ponto de vista publicista e não privatista, parece não haver unanimidade. Uns entendem que o direito de construir não se adquire com a expedição da licença, mas sim com a efetiva execução da obra que tem na licença seu fundamento.[35] Outros entendem que o direito se adquire com a licença.[36]

---

[35] Esta é a posição, por exemplo, de Celso Antônio Bandeira de Mello. Diz ele: "A possibilidade jurídica de edificar não se fundamenta na licença, mas nas leis que regulam o direito de construir. A licença não é ato que define o direito vigente, mas, apenas, que remove obstáculo jurídico ao exercício de um poder suscetível de ser exercido se e enquanto conforme a lei. Logo, descaberia supor que o direito a erigir se assegure a partir da expedição da licença.
Com efeito, à licença expedida pela Administração faltaria a força jurídica para gerar situação sobre a qual não têm disponibilidade, já que sua função resume-se em reconhecer a coincidência da pretensão com a lei ou a descoincidência com os termos na lei estipulados. ..." E conclui ele: "Dado que o direito a edificar sob o império de certa lei se entende consolidado quando iniciada a construção, tem-se que a licença para construir pode e deve ser cassada, se sobrevier lei nova *antes de iniciada a construção*" (Natureza jurídica do zoneamento; efeitos. *Revista de Direito Público*, p. 44-45).

[36] Este parece ser o caso de Lúcia Valle Figueiredo quando assim se manifesta: "O administrado, ao se valer da norma que lhe possibilita dar início à construção, comunicando-a à Administração Pública, adquire o direito a sua continuação, se conforme ao ordenamento então vigente.
Parece-me, pois, que se houver superveniência de legislação, deverá o administrador, de qualquer forma, outorgar o alvará, ou, ao cabo da edificação, a licença de funcionamento ou de habitação, a não ser que emita outro ato administrativo que, mais adiante, vou abordar sob o rótulo de revogação-expropriação." E mais adiante: "Afirmei, no *Disciplina Urbanística da Propriedade*, que emanada licença para construir, não a impede a superveniência de legislação que modifique o zoneamento, por hipótese.
Continuo a afirmar que não impede. Só que não mais digo que a supressão da licença, se vier a ser necessária, constitua-se em autêntica expropriação. Explico o porquê. A expropriação é instituto próprio, com regime jurídico completamente diferenciado, com regime jurídico e indenização completamente diferenciados.
De conseguinte, parece-me difícil afirmar que a *ablação da licença* — e vamos usar este termo para não nos comprometer, quer com *revogação*, quer com *expropriação do direito de construir* — por superveniência de novas normas de zoneamento, só possa dar-se pelo procedimento da expropriação. Não faria sentido que, à luz de zoneamento novo, à luz de novos valores, se deva declarar a utilidade pública da licença. Entretanto, não se está a afirmar que a indenização não deva existir. Cada caso deverá ser examinado para se determinar seu **quantum**, em regime jurídico de ressarcimento" (Licenças urbanísticas. *Revista de Direito Público*, p. 192-193).

Muito embora se discuta também no Brasil, assim como em Portugal, se uma licença, antes que seja utilizada, poderá ter seus efeitos cassados em razão de legislação superveniente, a discussão, a nosso ver, se faz por caminhos diversos. Enquanto em Portugal a discussão se faz com a relativização dos princípios da irretroatividade da lei e da segurança jurídica (impondo-se-lhes limites inadmissíveis para o sistema brasileiro), no Brasil a discussão gira em torno do momento no qual reputa-se adquirido o direito de construir. Se este direito, mesmo não tendo *status* constitucional, é adquirido com a licença, a legislação superveniente deverá respeitá-la em atenção ao princípio da irretroatividade da lei. Mas caso se considere que o direito só é adquirido com o efetivo início da construção (hipótese na qual a licença a ser previamente obtida teria talvez a natureza de um ônus ou de um obstáculo cuja remoção seria pressuposto da aquisição do direito), não haveria qualquer conflito entre a aplicação da legislação superveniente (com a consequente cassação da licença) e os princípios da irretroatividade da lei e da segurança jurídica. Neste caso a lei nova não estaria tendo efeito retroativo restritivo de um direito individual porque, não tendo sido iniciada a obra, não haveria qualquer direito subjetivo a proteger de sua incidência. Tudo depende da posição que se adote em face desta questão (referente ao momento do surgimento do direito de construir), sobre a qual a doutrina brasileira parece estar ainda longe do consenso.

7 Conclusão

A título de conclusão é possível afirmar que tanto em Portugal quanto no Brasil é possível dissociar o direito de construir do direito de propriedade e do direito de iniciativa econômica, dissociação essa indispensável para que se possa dar efetividade ao dever de ordenamento territorial, que tanto a CRP como a CF/88 atribuem aos respectivos Estados (português e brasileiro). Para o sistema português esta dissociação parece ser suficiente quando se tem em mira uma lei que (como é o caso do Decreto-Lei nº 351/93) determine a submissão das licenças edilícias mesmo a planos urbanísticos posteriores a ela. Isso porque o princípio da irretroatividade das leis não se aplica a direitos que, como é o caso do direito de construir, não possuem *status* constitucional, não podem ser considerados parte dos chamados "direitos, liberdades e garantias" e nem direitos análogos a eles. Todavia, esta dissociação não basta para o sistema brasileiro, na medida em que, neste, todo e qualquer direito concretamente adquirido está protegido contra os efeitos retroativos de uma lei nova (pouco importando se tal direito decorre diretamente da Constituição ou diretamente de uma lei que tem por fundamento a Constituição). Para o sistema brasileiro é necessário, quando se tem em mente uma lei similar ao Decreto-Lei nº 351/93, verificar em que momento se reputa adquirido o direito de construir. Só se poderá, portanto, admitir a constitucionalidade de semelhante lei se prevalecer a tese segundo a qual o momento de aquisição do direito de construir é a efetiva execução de uma construção (hipótese na qual a licença edilícia prévia não é ainda a aquisição do direito, mas apenas um pressuposto dessa aquisição).

Referências

BOBBIO, Norberto. *Teoria do ordenamento jurídico*. 7. ed. Brasília: Ed. UnB, 1996.

BRITTO, Carlos Ayres; PONTES FILHO, Valmir. Direito adquirido contra as emendas constitucionais. *In*: MELLO, Celso Antônio Bandeira de (Coord.). *Estudos em homenagem a Geraldo Ataliba*. São Paulo: Malheiros, 1997. v. 2.

CARDOZO, José Eduardo Martins. *Da retroatividade da lei*. São Paulo: Revista dos Tribunais, 1995.

CAUPERS, João. Estado de direito, ordenamento do território e direito de propriedade. *Revista Jurídica do Urbanismo e do Ambiente*, Coimbra, n. 3, p. 87-115, jun. 1995.

DALLARI, Adilson Abreu. Servidões administrativas. *Revista de Direito Público*, São Paulo, v. 59/60, p. 88-98, 1981.

DELGADO, José Augusto. Efeitos da coisa julgada e os princípios constitucionais. *In*: NASCIMENTO, Carlos Valder do (Coord.). *Coisa julgada inconstitucional*. 2. ed. Rio de Janeiro: América Jurídica, 2003.

DINAMARCO, Cândido Rangel. Relativizar a coisa julgada material. *In*: NASCIMENTO, Carlos Valder do (Coord.). *Coisa julgada inconstitucional*. 2. ed. Rio de Janeiro: América Jurídica, 2003.

FERRAZ JUNIOR, Tercio Sampaio. *Função social da dogmática jurídica*. São Paulo: Max Limonad, 1998.

FIGUEIREDO, Lúcia Valle. Licenças urbanísticas. *Revista de Direito Público*, São Paulo, v. 90, p. 189-195, 1989.

GARCÍA DE ENTERRÍA, Eduardo; PAREJO ALFONSO, Luciano. *Lecciones de derecho urbanístico*. Madrid: Civitas, 1981.

KELSEN, Hans. *Teoria pura do direito*. São Paulo: Martins Fontes, 1995.

MACHETE, Rui Chancerelle de. Constitucionalidade do regime da caducidade previsto no Decreto-Lei nº 351/95, de 7 de outubro. *Revista Jurídica do Urbanismo e do Ambiente*, Coimbra, n. 3, p. 241-260, jun. 1995.

MELLO, Celso Antônio Bandeira de. Natureza jurídica do zoneamento; efeitos. *Revista de Direito Público*, São Paulo, v. 61, p. 34-47, 1982.

MELLO, Celso Antônio Bandeira de. Novos aspectos da função social da propriedade. *Revista de Direito Público*, São Paulo, v. 84, p. 65-73, 1987.

MELLO, Celso Antônio Bandeira de. Tombamento e dever de indenizar. *Revista de Direito Público*, São Paulo, v. 81, p. 65-73, 1987.

MUKAI, Toshio. *Direito e legislação urbanística no Brasil*. São Paulo: Saraiva, 1988.

NASCIMENTO, Carlos Valder do. Coisa julgada inconstitucional. *In*: NASCIMENTO, Carlos Valder do (Coord.). *Coisa julgada inconstitucional*. 2. ed. Rio de Janeiro: América Jurídica, 2003.

OLIVEIRA, Mário Esteves de. O direito de propriedade e o *jus aedificandi* no direito português. *Revista Jurídica do Urbanismo e do Ambiente*, Coimbra, n. 3, jun. 1995.

SILVA, Almiro do Couto e. Princípios da legalidade da Administração Pública e da segurança jurídica no estado de direito. *Revista de Direito Público*, São Paulo, v. 84, p. 46-63, 1987.

THEODORO JÚNIOR, Humberto; FARIA, Juliana Cordeiro de. A coisa julgada inconstitucional e os instrumentos processuais para seu controle. *In*: NASCIMENTO, Carlos Valder do (Coord.). *Coisa julgada inconstitucional*. 2. ed. Rio de Janeiro: América Jurídica, 2003.

Informação bibliográfica deste texto, conforme a NBR 6023:2002 da Associação Brasileira de Normas Técnicas (ABNT):

MALUF, Pedro Tavares. Licença edilícia e plano urbanístico no direito português. *In*: DALLARI, Adilson Abreu; DI SARNO, Daniela Campos Libório (Coord.). *Direito urbanístico e ambiental*. 2. ed. rev. Belo Horizonte: Fórum, 2011. p. 335-355. ISBN 978-85-7700-449-2.

Sobre os Autores

Adilson Abreu Dallari
Professor Titular de Direito Administrativo da Pontifícia Universidade Católica de São Paulo (PUC-SP).

Ana Teresa Ribeiro da Silveira
Advogada. Assessora Jurídica do Tribunal de Contas do Estado do Piauí. Mestre em Direito do Estado pela PUC-SP.

Bruno de Souza Vichi
Advogado.

Daniela Campos Libório Di Sarno
Advogada. Doutora em Direito Urbanístico e Professora da PUC-SP.

Daniela Cordeiro de Farias Munhoz
Assessora de Controle Externo do Tribunal de Contas do Município de São Paulo. Mestre em Direito de Estado pela PUC-SP.

Jean Jacques Erenberg
Procurador do Estado de São Paulo. Mestre em Direito do Estado pela PUC-SP.

Jivago Petrucci
Procurador do Estado de São Paulo. Mestre em Direito do Estado pela PUC-SP.

João Jampaulo Júnior
Mestre e Doutor em Direito do Estado (PUC-SP). Advogado. Consultor Jurídico titular da Câmara Municipal de Jundiaí. Professor Titular da UNIANCHIETA (Jundiaí-SP).

João Roberto Salazar Jr.
Advogado em São Paulo. Mestre em Direito Constitucional pela PUC-SP.

José Carlos Alves da Silva
Procurador de Justiça, em Guarulhos, São Paulo.

Marcos Batistela
Procurador do Município de São Paulo.

Mariana Senna Sant'Anna
Advogada em São Paulo.

Paulo César Machado de Macedo
Procurador do Município de São Bernardo do Campo. Mestre em Direito do Estado pela PUC-SP.

Pedro Tavares Maluf
Advogado em São Paulo. Procurador da Prefeitura Municipal de Diadema. Especialização em Direito Tributário. Mestre em Direito do Estado pela PUC-SP.

Rafael Augusto Silva Domingues
Procurador do Estado do Paraná. Mestre em Direito Urbanístico pela PUC-SP.

Raul Mariano Júnior
Juiz Federal da 3ª Região. Mestre em Direito Constitucional pela PUC-SP. Professor de Direito da ESAMC-Campinas.

William de Souza Freitas
Advogado. Professor Universitário (UNIVAP). Consultor Legislativo da Prefeitura Municipal de São José dos Campos/SP.

Esta obra foi composta em fonte Palatino Linotype, corpo 10
e impressa em papel Offset 75g (miolo) e Supremo 250g (capa)
pela Gráfica e Editora O Lutador.
Belo Horizonte/MG, maio de 2011.